胡安顺

著

# 春秋左傳導論

中国社会科学出版社

**图书在版编目（CIP）数据**

春秋左传导论／胡安顺著. -- 北京：中国社会科
学出版社，2024.1. -- ISBN 978-7-5227-3723-2

Ⅰ．K225.04

中国国家版本馆 CIP 数据核字第 20244X0R33 号

| | | |
|---|---|---|
| 出 版 人 | 赵剑英 |
| 责任编辑 | 杨 康 |
| 责任校对 | 王佳玉 |
| 责任印制 | 戴 宽 |

| | | |
|---|---|---|
| 出　　版 | 中国社会科学出版社 |
| 社　　址 | 北京鼓楼西大街甲 158 号 |
| 邮　　编 | 100720 |
| 网　　址 | http://www.csspw.cn |
| 发 行 部 | 010 - 84083685 |
| 门 市 部 | 010 - 84029450 |
| 经　　销 | 新华书店及其他书店 |

| | | |
|---|---|---|
| 印　　刷 | 北京明恒达印务有限公司 |
| 装　　订 | 廊坊市广阳区广增装订厂 |
| 版　　次 | 2024 年 1 月第 1 版 |
| 印　　次 | 2024 年 1 月第 1 次印刷 |

| | | |
|---|---|---|
| 开　　本 | 710×1000　1/16 |
| 印　　张 | 24.75 |
| 字　　数 | 336 千字 |
| 定　　价 | 99.00 元 |

# 自　序

胡安顺

　　清人吴楚材、吴调侯所编《古文观止》收文自先秦至明季，共二百二十二篇，其中先秦文五十六篇，《左传》文则多达三十四篇，高居各书各家文之首，占全书所收文百分之十五有余，尤逾乎所收先秦文之半数。是编者于左氏独有所好欤？非也。《左传》于中国历史、文学、语言诸科之价值历有定评。例如，晋杜预认为："其文缓，其旨远，将令学者原始要终，寻其枝叶，究其所穷。"（《春秋序》）唐刘知几曰："《左氏》之叙事也，述行师则簿领盈视，唲睚沸腾；论备火则区分在目，修饰峻整；言胜捷则收获都尽；记奔败则披靡横前；申盟誓则慷慨有余；称谲诈则欺诬可见；谈恩惠则煦如春日；纪严切则凛若秋霜；叙兴邦则滋味无量；陈亡国则凄凉可悯。或腴辞润简牍，或美句入咏歌，跌宕而不群，纵横而自得。若斯才者，殆将工侔造化，思涉鬼神，著述罕闻，古今卓绝。"（《史通·杂说上》）清冯李骅云："左氏极工于叙战，长短各极其妙。短者如衷戎、败制、鸡父、樵李等，或详谋略事，或详事略谋，或谋与事合，至简至精。长者如韩原、城濮、鄢、邲、鄢陵等，或先议后叙，或先叙后议，或叙议夹写，至奇至横。篇篇换局，各各争新。"（冯李骅、陆浩《左绣·读左厄言》）正由于此，西汉末《左传》即被立于学官，教授国子。南北朝时期，研习之风日煽，南宗杜而北崇服。唐孔颖达等人奉敕所撰之《五经正义》，为科考重要参考书，南宋以后盛行之"四书五经"，乃儒学必读之基本书目，《左传》均名列其中，故知自唐以降《左传》地位进而提升，高处国学核心，于修身治国平天下之用至大。故凡博雅君子，国学大师，文学巨擘，不通《左传》而立其德就其名者未之尝闻也。昔人为学，多在童蒙时代既涉《左传》，至如国学大师王念孙、俞樾、黄侃诸人，则在垂髫之年既读毕"十三经"矣，无怪乎其为大师，非徒赖才情超乎众人也。

今逢振兴国学之世，付梓无碍之时。余不揣谫陋，裒集拙有关《春秋》《左传》之论述多篇，略加整理，内容包括《春秋》《左传》之基本内容、研究概述、《左传》之史学价值、文学价值、辞令艺术、《左传》辞令与战国策士辞令之比较等；同时选取《左传》有关五霸事迹之文以纪事本末体编次，详加注释；此外又制作春秋王公世系及鲁、晋、齐、宋、郑、卫、陈、楚、秦诸国卿族世系表八十三张以备查检。三者各为一编，合为一书，互为补充，理论实践，相济两重，盖于《春秋》《左传》研习爱好者有所裨益，可视为入门之初阶。至若登堂入室，领略左氏宗庙之美、百官之富、叙事之工巧、辞令之尽善，尚需通阅全书，非拙编所能及也。

谨在此向为本书封面和扉页提供画作的舒益龙、马腾芳同志表示谢忱。

是为序。

2023 年 8 月于陕西师范大学菊香斋

## 目 录
### contents

上编

# 春秋左传导论

# 第一章　经书概说

## 第一节　"十三经"与"四书五经"

所谓经书，就是经典著作。儒家的经书代表着儒家思想文化的精华，同时也是中国传统思想文化的精髓和基础。孔子是儒家学派的创始人。儒家思想体系的内容非常丰富，主要包括"仁、义、礼、智、信、忠、恕、孝、悌、廉、耻"等，核心是"仁"，"仁"的基本含义就是"爱人"。汉武帝以后，儒家思想上升为封建社会统治阶级的思想基础。

### 一　"十三经"

"十三经"是指儒家的十三部经典著作，分别指《周易》《尚书》《诗经》《周礼》《仪礼》《礼记》《左传》《公羊传》《谷梁传》《论语》《孝经》《尔雅》《孟子》，其内容简要如下。

1. 《周易》，又称《易经》，简称《易》。全书由《经》《传》两部分组成，其中《经》成书约在西周初年，《传》成书约在战国至汉初以前。《周易》的基本内容是通过象征性的符号预测自然和社会的变化，试图"推天道以明人事"，这是不可信的，但其中包含了许多辩证法思想，影响深远，如"天行健，君子以自强不息""地势坤，君子以厚德载物""穷则变，变则通，通则久"这类话都出自

《周易》。

2.《尚书》，简称《书》，是一部有关虞、夏、商、周时期政治文献的资料汇编，相传为孔子所编，全书集中反映了上古帝王的统治思想和经验，历代统治者都把它视为治理国家的教科书，如其中"知人则哲""安民则惠"（《虞书·皋陶谟》）"功崇惟志、业广惟勤"（《周书·周官》）的思想对后代帝王产生了重要影响。

3.《诗经》，简称《诗》，是我国最早的一部诗歌总集，全书共收诗歌305篇，分为风、雅、颂三类，时间跨度上起西周初年，下至春秋中期，共500多年，相传后来经过了孔子的整理。

4.《周礼》，或称《周官》，是一部有关周代政治制度的书，内容包括封国巡守、政法文教、祭祀朝觐、礼乐兵刑、赋税度支、膳食起居、车马服饰、丧葬寝庙、农商医卜、工艺制作、名物典章等。传说为周公旦所著，不可信，今人多认为成书于东周时期。

5.《仪礼》，或称《士礼》，是一部记载周代的冠、婚、丧、祭、飨、射、朝、聘等礼仪的书，其中以记载士大夫的礼仪为主。传说为周公旦所著，不可信，《史记》《汉书》都认为出自孔子，今人多认为成书于东周时期。

6.《礼记》，或称《小戴礼记》，是一部解释《仪礼》的资料汇编，内容涉及政治、法律、教育、道德、哲学、历史、祭祀、文艺、历法、日常生活等方面，集中体现了先秦儒家的政治、哲学和伦理思想，是研究先秦社会的重要资料。成书在战国至秦汉时期，累世增补而成，非一时一人之作，其中多数篇章是孔子的七十二弟子及其再传弟子的作品。

7.《左传》，《左氏传》的简称，解释《春秋》的著作，或说独立成书。传说作者为春秋时期的鲁国史官左丘明，今人多认为成书于战国初期，可能非出自一人之手。

8.《公羊传》，解释《春秋》的著作，战国时期口耳相传，据说先由孔子的学生子夏传给齐人公羊高，由公羊高继续传下去，至汉景帝时才写成定本。

9.《谷梁传》，解释《春秋》的著作，战国时期口耳相传，据说先由孔子的学生子夏传给鲁人谷梁赤，由谷梁赤写成定本并继续传下去。或说《谷梁传》的成书时代也在西汉时期，甚至晚于《公羊传》。

10.《论语》，记载孔子及其弟子言行的著作，由孔子的弟子及再传弟子编纂而成，成书约在战国初期。全书内容广泛，涉及政治、教育、伦理、文学、哲学以及处世原则等多个方面，系统反映了儒家的思想观念。

11.《孝经》，一部纯粹讲孝道的著作，受到历代帝王的重视。传说为孔子所作，或说为孔子弟子曾子所作，又或说为曾子弟子所作，成书于秦汉之际。

12.《尔雅》，我国最早解释词义的著作。传说为周公所作，或说为孔子所作，或说为孔子弟子所作，或说为汉代人所作。

13.《孟子》，记载孟子政治学说、政治活动、伦理观念、教育思想等内容的著作，由孟子及其弟子共同完成。

"十三经"这一名称始于宋代，因为到宋代，经书才增加到十三部。在先秦，经书只有六部，称作"六艺"或"六经"。"六艺"是周代教授学生的六门课程，孔子之前已经成书，后经过孔子的删定，称作"六经"。"六经"指《诗》《书》《礼》《乐》《易》《春秋》，其中《乐》后来亡佚了（或说嬴秦焚书，《乐经》散失，仅存《乐记》一篇，并入《礼记》中），只剩下"五经"，汉武帝建元五年（前136）立五经博士。其中《礼》，汉代称《仪礼》。

到了唐代初年，经书扩大到九部，即《易》、《书》、《诗》、《周礼》、《仪礼》、《礼记》、《左传》（或称《春秋左氏传》）、《公羊传》、《谷梁传》。其中《左传》《公羊传》《谷梁传》原本是解释《春秋》的著作，由于价值高，被提升到经的地位。《左传》《公羊传》《谷梁传》与《春秋》本来是分别单行的书，后来人们为了对照方便，按年分别把《春秋》经文置于"三传"之前，遂称作《春秋左传》《春秋公羊传》《春秋谷梁传》。到了晚唐文宗时期，经书扩大到十二部，新增的三部经书是《论语》《孝经》《尔雅》。

南宋光宗绍熙年间（1190—1194），朱熹将《礼记》中的《大学》《中庸》两篇分离出来与《论语》《孟子》并列，并进行了注释，称作《四书集注》，《孟子》从此也上升到经的地位，经书随之扩大到十三部。"十三经"的形成过程详见表1。

表1　　　　　　　　　"十三经"形成过程简表

| 时代 | 经书数 | 经书名 |
|---|---|---|
| 先秦 | 六经 | 《诗》《书》《礼》《乐》《易》《春秋》 |
| 秦汉 | 五经 | 《易》《书》《诗》《礼》《春秋》 |
| 初唐 | 九经 | 《易》《书》《诗》《周礼》《仪礼》《礼记》《左传》《公羊传》《谷梁传》 |
| 晚唐 | 十二经 | 《易》《书》《诗》《周礼》《仪礼》《礼记》《左传》《公羊传》《谷梁传》《论语》《孝经》《尔雅》 |
| 南宋 | 十三经 | 《易》《书》《诗》《周礼》《仪礼》《礼记》《左传》《公羊传》《谷梁传》《论语》《孝经》《尔雅》《孟子》 |

## 二 "四书五经"

朱熹的《四书集注》出现后，便有了"四书五经"的提法。"四书"即指《论语》《孟子》《大学》《中庸》；"五经"则指《周易》《尚书》《诗经》《礼记》和《春秋左传》，其内容的确定源于唐孔颖达等人的《五经正义》。① "四书五经"是南宋以后儒学必读的基本书目。

## 第二节 《春秋》三传

《春秋》，是春秋时期（前770—前476）鲁国的史书名（春秋时期，晋国的史书称《乘》，楚国的史书称《梼杌》），共一万六千余字，传说是孔子根据鲁史旧文修订而成。书中记载了自鲁隐公元年（前722）至鲁哀公十六年（前479）共244年间发生在鲁国及其他诸侯国的重大事件。

《春秋》的记事为编年体，以鲁国十二个君主即隐公、桓公、庄公、闵公、僖公、文公、宣公、成公、襄公、昭公、定公、哀公在位时间的前后为次记事，年分季、季分月、月分日、日系事，秩然有序，一年之中可见各国之大事。其行文非常简略，相当于今天的大事年表。例如，《隐公三年》的记载：

> 三年春，王二月己巳（初一），日有食之。
> 三月庚戌（十二日），天王崩。
> 夏四月辛卯（二十四日），君氏卒。
> 秋，武氏子来求赙。
> 八月庚辰（十五日），宋公和卒。
> 冬十有二月，齐侯、郑伯盟于石门。癸未（二十日），葬宋穆公。

---

① 《五经正义》：唐孔颖达等人奉太宗之诏撰，旨在作为科举考试的标准教科书，至唐高宗时完工。《五经正义》具体是《周易正义》（魏王弼注，唐孔颖达疏）、《毛诗正义》（西汉毛亨传，东汉郑玄笺，唐孔颖达疏）、《尚书正义》（西汉孔安国传，唐孔颖达疏）、《礼记正义》（东汉郑玄注，唐孔颖达疏）、《春秋左传正义》（晋杜预注，唐孔颖达疏）。

关于《春秋》的记事条例，前人有"春秋笔法"的说法。"春秋笔法"是指《春秋》的每一个用字都寓有褒义或贬义，所谓"寓褒贬于一字之间"。考察《春秋》全书，其用语特点前后并不完全相同，故寓褒贬的说法并不可信。唐孔颖达、宋郑樵等人都指出了这一点。①

《春秋》经过孔子的整理，成了儒家的经典著作，权威性很高。在先秦时期，即有人为之作注。据《汉书·艺文志》记载，注释《春秋》的学者共有五家，即《左氏传》《公羊传》《谷梁传》《邹氏传》《夹氏传》。其中《邹氏传》后来无传授之师，《夹氏传》只用口授而无书，故其后皆湮灭而无闻，另外三家均流传至今。

1. 《春秋左传》

《春秋左传》，司马迁在《史记·十二诸侯年表序》中始称《左氏春秋》。全书共十八万余字，内容宏富，文辞典雅，记事详明，议论深刻，人物众多，体大思精，是我国现存最早的一部具有划时代意义的编年体历史巨著。作者旧说是春秋时期的鲁国史官左丘明，今人多否定了这种说法，认为成书于战国初期，可能非出自一人之手。西汉后期古文经学家认为它是为解释《春秋》而作，故班固在《汉书》中称作《春秋左氏传》，简称《左传》。

---

① 《春秋》宣公元年："三月，遂（公子遂）以夫人妇姜至自齐。"杜预注："称妇，有姑之辞。不书氏，史阙文。"孔颖达疏："史文既阙，仲尼不正之者，以无所褒贬，故因其详略也。诸经所关者，或史文先阙，仲尼不改；或仲尼具文在后始阙。《公羊》《谷梁》，汉初始为其传，见其阙文，妄为之说，非其实也。《公羊传》曰：'夫人何以不称姜氏？贬。曷为贬？讥丧娶也。丧娶者，公也，则曷为贬夫人？内无贬于公之道。内无贬于公之道，则曷为贬夫人？夫人与公一体也。'《谷梁》之意亦然。"见（清）阮元校刻《十三经注疏（清嘉庆刊本）·春秋左传正义》卷21，中华书局2009年版，第4册，第4049页。《通志二十略·灾祥略》："仲尼既没，先儒驾以妖妄之说而欺后世，后世相承罔敢失坠者，有两种学：一种妄学，务以欺人；一种妖学，务以欺天。凡说《春秋》者，皆谓孔子寓褒贬于一字之间，以阴中时人，使人不可晓解。《三传》唱之于前，诸儒从之于后，尽推己意而诬以圣人之意，此之谓欺人之学。"见（宋）郑樵《通志二十略·灾祥略》，中华书局1995年版，第1905页。

同《春秋》一样，《左传》亦以鲁国十二君主的世次及在位时间为纲记事，起自鲁隐公元年（前722），终于鲁哀公二十七年（前468），具体如下：

隐公元年至十一年（前722—前712）

桓公元年至十八年（前711—前694）

庄公元年至三十二年（前693—前662）

闵公元年至二年（前661—前660）

僖公元年至三十三年（前659—前627）

文公元年至十八年（前626—前609）

宣公元年至十八年（前608—前591）

成公元年至十八年（前590—前573）

襄公元年至三十一年（前572—前542）

昭公元年至三十二年（前541—前510）

定公元年至十五年（前509—前495）

哀公元年至二十七年（前494—前468）

《左传》详细记载了255年间列国在政治、军事、外交、文化等方面的重大活动以及许多西周礼制和远古传说，开《史记》《汉书》等史书之先河，是研究春秋时期社会历史的重要文献，代表了先秦史学的最高成就，在中国古代史特别是先秦史的研究上占有不可替代的地位。

《左传》同时刻画出了许多栩栩如生的人物形象，在文学和语言方面均取得了辉煌的成就，为历代学者所称道。作者善于化繁为简，用极简洁的语言记述纷繁复杂的战争和事件，又善于通过语言和行动塑造鲜明生动的人物形象，对外交辞令更是写得曲回有致，委婉动听，刚柔得宜。《左传》的语言代表着先秦书面语的典范，是汉语发展的里程碑，对后世书面语特别是文学语言的发展产生了深远的影响。我们现在使用的不少谚语、成语或名言即出自《左传》。例如，"多行不义必自毙""其乐融融""言不由衷""大义灭亲""量力而行""城下之盟""噬脐无及""一鼓作气""庆父不死，鲁难未已""风马牛不相及""唇亡齿寒""欲加之罪，何患无辞""贪天之功""先声夺人""无以复加""畏首畏尾""鹿死不择音""铤而走险""各自为政""问鼎""染指""狼子野心""莫予毒也""鞭长莫及""高下在心""易子而食，析骸以爨""结草""疲于奔命""病入膏肓""甚嚣尘上""不辨菽麦""有备无患""马首是瞻""立德、立功、立言""举棋不定""上下其手""跋山涉水""断章取义""宾至如归""包藏祸心""多难兴邦""尾大不掉""数典忘祖""无过乱门""不索何获""唯食忘忧""以小人之心度君子之腹""心腹之患""食言而肥"，等等。

《左传》极力宣扬了儒家的伦理道德和正统观念，同时也表现出了许多进步的思想倾向，如轻天命重人事的思想、民本思想、爱国思想、变革思想以及尚农、尚贤、诚信、勇武、立德、立功、立言的观念等。对一些著名政治家勇匡君过、勤政恤民爱国的事迹进行了热情歌颂，对统治者自私残暴、荒淫无耻的行径进行了无情揭露，对人民饥寒交迫、道殣相望的苦难进行了如实反映，扬善抑恶，褒贬分明，忠于史实，其记事原则、记事方法以及史学思想产生了深远的影响，为后代史学家树立了光辉的榜样。《左传》评《春秋》记事具有"微而显，志而晦，婉而成章，尽而不污，惩恶而劝善"（成公十四年）等优点，其实《左传》本身就具有这些优点。

《左传》在战国时期即开始流传。据《汉书·儒林传》记载，西汉时期研究《左传》的学者先后有张苍、贾谊、张敞、刘公子、贯公、贯长卿、张禹、尹更始、尹咸、翟方进、胡常、贾护、陈钦、王莽及刘歆等人。西汉末，由于刘歆的努力，《左传》被立于学官。

东汉时期，研究《左传》的学者尤多，据唐孔颖达的说法，先后有陈元、郑众、贾逵、马融、延笃、彭仲博、许惠卿、服虔、颍容等①，为《左传》作注的学者主要有贾徽、贾逵、服虔、郑玄等人，其中以贾逵《春秋左氏传解诂》与服虔《春秋左传解谊》影响最大。

西晋初年，征南大将军杜预撰《春秋左传集解》，将《左传》分年编附于《春秋》之后，用来解释《春秋》，同时加进自己的注解，这是流传至今最早通释《左传》的注本。

东晋时期，杜预《春秋左传集解》与服虔《春秋左传解谊》同为官方所重，并立于官学。

南北朝时期，南宗杜预《春秋左传集解》，北宗服虔《春秋左传解谊》。

唐代初年，国子祭酒孔颖达奉太宗之诏撰《五经正义》，其中《春秋左传正义》采杜氏《春秋左传集解》作为正义的对象，从此杜氏《春秋左传集解》定于一尊，汉魏以来的其他注本先后湮没。

宋、元、明时期，《左传》的研究有所深化，其总体特点不是在注疏上下功夫，而是对《春秋》的书法提出了种种不同看法，在训诂方面往往借题发挥，借古喻今。代表人物主要有孙复、胡瑗、孙觉、刘敞、王安石、苏轼、胡安国、叶梦得、朱熹、吕祖谦、程公说、程端学、陆粲等人。

清代及近人整理和研究《左传》的学者众多，著述如林，著作主要有马骕《左传事纬》、高士奇《左传记事本末》、顾栋高《春秋大事表》、洪亮吉《春秋左传诂》、阮元《十三经注疏校勘记·春秋左传注疏校勘记》、王引之《经义述闻》、刘逢禄《左氏春秋考证》、刘文淇《春秋左氏传旧注疏证》、俞樾《群经平议·左传平议》、康有为《新学伪经考》、吴闿生《左传微》以及日人竹添光鸿《左传会笺》等。

---

① （清）阮元校刻：《十三经注疏（清嘉庆刊本）·春秋左传正义·春秋序疏》卷1，第4册，第3704页。

《左传》最权威的注本是杜预《春秋左传集解》、孔颖达《春秋左传正义》，后收入《十三经注疏》。

今人通释《左传》影响较大的著作是杨伯峻的《春秋左传注》。全书旁征博引，多所发明，务求探索本意，不主一家之言。另外，吴静安《春秋左氏传旧注疏证续》是清人刘文淇祖孙三代《春秋左氏传旧注疏证》的续作，体例一依刘氏，弥补了《疏证》只有半部的缺憾，且使用新式标点，颇便阅读，李学勤先生在序中充分肯定了该书的贡献。今人的选注本主要有王伯祥《春秋左传读本》、徐中舒《左传选》、朱东润《左传选》、胡安顺等《左传纪事精选》、胡安顺《春秋左传集解释要》等。翻译《左传》的著作有沈玉成《左传译文》等。研究《左传》史学价值的著作有童书业《春秋左传研究》等。对《左传》进行校勘的著作有王叔珉《左传考校》等。研究《左传》学史的著作有沈玉成、刘宁《春秋左传学史稿》、赵伯雄《春秋学史》等。研究《左传》语法的著作有何乐士《〈左传〉虚词研究》等。对《左传》词语进行全面释义的著作有胡安顺等《十三经辞典·春秋左传卷》等。

2. 《春秋公羊传》

《春秋公羊传》简称《公羊传》，或称《公羊春秋》。其解释《春秋》的时间始于鲁隐公元年（前722），至于鲁哀公十四年（前481），行文体例采用自问自答式。作者相传为子夏的弟子战国初齐人公羊高。《公羊传》起初只是通过口头讲授流传，至西汉景帝时，公羊高的玄孙公羊寿与其学生胡母生（子都）一起将《公羊传》写于竹帛，[①] 此后便以著作的形式流传下来。《公羊传》的权威注本是

---

① 《四库全书总目·经部·春秋公羊传注疏》："徐彦引戴弘序云：'子夏传与公羊高，高传与其子平，平传与其子地，地传与其子敢，敢传与其子寿。至汉景帝时，寿乃与齐人胡母子都著于竹帛。'"见（清）永瑢等《四库全书总目》卷26，中华书局1965年版，第210页。又见（清）阮元校刻《十三经注疏（清嘉庆刊本）·春秋公羊传注疏》卷1，中华书局2009年版，第5册，第4757页。

《春秋公羊传注疏》（东汉何休解诂，唐徐彦疏），后收入《十三经注疏》。另外，清孔广森《春秋公羊通义》、清陈立《春秋公羊义疏》也比较有名。今人的译注本有王维堤、唐书文《春秋公羊传译注》（上海古籍出版社1997年版）等。

3.《春秋谷梁传》

《春秋谷梁传》简称《谷梁传》。其解释《春秋》的起讫时间同于《公羊传》，行文体例也与之相似。作者相传是子夏的弟子战国初鲁人谷梁赤（赤或作喜、淑、俶）。起初也为口头传授，至西汉时才成书。唐杨士勋《春秋谷梁传序·疏》："谷梁子名淑（阮校以为当作'俶'），字元始，鲁人，一名赤。受经于子夏，为经作传，故曰《谷梁传》。孙卿，孙卿传鲁人申公，申公传博士江翁。其后鲁人荣广大善《谷梁》，又传蔡千秋。汉宣帝好《谷梁》，擢千秋为郎，由是《谷梁》之传大行于世。"[1] 《四库全书总目》："徐彦《公羊传疏》又称公羊高五世相授，至胡母生乃著竹帛，题其亲师，故曰《公羊传》。《谷梁》亦是著竹帛者题其亲师，故曰《谷梁传》。"[2] 按照杨伯峻注的说法，《谷梁传》是在看到《公羊传》之后才写定的。[3]《谷梁传》的权威注本是晋范宁《春秋谷梁传集解》，杨士勋《春秋谷梁传疏》，后收入《十三经注疏》。此外，清柳兴恩《谷梁大义述》、钟文烝《春秋谷梁经传补注》、廖平《谷梁古义疏》、民

---

① （清）阮元校刻：《十三经注疏（清嘉庆刊本）·春秋谷梁传注疏》卷1，中华书局2009年版，第5册，第5123页。

② （清）永瑢等：《四库全书总目》卷26，第211页。

③ 杨伯峻认为："《谷梁传》作者为谷梁俶（一名赤），他是子夏弟子，自是战国初人，比《公羊传》到汉景帝时才写定的应早若干年，而且写于战国初，应该是用古文写的，这一点更难相信。陆德明《经典释文·序录》说'谷梁赤乃后代传闻'，杨士勋很可能是贞观时人，陆德明在贞观十六年前已经高年逝世，未必能知道杨士勋所说《谷梁传》传授内容。陆德明说'谷梁赤乃后代传闻'，或者另有所据，所以他定三传次序，以《谷梁传》在最后……上面的几条证据，足以证明《谷梁传》系在看到《公羊传》后才写定的。"见文史知识编辑部编：《经书浅谈》，中华书局1984年版，第87、92页。

国柯劭忞《春秋谷梁传注》也是重要的注本。

### 三　三传解释《春秋》的异同

三传解释《春秋》的特点有所不同。《公羊传》《谷梁传》对《春秋》的注释重在揭示其所谓"微言大义"的笔法。其中《公羊传》强调"尊王攘夷"的大一统思想，与现实政治结合紧密；《谷梁传》的解释比较谨慎，主张以信传信，以疑传疑。《左传》的解释主要是补出历史事实，同时也说明笔法，故《左传》的史学价值远高于《公羊传》《谷梁传》两家。春秋时期的许多重要事件，如果没有《左传》的记载便无从知晓。南宋胡安国曾这样评价三家的特点："其事莫备于《左氏》，例莫明于《公羊》，义莫精于《谷梁》。"叶梦得曰："《左氏》传事不传义，是以详于史而事未必实。《公羊》《谷梁》传义不传事，是以详于经而义未必当。"朱熹曰："《左氏》是史学，《公》《谷》是经学。史学者记得事却详，于道理上便差；经学者于义理上有功，然记事多误。"① 下面我们通过实例看看三家注释的特点和异同。

#### 例一

《春秋》桓公二年：二年春，王正月戊申，宋督弑其君与夷及其大夫孔父（孔父，孔子六世祖）。②

《公羊传》桓公二年："及"者何？累也。……督将弑殇公，孔父生而存，则殇公不可得而弑也，故于是先攻孔父之家。殇公知孔父死，己必死，趋而救之，皆死焉。

《谷梁传》桓公二年：孔父先死，其曰"及"何也？书尊

---

① （清）皮锡瑞：《经学通论·春秋·论〈公〉〈谷〉传义〈左氏〉传事其事亦有不可据者不得以亲见国史而尽信之》，中华书局 1954 年版，第 60 页。

② 引文中带括号的注释均为本书撰者所加，全书同。

及卑，《春秋》之义也。孔父之先死何也？督欲弑君而恐不立，于是乎先杀孔父，孔父闲也。

《左传》桓公二年：（元年：宋华父督见孔父之妻于路，目逆而送之，曰："美而艳。"）二年春，宋督攻孔氏，杀孔父而取其妻。公怒，督惧，遂弑殇公。

君子以督为有无君之心而后动于恶，故先书弑其君。……宋殇公立，十年十一战，民不堪命。孔父嘉为司马，督为大宰，故因民之不堪命，先宣言曰："司马则然。"已杀孔父而弑殇公，召庄公（今注：庄公即公子冯）于郑而立之，以亲郑。

此例如果仅仅根据《春秋》的记载，人们根本无从知道宋殇公和孔父嘉被弑的原因和经过，《公羊传》《谷梁传》的解释旨在探讨《春秋》为何使用"及"的笔法，而未涉及动乱的具体内容，只有看了《左传》，人们才获得了对整个事件的全面认识。

## 例二

《春秋》宣公四年：夏六月乙酉（乙酉为二十六日），郑公子归生弑其君夷。

《左传》宣公四年：楚人献鼋于郑灵公。公子宋与子家将见。子公之食指动，以示子家，曰："他日我如此，必尝异味。"及入，宰夫将解鼋，相视而笑。公问之，子家以告，及食大夫鼋，召子公而弗与也。子公怒，染指于鼎，尝之而出。公怒，欲杀子公。子公与子家谋先。子家曰："畜老，犹惮杀之，而况君乎？"反谮子家，子家惧而从之。夏，弑灵公。

书曰："郑公子归生弑其君夷。"权不足也。君子曰："仁而不武，无能达也。"凡弑君，称君，君无道也；称臣，臣之罪也。

此例如果仅仅根据《春秋》的记载，也根本无从知道郑灵公被弑的原因和经过，甚至会误以为子家就是弑君者。《公羊传》和《谷梁传》二书对此语则没有解释。只有看了《左传》，人们才知道原来灵公是由于无端捉弄羞辱臣下且进而动了杀心才导致被弑，弑君的主犯是子公而不是子家。

# 第二章 《春秋》《左传》研究概述

## 第一节 《春秋》概况

古代有"六经"之说，所谓"六经"，是指儒家的六部经典著作，即《诗》《书》《礼》《乐》《易》《春秋》（其中《乐经》汉时亡佚）。此说最早见于《庄子·天运篇》。关于"六经"的名称，据章太炎《国学讲演录》，是孔子确定的。"六经"中的《春秋》本为春秋时期鲁国的史书，后经过孔子的修订，上升到经书的地位。春秋时期，除了鲁国的史书称作《春秋》外，还有一些国家的史书也称作《春秋》，如《墨子·明鬼篇》所提到的"周之《春秋》""燕之《春秋》""宋之《春秋》""齐之《春秋》"。当时也有些国家的史书采用了另外的名称，如《孟子·离娄下》提到晋国称作《乘》，楚国称作《梼杌》。

### 一 《春秋》的作者

关于《春秋》的作者有两种对立的观点：一种认为《春秋》是孔子据鲁史修成；另一种认为《春秋》非孔子所修，而是鲁国的旧史。孔子所修说见于《左传》、《公羊传》、《孟子》、《史记》、司马迁《报任安书》、杜预《春秋左传集解》等较早的文献。具体详下：

是会（指僖公二十八年冬温之会）也，晋侯召王，以诸侯见，且使王狩。仲尼曰："以臣召君，不可以训。"故书曰："天王狩于河阳。"言非其地也，且明德也。壬申，公朝于王所。（《左传》僖公二十八年）①

九月，侨如以夫人妇姜氏至自齐。舍族，尊夫人也。故君子曰："《春秋》之称：微而显，志而晦，婉而成章，尽而不污，惩恶而劝善。非圣人谁能修之？"（《左传》成公十四年）②

十有二年春，齐高偃帅师纳北燕伯于阳。（《春秋》昭公十二年）③"伯于阳"者何？公子阳生也。子曰："我乃知之矣。"在侧者曰："子苟知之，何以不革？"曰："如尔所不知何？《春秋》之信史也。其序，则齐桓、晋文；其会，则主会者为之也；其词，则丘有罪焉尔。（《公羊传》昭公十二年）④

十有四年春，西狩获麟。（《春秋》哀公十四年）何以书？记异也。何异尔？非中国之兽也。然则孰狩之？薪采者也。薪采者则微者也，曷为以狩言之？大之也。曷为大之？为获麟大之也。曷为为获麟大之？麟者，仁兽也。有王者则至，无王者则不至。有以告者曰："有麕而角者。"孔子曰："孰为来哉，孰为来哉？"反袂拭面，涕沾袍。颜渊死，子曰："噫，天丧予！"子路死，子曰："天祝予！"西狩获麟，孔子曰："吾道穷矣。"……君子曷为为《春秋》？拨乱世反诸正，莫近诸《春秋》。（《公羊传》哀公十四年）⑤

① （清）阮元校刻：《十三经注疏（清嘉庆刊本）·春秋左传正义》卷16，第4册，第3965页。
② （清）阮元校刻：《十三经注疏（清嘉庆刊本）·春秋左传正义》卷27，第4册，第4154页。
③ （清）阮元校刻：《十三经注疏（清嘉庆刊本）·春秋左传正义》卷45，第4册，第4476页。
④ （清）阮元校刻：《十三经注疏（清嘉庆刊本）·春秋公羊传注疏》卷22，第5册，第5039页。
⑤ （清）阮元校刻：《十三经注疏（清嘉庆刊本）·春秋公羊传注疏》卷28，第5册，第5112—5115页。

世衰道微，邪说暴行有作，臣弑其君者有之，子弑其父者有之。孔子惧，作《春秋》。《春秋》，天子之事也。是故孔子曰："知我者，其惟《春秋》乎！罪我者，其惟春秋乎？"……昔者，禹抑洪水而天下平，周公兼夷狄、驱猛兽而百姓宁，孔子成《春秋》而乱臣贼子惧。（《孟子·滕文公下》）①

太史公曰："五帝、三代之记，尚矣。自殷以前诸侯不可得而谱，周以来乃颇可著。孔子因史文次《春秋》，纪元年，正时日月，盖其详哉。至于序《尚书》则略，无年月，或颇有，然多阙，不可录。故疑则传疑，盖其慎也。"（《史记·三代世表序》）②

是后或力政，强乘弱，兴师不请天子。然挟王室之义，以讨伐为会盟主，政由五霸，诸侯恣行，淫侈不轨，贼臣篡子滋起矣。……是以孔子明王道，干七十余君，莫能用，故西观周室，论史记旧闻，兴于鲁而次《春秋》，上记隐，下至哀之获麟，约其辞文，去其烦重，以制义法，王道备，人事浃。（《史记·十二诸侯年表序》）③

子曰："弗乎弗乎！君子病没世而名不称焉，吾道不行矣，吾何以自见于后世哉？"乃因史记，作《春秋》，上至隐公，下讫哀公十四年，十二公。据鲁、亲周、故殷，运之三代，约其文辞而指博。故吴楚之君自称王，而《春秋》贬之曰"子"，践土之会实召周天子，而《春秋》讳之曰"天王狩于河阳"，推此类以绳当世。贬损之义，后有王者举而开之。《春秋》之义行，则天下乱臣贼子惧焉。孔子在位听讼，文辞有可与人共者，弗独有也。至于为《春秋》，笔则笔，削则削，子夏之徒不能赞

①　（清）阮元校刻：《十三经注疏（清嘉庆刊本）·孟子注疏》卷6，第5册，中华书局2009年版，第5903—5904页。
②　（汉）司马迁：《史记》卷13，中华书局1982年版，第2册，第487页。
③　（汉）司马迁：《史记》卷13，第2册，第509页。

一辞。弟子受《春秋》，孔子曰："后世知丘者以《春秋》，而罪丘者亦以《春秋》。"（《史记·孔子世家》）①

故孔子闵王路废而邪道兴，于是论次《诗》《书》，修起礼乐。适齐闻韶，三月不知肉味。自卫反鲁，然后乐正，《雅》《颂》各得其所。世以混浊莫能用，是以仲尼干七十余君无所遇，曰："苟有用我者，期月而已矣。"西狩获麟，曰："吾道穷矣。"故因史记作《春秋》，以当王法，以辞微而指博，后世学者多录焉。（《史记·儒林列传》）②

上大夫壶遂曰："昔孔子何为而作《春秋》哉？"太史公曰："余闻董生曰：'周道衰废，孔子为鲁司寇，诸侯害之，大夫壅之。孔子知言之不用，道之不行也，是非二百四十二年之中，以为天下仪表，贬天子，退诸侯，讨大夫，以达王事而已矣。'……壶遂曰："孔子之时，上无明君，下不得任用，故作《春秋》，垂空文以断礼义，当一王之法。今夫子上遇明天子，下得守职，万事既具，咸各序其宜，夫子所论，欲以何明？"……（太史公）退而深惟曰："夫《诗》《书》隐约者，欲遂其志之思也。昔西伯拘羑里，演《周易》；孔子厄陈蔡，作《春秋》……"（《史记·太史公自序》）③

古者富贵而名摩灭，不可胜记，唯倜傥非常之人称焉。盖文王拘而演《周易》；仲尼厄而作《春秋》；屈原放逐，乃赋《离骚》，左丘失明，厥有《国语》。（司马迁《报任安书》）④

周德既衰，官失其守。上之人不能使《春秋》昭明，赴告策书，诸所记注，多违旧章。仲尼因鲁史策书成文，考其真伪，

① （汉）司马迁：《史记》卷47，第6册，第1943—1944页。
② （汉）司马迁：《史记》卷121，第10册，第3115页。
③ （汉）司马迁：《史记》卷130，第10册，第3297页。
④ （汉）班固：《汉书》卷62，第9册，第2735页。

而志其典礼，上以遵周公遗制，下以明将来之法。其教之所存，文之所害，则刊而正之，以示劝戒。其余则皆即用旧史，史有文质，辞有详略，不必改也。故传曰："其善志。"又曰："非圣人孰能修之？"盖周公之志，仲尼从而明之。（杜预《春秋左传注·春秋序》）①

由于以上几种文献在古代典籍中影响巨大，特别是《史记》作为一种信史的权威地位，故孔子修《春秋》说为历代多数学者所信从。今人范文澜（《中国通史》）、白寿彝（《中国史学史》）、卫聚贤（《古史研究》）、苏渊雷（《读〈春秋〉及三传札记》）、沈玉成（《春秋左传学史稿》）等学者亦均持是说不疑。持《春秋》非孔子所修说的学者无论在古代还是在今天都是少数派。第一个对孔子修《春秋》发生怀疑的学者是唐代著名史学家刘知几（其说见《史通·惑经》）。北宋时期，王安石曾讥《春秋》为"断烂朝报"（说见《宋史·王安石传》、孙觉《春秋经解·周麟之跋》、陆佃《陶山集·答崔子方书》）。既然视为"断烂朝报"，当然就不会认为是孔子所作。近、现代持是说的学者可以顾颉刚、钱玄同和杨伯峻先生为代表。顾氏的观点见于《春秋三传及国语之综合研究》。钱氏通过古文字与"孔壁古文经"的对比否定了孔子与六经的联系，他在《〈左氏春秋考证〉书后》中说：

我近来取殷之甲骨刻辞及殷周两代之钟鼎款识与《三体石经》中之"古文"相较，更了然于"孔壁古文经"中之字体（《三体石经》中"古文"即系根据"孔壁古文经"者），一部分是依傍小篆而略变其体势，一部分是采取六国破体省写之字，

---

① （清）阮元校刻：《十三经注疏（清嘉庆刊本）·春秋左传正义》卷1，第4册，第3699页。

总之决非殷周之真古字。由此更知"孔子书《六经》，左丘明述《春秋传》，皆以古文"之为谰言；而"孔壁古文经"本无此物，全是刘歆的伪造，实为颠扑不破之论也。[①]

仅凭甲骨文、殷周金文与《三体石经》中古文的比较即肯定"孔壁古文经"全是刘歆的伪造，这种说法未免武断。杨氏认为孔子和《春秋》有关，但不是《春秋》的原作者，其说见于《春秋左传注·前言》和《春秋》一文，证据主要有三：

1.《公羊传》、《谷梁传》都于襄公二十一年十一月记有"庚子，孔子生"一语，《左传》的经文于哀公十六年记有"夏四月己丑，孔丘卒"一语，孔子不可能写自己某日死，也不会写自己某日生。这一"生"一"死"，自然不会是孔丘自己笔墨。

2.《春秋》的笔调前后不一致，体例不纯。例如在隐公、桓公时，无论国际盟会或者统军作战，《春秋》都不写外国卿大夫的姓名，直到庄公二十二年，记载结盟时才开始书写外国卿大夫的姓名，直到文公八年，记载盟会时才同时书写鲁国和外国卿大夫的姓名。又如在隐、桓、庄、闵四公时期，外国卿大夫统军征伐，《春秋》只称"某人"（即某国人），不记其姓名；直到僖公十五年，才书写了其姓名；直到成公二年，才将鲁国及各国统帅的姓名历历列出。再如在僖公以前，《春秋》多称外国国君为某人，不称某侯，僖公以后，记他国国君均称爵，仅秦、楚两国之君有时称"秦人"、"楚人"；宣公五年后，就是秦、楚两国之君也不称"人"，而称"秦伯""楚子"。

3. 前人说孔丘著《春秋》意在"寓褒贬，别善恶"，实际

---

① 钱玄同：《钱玄同文集》第四卷，中国人民大学出版社 1999 年版，第 298 页。

上并非如此，太史有死者，有继承者，因此书法各不相同。古本《竹书纪年》是晋国、魏国的历史文献，其所记与《春秋》同，如"陨石于宋五"一语两书所记无异，这说明当时宋国把观察到的天象通报给各国诸侯，各国史官记了下来，何尝是孔丘的笔墨？①

至于《春秋》的作者到底是谁，杨氏在《春秋》一文中作了这样的回答：

> 我认为，孔子教学生，不能不教他们近代和现代史，《春秋》一书，孔子不过曾用它作过教本罢了。《春秋》本是鲁国官书，由此传到民间，由孔门弟子传述下来，孔门弟子或者加上孔子生的年月日，或者加上孔子死的年月日，以此作为纪念而已。②

杨氏在《春秋》一文中否定孔子作《春秋》的主要根据是书法，属于内证。在《春秋左传注·前言》中，杨氏同时举了一些外证，例如：

> 那么，孔丘在什么时代修或者作《春秋》呢？《史记·孔子世家》列之于哀公十四年西狩获麟以后，而且说：
> 子曰："弗乎弗乎！君子病没世而名不称焉，吾道不行矣，吾何以自见于后世哉？"乃因史记，作《春秋》。
> 如果这话可信，孔丘作《春秋》，动机起于获麟。而孔丘于二年后即病逝。以古代简策的繁重，笔写刀削，成二百四十二年的史书，过了七十岁的老翁，仅用两年的时间，（据第一节所

---

① 文史知识编辑部编：《经书浅谈》，第71—73页。
② 文史知识编辑部编：《经书浅谈》，第74页。

引《春秋说》，仅用半年的时间。）未必能完成这艰巨任务罢。

同样是司马迁做的《史记》，《十二诸侯年表序》却说：

> 是以孔子明王道，干七十余君莫能用，故西观周室，论史记
> 旧闻，兴于鲁而次《春秋》。

这一段话又和《孔子世家》相矛盾。《世家》记孔丘到周王
朝，在孔丘三十岁以前，其后未载再去周室。孔丘三十岁以前去
周室，在鲁昭公之世，如何能作《春秋》至哀公之世？《论语》
是专记孔丘和他门下弟子言行的书，却没有一个字提到《春秋》，
更不曾说孔丘修或作过《春秋》。[①]

杨氏所举的证据固然不少，但要推翻孔子所修说尚存在着一定
的困难，因为杨氏提出的问题多数都可以得到合理解释。例如杨氏
所说的《公羊传》《谷梁传》襄公二十一年"孔子生"一语，《左
传》该年经文并无此语，前人（徐彦、杨士勋）早已指出此语属
《公羊传》《谷梁传》追记的传文，而非经文。至于《左传》经文哀
公十六年关于孔子卒的记载也不难解释。《左传》哀公十五、十六年
的经文历来都认为是后人的续作，故"孔丘卒"一语和孔子没有关
系不等于整部《春秋》都和孔子没有关系。

在没有充分证据的情况下，与其否定孔子修《春秋》，不如肯定
孔子修《春秋》，因为毕竟有多种较早的文献记载了孔子修《春秋》
之事，虽然有矛盾疏漏之处，但基本事实是一致的。我们以为晋杜
预"仲尼因鲁史策书成文，考其真伪，而志其典礼"的说法是接近
于事实的。沈玉成在《春秋左传学史稿》中对这一问题提出了较充
分的肯定意见，兹将其证据撮要介绍如下：

---

① 杨伯峻编著：《春秋左传注（修订本）》，中华书局1990年版，第1册，"前言"
第8—9页。

第一，孟子上距孔子之卒仅一百多年，而且他是孔子学生子思的再传弟子，孔子作《春秋》对孟子来说只是近代史，故《孟子》所载必有根据，不至于向壁虚造。

第二，非儒家学派对《春秋》也有记载，如《庄子·天运》："孔子谓老聃曰：'丘治《诗》《书》《礼》《易》《春秋》六经。'"《韩非子·内储说上》："鲁哀公问于仲尼曰：'《春秋》之记曰："冬十二月，霣霜不杀菽。"何为记此？'仲尼对曰'此言可以杀而不杀也。……'"鲁哀公向孔子提出这样的问题，不难窥见孔子和《春秋》之间存在着某种关系。又，《韩非子·外储说左上》记晋文公攻原，与大夫期十日，十日而不下，罢兵而去。卫人降晋文公。"孔子闻而记之曰：'攻原得卫者，信也。'"这段记载多少透露出孔子和史官、史记有关的迹象。

第三，通过一些文献记载与《春秋》的比较，可以看出孔子笔削《鲁春秋》的痕迹。例如，《公羊传》庄公七年："《不修春秋》曰：'雨星，不及地尺而复。'君子修之曰：'星陨如雨。'"今本三传经文都作"星陨如雨"。《不修春秋》显然就是《孟子》所说的"鲁之《春秋》"、司马迁所说的"史记"，即鲁国的国史，经过孔子即君子"修"了以后，才变成今本《春秋》"星陨如雨"四个字。又如，《礼记·坊记》："未没丧，不称君，示民不争也。故《鲁春秋》记晋丧曰：'杀其君之子奚齐及其君卓。'"这条今本《春秋》记作"冬十月，……晋里克杀其君之子奚齐"（僖公九年）、"春，王正月，……晋里克弑其君卓"（僖公十年）。通过对比，可以看出《春秋》经过了笔削加工，这个笔削者，孔子应该是一个适当的人物。

第四，学界怀疑或否定孔子与《春秋》关系的意见值得商榷。例如，《论语》是记载孔子及其门人言行的书，不是孔子的传记，故其中没有提到《春秋》不能成为否定孔子和《春秋》

有关的铁证，比如秦汉典籍所记有关孔子的言行，有许多就逸出了《论语》的范围。又如，《公羊传》襄公二十一年的经文记载此年十一月"孔子生"，《谷梁传》则记作十月庚子"孔子生"。《左传》哀公十六年的经文记载"夏四月己丑，孔丘卒"。孔子作《春秋》不可能记自己的生卒年，这是《春秋》非孔子作的证据之一。《公羊传》《谷梁传》二传的经文原出经师口授，"孔子生"这三个字的记载必非经文原有而系窜入，《左传》经文即无此三字可证。至于《左传》哀（公）十五、十六年的经文，历来就称之为"续经"，并非《春秋》原文，"孔丘卒"自然也是《左传》作者所记。再如，"公、侯、伯、子男"四等爵之说始见于《孟子·万章下》，现代的研究者据金文和其他典籍，认为这种严格的区别在《孟子》以前并不存在，可是在《春秋》中却同样严格区分，诸如"宋公""齐侯""晋侯""郑伯""楚子""许男"，丝毫没有错乱，可见《春秋》的笔削者生活在孔子之后、孟子之前。①

## 二 《春秋》的价值及其书法

《春秋》一书相当于大事年表，共一万六千余字，记载了自鲁隐公元年（前722）至鲁哀公十六年（前479，据《左传》经文）共244年（据《公羊传》《谷梁传》经文均止于鲁哀公十四年，故一说为242年）间发生在鲁国及其他各国中的重要事件。其记事体例为编年体，即以鲁国隐、桓、庄、闵、僖、文、宣、成、襄、昭、定、哀十二位君主在位的先后序次记事，年分季、季分月、月分日、日系事，秩然有序，一年之中可见各国之大事。

---

① 沈玉成、刘宁：《春秋左传学史稿》，江苏古籍出版社1992年版，第31—36页。

前人对《春秋》的评价极高，认为其具有上遵周公遗制、下明将来之法、更兴旧典、宣扬王道、劝善抑恶、维护周礼等重要作用。例如《左传》成公十四年称其文："微而显，志而晦，婉而成章，尽而不污，惩恶而劝善，非圣人谁能修之？"晋杜预认为《春秋》："上以尊周公之遗制，下以明将来之法。"（《春秋左氏传序》）唐孔颖达指出："国之大事在祀与戎，祀则必尽其敬，戎则不加无罪，盟会协于礼，兴动顺其节，失则贬其恶，得则褒其善。此《春秋》之大旨，为皇王之明鉴也。"（《春秋正义序》）唐刘知几盛赞说："逮仲尼之修《春秋》也，乃观《周礼》之旧法，遵鲁史之遗文；据行事，仍人道；就败以明罚，因兴以立功；假日月而定历数，籍朝聘而正礼乐。微婉其说，志晦其文。为不刊之言，著将来之法，故能弥历千载，而其书独行。"（《史通·六家》）

抛开历代经师加在《春秋》上的溢美之词不论，客观地说，《春秋》是一部具有重要史学价值的著作。首先，它是我国第一部编年体历史典籍，简要记载了春秋时期各国的政治、经济、军事、外交状况以及典制、礼仪、通婚等社会现象，使我们从中可以了解到当时社会的主要特点以及在生活中占主导地位的重要活动。例如，根据《春秋》的记载，春秋时期"弑君三十六，亡国五十二"（见《春秋公羊传注疏·隐公》），据此可知当时政治斗争的残酷性和各国兼并战争的剧烈性。又如，据《春秋》记载，鲁国于宣公十五年"初税亩"，于成公元年"作丘甲"，于襄公十一年"作三军"，这些均反映出了鲁国当时在政治、经济、军事体制方面的重大变革。其次，它真实记载了春秋时期发生在我国的许多自然现象，包括日食、月食、陨石、水灾、旱灾、虫灾、地震等，这对于研究古代的自然和地理现象具有极高的学术价值。例如，全书记载日食达36次之多，其中33次与现代天文学的推算完全相合。又如，庄公七年"星陨如雨"一语，文公十四年"有星孛入于北斗"一语，被证实是世界文献中关于天琴星座流星雨和哈雷彗星的最早记录。再次，它制定了一套相对严密系统的记事原则，这些原则及其精神在一定程度上对后代史学家产生了积极影响。最后，它开创了编年体的史书体例，为后代的史学家所效法。

关于《春秋》的记事条例，前人有"《春秋》书法"之说。例如，《史记·太史公自序》："余闻董生曰：'周道衰废，孔子为鲁司寇，诸侯害之，大夫壅之。孔子知言之不用，道之不行也，是非二百四十二年之中，以为天下仪表，贬天子，退诸侯，讨大夫，以达王事而已矣。'"所谓"《春秋》书法"，是认为《春秋》的记事遵循着一定的原则。例如，《春秋》隐公七年：

（七年春，王三月）滕侯卒。

《左传》隐公七年以为："不书名，未同盟也。凡诸侯同盟，于是称名，故薨则赴以名，告终称嗣也，以继好息民，谓之礼经。"根据《左传》的说法，《春秋》对于他国国君之卒的记载是本着这样的原则：凡与鲁国有同盟关系者则书其名，否则，则不书名。上例中未书滕君之名，说明当时滕与鲁未建立同盟关系。书名的例子如《春秋》隐公三年：

八月庚辰，宋公和卒。

"《春秋》书法"除遵循一定的记事原则外，前人还以为其字里行间表现出了对人物或事件的褒贬之义，借以达到惩戒后人的目的，所谓"寓褒贬于一字之间"。例如，《春秋》宣公四年：

夏六月乙酉，郑公子归生弑其君夷。

　　《左传》宣公四年："凡弑君，称君，君无道也；称臣，臣之罪也。"根据《左传》的解释，《春秋》在上句话中点了郑公子及郑灵公的名，这表明弑君事件中的臣为有罪之臣，君为无道之君，《春秋》通过点名的形式以示贬斥之义。

　　前人多以为"《春秋》书法"是孔子所制定的，旨在体现圣人的微言大义。杜预著《春秋释例》一书对"《春秋》书法"进行了系统的总结，认为《春秋》的书法多被《左传》发明，如《左传》中以"凡"字起头的语句都是揭示"《春秋》书法"的正例（如上例）。这类语句共有五十处，所谓"五十凡"，杜预将它们一一归纳出来，认为是孔子从周公那里继承的旧例。

　　《春秋》是否有一个一以贯之的严密书法？是否每一字都寓有褒义或贬义？这是《春秋》学中一个不可回避的重大问题。汉代及汉代以后的学者多数都坚信"《春秋》书法"的存在，如清末皮锡瑞在其《经学通论·春秋》中称："《春秋》有大义，有微言。所谓大义者，诛讨乱贼以戒后世是也。所谓微言者，改立法制以致太平是也。"这些学者往往把探讨《春秋》书法阐释圣人微言大义作为研究《春秋》的最高目标。但是，也有不少学者对《春秋》书法表示了不同程度的怀疑或否定，这些学者有刘知几、富弼、王安石、苏轼、郑樵、朱熹、吴澄、程端学、朱鹤龄、顾炎武、章太炎等人。其中刘知几《史通·惑经》指出所谓《春秋》之义"未喻者有十二"而"虚美者有五"。郑樵、朱熹的说法则更具有代表性：

　　　　以《春秋》为褒贬者，乱《春秋》者也。圣人光明正大，不应以一、二字加褒贬于人。不过直书其事，善者恶者，了然自见。（郑樵）①

---

　　①　引自（清）顾栋高辑，吴树平、李解民点校《春秋大事表·春秋纲领》，中华书局1993年版，第1册，第16页。又见文史知识编辑部编：《经书浅谈》，第73页。

凡说《春秋》者，皆谓孔子寓褒贬于一字之间，……此之谓欺人之学。（郑樵《通志·灾祥略》）①

《春秋》大旨，其可见者诛乱臣、讨贼子、内中国、外吴楚、贵王贱伯而已，未必如先儒所言字字有义也。想孔子当时，只是要备二、三百年之事，故取史文写在这里，何尝云某事用某法，某事用某例邪？若欲推求一字之间，以为圣人褒善贬恶专在于是，窃恐不是圣人之意。（《朱子五经语类·统论经义》）②

如果摒弃各家的门户之见，应该承认"《春秋》书法"肯定是有的，因为作为一部史书不可能没有它的记事条例，如就所谓"五十凡"来看，多数说法都符合实际情况。不过由于《春秋》历时二百四十余年之久，记事非出自一人之手，许多代人的书法不可能尽同，即使经过孔子修订，也不可能完全抛开原记载——重写，所以把"《春秋》书法"抬到十分严密乃至神圣的地位是不可信的。以弑君为例，《春秋》所记弑君共三十三例（据清顾栋高《春秋大事表·春秋乱贼表》），其中二十三例书"弑"，二例书"杀"，五例书"卒"，三例书"薨"。同样是君主被杀，而用词不一。在书"卒"的五例中，二例涉及鲁国国君（子般、公子恶。公子恶为储君），三例涉及郑、楚、齐三国国君（郑僖公髡顽、楚郏敖麇、齐悼公阳生），国君有内外之别而用词相同。论者以为于鲁君用"卒"是圣人不忍言君被杀而讳言"弑"，于郑、楚、齐三国之君用"卒"是鲁史从讣之故，实属弥缝之说，不足为训。从杜预开始历代都有人指出"《春秋》书法"有不统一之处。例如：

---

① （宋）郑樵：《通志二十略》，第 1905 页。
② （清）程川编：《朱子五经语类》卷 57，《景印文渊阁四库全书》，台湾商务印书馆 1986 年版，第 193 册，第 524 页。

寻案《春秋》诸氏族之称，甚多参差，而先儒皆以为例。欲托之于外赴，则患有人身自来者，例不可合，因以僻陋未赐族为说。弑君不书族者四事：州吁、无知，不称公子、公孙，贾氏以为弑君取国，故以国言之。案：公子商人亦弑君取国，而独称公子。宋督，贾氏以为督有无君之心，故去氏。案：传自以先书弑君见义，不在于氏也。宋万，贾氏以为未赐族。案：传称南宫长万，则为已氏南宫，不得为未赐族也。……推寻经文，自庄公以上，诸弑君者皆不书氏，闵公以下皆书氏，亦足明时史之异同，非仲尼所皆刊也。（杜预《春秋释例·卷二·氏族例第八》）[①]

《春秋》者，鲁史之旧文也。《春秋》总十二公之事，历二百四十年之久，秉笔而书者必更数十人。此数十人者，家自为师，人自为学，则其书法，岂能尽同？（清石韫玉《独学庐初稿·春秋论》）[②]

向华国问：僖传（今注：《左传》僖公二十九年），卿不会公侯。《春秋》叙公及大夫会盟，以此为例，弗用旧史，或没公不书，如及齐高傒、及晋处父诸盟，不称公，不使卿得敌公也。或贬卿称人，如狄泉、邢丘以及襄廿六年澶渊诸会，没卿名称人，贬卿所以尊公也。此皆仲尼新意，所以辨等列、明贵贱也。然僖二十五年，公会卫子、莒庆，盟于洮，例以赵武会公，莒庆亦应书人。澶渊之会，良霄以不失所进之不贬，兹莒庆以再命见经，尤为殊例，岂以其释怨修好进而殊之与？求之同例，未得其证。又成二年，公会楚公子婴齐于蜀，例以处父之盟，亦应没公不书。杜以蔡、许君为说，不知蔡、许失位贬爵称人，且会未尝叙蔡、

① （清）阮元校刻：《十三经注疏（清嘉庆刊本）·春秋左传正义》，第4册，第3744页。

② （清）石韫玉：《独学庐初稿》卷1，《续修四库全书》，上海古籍出版社2002年版，第1467册，第326页。

许，与公奚涉？私揣嘉楚来会，亦进而殊之，但无例可证，敢并质之。答：卿不会公侯，可会伯、子、男，斯例唯严于齐晋，故高傒、处父之盟，没公弗书。……（刘师培《春秋左氏传答问》）①

至于寓褒贬之说尤不可信。《春秋》作者在制定编写条例时因受到政治、礼制、道德等诸多因素的影响而有主观倾向是完全可能的，如维护周礼、为尊者亲者讳等，但不可能作到字字都寓有褒贬，句句都是微言大义。事实上，在《春秋》一书中只能勉强找到部分表示贬义的用语，而很难找到表示褒扬的用语。一些今文学家为了肯定其说，多在"爵号名氏"的存舍上大做文章，甚至挖空心思在一般用词甚至日月的记载上探求褒贬，实属误入歧途。例如：

《春秋》隐公三年："春，公会戎于潜。"《公羊传》何休注："凡书'会'者，恶其虚内务、恃外好也。古者诸侯非朝时不得逾竟。"孙复注："诸侯非有天子之事不得出会诸侯，凡书'会'，皆恶之也。"②

本来一个普通的"会"字，被说成了贬义词。又如：

《春秋》隐公元年："（冬十有二月）公子益师卒。"《左传》："众父卒，公不与小敛，故不书日。"《公羊传》："何以不日？远也。所见异辞，所闻异辞，所传闻异辞。"《谷梁传》："大夫日卒，正也。不日卒，恶也。"③

① 刘师培：《春秋左氏传答问》，载刘梦溪主编《中国现代学术经典·黄侃刘师培卷》，河北教育出版社1996年版，第555—556页。
② （晋）杜预等注：《春秋三传》，上海古籍出版社1987年版，第40页。
③ （晋）杜预等注：《春秋三传》，第39—40页。

《春秋》未书鲁公子益师卒日，这本来是史家略记的正常事，《左传》却将原因归结为"公不与小敛"，《公羊传》以为是传说不同日期不好确定，《谷梁传》更与贬义联系在一起，三家之说各不相同，可见均属臆测。宋人刘敞对《左传》《谷梁传》两家之说进行了驳正：

　　公子曰公子，公子之子曰公孙，公孙之子以王父字为氏。公子之尊视大夫。大夫三命然后氏，死则卒之。公子益师卒，正也。《左氏》曰"公不与小敛，故不书日"，非也。公孙敖、叔孙婼、公孙婴齐皆为公与小敛乎？何以得书日？大凡《春秋》所据者，史也。史之所记，有日不日，有月不月，其事可以考核，其日月不可必知也。《谷梁》曰"日卒，正也；不日卒，恶也"，非也。公孙敖、仲遂、季孙意如，岂正者乎？而皆日。叔孙得臣不闻有罪，而反不日。皆妄也。①

关于《春秋》的记事时间问题，唐孔颖达的见解比较符合实际，兹录示如下：

　　史之所记，皆应具文，而《春秋》之经文多不具，或时而不月，月而不日，亦有日不系月、月而无时者。史之所记，日必系月，月必系时，《春秋》二百四十二年之间，有日无月者十四，有月无时者二，或史文先阙而仲尼不改，或仲尼备文而后人脱误。四时必具，乃得成年。桓十七年五月，无夏；昭十年十二月，无冬。二者皆有月而无时。既得其月，时则可知。仲尼不应故阙其时，独书其月，当是仲尼之后写者脱漏。其日不系于月，或是史先阙文，若僖二十八年冬下无月，而有壬申、

---

① （晋）杜预等注：《春秋三传》，第40页。

丁丑，计一时之间再有此日，虽欲改正，何以可知？仲尼无以复知，当是本文自阙，不得不因其阙文，使有日而无月。如此之类，盖是史文先阙，未必后人脱误。其时而不月、月而不日者，史官立文，亦互自有详略。何则？案经朝聘、侵伐、执杀大夫、土功之属，或时或月未有书日者；其要盟、战败、崩薨、卒葬之属，虽不尽书日，而书日者多，是其本有详略也。计记事之初日月应备，但国史总集其事，书之于策，简其精粗，合其同异，量事而制法，率意以约文。史非一人，辞无定式，故日月参差，不可齐等。及仲尼修故，因鲁史成文，史有详略，日有具否，不得不即因而用之。案经传书日者，凡六百八十一事：自文公以上，书日者二百四十九；宣公以下亦俱六公，书日者四百三十二。计年数略同，而日数向倍，此则久远遗落，不与近同。且他国之告有详有略，若告不以日，鲁史无由得其日而书之，如是，则当时之史亦不能使日月皆具。当时已自不具，仲尼从后修之，旧典参差，日月不等，仲尼安能尽得知其日月皆使齐同？去其日月，则或害事之先后；备其日月，则古史有所不载。自然须旧有日者因而详之，旧无日者因而略之，亦既自有详略，不可以为褒贬，故《春秋》诸事皆不以日月为例。其以日月为义例者，唯卿卒、日食二事而已。①

## 第二节 《左传》的作者及成书年代

《春秋》一书迎合了统治阶级的需要，一出现即受到统治者的高度重视，遂有不少学者为之作传（即作注）。据《汉书·艺文志》

---

① （清）阮元校刻：《十三经注疏（清嘉庆刊本）·春秋左传正义·春秋序疏》，第4册，第3696页。

所载，为《春秋》作传的学者共有五家，即《左氏传》《公羊传》《谷梁传》《邹氏传》和《夹氏传》。① 其中《左氏传》《公羊传》和《谷梁传》流传至今。《邹氏传》《夹氏传》其后均湮灭无闻，《夹氏传》当时即有录无书。在西汉时期，《公羊传》《谷梁传》的地位均高于《左传》，被立于学官，作为国家最高学府的讲授课程；《左传》则处于被排斥的地位。但是，由于《左传》在史学、政治、经济、军事、外交、民俗、伦理、文学以及语言学等方面的价值均远高于《公羊传》《谷梁传》二传，故自西汉末即引起了一些学者的重视。东汉以后，《左传》和《公羊传》《谷梁传》二传的地位发生了根本的变化：人们对《左传》的热情越来越高，研究者趋之若鹜；二传的门前则越来越冷清，研究者寥若晨星。

关于《左传》的作者及成书年代，历来存在着较大分歧，其观点概括起来主要有以下四种：

第一，《左传》成书于春秋晚期，为传《春秋》而作，作者是左丘明。

《史记》《汉书》《后汉书》、杜预《春秋左氏传·序》均持这种观点，具体详下：

> 是以孔子明王道，干七十余君莫能用，故西观周室，论史记旧闻，兴于鲁而次《春秋》，上记隐，下至哀之获麟，约其辞文，去其繁重，以制义法，王道备，人事浃。七十子之徒口受其传指，为有所刺讥褒讳挹损之文辞不可以书见也。鲁君子左丘明惧弟子人人异端，各安其意，失其真，故因孔子史记具论其语，成《左氏春秋》。(《史记·十二诸侯年表》)②
>
> 古之王者世有史官，君举必书，所以慎言行、昭法式也。

---

① （汉）班固：《汉书》卷30，第6册，第1713页。
② （汉）司马迁：《史记》卷14，第2册，第509—510页。

左史记言，右史记事；事为《春秋》，言为《尚书》，帝王靡不同之。周室既微，载籍残缺，仲尼思存前圣之业，乃称曰："夏礼吾能言之，杞不足征也；殷礼吾能言之，宋不足征也。文献不足故也，足则吾能征之矣。"以鲁周公之国，礼文备物，史官有法，故与左丘明观其史记，据行事，仍人道，因兴以立功，就败以成罚，假日月以定历数，借朝聘以正礼乐。有所褒讳贬损，不可书见，口授弟子，弟子退而异言。丘明恐弟子各安其意，以失其真，故论本事而作传，明夫子不以空言说经也。《春秋》所贬损大人当世君臣，有威权势力，其事实皆形于传，是以隐其书而不宣，所以免时难也。及末世口说流行，故有《公羊》《谷梁》《邹》《夹》之传。四家之中，《公羊》《谷梁》立于学官，《邹氏》无师，《夹氏》未有书。(《汉书·艺文志·春秋序》)①

唐虞三代，《诗》《书》所及，世有史官，以司典籍，暨于诸侯，国自有史，故《孟子》曰："楚之《梼杌》，晋之《乘》，鲁之《春秋》，其事一也。"定、哀之间，鲁君子左丘明论集其文，作《左氏传》三十篇。又撰异同，号曰《国语》，二十一篇。由是《乘》《梼杌》之事遂暗，而《左氏》《国语》独章。(《后汉书·班彪传》)②

左丘明受经于仲尼，以为经者不刊之书也，故传或先经以始事，或后经以终义，或依经以辩理，或错经以合异，随义而发。"(杜预《春秋左氏传序》)③

① (汉) 班固：《汉书》卷30，第6册，第1715页。
② (宋) 范晔撰，(唐) 李贤等注：《后汉书》卷40，中华书局1965年版，第5册，第1325页。
③ (清) 阮元校刻：《十三经注疏（清嘉庆刊本）·春秋左传正义》卷1，第4册，第3700页。

根据以上所记可知，司马迁、班固、班彪、杜预均肯定《左传》的作者是左丘明，且是因彰明孔子《春秋》而作。孔子生活在春秋末期（生于鲁襄公二十二年，卒于鲁哀公十六年，前551—前479），左氏既然受经于仲尼，则其生活及著《左传》的时间亦当在春秋末期，班彪更明确指出《左传》的成书时间是在鲁定公、哀公时期。

第二，《左传》成书于战国初期，作者不是左丘明，而是孔子学生子夏的再传弟子，或是吴起，或是其他人。

持这种观点的学者有近现代国学大家章太炎、钱穆、卫聚贤、徐中舒、杨伯峻注等人，证据主要有二：

其一，《左传》的记事最晚到鲁哀公二十七年（前468），其中最后一段涉及时代较晚的智伯被灭事件和赵襄子其人，据此推算，左氏不可能活到这一时期。

《左传》哀公二十七年："悼之四年，晋荀瑶帅师围郑。未至，郑驷弘曰：'知伯愎而好胜，早下之，则可行也。'乃先保南里以待之。知伯入南里，门于桔柣之门。郑人俘酅魁垒，赂之以知政，闭其口而死。将门，知伯谓赵孟：'入之！'对曰：'主在此。'知伯曰：'恶而无勇，何以为子？'对曰：'以能忍耻，庶无害赵宗乎？'知伯不悛，赵襄子由是惎知伯，遂丧之。知伯贪而愎，故韩、魏反而丧之。"①

鲁悼公为哀公之子。哀公于其二十七年（前468）奔越，悼公于是年立，起元在公元前466年。悼公四年为公元前463年，三家灭智伯在悼公十三年，即公元前454年，赵襄子无恤死于公元前425年。襄子为谥号，知无恤谥号，意味着作者知其死年之事。悼公四年（前463）上距孔子卒年（前479）有16年，三家灭智伯上距孔子卒年有25年，赵襄子死年上距孔子卒年有54年。孔子终年73岁，假

---

① （清）阮元校刻：《十三经注疏（清嘉庆刊本）·春秋左传正义》卷60，第4册，第4742页。

设左丘明与孔子同年，则《左传》记事到悼公四年（前463）时左氏需活到89岁，记事到三家灭智伯时左氏需活到99岁，记事到赵无恤死时左氏需活到127岁。左氏能活到如此高龄似不可能，即使活到如此高龄而能坚持完成《左传》的撰写也不可能。

其二，《左传》好预测，一些预测的事情到了战国初期，且多数都很灵验，这说明《左传》的作者应是战国初人。例如，庄公二十二年（前672）载，陈大夫懿氏占卜将女儿嫁给齐大夫田敬仲很吉利，五世之后田氏（即陈氏）将成为齐国的执政大臣，八世之后将没有人与之抗衡。果然，田氏的后代在齐国日益强大。至五世田桓子时击败强族栾、高二氏，始大于齐；至七世田成子时杀相弑君（齐简公），专权于齐；至八世田襄子相齐宣公，使其兄弟宗人尽为齐都邑大夫。齐宣公于公元前455至公元前405年在位，据此，田襄子活动年代已到了战国初期。又如，闵公元年载：

> 晋侯作二军，公将上军，大子申生将下军。赵夙御戎，毕万（魏氏之祖）为右，以灭耿、灭霍、灭魏。还，为大子城曲沃。赐赵夙耿，赐毕万魏，以为大夫。……初，毕万筮仕于晋，遇《屯》䷂之《比》䷇。辛廖占之，曰："吉。《屯》固《比》入，吉孰大焉？其必蕃昌。《震》为土，车从马，足居之，兄长之，母覆之，众归之，六体不易，合而能固，安而能杀，公侯之卦也。公侯之子孙，必复其始。"[1]

毕万是周代毕国国君毕公高的后代，所谓必复其始是指毕万的后代必然又会成为国君。果然毕万后代到魏斯时魏由晋分出，魏斯成为国君（即魏文侯）。魏文侯元年为公元前445年，其时亦到战国

---

[1] （清）阮元校刻：《十三经注疏（清嘉庆刊本）·春秋左传正义》卷11，第4册，第3877页。

初期。

《左传》中的预测多数符合事情的发展结果，在古代看来是灵验，是善恶应得的报应，在今天看来则完全是作者根据结果制造的欺人之谈。懿氏卜田敬仲"八世之后，莫之与京"，说明作者见到了田氏家族在战国初期夺取齐政权的事实，辛廖占毕万后代"必复其始"成为国君，也说明作者看到了战国初期魏文侯立为诸侯的事实。

章太炎认为《左传》的书名不是来自人名，而是来自地名，即来自战国时期吴起的居住地左氏。章氏虽然没有明确说明《左传》的成书年代是在战国初期，但结论是显然的。他在《春秋左传读·丘明》中说：

> 《韩非·外储说右上》曰："吴起，卫左氏中人也。"左氏者，卫邑名。《内储说上》曰："卫嗣君之时，有胥靡逃之魏，因为襄王之后治病。卫嗣君闻之，使人请以五十金买之，五反，而魏王不予。乃以左氏易之。"注："左氏，都邑名也。"《左氏春秋》者，固以左公名，或亦因吴起传其学，故名曰《左氏春秋》，犹《诗传》作于大毛公，而《毛诗》之名因小毛公而题与。以左氏名《春秋》者，以地名也，则犹《齐诗》《鲁诗》之比与。或曰：本因左公得名，及吴起传之，又传其子期，而起所居之地为《左氏》学者群居焉（犹齐之稷下），因名其地曰左氏。以人名地，则党氏之沟之比也。因有以《韩非》之文证《左传》为吴起作者，故发此二义正之（今曰《左传》，若左氏本由地得名，则今所称为割裂，犹呼《公羊》《谷梁》、曰《公》《谷》矣）。①

---

① 章太炎：《章太炎全集》（二），上海人民出版社1982年版，第59页。

章氏的观点到了钱穆那里得到了进一步的发展，钱氏明确认为《左传》的作者就是吴起。在《先秦诸子系年·吴起传〈左氏春秋〉考》中，钱氏首先根据清人姚鼐及日人狩野直喜之说断定前人把《左传》的作者视为左丘明实是因书名而造成的误会，接着论道：

> 余考诸《韩非》书："吴起，卫左氏中人也。"然则所谓《左氏春秋》者，岂即以吴起为左氏人故称，而后人因误以为左姓者耶？
>
> 又按：《艺文志》，《易》有《淮南道训》，《诗》有《鲁说齐杂记》，《论语》有《燕传说》，《五经异义易》有《下邳传》，此皆以地名系者，则亦何疑于《左氏》。
>
> 《说苑》："魏武侯问元年于吴子。"此亦吴起传《春秋》之证。晋汲县人发魏襄王冢，有《师春》，即采《左氏》，亦可见《左氏》书与魏之关系焉。①

最早提出《左传》完成于战国初期并且确定了具体时间的学者是卫聚贤，他在《古史研究》一书中断定《左传》作者系周威烈王元年（前425）到周威烈王二十三年（前403）之间人，其主要依据是《左传》中的谥号和占辞。《左传》中最后出现的一个谥号是赵襄子，"襄子"是赵无恤死后所加，无恤死于周威烈王元年（前425），卫氏据此断定《左传》著者必是此年以后的人。《左传》闵公元年毕万占辞中的"公侯之子孙，必复其始"一语，卫氏认为属于推测语气，据此断定《左传》作者只是预见到魏毕万子孙有成为侯的可能而没有见其为侯的事实。魏斯始立为侯是在周威烈王二十三年（前403），据此推定《左传》作者系周威烈王二十三年（前403）

---

① 钱穆：《先秦诸子系年》，商务印书馆2001年版，第224页。

以前的人。此外，卫氏在该书中还举出了多条证明《左传》作者确系战国初人的证据。[1]

徐中舒对《左传》的成书时间及作者是这样推断的：

左丘明是孔子同时人，亲见孔子，而《左传》作者能预知三家分晋、田氏代齐，这两件事都远在孔子以后。孔子卒于公元前479年，而三家分晋在公元前403年，距孔子没已七十七年；田氏代齐在公元前386年，距孔子没已九十四年。《左传》作者不但能预知三家分晋、田氏代齐，又能断言郑国先亡（本文按：断言郑国先亡在襄公二十九年）或郑先卫亡（今按：断言郑先卫亡在昭公四年）。郑国灭亡在公元前375年，距孔子没已一〇四年。这些历史都不是孔子同时的人所能前知的。据此言之，《左传》成书的年代必远在孔子以后。……

《左传》又说"郑其先亡"，或"郑先卫亡"，郑亡于公元前三七五年，郑亡是验词，因此，《左传》成书就不能早于此年。……

《左传》作者对于魏国期望是很大的。他在晋赐毕万以魏时说："毕万之后必大，万，盈数也。魏，大名也。以是始赏，天启之矣！"他只看见魏国的强大，却没有看见魏国的削弱，《左传》就是魏国霸业鼎盛时代的作品。把《左传》成书年代定为公元前三七五年—公元前三五一年，也与这一个不验的预言（今按：指《左传》文公六年"君子是以知秦之不复东征也"一语。战国初秦败魏，魏于公元前332年献阴晋之地于秦，继而献上郡、河东之地于秦）相符合的。

孔子卒于公元前479年，子夏少孔子四十四岁，孔子卒时

---

[1] 卫聚贤：《古史研究》，新月书店1928年版，第77—79页。

子夏年二十八。子夏居西河为魏文侯师，当是晚年时事。相传子夏老寿，晚年丧明。假定当时子夏年七十，即公元前437年，下距《左传》成书年代的上限（今按：指前375年）为七十二年（今按：应为六十二年），因此，《左传》作者可能就是子夏一再传的弟子。①

杨伯峻的观点见于《〈左传〉成书年代论述》（《文史》第6辑）、《春秋左传注·前言》、《经书浅谈·左传》等文。在前言中，杨氏对《左传》在战国的流传情况进行了考察，证明《左传》在楚威王之前就已出现：

《史记·十二诸侯年表序》说：

铎椒为楚威王傅，为王不能尽观《春秋》，采取成败，卒四十章，为《铎氏微》。赵孝成王时，其相虞卿上采《春秋》，下观近世，亦著八篇，为《虞氏春秋》。

司马迁上文所谓《春秋》，实指《左传》，前人已有定论，现在不再重复。读者参考近人金德建《司马迁所见书考司马迁所称春秋系指左传考》也足以了如指掌。不然，《春秋》在当时最多不过一万八千字，为什么"为王不能尽观"？《春秋》和《左传》近二十万字，才"为王不能尽观"。孔颖达在《春秋左氏经传集解序·疏》中引刘向《别录》也说：

铎椒作《抄撮》八卷，授虞卿。虞卿作《抄撮》九卷，授荀卿。

《别录》的二种《抄撮》，就是司马迁的《铎氏微》和《虞氏春秋》。《汉书·艺文志》有《铎氏微》三篇，班固自注说：

---

① 徐中舒编注：《左传选》，中华书局1963年版，第341、342、365、367页。

"楚太傅铎椒也。"又有《虞氏微传》二篇，班固自注说："赵相虞卿。"那么，铎椒、虞卿节录《左传》成书，不但武帝时司马迁看过，刘向、刘歆整理西汉末皇家藏书时，并曾整理过，这是十分可信的。而且，《战国策·楚策四》并有下列一段文字：

> 虞卿谓春申君曰："臣闻之《春秋》，'于安思危，危则虑安。'"

"于安思危"二语，实际就是对《左传》襄公十一年"居安思危，有备无患"的引意。古人引书，一般不拘泥于文字，只是大意相同便够。

铎椒为楚威王太傅，因作这书。楚威王元年为公元前339年，末年为前329年，铎椒作《铎氏微》或《抄撮》，不出这十一年之间，足见战国时代的上层人物都喜爱《左传》。虞卿的年代大概在公元前305—前235年。从这以后征引《左传》的更多。刘师培《群经大义相通论》中有《左传荀子相通论》，其中虽不免有附会之处，但荀子征引《左传》，实无可疑。……

其后《战国策》（如《魏策三》用僖公二年和五年《左传》，称《左传》为《春秋》）《吕氏春秋》《韩非子》无不征引《左传》文字。《吕氏春秋》《韩非子》二书征引尤多。刘师培有详细考证，见《读左札记》。[①]

在《左传》一文中，杨氏推定《左传》成书时间是在公元前403至公元前386年之间，即战国初期。他说：

> 《左传》作者好讲预言。预言灵验的，便是《左传》作者所目见耳闻的；不灵验的，便是预测错了，他未尝料想到的。

--------

[①]　杨伯峻编著：《春秋左传注（修订本）》，第1册，"前言"第35—37页。

他说毕万之后代一定昌盛而恢复为公侯，证明他曾见到魏文侯为侯，却不曾见到其后称王。那么，由此可以推测，《左传》作于周威烈王二十三年（前403），即魏斯称侯以后。

《左传》作者不可能是左丘明，因此我们不纠缠作者为谁的问题。但著作年代却在战国初期，公元前403年以后。……我们可以大胆推定，《左传》成书在公元前403年以后，公元前386年前，离鲁哀公末年约六十多年到八十年。①

杨氏的看法与卫、徐二家比较接近，其中有些说法前人已经涉及。三家所不同的是卫氏没有具体提出《左传》的作者，徐氏认为《左传》的作者是子夏的再传弟子，而杨氏最后推定的时间比卫氏稍晚，至于具体作者，他认为难以确定，也没有必要在此问题上纠缠。

除以上五人外，郭沫若、朱东润、赵光贤等人亦均持战国说。其中郭氏同意《左传》作者为吴起之说。②朱氏认为《左传》成书是在魏开始强大、赵的内乱未定、秦与东方诸国隔绝的时期，亦即战国初（前4世纪初期）魏人的作品，理由是《左传》关于魏事的叙述有不少夸张或歌颂，关于福祸的预言几乎无一不验（如哀公九年称"赵氏其世有乱乎"，此后赵人传七世，大乱亦七次，直至肃侯三年即公元前347年大乱始定），自殽战后对秦事的记载逐渐减少，甚至对于秦穆公如何霸西戎也没有应备的记录。③赵氏认为先秦古籍往往出于众手，且经过后人改编，《左传》也不例外。《左传》起初的作者当是孔子门徒或七十子后学。理由是：第一，作者特别推崇孔子，如《左传》续经文直到哀公十六年，特书"夏四月己丑孔丘

---

① 文史知识编辑部编：《经书浅谈》，第83—84页。

② 郭沫若：《青铜时代·述吴起》，《郭沫若全集·历史编第二卷》，人民出版社1982年版，第506页。

③ 朱东润选注：《左传选》，上海古籍出版社2007年版，第2—3页。

卒”以纪念孔子；第二，《左传》记孔子在鲁国的政治活动甚详；第三，《左传》评论中引“仲尼曰”的话非常多；第四，《左传》对孔子弟子的活动记载较多。另外，《左传》作者的思想属于儒家思想，旗帜很鲜明。① 其初编为纪事本末体，成书时间当在战国初期，最迟在公元前 430 年后不久。改编本为解经的编年体，成书时间当在公元前 375 至公元前 352 年。改编者见到滕之亡和郑之灭，但未见到滕之复国和商鞅伐魏。他的根据主要也是《左传》中的卜筮和预言，同时也涉及文体语法特点。②

第三，《左传》成书于战国中期以前，是一部由历代学者相继完成的集体性著作，始于春秋末的左丘明。

持这种观点的学者主要有清人顾炎武、姚鼐及今人沈玉成等。顾炎武认为《左传》作者非一人一世的主要证据是《左传》中使用的历法不够统一，晋文公称霸期间全部用的是周历，而在惠公以前除了使用周历外还间或用了夏历。使用的历法不同，即意味着作者的不同。他的这一观点见于《日知录·春秋阙疑之书》：

> 《左氏》之书，成之者非一人，录之者非一世，可谓富矣。而夫子当时未必见也，史之所不书，则虽圣人所不知焉者。……《左氏传》采列国之史而作者也。故所书晋事，自文公主夏盟，政交于中国，则以列国之史参之，而一从周正。自惠公以前，则间用夏正。其不出于一人是矣。③

姚鼐可以说是第一个系统阐述《左传》非由一人所成的学者，

---

① 赵光贤：《古史考辨》，北京师范大学出版社 1987 年版，第 177—178 页。

② 赵光贤：《古史考辨》，第 185—187 页。

③ （清）顾炎武著，周苏平、陈国庆点注：《日知录》卷 4，甘肃民族出版社 1997 年版，第 146 页。

他在《左传补注·序》中说：

> 《左氏》之书非出一人所成。自左丘明作《传》以授曾申，申传吴起，起传其子期，期传楚人铎椒，椒传赵人虞卿，虞卿传荀卿。盖后人屡有附益。其为丘明说经之旧及为后人所益者，今不知孰为多寡矣。①

姚氏之说本于刘向《别录》《汉书·儒林传》和唐陆德明《经典释文·序录》等文献。其中《别录》的记载见于孔颖达《春秋左氏传序·疏》。《汉书·儒林传》只是记载了《左传》在汉代的流传情况（详下文"《左传》在两汉时期的流传概况及重要学者"）。《序录》则较全面地记载了《左传》成书及其流传的情况：

> 左丘明作传以授曾申，申传卫人吴起，起传其子期，期传楚人铎椒，椒传赵人虞卿，卿传同郡荀卿，名况，况传武威张苍，苍传洛阳贾谊，谊传至其孙嘉，嘉传赵人贯公，贯公传其少子长卿，长卿传京兆尹张敞及侍御史张禹。禹数为御史大夫萧望之言《左氏》，望之善之，荐禹征待诏，未及问，会病死。禹传尹更始，更始传其子咸及翟方进、胡常，常授黎阳贾护，护受苍梧陈钦。《汉书·儒林传》云："汉兴，北平侯张苍及梁太傅贾谊、京兆尹张敞、大中大夫刘公子皆修《春秋左氏传》。"始，刘歆从尹咸及翟方进受《左氏》，由是言《左氏》者本之贾护、刘歆。歆授扶风贾徽，徽传子逵。②

沈玉成的观点集中体现在《春秋左传学史稿》一书中，该书第

---

① 引自杨伯峻编著《春秋左传注（修订本）》，第1册，"前言"第32页。
② （唐）陆德明：《经典释文》，中华书局1983年版，第13—14页。

十二章中说：

前面提到，先秦古书往往要经历一个口头流传的过程才最后写定。这和当时简陋的书写条件以及文化的传播方式都有关系。……春秋末，礼崩乐坏，王纲失坠，私学兴起。而私学始传之人往往又在原先的诸侯国有专门的职守，《汉书·艺文志·诸子略》所谓儒家出于司徒之官，道家出于史官，阴阳家出于羲和之官等，虽不必尽符实际，但诸子之学出于王官，现在已经基本成为定论。以诸子学为特色的私学，保留了口头传诵的授受习惯，一门之内，往往学传数代之后才开始写定自己的代表著作。因此，占先秦古籍百分之九十的私学著作，真正形成比较固定的文本，要到战国中期以后。但题名作者却往往还是始传之人，这并非完全是出于尊师的考虑，因为始传者勾勒了学说的轮廓，奠定了基本的雏型，其在成书中的地位是任何一个后学所无法比肩的。

用这样的观点看《左传》的成书，许多问题就可以豁然贯通。《左传》的出现是王学渐废而私学渐兴的特殊时代的产物，目的是为已经由鲁史记而变成儒家重要文献的《春秋》提供解释，但采用的解说方式还是很古老的。……

依据这个分析，可以推断，最初传授《左传》的人应该是个史官。他不仅有条件看到大量史料，而且保留了史官传统的解说《春秋》的方式。所不同的是，他用以解说的史料，已非全部得之口传，还兼采各国史乘。他汇萃众史，却没有立即书之于竹帛（当然，这还很可能与当时书写条件的简陋有关），又以口授的方式传给门人。《左传》虽然出于史官，却始终是儒家内部的私人授受之学。在《国语》中已有"君子曰"之语，说明瞽蒙传诵史事的同时，已经有了议史论史的习惯。《左传》继承这个传统，在口授史实的过程中随时加入一些解说《春秋》的书法、凡例以及评论史事的"君子曰""仲尼曰",就是很自然的事情。对于一个以传《春秋》为己任的史官,这些工作应当是他份内之事。

《左传》在口头上的代代传诵,经历了一个比较长的时期。这期间,内容和语言上都必然逐步丰富。今天见到的那些属于战国时代的史事,应当是在这个过程中加入的,而语言风格上接近战国的那些文字可能就是在流传乃至写定时受到战国文风的影响而修改润饰的。……在文献所提供的证据不足以得出明确结论的情况下,不妨借用模糊数学的原理来处理:即《左传》始传于春秋末,而最后写定于战国中期以前,看似模糊的意见,在这一类问题上可能比看似精密的判断更为接近事实。[1]

沈氏的推论无疑是一个折中的观点,虽不乏想象的成分,但有较强的说服力,能够将春秋末、战国初两说联系在一起,使之都得到合理的解释。

第四,《左传》撰成于东汉,是一部由古文学家刘歆改编的伪书。

持这一观点的学者主要有清人刘逢禄、康有为,近人顾颉刚、钱玄同及今人徐仁甫等人。

刘逢禄研究《左传》的主要著作是《左氏春秋考证》。该书认为《左传》本来称《左氏春秋》,如同《晏子春秋》《吕氏春秋》一样,属于杂史,简称《春秋》,司马迁《史记》用的就是其旧名。《左传》本与《春秋》各自成书,并非为传《春秋》而作,其作者就是左丘明。《左传》到东汉时经过了刘歆的改编,改编后的《左传》才成了解释《春秋》的著作,并易名为《春秋左氏传》,以讹传讹。凡《左传》中的"君子曰""书曰",以及对《春秋》书例的说明等内容,

---

① 沈玉成、刘宁:《春秋左传学史稿》,第 394—397 页。

都是刘歆的增益和伪造，目的在于扰乱《公羊传》对《春秋》大义的阐释，以期达到宣扬《左传》打击《公羊传》的目的。例如，《左传》隐公元年："君子曰：'颍考叔，纯孝也，爱其母，施及庄公。'《诗》曰：'孝子不匮，永锡尔类。'其是之谓乎?"刘氏证之曰：

> 考叔于庄公，君臣也，不可云"施及"，亦不可云"尔类"，不辞甚矣。凡引"君子"之云，多出后人附益，朱子亦尝辨之。①

又如，《左传》隐公十年："六月戊申，公会齐侯、郑伯于老桃。壬戌，公败宋师于菅。庚午，郑师入郜。辛未，归于我。庚辰，郑师入防。辛巳，归于我。君子谓'郑庄公于是乎可谓正矣，以王命讨不庭，不贪其土，以劳王爵，正之体也。"刘氏证之曰：

> 灭人之国，逐人之君，专封其臣下，是而知礼，孰不知礼!②

再如，《春秋》隐公十一年："冬十有一月壬辰，公薨。"《左传》隐公十一年："十一月，公祭钟巫，齐于社圃，馆于寪氏。壬辰，羽父使贼弑公于寪氏，立桓公，而讨寪氏，有死者。不书葬，不成丧也。"刘氏证之曰：

> 羽父方欲粉饰讨贼，岂肯不成丧礼以自表其弑君之迹？此欲迷《春秋》"贼不讨，不书葬"之例耳。③

---

① （清）刘逢禄：《左氏春秋考证》卷1，《皇清经解》1294卷，复旦大学图书馆藏清咸丰十年广东海学堂《皇清经解》补刻本，第241页。

② （清）刘逢禄：《左氏春秋考证》卷1，第243页。

③ （清）刘逢禄：《左氏春秋考证》卷1，第243页。

早在宋代，林栗即指出《左传》中的"君子曰"是刘歆之辞（见《朱子语类》），清人方苞亦认为《左传》经过了刘歆的窜改（见《望溪先生文集》卷一），但第一个对刘歆改造《左传》进行全面、系统、深入论证的学者是刘逢禄。刘氏属于今文经学派，他对刘歆作伪的论证迎合了今文经学派改革时政的需要，但论据并不充分，牵强臆测或武断之说颇多。

康有为在经学方面信奉《公羊传》，属于今文经学派，他对《左传》及其他古文经采取了排斥打击的态度，其否定古文经的主要著作是《新学伪经考》。康氏认为古文经是刘歆改造过的伪作，旨在为王莽的新朝服务，因此《左传》等古文经都是"新学伪经"。在《新学伪经考》一书中，康氏提出了《左传》是刘歆割裂《国语》重编而成的观点。《汉书·艺文志》载《国语》二十一篇，颜师古注："左丘明著。"又载《新国语》五十四篇，颜师古注："刘向分《国语》。"康氏据此认为：

> 《国语》仅一书，而《志》以为二种，可异一也。其一，"二十一篇"即今传本也；其一，刘向所分之《新国语》"五十四篇"。同一《国语》，何篇数相去数倍？可异二也。刘向之书皆传于后汉，而五十四篇之《新国语》，后汉人无及之者，可异三也。盖五十四篇者，左丘明之原本也，歆既分其大半凡三十篇以为《春秋传》，于是留其残剩，掇拾杂书，加以附益，而为今本之《国语》，故仅得二十一篇也。考今本《国语》，《周语》《晋语》《郑语》多春秋前事；《鲁语》则大半敬姜一妇人语；《齐语》则全取《管子·小匡篇》；《吴语》《越语》笔墨不同，不知掇自何书。然则其为《左传》之残余，而歆补缀为之至明。歆以《国语》原本五十四篇，天下人或有知之者，故复分一书以当之，又托之刘向所分非原本，以灭其迹，其作伪之情可见。

史迁于《五帝本纪》《十二诸侯年表》皆云"《春秋》《国
语》"，若如今《国语》之寥寥，又言少皞与《本纪》不同，史
迁不应妄引矣。刘申受《左氏春秋考证》，知《左氏》之伪，
攻辨甚明，而谓《左氏春秋》犹《晏子春秋》《吕氏春秋》也。
直称《春秋》，太史公所据旧名也；冒曰《春秋左氏传》，则东
汉以后之以讹传讹者矣。盖尚为歆窜乱之《十二诸侯年表》所
惑，不知其即《国语》所改。①

康氏持此论的根据之一是，《史记·儒林列传》《史记·太史公
自序》《报任安书》《汉书·司马迁传》等重要文献均提到左丘明著
《国语》事，而未言及其著《左传》事。他说：

按：《史记·儒林列传》，《春秋》只有公羊、谷梁两家，无
《左氏》，《河间献王世家》无得《左氏春秋》立博士事。马迁作
史多采《左氏》，若左丘明诚传《春秋》，史迁安得不知？……
《汉书·司马迁传》称：司马迁据左氏《国语》，采《世本》
《战国策》，述《楚汉春秋》。《史记·太史公自序》及《报任安
书》俱言：左丘失明，厥有《国语》。《报任安书》下又云：乃
如左丘无目，孙子断足，终不可用，退论书策，以书其愤。凡
三言左丘明，俱称《国语》，然则左丘明所作，史迁所据，《国
语》而已，无所谓《春秋传》也。②

关于刘歆改编《左传》的具体做法，康氏是这样推测的：

---

① 康有为著，姜义华、张荣华编校：《新学伪经考》，中国人民大学出版社 2010 年
版，第 78—79 页。

② 康有为著，姜义华、张荣华编校：《新学伪经考》，第 75 页。

歆以其非博之学，欲夺孔子之经，而自立新说，以惑天下。知孔子制作之学首在《春秋》，《春秋》之传在《公羊传》《谷梁传》，《公羊传》《谷梁传》之法与"六经"通。于是，思所以夺《公》《谷》者。以《公羊传》《谷梁传》多虚言，可以实事夺之，人必听实事，而不听虚言也。求之古书，得《国语》与《春秋》同时，可以改易窜附。于是毅然削去平王以前事，依《春秋》以编年，比附经文，分《国语》以释经，而为《左氏传》（原注：歆本传称"歆始引《传》解《经》"，得其实矣）。作《左氏传微》以为书法，依《公羊传》《谷梁传》日月例而作日月例，托之古文以黜今学，托之河间、张苍、贾谊、张敞名臣通学以张其名，乱之《史记》以实其书，改为十二篇以新其目，变改"纪子帛""君氏卒"诸文以易其说，续为经文，尊"孔子卒"以重其事，遍伪群经以证其说。①

为了证成其说，康氏在该书中不仅认为刘歆对先秦古籍进行了窜改，而且对《史记·十二诸侯年表序》《汉书·河间献王传》《汉书·鲁恭王传》及《汉书·儒林传》等涉及《左传》在西汉流传的材料也都进行了窜改，这让人难以置信。再说《国语》与《左传》，在风格、语言、文学水平等方面都存在着很大差异，很难想象它们原来属于同一部书。康氏的论证充满臆测、武断和霸气而证据不足，故缺乏说服力。刘歆一生既要负责校理国家的图书，又要撰写《七略》及《列女传》《三统历谱》等书，同时有繁忙的政务，乃至担任王莽的国师，何暇投入巨大的精力去窜改诸书以成《左传》？像《左传》这样体大思精、艺术性极高的著作岂能在短时间伪造改编而成？这是凭常识和情理都可以作出判断的问题。

———————————

① 康有为著，姜义华、张荣华编校：《新学伪经考》，第75—76页。

　　顾颉刚的观点主要体现在他的《与钱玄同先生论古史书》和《五德终始说下的政治和历史》这两篇文章中。在前一篇文章中，顾氏提出了著名的"层累地造成的古史观"理论，即所谓古史是古人依据上古的零星传说按照不同时代的需要不断地附益而成的，时代愈后，传说的古史期越长，传说中的中心人物也就愈放愈大①。按照这一学说，《左传》这部反映春秋历史的著作必然经过了后人的改造。在后一篇文章中，顾氏考证了五行说对古代政治及历史的重要影响，进一步发挥了康有为、崔适（崔适，初师从俞樾，与章太炎同门。因受康有为《新学伪经考》的影响专治今文经学，观点同于刘逢禄、康有为，尤其对《新学伪经考》一书推崇备至）的观点，勾画出了"五德终始说"从战国到西汉的发展过程，从中找到了一些在左丘明时代没有但却出现在《左传》中的材料，如古帝少昊，汉为尧后等。同时认为这些材料是刘歆改编《左传》时所增，旨在使五帝配五德，以成五德终始之说，达到宣扬汉为尧后、新将代汉的政治目的。顾氏证明刘歆改造《左传》的直接证据主要来自《汉书·刘歆传》的记载。文章说：

　　　　向歆父子始皆治《易》，宣帝时，诏向受《谷梁春秋》，十余年大明习。及歆校秘书，见"古文《春秋左氏传》"，大好之。……《左氏传》幸留在秘府里，有人把它表章，使得绝了二百年的学术可以复续，这是怎样一件可喜的事！可是，我们不要忘了汉代是托古改制的时代，尤其是西汉之末，是《周礼》《逸书》等等出现的时代，我们不能对于它作无条件的信任。他寻出了《春秋左氏传》之后，《汉书》本传说他："初，《左氏传》多古字古言，学者传训故而已。及歆治《左氏》，引《传》

--------

① 顾颉刚：《顾颉刚古史论文集》，中华书局1988年版，第102—108页。

文以解《经》，转相发明，由是章句义理备焉。"可见他对于《左氏传》是曾经动过一番手的。①

除以上两篇文章外，顾氏在《古史辨》第五册《自序》一文中也明确阐述了类似的观点：

> 刘歆争立几种古文经传，我们承认他是一番好意，（虽则也许为的争地盘），但他的伪窜是一件确然的事实。固然以前攻击他造伪的是今文家，但既经是事实，那么就使非今文家也该得承认。我说这话，或者还有人怀疑，我只得引些书来证明。《汉书·刘歆传》说："及歆校秘书，见《古文春秋左氏传》，大好之。……歆治《左氏》，引《传》文以解《经》，转相发明，由是章句义理备焉。……歆以为左丘明好恶与圣人同，亲见夫子，……"仅此数语可见：（一）这部书是刘歆从秘书里提出表章的，（二）把《左氏传》来解释《春秋经》是他所开创的，《左氏传》的章句义理是由他定的，（三）左丘明与孔子的关系是他"以为"出来的。②

钱玄同笃信刘逢禄、康有为和其师崔适（觯甫）的结论，认为《左传》是刘歆割裂《国语》改造的结果。他在《〈左氏春秋考证〉书后》一文中说："我从读《新学伪经考》及《史记探源》（崔适的代表作）以后，深信'孔壁古文经'确是刘歆伪造的。"不过他认为《春秋左氏传》所记的史实是可信的：

> 古文经传虽为刘歆所伪造，但《春秋左氏传》这部书，却

---

① 顾颉刚：《顾颉刚古史论文集》，第180页。
② 顾颉刚：《顾颉刚古史论文集》，第349—250页。

是拿了左丘明的《国语》来窜改而成的，所以它在伪古文中是比较可信的书，与《古文尚书》《毛诗》《逸礼》《周礼》之全为伪造者不同。这位左丘先生大概是战国时代三晋地方的人，他作《国语》的年代当在"获麟"后一百年光景。……他得到许多材料，分国编成这一部大历史，其中所述官制典礼等等，各国不同，又与《周礼》绝异，这些部分，十有八九是可以认为信史的。①

徐仁甫的观点见于《左传疏证》及多篇论文。徐氏可以说是刘歆伪作说的坚决拥护者和捍卫者，他所用的材料和方法多数都没有超过刘逢禄和康有为，但他的一些结论却更大胆，主要有：（1）左丘明是《国语》的作者，《国语》原名《春秋国语》，或称《左氏春秋》；（2）《左传》是刘歆的伪造品，成书应在刘向之后，战国说不可信，西汉人未见到过这部书；（3）《左传》采用了《国语》、诸子乃至《史记》《说苑》《新序》《列女传》的材料，仅采《史记》的例证多达一百二十七条；（4）刘歆伪造《左传》前后历时共十八年。他在《左传疏证·序》中认为："是故知《左氏》出于刘歆而《左传》明，知刘歆博采群书而群书明，知后人为刘歆所迷惘，而后人之立说亦无不明。譬如振裘持领，而万毛自整。"② 关于《左传》的史料价值，徐氏同钱玄同一样，认为其所记的史实是可信的，只是作者属于伪托，实际出于刘歆之手。徐氏对自己的结论很自信，但却难以服人，别的不说，仅从语法的角度来看，即足以证明《左传》早于《史记》，如"见……于""为……所"这种被动句式在《史记》中很普遍，而《左传》中却一例也找不到。又如，像《史记·刺客列传》"此必是豫让也"这类带系词"是"的判断句，在

① 钱玄同：《钱玄同文集》第四卷，第315—316页。
② 徐仁甫：《左传疏证》，四川人民出版社1981年版，第3页。

《左传》中同样一例也找不到。

"刘歆伪作说"后来遭到了近人廖平、章太炎、刘师培、钱穆、杨向奎等的反驳。其中钱、杨二人的反驳最为深刻。钱氏在《刘向歆父子年表》中指出刘歆伪作说从时间、力量、保密等方面看都不能成立：

> 刘向卒在成帝绥和元年，刘歆复领五经在二年，争立古文经博士在哀帝建平元年，去向卒不逾二年，去歆领校五经才数月。谓歆遍伪群经，在向未死之前乎？将向既卒之后乎？向未死之前，歆已遍伪诸经，向何弗知？不可通一也。向未死二年，歆领校五经未数月，即能遍伪诸经，不可通二也。……歆遍伪诸经，将一手伪之乎？将借群手伪之乎？一手伪之，古者竹简繁重，杀青非易，不能不假手于人也。群手伪之，又何忠于伪者之多，绝不一泄其诈耶？[①]

钱氏的驳斥很机智，抓住了问题的要害，给了"刘歆伪作说"以致命的打击。文中提出的疑点大概是持"刘歆伪作说"者不曾考虑的，也难以作出合理的回答。《刘向歆父子年表》发表于1930年，是钱氏的成名之作，在当时影响很大。除了这篇文章外，钱氏于1935年又发表了《评顾颉刚五德终始说下的政治和历史》一文，再次对"刘歆伪作说"给以否定，认为"汉为尧后""五行相生""古帝少昊"等说的提出并非始于刘歆，刘歆只是将前人的传说加以归纳而已。

杨氏驳斥"刘歆伪作说"的观点主要表现在《论〈左传〉之性质及其与〈国语〉之关系》一文中。该文从《左传》的解经语、凡例、君子曰、《左传》古本说、《左传》《国语》的体裁、西汉以前

---

① 钱穆：《刘向歆父子年谱》，《燕京学报》1930年第7期。

《左传》《国语》的名称等角度对刘逢禄以来的刘歆"附益说"和"伪作说"进行了全面批驳，否定了《左传》源自《国语》之说，结论是：书法、凡例、解《经》语及"君子曰"等内容为《左传》所原有，非出后人之窜加，《左传》本为传《经》之书，《国语》之文法、记事、名称等皆与《左传》不同，二者绝非一书之割裂。该文以先秦、西汉文献中的大量材料为依据，考证严密深入，具有很强的说服力。此举一例：

> "君子曰"云云，先秦书籍中多有之，如诸子及《国策》《国语》等书是。《左传》中亦有所谓"君子曰"，其性质与诸子、《国策》等书同，皆作者对于某事某人所下之论断也。此项论断或为其本人之意见，或为取自他人之议论，在当时固能代表一部分人之意见，而事过境迁，前人所认为公平论断者，在后人或视为荒谬不经，此《左传》"君子曰"为后人附益说之起因也。《朱子语类》卷八三云"林黄中谓《左传》'君子曰'是刘歆之辞"，是为疑"君子曰"之辞之始。清今文家出，掊击《左传》不遗余力，于是"君子曰"为伪窜说益盛，而《左传》任何部分之伪窜无不出于刘歆之手矣。但于古籍中所见之反证甚多，余前曾有《论"君子曰"》一文，载于浙江省立图书馆《文澜学报》第二期，由《国语》《韩非子》《史记》等证书《左传》"君子曰"非出后人窜入。此义实发自刘师培，余论不过加详而已。然前文疏漏仍多，今再重论之如下。
>
> 《国语》中"君子曰"云云，共有多处，今具引之如下：
> 《晋语一》："十七年冬，公使太子伐东山。里克谏曰……公不说。里克退，见太子。太子曰：'君赐我偏衣、金玦，何也？'里克曰：'夫为人子者，惧不孝，不惧不得。……孺子勉之乎！'君子曰：'善处父子之间矣。'……至于稷桑，狄人出逆，申生欲

战。狐突谏曰：'不可……'申生曰：'不可，君之使我，非欢也，……不战而反，我罪滋厚。我战死，犹有令名焉。'果败狄于稷桑而反。谗言益起，狐突杜门不出。君子曰：'善深谋也。'"

《晋语二》："二十六年，献公卒……穆公问冀芮曰：'公子谁恃于晋？'对曰：'臣闻之，亡人无党，有党必有仇。夷吾之少也，不好弄戏……及其长也弗改。故出亡无怨于国，而众安之。不然，夷吾不佞，其谁能恃乎？'君子曰：'善以微劝也。'"

《晋语四》："子犯曰：'二三子忘在楚乎？偃也闻之，战斗，直为壮，曲为老，未报楚惠而抗宋，我曲楚直……'退三舍避楚。楚众欲止。子玉不肯，至于城濮，果战，楚众大败。君子曰：'善以德劝。'"……

以上诸事亦见于《左传》，惟《左传》仅僖公九年荀息死节一段有："君子曰：《诗》所谓'白圭之玷，尚可磨也；斯言之玷，不可为也。'荀息有焉。"虽与《国语》繁简不同，而意义类似。由此诸条，益知此种体裁为先秦史家所共有，非独《左传》有之也。[1]

笔者不同意"刘歆伪作说"。主要理由是，《左传》不仅与《春秋》相应的记载很多，同时也有不少不相应的记载（见下文），如果《左传》真是经过刘歆作伪，他必然会弥缝补缺或删削剔除，尽力做到无缝对接，不留痕迹，哪里会留下诸多破绽给人以口实呢？

## 第三节 《左传》与《春秋》的关系

关于《左传》与《春秋》的关系，也有两种相互对立的观点。一

---

① 杨向奎：《论〈左传〉之性质及其与〈国语〉之关系》，《史学集刊》1936 年第 2 期。

种观点认为《左传》是一部为传《春秋》而作的史书；另一种观点则认为《左传》是一部独立的史书，和《春秋》没有直接的联系。

## 一　主张《左传》是一部为传《春秋》而撰的史书

这种观点可以司马迁和杜预为代表，二人均明确指出《左传》是为传《春秋》而撰。司马迁之说见于《史记·十二诸侯年表》（详见上文）。杜预之说见《春秋左氏传序》：

> 仲尼因鲁史策书成文，……盖周公之志，仲尼从而明之。左丘明受经于仲尼，以为经者不刊之书也，故传或先经以始事，或后经以终义，或依经以辩理，或错经以合异，随义而发。其例之所重，旧史遗文，略不尽举，非圣人所修之要故也。[1]

东汉桓谭将《左传》与《春秋》的关系比作衣服的表里，自然也认为《左传》是为传《春秋》而作：

> 左氏《经》之与《传》，犹衣之表里，相持而成。《经》而无《传》，使圣人闭门思之十年，不能知也。（桓谭《新论·正经第九》）[2]

今人徐中舒、杨伯峻等学者均肯定《左传》为传《春秋》而作。其中杨氏在《左传》一文中归结《左传》传《春秋》的方式共有四种：

---

① （清）阮元校刻：《十三经注疏（清嘉庆刊本）·春秋左传正义》卷1，第4册，第3699页。

② （宋）李昉等：《太平御览》卷610，中华书局1960年版，第2746页。

第一种方式是说明书法。如隐公元年《春秋》：

元年春王正月。

《左传》则说：

元年春，王周正月，不书即位，摄也。

第二种方式是，用事实补充甚至说明《春秋》。鲁隐公实是被杀而死。……而《春秋》只写"公薨"二字，好像是病死的。《左传》便把这事源源本本叙述出来。

第三种方式是订正《春秋》的错误，如襄公二十七年《春秋》：

十有二月乙亥朔，日有食之。

《左传》则是：

十一月乙亥朔，日有食之。

第四种方式是，《春秋》经所不载的，《左传》作者认为有必要写出来流传后代，于是有"无经之传"。……以隐公元年论，《春秋经》共七条，都有《传》；《传》有十四条，有七条是"无经之传"。①

## 二 主张《左传》是一部独立的史书，和《春秋》没有直接联系

据《汉书·楚元王传》所载刘歆《移书太常博士》一文，早在西汉时期今文经学家中即有人认为"《左氏》不传《春秋》"。西晋时，河东人王接明确提出《左传》不传《春秋》，他说：

接学虽博通，特精《礼》《传》。常谓《左氏》辞义赡

---

① 文史知识编辑部编：《经书浅谈》，第79—81页。

富，自是一家书，不主为《经》发；《公羊》附《经》立《传》，《经》所不书，《传》不妄起，于文为俭，通《经》为长。(《晋书·王接传》)①

清人刘逢禄、皮锡瑞及崔适等均主张《左传》是一部独立的史书。刘氏的观点主要见于《左氏春秋考证》，其中《桓公编》十七年说：

> 证曰：左氏后于圣人，未能尽见列国宝书，又未闻口授微言大义，惟取所见载籍，如晋《乘》、楚《梼杌》等，相错编年为之。本不必比附夫子之经，故往往比年阙事。刘歆强以为传《春秋》，或缘经饰说，或缘《左氏》本文前后事，或兼采他书以实其年。如此年之文，或即用《左氏》文而增"春、夏、秋、冬"之时，遂不暇比附经文，更缀数语。要之，皆出点窜，文采便陋，不足乱真也。然歆虽略改《经》文，颠倒《左氏》，二书犹不相合。《汉志》(今按：指《汉书·艺文志》)所列"《春秋古经》十二篇、《经》十一卷、《左氏传》三十卷"是也。自贾逵以后，分《经》附《传》，又非刘歆之旧，而附益改窜之迹益明矣。②

皮氏在《经学通论·春秋·论左氏传不解经杜孔已明言之刘逢禄考证尤详晰》中充分肯定了王接及刘逢禄之说，并对《左传》与《春秋》不一致的地方进行了证明，例如：

> 晋王接谓《左氏》自是一家书，不主为《经》发，此确论

---

① (唐)房玄龄等：《晋书》卷51，中华书局1974年版，第1435页。
② (清)刘逢禄：《左氏春秋考证》卷1，第244页。

也。祖《左氏》者，或不谓然，试以《春秋经》及《左氏传》证之：

庄公二十六年《传》："秋，虢人侵晋。冬，虢人又侵晋。"杜预《集解》云："此年《经》《传》各自言其事者，或《经》是直文（今按：直文指没有传文相应的经文），或策书虽存而简牍散落，不究其本末，故《传》不复申解，但言《传》事而已。"孔曰："此年《传》不解《经》，《经》《传》各自言事，伐戎日食，体例已举。或可《经》是直文，不须《传》说。曹杀大夫，宋、齐伐徐。或须说其所以，此去邱明已远。或是简牍散落，不复能知故耳。上二十年亦《传》不解《经》，彼《经》皆是直文，故就此一说，言下以明上。"刘逢禄《左氏春秋考证》曰："左氏后于圣人，……而附益改窜之迹益明矣。"……锡瑞案：……自幼读《左氏传》书不书之类，独详于隐公前数年，而其后甚略，疑其不应如此草草，及观刘氏考证《左氏》释《经》之文，阙于隐、桓、庄、闵为尤甚，多取晋、楚之事敷衍，似皆出晋《乘》楚《梼杌》，尤可疑者。杜、孔皆谓《经》《传》各自言事，是虽经刘歆、贾逵诸人极力比附，终不能弥缝其迹。[1]

崔适的观点见于其《春秋复始》（刘逢禄《左氏春秋考证》附录三）一文，证据主要还是来自《史记·太史公自序》和《汉书·刘歆传》：

《太史公自序》曰："左丘失明，厥有《国语》。"刘歆移书太常博士曰"或谓左丘明不传《春秋》"，然则左丘明有《国语》而无《春秋》明矣。刘歆分析《国语》，并自造诞妄之辞与释

---

[1] （清）皮锡瑞：《经学通论》，第39—41页。

《经》之语，散入编年之下，书以古字，名曰《古文春秋左氏传》。《汉书·刘歆传》曰："歆以为左丘明好恶与圣人同。"曰"歆以为"，则是歆之创论，前人所未有矣。又曰："歆治《左氏》，引《传》文以解《经》。"此言颇涉游移。《传》自解《经》，何待歆引？歆引以解，则非《传》文。原其大旨，谓解《经》之文歆所作尔。是即左丘明不传《春秋》之明证矣。①

## 三 本书对《左传》与《春秋》关系的考察

本书认为《左传》是传《经》之作，主要根据是《左传》解释《春秋》或与《春秋》相应的内容很多，如果不是为传《经》而作，是不会出现这种现象的。《太史公自序》"左丘失明，厥有《国语》"一语只能说明左氏在失明后撰成了《国语》，不能说明左氏在失明前没有撰《左传》。《移书太常博士》"或谓左丘明不传《春秋》"一语只能说明汉代有些今文经学家认为《左传》不传《春秋》，不能说明当时所有经学家都持这种看法，更不能说明《左传》不传《春秋》就是事实。《汉书·刘歆传》所谓"歆治《左氏》，引《传》文以解《经》"一语，只能说明刘歆研究《左传》的特点是将《左传》的话与《春秋》一一对照，旨在说明《左传》是为传《经》而作罢了，该话本身不能证明刘歆改编了《左传》。下面看看《左传》与《春秋》所记内容的异同情况。

第一，《左传》与《春秋》所记内容有不少是相应的，主要可以归结为三个方面。

（1）《左传》传文与《春秋》经文基本相对应

本书对《左传》与《春秋》的对应情况进行了抽样调查，所涉

---

① （清）崔适：《春秋复始》卷1，上海辞书出版社图书馆藏民国七年北京大学铅印本，第3页。

《春秋》记事数共 444 条,《左传》记事数与之对应者共 334 条, 约占《春秋》记事数的 75%。《春秋》有记而《左传》无载的事例共 110 条, 约占《春秋》记事数的 25%。统计结果表明,《左传》与《春秋》对应的事例占《春秋》记事数的大多数, 不对应的事例只是少数, 也就是说,《左传》的传文与《春秋》经文基本上是相对应的。此项统计不包括《春秋》无记而《左传》有载的事例, 此将统计情况列表 2。

表 2　　　　　　　　《春秋》《左传》记事抽样调查

| 时间 \ 类别 | | 《春秋》记事数 | 《左传》记事数 |
|---|---|---|---|
| 隐公 | 元年 | 7 | 7 |
| | 二年 | 9 | 7 (无传 2) |
| | 三年 | 7 | 5 (无传 2) |
| | 四年 | 7 | 6 (无传 1) |
| | 五年 | 8 | 7 (无传 1) |
| 桓公 | 元年 | 5 | 5 |
| | 二年 | 5 | 5 |
| | 三年 | 8 | 7 (无传 1) |
| | 四年 | 2 | 2 |
| | 五年 | 9 | 6 (无传 3) |
| 庄公 | 元年 | 8 | 3 (无传 5) |
| | 二年 | 5 | 1 (无传 4) |
| | 三年 | 5 | 4 (无传 1) |
| | 四年 | 7 | 2 (无传 5) |
| | 五年 | 4 | 3 (无传 1) |

续表

| 时间＼类别 | | 《春秋》记事数 | 《左传》记事数 |
|---|---|---|---|
| 闵公 | 元年 | 5 | 5 |
| | 二年 | 8 | 6（无传2） |
| 僖公 | 元年 | 10 | 10 |
| | 二年 | 6 | 5（无传1） |
| | 三年 | 7 | 7 |
| | 四年 | 8 | 7（无传1） |
| | 五年 | 9 | 7（无传2） |
| 文公 | 元年 | 11 | 9（无传2） |
| | 二年 | 8 | 7（无传1） |
| | 三年 | 7 | 7 |
| | 四年 | 7 | 6（无传1） |
| | 五年 | 6 | 3（无传3） |
| 宣公 | 元年 | 13 | 12（无传1） |
| | 二年 | 5 | 4（无传1） |
| | 三年 | 8 | 5（无传3） |
| | 四年 | 7 | 3（无传4） |
| | 五年 | 6 | 5（无传1） |
| 成公 | 元年 | 7 | 7 |
| | 二年 | 9 | 7（无传2） |
| | 三年 | 7 | 5（无传2） |
| | 四年 | 7 | 6（无传1） |
| | 五年 | 8 | 7（无传1） |

续表

| 时间 \ 类别 | | 《春秋》记事数 | 《左传》记事数 |
|---|---|---|---|
| 襄公 | 元年 | 9 | 7（无传2） |
| | 二年 | 10 | 9（无传1） |
| | 三年 | 9 | 7（无传2） |
| | 四年 | 7 | 5（无传2） |
| | 五年 | 14 | 12（无传2） |
| 昭公 | 元年 | 12 | 9（无传3） |
| | 二年 | 5 | 5 |
| | 三年 | 7 | 6（无传1） |
| | 四年 | 8 | 8 |
| | 五年 | 8 | 7（无传1） |
| 定公 | 元年 | 8 | 7（无传1） |
| | 二年 | 4 | 2（无传2） |
| | 三年 | 5 | 4（无传1） |
| | 四年 | 16 | 7（无传9） |
| | 五年 | 6 | 4（无传2） |
| 哀公 | 元年 | 16 | 8（无传8） |
| | 二年 | 9 | 7（无传2） |
| | 三年 | 9 | 3（无传6） |
| | 四年 | 11 | 4（无传7） |
| | 五年 | 6 | 3（无传3） |
| 合计 | | 444 | 334（无传110） |

（2）《左传》对《春秋》的凡例进行了说解

根据杜预《春秋释例》的统计，《左传》对《春秋》凡例的说明共有 50 条，所谓"五十凡"，用例参见第二章第一节中的"《春秋》的价值及其书法"，此再举数例：

《春秋》僖公二十三年："冬十有一月，杞子卒。"

《左传》僖公二十三年："（冬）十一月，杞成公卒。书曰'子'，杞，夷也。不书名，未同盟也。凡诸侯同盟，死则赴以名，礼也。赴以名，则亦书之，不然则否，辟不敏也。"

《春秋》宣公十六年："夏，成周宣榭火。"

《左传》宣公十六年："夏，成周宣榭火，人火之也。凡火，人火曰火，天火曰灾。"

《春秋》成公八年："（冬）晋侯使士燮来聘。叔孙侨如会晋士燮、齐人、邾人代郯。卫人来媵。"

《左传》成公八年："（冬）晋士燮来聘，言伐郯也，以其事吴故。……卫人来媵共姬，礼也。凡诸侯嫁女，同姓媵之，异姓则否。"

（3）《左传》对《春秋》的义理进行了说解

"义理"是指《春秋》书法中所谓的"大义"。义理或通过凡例去体现，或蕴藏在文意中。《左传》除了通过解释凡例揭示《春秋》义理外，还对其蕴藏在文意中的义理随文进行了解释。例如：

《春秋》襄公二十六年："二十有六年春，王二月辛卯，卫宁喜弑其君剽。卫孙林父入于戚以叛。甲午，卫侯衎复归于卫。"

《左传》襄公二十六年："（春）宁子复攻孙氏，克之。辛卯，杀子叔（今按：子叔即卫殇公剽，献公从弟）及大子角。

书曰：'宁喜弑其君剽'，言罪之在宁氏也。孙林父以戚如晋。书曰'入于戚以叛'，罪孙氏也。臣之禄，君实有之。义则进，否则奉身而退。专禄以周旋，戮也。甲午，卫侯（今按：卫侯指卫献公衎）入。书曰'复归'，国纳之也。"

《左传》襄公二十六年"书曰'宁喜弑其君剽'，言罪之在宁氏也""书曰'入于戚以叛'，罪孙氏也""书曰'复归'，国纳之也"三语都是明显针对《春秋》遣词用意的说解。又如：

《春秋》襄公二十六年："（夏）公会晋人、郑良霄、宋人、曹人于澶渊。"

《左传》襄公二十六年："六月，公会晋赵武、宋向戌、郑良霄、曹人于澶渊以讨卫，疆戚田。取卫西鄙懿氏六十以与孙氏。赵武不书，尊公也。向戌不书，后也。郑先宋，不失所也。"

根据《左传》的记载，晋赵武（执政）和宋向戌（左师）是澶渊之会的与会者，《春秋》对此二人均未书名。另外宋为公爵，郑为伯爵，按爵次宋人当排在郑人之上，而《春秋》却将宋人排在郑人之后。这种记载违反了正常的书法，《左传》解释了其中的原因：《春秋》对盟主晋国大夫赵武不书其名是为了尊崇鲁襄公，向戌未书其名是因为他未能按时赴会，将郑人排在宋人之上也是由于这个原因。

第二，《左传》与《春秋》的差异。

无论是本来就存在，还是在流传过程中所致，《左传》《春秋》二书记事的差异也是明显的，主要有五个方面。

（1）有《经》无《传》

"有《经》无《传》"是指《春秋》的一些经文《左传》没有相应的内容。例如，《春秋》隐公二年：

十有二月乙卯，夫人子氏薨。

此条《左传》没有相应的记载，杜预注："无传。"

（2）有《传》无《经》

"有《传》无《经》"是指《左传》的一些记载《春秋》没有相应的内容，例如，《春秋》襄公十五年：

冬十有一月癸亥，晋侯周卒。

《左传》襄公十五年：

冬，晋悼公卒，遂不克会。

郑公孙夏如晋奔丧，子蟜送葬。

宋人或得玉，献诸子罕，子罕弗受。献玉者曰："以示玉人，玉人以为宝也，故敢献之。"子罕曰："我以不贪为宝，若以与我，皆丧宝也，不若人有其宝。"稽首而告曰："小人怀璧，不可以越乡，纳此以请死也。"子罕置诸其里，使玉人为之攻之，富而后使复其所。

十二月，郑人夺堵狗之妻而归诸范氏。

此年冬，《左传》共记有以上四事，其中后三事《春秋》均无记载，只有前一事有相应的记载。

（3）《经》《传》全不相应

"《经》《传》全不相应"是指某年的经文和传文完全不相应，这种情况见于庄公二十六年，前人已指出，详见上文皮锡瑞所论。此将该年经、传全文对比如下：

《春秋》庄公二十六年：

二十有六年春，公伐戎。

夏，公至自伐戎。曹杀其大夫。

秋，公会宋人、齐人伐徐。

冬十有二月癸亥朔，日有食之。

《左传》庄公二十六年：

二十六年春，晋士蒍为大司空。

夏，士蒍城绛以深其宫。

秋，虢人侵晋。

冬，虢人又侵晋。

本年《春秋》共记载了"公伐戎"等五件大事，《左传》全无记载。本年《左传》共记载了"晋士蒍为大司空"等四件事，《春秋》亦无词组提及。

(4)《经》《传》不尽同

"《经》《传》不尽同"是指传文和经文的内容既有联系，又有差异。例如：

《春秋》桓公四年："四年春正月，公狩于郎。夏，天王使宰渠伯纠来聘。"

《左传》桓公四年："四年春正月，公狩于郎。书时，礼也。夏，周宰渠伯纠来聘。父在，故名。秋，秦师侵芮，败焉，小之也。冬，王师、秦师围魏，执芮伯以归。"

《春秋》所记春、夏之事与《左传》同，然缺秋、冬之事。

《春秋》闵公二年："秋八月辛丑，公薨。九月，夫人姜氏孙于邾。……冬，齐高子来盟。十有二月，狄入卫。"

《左传》闵公二年："秋八月辛丑，共仲使卜龂贼公于武闱。……闵公之死也，哀姜与知之，故孙于邾。……冬十二月，狄人入卫。"

哀姜即姜氏。《左传》之记缺"九月"及其冬"齐高子来盟"之事。

《春秋》昭公八年："夏四月辛丑，陈侯溺卒。"

《左传》昭公八年："夏四月辛亥，哀公缢。"

哀公即陈侯，名溺。辛丑为三日，辛亥为十三日，《经》《传》所记日期不同。杜预注："《经》书辛丑，从赴（讣）。"孔颖达疏："《经》《传》异者，多是《传》实《经》虚。"

（5）《经》后之《传》

"《经》后之《传》"指《春秋》全书之后增加的传文，这些传文均没有相应的经文。《春秋》起自鲁隐公元年（前722），止于鲁哀公十四年（前481）（《公羊传》《谷梁传》所载经文止于此年）或鲁哀公十六年（前479）（《左传》所载经文止于此年）。《左传》起自时间与《春秋》相同，终止时间则延续到了鲁哀公二十七年（前468），比《公羊传》《谷梁传》经文多出十三年，比《左传》所载经文多出十一年。另外，《左传》哀公二十七年最后一段的内容涉及鲁悼公（哀公子）四年（前463）的事件，如果按此年计算，则《左传》比《春秋》延续的时间更长。

以上差异一般都可以找到其原因，如"有《经》无《传》"的情况是由于《传》文没有相应的史料，故只能付之阙如。"有

《传》无《经》"的情况则正好相反，经文失载或脱简而传文进行了增补。"《经》《传》全不相应"的情况往往被《左传》不传《春秋》说者作为重要的证据，其实这种情况仅"庄公二十六年"这一例，盖由脱简错简所致。如果《左传》确实非为传《春秋》而作，则"《经》《传》全不相应"的情况必然触目皆是，岂能仅此一例？"《经》《传》不尽同"的情况多数是由于经文为记事原则所限而造成了与事实的差异。"《经》后之《传》"则更容易理解，由于作传的人在《春秋》之后，故适当补充一些后来发生的史实是很自然的事。

通观《左传》与《春秋》，尽管二者存在着不少差异，但就总的情况来看，其所记内容是"同"多于"异"，故承认《左传》为传《春秋》而作是没有问题的。如果否定这一事实，很多问题将难以得到合理的解释。

## 第四节　《左传》的流传及研究概况

先秦的古籍有许多早已失传了，但《左传》自产生一直流传至今，且越来越受到人们的重视，由此可以看出它在中华文化宝库中的重要地位。

### 一　《左传》在战国时期的流传概况

《左传》在战国时期即已开始流传，《荀子》一书对《左传》的引用较多，刘师培《群经大义相通论·〈左传〉〈荀子〉相通考》一文有详细考证，兹引其中两条以为例：

> 襄廿六年《传》云："善为国者，赏不僭而刑不滥，赏僭则惧及淫人，刑滥则惧及善人。若不幸而过，宁僭无滥，与其

失善，宁其利淫。”

案：《荀子·致士》篇云：“赏不欲僭，刑不欲滥，赏僭则利及小人，刑滥则害及君子，若不幸而过，宁僭无滥，与其害善，不若利淫。”谢氏墉曰：“此数语全本《左传》。”案：由此数语观之，足证荀子曾见《左传》全文矣。①

隐元年《传》云：“赠死不及尸，吊生不及哀，豫凶事，非礼也。”

案：《荀子·大略》篇云：“货财曰赙，舆马曰赗，衣服曰襚，玩好曰赠，玉贝曰唅（与《公》《谷》隐元年传同），赙、赗所以佐生也，赠、襚所以送死也。送死不及柩尸，吊生不及悲哀，非礼也。”杨（今按：指杨倞）注云：“皆谓葬时。”案：此亦《荀子》引《左传》之确证。②

除《荀子》外，《战国策》《吕氏春秋》《韩非子》等文献对《左传》也有不同程度的引用。例如：

《左传》僖公二年：“晋荀息请以屈产之乘与垂棘之璧假道于虞以伐虢。公曰：‘是吾宝也。’对曰：‘若得道于虞，犹外府也。’……乃使荀息假道于虞。……虞公许之，且请先伐虢。宫之奇谏，不听，遂起师。夏，晋里克、荀息帅师会虞师伐虢，灭下阳。”③

《左传》僖公五年：“晋侯复假道于虞以伐虢。宫之奇谏曰：‘虢，虞之表也；虢亡，虞必从之。……谚所谓“辅车相依，唇

---

亡齿寒"者,其虞、虢之谓也。'……弗听,许晋使。……八月甲午,晋侯围上阳。……冬十二月丙子朔,晋灭虢,虢公丑奔京师。师还,馆于虞,遂袭虞,灭之。"①

《战国策·魏策三·秦使赵攻魏》:"秦使赵攻魏,魏谓赵王曰:'攻魏者,亡赵之始也。昔者,晋人欲亡虞而伐虢,伐虢者,亡虞之始也。故荀息以马与璧假道于虞,宫之奇谏而不听,卒假晋道。晋人伐虢,反而取虞。故《春秋》书之,以罪虞公。'"②

对于晋假道于虞以伐虢之事,《春秋》僖公二年、五年只分别记作"虞师、晋师灭下阳""冬,晋人执虞公",至于荀息如何以马、璧游说虞公假道以及宫之奇如何进谏虞公被拒之事《春秋》均未涉及,显然《魏策》提到的《春秋》是指《左传》。

《吕氏春秋·慎大览第三》:"昔者晋献公使荀息假道于虞以伐虢。荀息曰:'请以垂棘之璧与屈产之乘,以赂虞公,而求假道焉,必可得也。'献公曰:'夫垂棘之璧,吾先君之宝也;屈产之乘,寡人之骏也。若受吾币而不吾假道,将奈何?'荀息曰:'不然。彼若不吾假道,必不吾受也;若受我而假我道,是犹取之内府而藏之外府也,犹取之内皂而著之外皂也。君奚患焉?'献公许之。乃使荀息以屈产之乘为庭实,而加以垂棘之璧,以假道于虞而伐虢。虞公滥于宝与马而欲许之,宫之奇谏曰:'不可许也。虞之与虢也,若车之有辅也,车依辅,辅亦依车。虞虢之势是也。先人有言曰"唇竭而齿

---

① (清)阮元校刻:《十三经注疏(清嘉庆刊本)·春秋左传正义》卷12,第4册,第3896—3898 页。

② (西汉)刘向集录:《战国策》卷24,上海古籍出版社1985 年版,中册,第880 页。

寒"。夫虢之不亡也，恃虞；虞之不亡也，亦恃虢也。若假之道，则虢朝亡而虞夕从之矣。奈何其假之道也？'虞公弗听，而假之道。荀息伐虢，克之。还反伐虞，又克之。荀息操璧牵马而报。献公喜曰：'璧则犹是也，马齿亦薄长矣。'故曰：小利，大利之残也。"①

《韩非子·十过第十》："奚谓顾小利？昔者，晋献公欲假道于虞以伐虢。荀息曰：'君其以垂棘之璧与屈产之乘，赂虞公，求假道焉，必假我道。'君曰：'垂棘之璧，吾先君之宝也；屈产之乘，寡人之骏马也。若受吾币不假之道，将奈何？'荀息曰：'彼不假我道，必不敢受我币。若受我币而假我道，则是宝犹取之内府而藏之外府也，马犹取之内厩而著之外厩也，君勿忧。'君曰：'诺。'乃使荀息以垂棘之璧与屈产之乘赂虞公而求假道焉。虞公贪利其璧与马而欲许之。宫之奇谏曰：'不可许。夫虞之有虢也，如车之有辅。辅依车，车亦依辅，虞、虢之势正是也。若假之道，则虢朝亡而虞夕从之矣！不可，愿勿许。'虞公弗听，遂假之道。荀息伐虢之，还反处三年，与兵伐虞，又克之。荀息牵马操璧而报献公，献公说曰：'璧则犹是也。虽然，马齿亦益长矣。'故虞公之兵殆而地削者，何也？爱小利而不虑其害。故曰：顾小利则大利之残也。"②

关于《左传》自战国至西汉初期的传授情况，刘向在《别录》中作了这样的叙述：

左丘明授曾申，申授吴起，起授其子期，期授楚人铎椒。铎椒作《抄撮》八卷，授虞卿。虞卿作《抄撮》九卷，授荀

---

① 许维遹撰，梁运华整理：《吕氏春秋集释》卷15，中华书局1990年版，第364页。
② （清）王先慎：《韩非子集解》卷3，中华书局1998年版，第60页。

卿。荀卿授张苍。(引自杜预《春秋左氏传序》孔疏)①

曾申生平不详。吴起即战国著名的军事家，卫国人，初为鲁将，既而赴魏，为文侯重用，至武侯时离魏入楚。据《史记·十二诸侯年表序》，铎椒为楚威王太傅，著有《铎氏微》一书。《汉书·艺文志》载《铎氏微》三篇，而未载《抄撮》一书，《抄撮》可能就是《铎氏微》。

《铎氏微》在《汉书·艺文志》中与其他书的排列情况如下：

《左氏传》三十卷
《公羊传》十一卷
《谷梁传》十一卷
《邹氏传》十一卷
《夹氏传》十一卷
《左氏微》二篇
《铎氏微》三篇
《张氏微》十篇
《虞氏微传》二篇
《公羊外传》五十篇
《谷梁外传》二十篇

由上面的排列顺序可知，《铎氏微》与其前后的著作一样，均属于和《春秋》有关的书籍。据《抄撮》之名推测，《铎氏微》大概是《左传》的手抄简本。据《十二诸侯年表序》，虞卿是战国赵孝成王的相，著有《虞氏春秋》一书，《汉书·艺文志》称作《虞氏微传》，即《别录》所称《抄撮》，和《铎氏微》一样，也

---

① （清）阮元校刻：《十三经注疏（清嘉庆刊本）·春秋左传正义》卷1，第4册，第3695页。

是一部《左传》删节本。荀子即《荀子》一书的作者。荀子虽未编过《抄撮》一类的书，但荀子必然传授过《左传》，这从《荀子》一书征引《左传》的情况可以得到证明。张苍为秦末汉初人，其具体简况详下文。

## 二　《左传》在两汉时期的流传概况及重要学者

《左传》在西汉时期流传的记录材料最早见于《汉书·儒林传》：

> 汉兴，北平侯张苍及梁太傅贾谊、京兆尹张敞、太中大夫刘公子皆修《春秋左氏传》。谊为《左氏传》训故，授赵人贯公，为河间献王博士，子长卿为荡阴令，授清河张禹长子。禹与萧望之同时为御史，数为望之言《左氏》，望之善之，上书数以称说。后望之为太子太傅，荐禹于宣帝，征禹待诏，未及问，会疾死。授尹更始，更始传子咸及翟方进、胡常。常授黎阳贾护季君，哀帝时待诏为郎，授苍梧陈钦子佚，以《左传》授王莽，至将军。而刘歆从尹咸及翟方进受。由是言《左氏》者本之贾护、刘歆。①

张苍，阳武（今河南原阳东南）人，秦时官御史，归汉后始任代王、赵王相，因功封北平侯。官御史大夫，文帝时继灌婴为相十余年。精通历算，曾校正《九章算术》，制定历法。

贾谊，西汉初著名的政论家和文学家，洛阳（今河南洛阳东）人。贾谊是第一个研究《左传》的学者，他对《左传》做过训诂工作。

张敞，字子高，西汉名臣。祖籍河东平阳（今山西临汾西南），祖父张孺为上谷太守，徙茂陵（今陕西兴平一带）。父张福事汉武帝

---

① （汉）班固：《汉书》卷88，第11册，第3620页。

为光禄大夫。汉宣帝时张敞徙居杜陵（今陕西西安东南），先后官京兆尹、冀州刺史、太原太守等职。

河间献王，汉景帝第三子刘德。景帝前二年（前155）受封为河间（今河北河间一带）王，都乐成（今河北献县境内）。刘德修学好古，广求善书，推崇儒术，立《毛诗》《左传》博士，聘毛苌、贯公等为博士。

张禹，西汉大臣，字子文，河内轵（今河南济源东）人，精通《周易》《论语》等经书，初官光禄大夫、东平内史，成帝时赐爵关内侯，领尚书事，后为宰相，封安昌侯。

萧望之，西汉大臣，字长倩，萧何六世孙，东海兰陵（今山东苍山兰陵）人，徙杜陵（今陕西西安东南）。著名的经学家，主治《齐诗》，兼通《论语》等经书。宣帝时官大鸿胪、御史大夫、太子太傅，拜前将军光录勋，领尚书事，元帝时赐为关内侯。后遭宦官弘恭、石显陷害，被迫自杀。

尹更始，西汉汝南（今河南汝南）人，官谏议大夫，对《谷梁传》《左传》均有研究。

翟方进，字子威，西汉汝南上蔡（今河南上蔡西）人。幼年丧父，家贫，立志往京师长安从博士习《春秋》，传授《谷梁传》，兼治《左传》，积十余年，精通儒学，以射策甲科为郎，举明经迁议郎，后历官朔方刺史，丞相司直、京兆尹、御史大夫、执金吾、丞相，封高陵侯。晚年因成帝斥责被迫自杀，谥恭侯。

胡常，西汉清河（今河北清河）人。曾师事尹更始，以通晓《谷梁传》为博士，同时传习《左传》，声名在翟方进之下。元帝时为议郎，成帝鸿嘉年间为青州刺史。

贾护，字季君，西汉黎阳（今河南浚县）人，汉哀帝时待诏为郎，与刘歆同为《左氏春秋》的重要传人，著名经学家陈钦出其门下。

陈钦，字子佚，苍梧广信（今广西梧州）人。师从贾护习《左氏春秋》，以授王莽，自名《陈氏春秋》。王莽篡位后，以钦为厌难将军，后去官，王莽天凤二年（15）系狱自杀。

刘歆，字子骏，沛（今江苏沛县）人，楚元王刘交五世孙，刘向子，成帝时受诏与向领校群书，官至中垒校尉。哀帝时官至奉车光禄大夫。王莽用事时封红休侯，王莽篡位后尊为国师。地皇末年（23）谋诛王莽，事泄自杀。刘歆是西汉时期对《左传》用力最多的学者，也是《左传》学的创始人。他研究《左传》的特点是将《左传》与《春秋》相对照，以传文解释经文，经、传转相发明，互为补充，使《春秋》的所谓义理得以彰显。据陆德明《经典释文·序录》，刘歆传《左传》于贾徽，徽传子逵。

贾徽为贾谊八世孙，东汉扶风平陵（今陕西咸阳北）人。

贾逵字景伯，东汉著名经学家，继承父业，主攻《春秋》学，兼通《诗》《书》《国语》，明帝永平年间曾向朝廷献《春秋左氏传解诂》三十篇及《国语解诂》二十一篇，为世所重，有"通儒"之誉。官至侍中，领骑都尉。

从西汉初张苍到西汉末刘歆，《左传》的传本有两种：一种出自孔壁，一种属于民间传本。请看以下几种文献的记载：

1. 孔安国《尚书序》

　　至鲁共王好治宫室，坏孔子旧宅，以广其居，于壁中得先人所藏古文虞夏商周之书及《传》《论语》《孝经》，皆科斗文字。王又升孔子堂，闻金石丝竹之音，乃不坏宅。悉以书还孔氏。科斗书废已久，时人无能知者。（《尚书正义·尚书序》）①

---

① （清）阮元校刻：《十三经注疏（清嘉庆刊本）·尚书正义》卷1，第1册，第240页。

### 2.《汉书·楚元王传》

歆及向始皆治《易》，宣帝时，诏向受《谷梁春秋》，十余年，大明习。及歆校秘书，见古文《春秋左氏传》，歆大好之。时丞相史尹咸以能治《左氏》，与歆共校经传。歆略从咸及丞相翟方进受，质问大义。初《左氏传》多古字古言，学者传训故而已，及歆治《左氏》，引传文以解经，转相发明，由是章句义理备焉。歆亦湛靖有谋，父子俱好古，博见强志，过绝于人。歆以为左丘明好恶与圣人同，亲见夫子，而公羊、谷梁在七十子后，传闻之与亲见之，其详略不同。歆数以难向，向不能非间也，然犹自持其《谷梁》义。及歆亲近，欲建立《左氏春秋》及《毛诗》《逸礼》《古文尚书》皆列于学官。哀帝令歆与《五经》博士讲论其义，诸博士或不肯置对，歆因移书太常博士，责让之曰："……及鲁恭王坏孔子宅，欲以为宫，而得古文于坏壁之中，《逸礼》有三十九，《书》十六篇。天汉之后①，孔安国献之，遭巫蛊仓卒之难，未及施行。及《春秋》左氏丘明所修，皆古文旧书，多者二十余通，臧于秘府，伏而未发。孝成皇帝闵学残文缺，稍离其真，乃陈发秘臧，校理旧文，得此三事，以考学官所传，经或脱简，传或间编。传问民间，则有鲁国桓公、赵国贯公、胶东庸生之遗学与此同，抑而未施。此乃有识者之所惜闵，士君子之所嗟痛也。往者缀学之士不思废绝之阙，苟因陋就寡，分文析字，烦言碎辞，学者罢老且不能究其一艺。信口说而背传记，是末师而非往古。……犹欲保残守缺，挟恐见破之私意，而无从善服义之公心，或怀妒嫉，不考情实，雷同相从，随声是非，抑此三学，以《尚书》为备，

---

① 天汉：汉武帝年号，公元前100年—公元前97年。刘歆生于约公元前53年，死于23年。

谓左氏为不传《春秋》，岂不哀哉……"①

### 3. 许慎《说文解字·序》

壁中书者，鲁恭王坏孔子宅而得《礼记》《尚书》《春秋》《论语》《孝经》。又北平侯张仓（即苍）献《春秋左氏传》。郡国亦往往于山川得鼎彝，其铭即前代之古文，皆自相似。虽叵复见远流，其详可得略说也。而世人大共非訾，以为好奇者也，故诡更正文，向壁虚造不可知之书，变乱常行以耀于世。②

### 4.《论衡·案书篇》

《春秋左氏传》者，盖出孔子壁中。孝武皇帝时，鲁共王坏孔子教授堂以为宫，得佚《春秋》三十篇，《左氏传》也。③

出自孔壁者，《古文尚书·序》称作"《传》"，《汉书·楚元王传》称作"古文《春秋左氏传》"，《说文解字·序》称作《春秋》，《论衡·案书篇》所称同于《楚元王传》。流传于民间者，与北平侯张苍所献属于同类。鲁恭王名刘余，汉景帝之子，于景帝前二年（前155）立为淮南王，于景帝前三年（前154）徙为鲁恭王。据刘歆《移书太常博士》一文，他所见到的孔壁藏本《春秋左氏传》自孔安国献出后一直藏于皇家秘府，直至汉成帝时才被取出校理世传旧文。张苍死于公元前152年，上距鲁恭王坏孔子宅仅有3年，故

---

① （汉）班固：《汉书》卷36，第7册，第1967—1970页。
② 王平、李建廷编著：《说文解字（标点整理本）》，上海书店出版社2016年版，第396页。
③ 黄晖：《论衡校释（附刘盼遂集解）》第二十九卷，中华书局1990年版，第1161页。

其献《春秋左氏传》的时间当在鲁恭王坏孔子宅前后。杨伯峻认为《左传》在汉代的传本有两种，一种是"孔壁藏本"，一种是韩非子、李斯等人都引用过的"民间私传本"。① 徐中舒则认为《左传》是古文旧书，但不是壁中书。孔壁所藏古籍中没有《春秋》，也没有《左传》，许慎《说文解字·叙》中提到的《春秋》属于误记，《论衡·案书篇》所言《春秋左氏传》出孔子壁中的说法不足信。汉代国家所藏《左传》是北平侯张苍所献，这种本子并非孤本，与民间赵国贯公（见上文）所传的《左传》完全相同，而壁中书是孤本。②

关于《移书太常博士》一文，历来对其中的句意理解有分歧，理解分歧，又涉及《左传》是否出自孔壁的问题。张心澂《伪书通考》一书认为这段话"辞颇闪烁"，读者未深察文意，故导致误会。他说：

> 所云"得古文于坏壁之中"，即《逸礼》《书》及《春秋左氏》。下文云"皆古文旧说，多者二十余通，臧于秘府，伏而未发"，皆指此三书。故下文云"得此三事"也。因"《书》十六篇"之下加"天汉之后，孔安国献之，遭巫蛊仓卒之难，未及施行"数语，以说《逸礼》及《书》（或专指《书》——原注）之经过，与下文"邱明所修"一语为"《春秋左氏》"之说明同。但"天汉……"数语较长，读者不察，以为文气已断，下文乃另一事，与孔壁无关。然下文"及《春秋左氏》"之"及"字，即表示上之《逸礼》《书》及此《春秋》共三书。此犹可谓与上文"及鲁恭王"之"及"字用法同，为另一段之证。但下文"皆古文"之"皆"，明指三书。若专言《春秋左氏》，何来一"皆"字乎？……惟其辞颇闪烁，读者易误会。故班固《汉书艺文志》不言《春秋左氏传》出孔壁，而王充《论衡》言之，许慎《说文

---

① 杨伯峻编著：《春秋左传注（修订本）》，第1册，"前言"第46—49页。

② 徐中舒编注：《左传选》，第357—358页。

叙》则言《春秋》出孔壁，皆对歆移书读法不同之故也。①

杨伯峻认为张氏把这段文字读懂了。他指出："这封信，对学术史说，是件重要文献，可是不少人误解了，因为刘歆在这信中加了些插句。我们若用破折号把插句标出，这封信的原意便显露出来了。"杨先生的标点如下：

> 及鲁恭王坏孔子宅，欲以为宫，而得古文于坏壁之中，《逸礼》有三十九，《书》十六篇——天汉之后，孔安国献之，遭巫蛊仓卒之难，未及施行——及《春秋左氏》——丘明所修——，皆古文旧书，多者二十余通，臧于秘府，伏而未发。……或怀妒嫉，不考情实，雷同相从，随声是非，抑此三学：以《尚书》为备，谓《左氏》不传《春秋》，岂不哀哉！②

这样的断句将"天汉之后，孔安国献之，遭巫蛊仓卒之难，未及施行"和"丘明所修"两部分均视为插说成分，使"及《春秋左氏》""皆古文旧书"等句与上句"《书》十六篇"连成一气，有利于证明《左氏春秋》属壁中书，也使下文的"皆"字有了着落。但是如此标点很难解释这样的疑问：既然《春秋左氏》与《逸礼》《书》同属壁中书，那么"天汉之后，孔安国献之，遭巫蛊仓卒之难，未及施行"数句为什么不置于"丘明所修"一语之后以兼指《左传》呢？难道同属壁中书，《左传》的遭遇与《逸礼》《书》不同？再说这样复杂的行文习惯并无旁证支持。杨氏认为张心澂把这段文字读懂了，他的断句当是受到张氏之说的启示。我们以为张氏并没有完全读懂，故其解释或通或不通。我们以为这段话发生了错简，故无论怎样断句都不

---

① 杨伯峻编著：《春秋左传注（修订本）》，第 1 册，"前言"第 47 页。
② 杨伯峻编著：《春秋左传注（修订本）》，第 1 册，"前言"第 46—47 页。

免龃龉，难以弥缝。发生错简的几句是"及《春秋左氏》，丘明所修，皆古文旧书，多者二十余通"，如果把这四句移至"《书》十六篇"与"天汉之后"两句之间，原文之疑就会涣然冰释，各就条理：

> 及鲁恭王坏孔子宅，欲以为宫，而得古文于坏壁之中：《逸礼》有三十九，《书》十六篇，及《春秋》，左氏丘明所修，皆古文旧书，多者二十余通。天汉之后，孔安国献之，遭巫蛊仓卒之难，未及施行，臧于秘府，伏而未发。孝成皇帝闵学残文缺，稍离其真，乃陈发秘臧，校理旧文，得此三事，以考学官所传，经或脱简，传或间编。

西汉时期，《公羊传》和《谷梁传》相继被立于学官，处于正统地位。其中《公羊传》立于学官是在汉武帝时期，《谷梁传》立于学官是在汉宣帝时期。《左传》虽有人相继传习，但未立于学官（汉武帝置五经博士，其中无《左传》），只是在民间流传，地位远不如《公羊传》《谷梁传》显赫。直到汉哀帝时重视《左传》的问题才由刘歆向朝廷提出，然遭到一些大臣的拒绝，未能实现，请看《汉书·楚元王传》的记载：

> "今圣上德通神明，继统扬业，亦闵文学错乱，学士若兹，虽昭其情，犹依违谦让，乐与士君子同之。故下明诏，试《左氏》可立不，遣近臣奉指衔命，将以辅弱扶微，与二三君子比意同力，冀得废遗。今则不然，深闭固距，而不肯试，猥以不诵绝之，欲以杜塞余道，绝灭微学。夫可与乐成，难与虑始，此乃众庶之所为耳，非所望士君子也。且此数家之事，皆先帝所亲论，今上所考视，其古文旧书，皆有征验，外内相应，岂苟而已哉！……"
>
> 其言甚切，诸儒皆怨恨。是时名儒光禄大夫龚胜以歆移书上

疏深自罪责，愿乞骸骨罢。及儒者师丹为大司空，亦大怒，奏歆
改乱旧章，非毁先帝所立。上曰："歆欲广道术，亦何以为非毁
哉？"歆由是忤执政大臣，为众儒所讪，惧诛，求出补吏，为河
内太守。以宗室不宜典三河，徙守五原，后复转在涿郡，历三郡
守。数年，以病免官，起家复为安定属国都尉。会哀帝崩，王莽持
政，莽少与歆俱为黄门郎，重之，白太后。太后留歆为右曹太中大
夫，迁中垒校尉、羲和、京兆尹，使治明堂辟雍，封红休侯。①

到汉平帝（哀帝之弟）时，《左传》才被正式立于学官，设博
士传授，有《汉书·儒林传赞》为证：

　　赞曰：自武帝立五经博士，开弟子员，设科射策，劝以官
禄，讫于元始，百有余年，传业者寖盛，支叶藩滋，一经说至
百余万言，大师众至千余人，盖禄利之路然也。初，《书》唯有
欧阳、《礼》后、《易》杨、《春秋》公羊而已。② 至孝宣世，复
立《大小夏侯尚书》《大小戴礼》《施》《孟》《梁丘易》《谷梁
春秋》。至元帝世，复立《京氏易》。平帝时，又立《左氏春秋》
《毛诗》《逸礼》《古文尚书》，所以罔罗遗失，兼而存之。③

然而，《左传》立于学官的时间并没有持续很久，随着新朝的覆
灭而被废了。东汉初年，在光武帝刘秀的支持下《左传》再次被立

①　（汉）班固：《汉书》卷36，第7册，第1970—1972页。
②　欧阳：欧阳高，字子阳，《尚书》欧阳学开创者欧阳生的曾孙，西汉《尚书》学
家，千乘郡（今山东广饶）人，汉宣帝时被立为博士。后：后苍，字近君，西汉经学家，
东海郡郯（今山东郯城）人。弟子有戴德、戴圣、庆普、萧望之、匡衡等人。杨：杨何，
西汉淄川（今山东寿光东南）人，字叔元，《易》学家。曾受《易》于王同。武帝时任中
大夫，著有《易传杨氏》二篇，均佚。
③　（汉）班固：《汉书》卷88，第11册，第3620—3621页。

于学官，不过不久又因博士李封之死而废了，事见《后汉书·范升陈元传》：

> 范升，字辩卿。代郡人也。少孤，依外家居。九岁通《论语》《孝经》，及长，习《梁丘易》《老子》，教授后生。……建武二年，光武征诣怀官，拜议郎，迁博士。……时尚书令韩歆上疏，欲为《费氏易》《左氏春秋》立博士①，诏下其议。四年正月，朝公卿、大夫、博士，见于云台。帝曰："范博士可前平说。"升起对曰："《左氏》不祖孔子，而出于丘明，师徒相传，又无其人，且非先帝所存，无因得立。"遂与韩歆及太中大夫许淑等互相辩难，日中乃罢。升退而奏曰："臣闻主不稽古，无以承天。……今《费》《左》二学，无有本师，而多反异，先帝前世，有疑于此，故《京氏》虽立②，辄复见废。疑道不可由，疑事不可行。……传曰：'闻疑传疑，闻信传信，而尧舜之道存。'愿陛下疑先帝之所疑，信先帝之所信，以示反本，明不专己。天下之事所以异者，以不一本也。……五经之本自孔子始，谨奏《左氏》之失凡十四事。"时难者以太史公多引《左氏》，升又上太史公违戾《五经》，谬孔子言，及《左氏春秋》不可录三十一事。诏以下博士。
>
> 后升为出妻所告，坐系，得出，还乡里。永平中，为聊城令，坐事免，卒于家。
>
> 陈元，字长孙，苍梧广信人也。父钦，习《左氏春秋》，事黎阳贾护，与刘歆同时而别自名家。……元少传父业，为之训诂，锐精覃思，至不与乡里通。以父任为郎。

---

① 费：费直，字长翁，西汉东莱（今山东莱州）人，长于卜筮，创立费氏易学派。

② 《京氏》：指《京氏易传》，西汉京房解释《周易》的著作。京房（前77—前37），本姓李，字君明，推律自改为京氏，东郡顿丘（今河南清丰西南）人。

建武初，元与桓谭、杜林、郑兴俱为学者所宗。时议欲立《左氏传》博士，范升奏以为《左氏》浅末，不宜立。元闻之，乃诣阙上疏曰："陛下拨乱反正，文武并用，深愍经艺谬杂，真伪错乱，每临朝日，辄延群臣讲论圣道。知丘明至贤，亲受孔子，而《公羊》《谷梁》传闻于后世，故诏立《左氏》，博询可否，示不专已，尽之群下也。今论者沉溺所习，玩守旧闻，固执虚言传受之辞，以非亲见实事之道。《左氏》孤学少与，遂为异家之所覆冒。夫至音不合众听，故伯牙绝弦；至宝不同众好，故卞和泣血。仲尼圣德，而不容于世。况于竹帛余文，其为雷同者所排，固其宜也。非陛下至明，孰能察之？臣元窃见博士范升等所议奏《左氏春秋》不可立，及太史公违戾凡四十五事。案：升等所言，前后相违，皆断截小文，媟黩微辞，以年数小差，掇为巨谬，遗脱纤微，指为大尤，抉瑕摘衅，掩其弘美，所谓'小辩破言，小言破道'者也。升等又曰：'先帝不以《左氏》为经，故不置博士，后主所宜因袭。'臣愚以为，若先帝所行而后主必行者，则盘庚不当迁于殷，周公不当营洛邑，陛下不当都山东也。……臣元愚鄙，尝传师言。如得以褐衣召见，俯伏庭下，诵孔氏之正道，理丘明之宿冤。若辞不合经，事不稽古，退就重诛，虽死之日，生之年也。"

书奏，下其议，范升复与元相辩难，凡十余上。帝卒立《左氏》学，太常选博士四人，元为第一。帝以元新忿争，乃用其次司隶从事李封，于是诸儒以《左氏》之立，论议欢哗，自公卿以下，数廷争之。会封病卒，左氏复废。①

从以上记载可以看出，这次在立与否的问题上，主立派和反对

---

① （宋）范晔撰，（唐）李贤等注：《后汉书》卷36，第5册，第1226—1233页。

派的斗争很激烈，以陈元为代表的主立派和以范升为代表的反对派进行了多次交锋，双方旗帜鲜明，针锋相对，引经据典，辩难攻讦，甚至不惜为捍卫主张献出生命，可见当时的古、今文之争已到了白热化的地步，远远超出了学术范围。反对派势力之大，就是皇帝刘秀也有所顾忌，不得不有所让步。尽管如此，由于《左传》本身在史学、文学等方面的价值远胜于《公羊传》和《谷梁传》，故无论国家的态度如何，其社会影响在不断扩大。到东汉章帝时，古文学派正式形成，初步取得了对今文学派的胜利。取得这场胜利的关键人物是经学大师贾逵。据《后汉书·贾逵传》，汉章帝本人爱好《古文尚书》《左传》，很欣赏贾逵的学说。建初元年（76），章帝诏请贾逵入北宫白虎观、南宫云台讲论其说，令他找出《左传》大义长于《公羊传》《谷梁传》二传的优点，贾逵领旨共摘录《左传》的长处三十七条，得到章帝嘉奖，并责成他自选公羊学家严彭祖、颜安乐的高才生二十人以《左传》教之。建初八年（83），章帝进而诏诸儒各选高才生学习《左传》《谷梁传》《古文尚书》和《毛诗》，从此四经行于世。当时章帝还拜贾逵所选弟子及门生为千乘王国郎，朝夕受业于黄门署，致使学者们羡慕不已。但出于各种原因，《左传》等古文经并未立于学官，且一直持续到终汉之世。这种情况说明，古、今文两派的斗争一直持续到汉末，今文经学派的势力相当强大，所谓章帝时期古文经学派对今文经学派的胜利，也只是取得了朝廷的认可和推广而已。尽管如此，由于朝廷态度的转变，使《左传》得到了广泛传播，研习的人数增多，其中包括一些最著名的学者。这些学者除了上面提及的陈元、贾逵外，据杜预《春秋左氏传序》孔颖达疏，尚有郑众、马融、延笃、彭仲博、许惠卿、服虔、颖容等人。

郑众，东汉著名的经学家，郑兴子，字仲师，河南开封（今河南开封）人，与其父并称"先郑"（郑玄称"后郑"）。年十二从父习《左氏春秋》，作《春秋难记条例》。明《三统历》，兼通《周易》《诗经》。汉明帝永平（58—75）初年，入司空府，以明经官给事中，再迁为越骑司马。后出使匈奴，因功授军司马，拜中郎将，迁左冯翊。汉章帝建初年间（76—84），代邓彪为大司农，世称"郑司农"，在位以清正著称。曾受诏作《春秋删》十九篇，又撰有《春秋左氏传条例》《孝经注》等书。

马融，东汉右扶风茂陵（今陕西兴平东北）人，字季长，历官郎中、议郎、武都太守、南郡太守等职。博学多通，兼善辞赋，为东汉大儒，开创古文经学，著名学者卢植、郑玄皆出自其门下。一生遍注群经，著作有《周易注》《尚书注》《毛诗注》《礼记注》《论语注》《周官传》《丧服经传》《三传异同说》等，皆佚，清人马国翰、黄奭有辑本。其辞赋明人辑有《马季长集》。

延笃，东汉南阳犨（今河南鲁山东南）人，字叔坚。少从颍川唐溪典习《左传》，继从马融受业，博通经传诸子。举孝廉，官平阳侯相，以奔师丧弃官。桓帝时以博士征拜为议郎，与朱穆、边韶共著作东观。历官侍中、左冯翊、京兆尹等职，为政宽仁，颇有政声。后因故以病免归，家居教授。晚年遭党事禁锢，于桓帝永康元年（167）卒于家。著作有诗、论、铭、书、应讯、表、教令共二十余篇。

彭仲博，生平事迹不详。

许惠卿，名淑，魏郡（今河南临漳西南）人，余不详。

服虔，东汉著名经学家，河南荥阳（今河南荥阳东北）人，字子慎，初名重，又名祇，改名虔。少年清苦，入太学受业，有雅才，善著文，曾举孝廉。官九江太守，后于战乱中病卒。著有《春秋左氏传解》（《春秋左传解谊》）一书，已佚，清人马国翰有辑本。又以《左传》驳何休之所驳汉事六十条，同时撰有赋、碑、诔、书记、《连珠》《九愤》等十余篇。

颍容，东汉陈国长平（今河南西华东北）人，字子严，郡举孝廉，州辟，公车征，皆不就。刘表拟拜武陵太守，亦辞谢。于献帝建安年间（196—220）卒。著有《春秋左氏条例》一书，五万余言。

### 三 《左传》在魏晋南北朝时期的研究概况及重要学者

三国至两晋时期，研究《左传》的学者主要有王肃、杜预二人。

王肃，三国魏东海（今山东郯城北）人，王朗之子。官至中领军，加散骑常侍。肃承贾逵、马融之学，曾为五经及《国语》等书作注，于《春秋》撰有《春秋例》《春秋三传》二书。均佚。

杜预，西晋京兆杜陵（今陕西西安东南）人，字符凯，司马懿之婿，官至镇南大将军，在晋灭吴的过程中发挥了重要作用。杜预博学多通，于政治、经济、军事、经学、历法、律令、算术、工程等方面均有深入研究，且多谋略，时人称为"杜武库"。在群经中，杜预尤好《左传》，自称有"《左传》癖"，其所著《春秋左传集解》，是流传至今最早的《左传》注本，收入《十三经注疏》。该书简要精当，深刻缜密，对《春秋》义理、《左传》之旨多有发明。除《春秋左传集解》外，杜预尚有《春秋释例》《春秋长历》二书，均传世。

南北朝时，《左传》学分成南北两大派，南宗杜预，北宗服虔。南北两派的治学风格有明显的不同，南学精细求新，北学务实保守。用《隋书·儒林列传序》的话来说是"南人约简，得其英华；北学深芜，穷其枝叶"。南朝研究《左传》的学者主要有谢庄、萧子懋、王俭、杜干光、王延之、刘之遴、崔灵恩、沈宏、沈文阿、王元规、严植之、贺革、沈洙、陆庆等人。北朝研究《左传》的学者主要有刘兰、张吾贵、卫冀隆、苏宽、刘献之、徐遵明、张思伯、庾信、沉重、乐逊等人。这一时期的研究侧重于书法条例的探求，总的来说成就不大。

## 四　《左传》在隋唐五代时期的研究概况及重要学者

隋唐五代时期《左传》的研究不仅局限于《春秋》义理的解释，同时涉及对前人注文的疏证，对《春秋》经、传的评价和《左传》名号的整理等。学者主要有刘焯、刘炫、孔颖达、刘知几、啖助、赵匡、陆淳、冯继先等，其中孔颖达的成就最大。

刘炫，隋河间景城（今河北献县东北）人，字光伯。文帝开皇年间曾参与撰写隋史及研究天文制定律历，官至太学博士，隋末因饥寒而死。著有《春秋攻昧》《五经正名》《春秋述义》《尚书述义》《毛诗述义》《论语述义》等书，均佚。刘炫研究《左传》的成绩比较突出，但过于追求文辞，未能在精深方面下功夫，且好攻击他人以自重，孔颖达《春秋正义序》对他作了这样的评价：

> 刘炫于数君（指沈文何、苏宽、刘炫）之内，实为翘楚，然聪惠辩博，固亦罕俦，而探赜钩深，未能致远。其经注易者，必具饰以文辞；其理致难者，乃不入其根节。又意在矜伐，性好非毁，规杜氏之失，凡一百五十余条。习杜义而攻杜氏，犹蠹生于木而还食其木，非其理也。虽规杜过，义又浅近，所谓捕鸣蝉于前，不知黄雀在其后。①

孔颖达，唐冀州衡水（今河北衡水）人，字冲远，历官文学馆学士、国子博士、国子祭酒，精通五经。曾与魏征等人修隋史，又奉命与颜师古等撰《五经正义》一百八十卷。《五经正义》中的《春秋左传正义》是孔颖达等人研究《左传》的重要成果。该书对《左传》的注解全面采用了杜预的《春秋左传集解》，疏义多依据的

---

① （清）阮元校刻：《十三经注疏（清嘉庆刊本）·春秋左传正义·春秋正义序》卷1，第4册，第3692页。

是刘炫的《春秋述义》。在体例上，《春秋左传正义》先释《春秋》，后释《左传》，最后对杜预注说解。其最大特点是引证详博，保存了许多汉魏遗说，可看作对汉魏六朝以来"《春秋左传》学"的总结。由于《春秋左传正义》采用了杜预注，极大地提高了杜预注的地位，这对服虔论无疑是一个沉重打击，影响所及，致使南北朝以来杜、服二学的对立随之消失，服虔《春秋左氏传解》一书因而也未能流传下来。

刘知几，唐彭城（今江苏徐州）人，字子玄，著名史学家。历高宗、则天、玄宗三朝，先后官著作佐郎、左史、凤阁舍人、左散骑常侍等职。刘氏有关《左传》的学说表现于《史通》一书。其中《惑经》篇站在史学角度对《春秋》的所谓书法提出了大胆怀疑，从十二个方面指出了《春秋》的残缺、矛盾之处，动摇了《春秋》的神圣地位。与《惑经》相反，《申左》篇则对《左传》进行了充分的肯定，认为《左传》叙事采用直笔，不虚美，不隐恶。在《杂说上》中对《左传》叙事的艺术性及左氏之才给予了极高的评价：

> 《左氏》之叙事也，述行师则簿领盈视，唬聒沸腾；论备火则区分在目，修饰峻整；言胜捷则收获都尽；记奔败则披靡横前；申盟誓则慷慨有余；称谲诈则欺诬可见；谈恩惠则煦如春日；纪严切则凛若秋霜；叙兴邦则滋味无量；陈亡国则凄凉可悯。或腴辞润简牍，或美句入咏歌，跌宕而不群，纵横而自得。若斯才者，殆将工侔造化，思涉鬼神，著述罕闻，古今卓绝。①

这一评价首次涉及《左传》在文学方面的成就。

---

① （唐）刘知几：《史通·外篇·杂说上第七》卷16，浦起龙通释，吕思勉评，李永圻、张耕华导读整理，上海古籍出版社2008年版，第330页。

啖助，唐赵州（今河北赵县）人，后徙关中，字叔佐。天宝末先后任临清尉、丹阳主簿等小职。后隐居不仕，安贫乐道，精研《春秋》十载，著成《春秋集注》一书。

赵匡，河东（今山西永济一带）人，字伯循。曾官洋州（今陕西洋县）刺史。他是啖助的学生，啖助死后，他曾对助的书稿《春秋集注》进行过整理，并著有《春秋阐微纂类义统》十卷以补助书之不足。

陆淳，字伯冲，吴郡（今江苏苏州）人，后因避唐宪宗讳改名质，官给事中。曾师事赵匡，继承啖助、赵匡二家《春秋》之学，撰有《春秋集传纂例》《春秋微旨》《春秋集传辨疑》三书，集中反映了啖、赵、陆三家的学说。此三家对《春秋》三传都不太满意，认为《春秋》的宏旨不仅仅在于维护周礼，同时宣扬了二帝三王之法。

冯继先，五代人，生平居里不详。《四库全书》载其《春秋名号归一图》二卷。全书对《左传》人名的不同称谓进行了归类，是继杜预《春秋释例·世族谱》之后系统研究《左传》人名的著作。该书除《四库全书》本外，尚有《通志堂经解》本和《四部备要》本传世。

## 五 《左传》在宋、元、明时期的研究概况及重要学者

宋、元、明时期，《左传》的研究有所深化，其总体特点不是在注疏上下功夫，而是对《春秋》的书法提出了种种不同看法；在训诂方面往往借题发挥，托古喻今。代表人物主要有孙复、胡瑗、孙觉、刘敞、王安石、苏轼、胡安国、叶梦得、朱熹、吕祖谦、程公说、程端学、陆粲等人。

孙复，北宋平阳（今山西临汾）人，字明复，著有《三传辨失解》《春秋尊王发微》二书，前者已佚，后者有《四库全书》本、

《通志堂经解》本传世。孙复重经而轻传，认为《春秋》的宗旨在于"尊王攘夷"，所谓褒贬书法实际上是"有贬无褒"。

胡瑗，北宋泰州海陵（今江苏泰州）人，字翼之，与孙复同时，官至太常博士，著有《春秋口义》《周易口义》《洪范口义》等。胡瑗对《春秋》研究的成就并不大，他的贡献主要是组织"《春秋》经社"，对《春秋》经传的传播起到了推进作用。

孙觉，北宋高邮（今江苏高邮）人，字莘老，官至龙图阁学士。孙觉是胡瑗《春秋》经社中的成员，著有《春秋经解》《春秋学纂》《春秋经社要义》等书，坚持《春秋》"尊王说"和"有贬无褒"说。

刘敞，北宋临江新喻（今江西新余）人，字原父，官至集贤殿学士，著有《春秋传》《春秋权衡》《春秋说例》《春秋文权》《春秋意林》等书。刘敞学识渊博，在北宋的学术地位和威望都很高，他研究《左传》的特点是经、传并重，不是经而废传，也不泥传而疑经，让经、传互为发明。他同意今文学家《左传》不传《春秋》之说，但对《左传》的价值给予了充分的肯定。

苏轼，北宋眉州眉山（今四川眉山）人，字子瞻，著名文学家，官至翰林学士兼侍读、龙图阁学士。苏轼于《左传》没有专书行世，只是留下了《春秋论》《宋襄公论》《论郑伯克段于鄢》《论闰月不告朔犹朝于庙》等零散的议论（见《东坡文集》），但都很精辟，不同凡响。在对三传的看法上，苏轼及其弟苏辙都重《左传》而轻《公羊传》《谷梁传》，这自然和他们的文学气质相关。

胡安国，南宋建宁崇安（今福建西北）人，著名的经学家和湖湘学派创始人之一，字康侯，高宗时期官给事中、侍读。胡氏以一生心力著《春秋胡氏传》三十卷，主张《春秋》的大义在于"尊王攘夷"，而重在"攘夷"，这种观点显然是为当时抗金的时势服务。《春秋胡氏传》在南宋的影响很大，由于统治者的提倡而成了官书。

叶梦得，南宋吴县（今江苏苏州）人，与胡安国同时，文学家，官至翰林学士。著作有《春秋传》《春秋考》《春秋谳》《春秋指要总例》等，其中《春秋指要总例》已佚。叶氏认为："《左传》传事不传义，是以详于史而事未必实，以不知经故也；《公羊》《谷梁》传义不传事，是以详于经而义未必当，以不知经故也。"（《春秋传·自序》）这一议论表明了他对三传得失的看法及对《春秋》的重视。叶氏治《春秋》的最大特点是注重实证，如批评《左传》时多从字义、史实立论；但他比较自负，好下断语，难免失之偏颇。

朱熹，宋婺源（今江西婺源）人，字仲晦，著名理学家，官至焕章阁待制、侍讲。朱熹的《周易本义》《诗集传》《四书集注》《楚辞集注》等著作均素负盛名。他对《春秋》的研究虽无专书行世，但有较深刻大胆的看法，他认为《春秋》并无表示褒贬之义的所谓书法（见后人所辑《朱子五经语类·统论经义》）。他指出三传中的《左传》是史学，而《公羊传》《谷梁传》才是经学，但他肯定《左传》而怀疑《公羊传》《谷梁传》的传义。

吕祖谦，宋婺州（今浙江金华）人，字伯恭，号称东莱先生，历官太学博士、秘书郎国史编修、著作郎，有《东莱集》《吕氏家塾读书记》《春秋集解》《左传类编》《春秋左氏传说》《春秋左氏续说》《东莱左氏博议》等书传世，其中《东莱左氏博议》收集论文 168 篇，是一部史论专著，内中不乏精到之论。吕氏在南宋学者中于《左传》用力最勤，成就最大。他的研究不仅从经学、史学角度着眼，涉及《春秋》的义理、春秋时期的军事制度、税制、刑法等，而且也关注《左传》中的人物塑造问题。

程公说，宋眉山人，字伯刚，进士出身，官邛州教授，后遭战乱，悒悒而没，年仅 37 岁。一生苦心治《左传》，著《左氏始终》《通例》《比事》《春秋分记》，共 156 卷，另有《诗古文辞及语录士训》一书，今唯《春秋分记》传世，有《四库全书》本。《春秋分记》共分年表、世谱、名谱（人物名谱）、书（包括《历书》《五行书》《礼乐书》《职官书》等）、世本等部分，这样的分类，是对《春秋左传》学的重要贡献。

程端学，元庆元路鄞县（今浙江宁波）人，字时叔，进士出身，官国子助教、太常博士，为人刚严方正，先后著《春秋本义》《春秋三传辨疑》《春秋或问》等书。程氏的主要观点是对《春秋》微言大义之说持否定态度，他认为三传之作虽有补于经，但拘守于一字之褒贬，攻细捐大，舍本求末，甚至辗转生意，穿凿附会，不足取。他在《辨疑》中对三传释经的可疑之处进行了具体的辩驳。

陆粲，明苏州府长洲县（今江苏苏州）人，字子余，著有《左传附注》《左传春秋镌》《春秋胡氏传辨疑》等书。《左传附注》旨在驳正杜预注孔颖达疏。《左传春秋镌》考辨《左传》成书的时间，提出战国人作而刘歆增益之说。《春秋明氏传辨疑》是对南宋胡安国《春秋传》的商榷。陆氏敢于否定成说，勇于标新立异，发明颇多，疏失之处亦自然难免。如《左传》宣公十四年："华元曰：'过我而不假道，鄙我也。鄙我，亡也。'"杜预注："'以我比其边鄙，是与亡国同。'"杜预注至确，而陆粲引例证明"鄙"为"鄙薄"之意，实误。

## 六 《左传》在清代的研究概况及重要学者

清代研究《左传》的学者辈出，著述如林，成就超过了以往任何时期，尤其在考据方面，这与清人的学风及在音韵、文字、训诂方面取得的成就有关。其中最著名的学者先后有顾炎武、马骕、高士奇、陈厚耀、顾栋高、阮元、惠栋、洪亮吉、刘逢禄、刘文淇、康有为、刘师培等人。

顾炎武（1613—1682），清昆山（今江苏昆山）人，字宁人。

清初著名的思想家、经学家和语言学家。在经学方面著《左传杜解补正》三卷，此书注重杜预注而又能规正其失，同时多采服虔之说，表现了顾氏实事求是的考据作风。顾氏在《日知录》中认为《春秋》是鲁国之史，而《左传》是兼采列国之史的史书，作者非止一人，完成时间也不止一世。

马骕（1620—1673），清邹平（今山东邹平）人，字聪卿，又字宛斯。清初史学家，进士出身，曾为淮安府推官、灵璧知县。一生好治《左传》，著《左传事纬》十二卷，《绎史》一百六十卷。《事纬》将《左传》《春秋》的编年体改编为以事为纲的纪事本末体，每事之末附以评论，便于读者对人物及事件的了解。

高士奇（1645—1704），清钱塘（今浙江杭州）人，字淡人，历官居注、詹事府少詹事、礼部侍郎等职。高氏研究《左传》的著作是《左传纪事本末》，该书按专题将《左传》改编为纪事本末体，于每篇之中附录有相关的文献资料，同时设有补逸、考异、辨误、考证、发明及评论等项目，这种体例在马骕《左传事纬》的基础上又进了一步，读者不仅可以从中了解到人物的事迹及事件的本末，同时可以看到同一事件在不同典籍中的不同记载等情况，有利于从整体上把握人物和事件。

陈厚耀（1648—1722），清泰州（今江苏泰州）人，字泗源，康熙进士，初官苏州府教授，后入朝授编修等职。著《春秋长历》《春秋世族谱》《左传分类》《十七史正讹》等书。其中《春秋长历》和《春秋世族谱》是对杜预《春秋长历》和《春秋世族谱》的补正。前者分历正、古历、历编、历存四部分，对《江苏左传》中使用的历法进行了系统的研究，纠正了杜预的疏失；后者通过列表展示了《江苏左传》人物的谱系，材料完备，眉目清晰。

顾栋高（1679—1759），无锡（今江苏无锡）人，字震沧，又字复初，康熙进士，历官内阁中书、国子监司业、祭酒等职，一生治学多用力于《左传》，以十五年之功著成《春秋大事表》五十卷。是书将《左传》的内容分类列表，各表之后有评论、考辨及附录。该书撰写态度严肃，其最大的特点是数据详博，条理分明，考证亦多精确之论，不足之处是事事列表，显得单调烦碎。另外，处处维护君权和主观臆断也是该书较突出的问题。

阮元（1764—1849），清仪征（今江苏仪征）人，字伯元，乾隆进士，道光时官至体仁阁大学士，加太傅，其在学术上的重要贡献是主持编成《经籍籑诂》和《十三经校勘记》，刻印了《十三经注疏》和《学海堂经解》，自著有《揅经室集》。《十三经校勘记》初稿多出自阮氏在浙江开设的诂经精舍门下之手，最后由阮氏裁定。其中对《左传》的校勘不仅所采版本齐全，且利用了小学的研究成果，是流传至今的权威校本。

惠栋（1697—1758），清（今江苏苏州）人，字定宇，惠士奇之子，人称小红豆。一生未官，自幼笃志尚学，遍涉百家之书，著述甚丰，钱大昕论其学问当在何休、服虔之间而马融、赵岐辈不及。惠氏于经学的主要著作是《左传补注》。该书在其父士奇、其祖父周惕遗说的基础上撰成，特点是引证详博，考释细密，旨在通过先秦两汉的资料及辑佚旧说指出杜预注的来源，同时对杜预注孔颖达疏的失误进行驳正。《四库全书总目》评论："其长在博，其短亦在于嗜博；其长在古，其短亦在于泥古也。"

洪亮吉（1746—1809），清阳湖（今江苏常州）人，字君直，又字稚存，授编修，嘉庆时曾因上书抨击朝政被贬戍伊犁，不久赦还。洪氏精于地理、经学和小学，同时长于诗文，于经学著《春秋左传诂》二十卷。洪氏认为杜预注不遵古训，师心自用，又多剿袭服贾而不加注明，故该书的目的是钩考汉魏遗说以指明杜预注的出处。全书引证遍及经、史、小学，而以贾逵、服虔之说为主，对杜预注孔颖达疏有纠谬补缺之功，亦有贬斥过分之处。在体例上将经、传分立，经四卷，传十六卷，以求恢复杜预注之前《春秋》《左传》的原貌。

刘逢禄（1774—1829），清常州（今江苏武进）人，字申受，嘉庆进士，选翰林院庶吉士，官礼部主事、仪制司主事。刘氏精通经学，是清代著名的今文经学家，同时又是著名的小学家，著作极多，在经学方面最重要的著作是《左氏春秋考证》。《左氏春秋考证》的宗旨是要证明《左传》是一部经过刘歆改编过的伪书。刘氏认为《左传》在刘歆改造之前称《左氏春秋》，《左氏春秋》成为传《春秋》的《左传》，完全是刘歆加工作伪的结果。该书的考证系统而深刻，但每多臆测牵强，问世后曾在学界引起了轰动，影响很大。

刘文淇（1789—1854），清仪征（今江苏仪征）人，字孟瞻，嘉庆优贡生。一生致力于经学及地理学，著有《春秋左传旧注疏证》《楚汉诸侯疆域志》《扬州水道记》等书。《春秋左传旧注疏证》一书实际由刘文淇、刘毓崧、刘寿曾等祖孙三代相继完成，且只写了半部（止于襄公五年）。刘氏此书与洪亮吉《春秋左传诂》的目的相同，都是为了钩沉杜预注的出处以揭露杜预对前人成果的剽窃。所不同者，洪书钩沉多而注释少，《春秋左传旧注疏证》则两者并重，且其注文详明，较多地使用了小学成果，具有新注的特点。全书的主导思想是重贾、服而排杜，故不免失之客观。另外，一些注文引证过多，显得烦琐。

康有为（1858—1927），晚清南海（今广东佛山南海区）人，字广厦，光绪进士。康氏在政治上是著名改良运动的领袖，主要著作有《新学伪经考》《孔子改制考》和《大同书》。《新学伪经考》颇受刘逢禄的影响，主要观点认为《左传》是由刘歆割裂《国语》而成。此论当时信从的人很多，今天看来牵强臆测之处太多，难以成立。

刘师培（1884—1919），晚清仪征（今江苏仪征）人，字申叔，刘文淇的曾孙，在政治上曾投靠清官僚端方，为其幕僚。辛亥革命后任参政院参政，继为北京大学教授。为学涉猎甚广，著述宏富，在《左传》学方面反对"《左传》为伪作"的观点，著《周秦诸子述〈左传〉考》《左氏学行于西汉考》《司马迁〈左传〉义序例》《群经大义相通论》等文，对《左传》成于先秦的事实进行了考辨。其论重实据而不务空谈，取材极广，具有很强的说服力。

### 七　今人对《左传》的研究概况

今人对《左传》着力较多的学者是童书业、杨伯峻、徐中舒、徐仁甫和沈玉成等。童氏的研究侧重于从史学角度对《左传》中反映的古史传说、西周史、春秋史以及人物、战争、盟会、典制、文化等问题进行考察，著有《春秋左传研究》一书。杨氏侧重于《左传》的整理，编著有《春秋左传注》一书，用时十年。其特点是不唯一家之说，兼采各家之长，且能引用出土材料以为证，是今注中影响最大的全注本。徐中舒侧重于从史学的角度对《左传》进行整理，撰有《左传选》一书，是一个纪事本末体与编年体相结合的选本。全书按历史事件及人物的不同分专题编排，注释简明。书末"后序"阐述了徐氏对《左传》学的一些观点。徐仁甫侧重于《左传》著作年代及作者的考证，著有《左传疏证》及多篇论文。沈氏侧重于《左传》学史的研究，与其女刘宁合著《春秋左传学史稿》一书。这部书对《左传》学史的研究有开路之功。另外，沈氏在20世纪80年代初即撰写出版了《左传译文》一书，这是第一部翻译《左传》全文的译著。今人从文学角度对《左传》研究的学者很多，主要有钱锺书、郭预衡、曹道衡、莫砺锋等。从语言角度对《左传》研究的学者主要有管燮初、何乐士等。此外，今人的《左传》选注本尚有朱东润《左传选》、胡安顺等《左传纪事精选》、胡安顺《春秋左传集解释要》、王维堤《〈左传〉选评》等；研究《左传》词义

的著作有胡安顺等《十三经辞典·春秋左传卷》、鲁毅《左传考释》
等；研究《春秋》经传的著作有姚曼波《〈春秋〉考论》、赵生群
《〈春秋〉经传研究》等；研究《左传》人物及辞令的著作有何新文
《〈左传〉人物论稿》、方朝晖《春秋左传人物谱》、陈彦辉《春秋辞
令研究》等；校雠《左传》的著作有王叔岷《左传考校》等。

# 第三章 《左传》的史学价值和文学价值

　　《左传》一书开启了《史记》《汉书》等史书的先河，真实记载了春秋时期列国在政治、军事、外交等方面的重要活动以及许多西周礼制和远古传说，是我国现存最早的一部具有划时代意义的编年体历史巨著，其内容宏富，人物众多，文辞典雅，记事详明，议论深刻，在中国古代史特别是先秦史的研究上占有不可替代的地位。在文学方面，《左传》既善于化繁为简，用极简洁的语言记述纷繁复杂的战争和事件，又善于通过语言和行动塑造鲜明生动的人物形象，为历代学者所称道。其外交辞令更是写得曲回有致，委婉动听，刚柔得宜。除了历史和文学外，《左传》在语言等方面也取得了很高的成就，对后世书面语特别是文学语言的发展产生了深远影响，我们现在使用的不少谚语、成语或名言都出自《左传》，诸如"多行不义必自毙""其乐融融""甚嚣尘上""一鼓作气""染指""唇亡齿寒""狼子野心""高下在心""上下其手""城下之盟""无过乱门""不索何获""唯食忘忧""病入膏肓""立德、立功、立言""易子而食，析骸以爨""数典忘祖""庆父不死，鲁难未已"，等等。这里撮要介绍《左传》在历史和文学方面的价值。

## 第一节 《左传》的史学价值

　　《左传》涉及春秋时期各国的政治、经济、军事、外交、农业、文化、典制、名物、世系、伦理、礼俗、天文、历法、地理以及西周的社会状况、远古传说等方面。前人对《左传》的史学价值评价很高，如杜预认为"其文缓，其旨远，将令学者原始要终，寻其枝叶，究其所穷"①。唐代史学家刘知几在《史通·申左》中认为《左传》较《公羊传》《谷梁传》之义有三长：一是"所有笔削及发凡例，皆得周典，传孔子教，故能成不刊之书，著将来之法"；二是"博总群书，至如梼杌、纪年之流，《郑书》《晋志》之类，凡此诸籍，莫不毕睹。其《传》广包它国，每事皆详"；三是"上询夫子（今注：夫子指孔子），下访其徒，凡所采撷，实广闻见"②。下面我们仅试从八个方面对《左传》的史学价值作简要介绍。

## 一　记载发生在各国的重要事件

春秋时期，各国都发生了一些重要事件，这些事件被《左传》一一如实地记载下来。假如没有《左传》的记载，春秋这段历史就可能变得模糊不清或存在很大空缺，而不会像现在这样清晰完整。这些事件主要有：周王室的王子克之乱、王子颓之乱、王子带之乱、王子朝之乱；鲁国的隐公之弑、文姜之乱、庆父之难、仲遂杀适立庶、三桓弱公室；晋国的曲沃并晋、晋灭虞虢、骊姬之乱、重耳出亡、晋文公称霸、晋灵公之弑、赵氏之难、晋厉公之弑、晋悼复霸、栾氏之亡、晋楚弭兵、祁氏羊舌氏之亡、范氏中行氏之亡、知氏之亡；齐国的齐襄公之弑、齐桓公称霸、齐五公子争立、崔杼之乱、陈氏倾齐、齐懿公之弑、齐悼公之弑、齐简公之弑；宋国的宋殇公

---

①　（清）阮元校刻：《十三经注疏（清嘉庆刊本）·春秋左传正义·春秋序》卷1，第4册，第3700页。

②　（唐）刘知几：《史通·外篇·申左第五》，浦起龙通释，吕思勉评，李永圻、张耕华导读整理，第302—303页。

之弑、宋闵公之难、宋襄公图霸、宋昭公之弑、宋桓族之乱、宋华向之乱、宋向魋大尹之乱；卫国的州吁之乱、卫孙宁废立、卫庄出父子争国；郑国的共叔段之乱、郑灵公之弑、郑僖公之弑；楚国的楚越椒之乱、楚庄王称霸、楚灵王之乱、楚白公胜之乱；秦国的穆公霸西戎、秦穆公送晋公子归国；吴国的吴通上国、季札让国、阖闾入郢，等等。

## 二 记载发生在各国间或各国内部的军事行动

在春秋 255 年间（鲁隐公元年—鲁哀公二十七年），各国的军事行动包括大型战争据有人统计共有 531 次[1]或 745 次[2]。根据《左传》的记载，可以看出当时战争的起因、战争的规模、参战国家、参战人数、战略战术、行军路线、交战过程、军中礼仪、决定胜负的因素、将帅的思想以及胜败所产生的影响，等等。《左传》叙述战争的手法高超，虽然所记战争达数百次之多，但每场战争的叙述笔法各异，有条不紊，无雷同之处。清人冯李骅对此作了这样的评价："左氏极工于叙战，长短各极其妙。短者如衰戎、败绩、鸡父、檇李等，或详谋略事，或详事略谋，或谋与事合，至简至精。长者如韩原、城濮、鞌、邲、鄢陵等，或先议后叙，或先叙后议，或叙议夹写，至奇至横。篇篇换局，各各争新。"[3] 根据我们的观察，在《左传》所记的军事行动中，最著名的战争有 9 次，即韩原之战（僖公十五年）、泓之战（僖公二十二年）、城濮之战（僖公二十八年）、殽之战（僖公三十三年）、邲之战（宣公十二年）、鞌之战（成公二年）、鄢陵之战（成公十六年）、柏举之战（定公四年）和檇李之战（定公十四年）。

① 朱宝庆：《左氏兵法》，陕西人民出版社 1991 年版，第 5 页。

② 邓勇（邓曦泽）：《王霸：正义与秩序——从春秋战争到普遍正义》，武汉大学，博士学位论文，2007 年，第 254、270 页。

③ （清）冯李骅、陆浩辑：《左绣·读左厄言》首卷，清乾隆五十九年序刻本，第13 页。

### 三 记载各国间的会盟及聘问活动

会盟或聘问活动在春秋时期非常频繁，这从《左传》昭公三年的记载可见一斑："昔文、襄之霸也，其务不烦诸侯。令诸侯三岁而聘，五岁而朝，有事而会，不协而盟。君薨，大夫吊，卿共葬事。夫人，士吊，大夫送葬。"① 据有人统计，春秋时期的会盟活动共有408 次。② 会盟聘问的内容包括朝拜周天子、因出兵或弭兵举行盟会、因修好举行盟会、因遇婚丧天灾等大事进行聘问、因外交斡旋进行聘问或例行聘问，等等。从这些活动中可以看到当时的外交礼仪、外交辞令以及行人的风采、作风、思想等。著名的会盟和聘问有召陵之盟（僖公四年）、宁母之盟（僖公七年）、葵丘之盟（僖公九年）、鹿上之盟（僖公二十一年）、温之会（僖公二十八年）、卫宁武子聘鲁（文公四年）、晋郤克征会于齐（宣公十七年）、断道之会（宣公十七年）、晋楚宋之盟（成公十二年）、晋侯使吕相绝秦（成十三年）、鲁叔孙豹如晋（襄公四年）、晋范宣子聘鲁（襄公八年）、鲁叔孙豹如晋（襄公二十四年）、诸侯弭兵之盟（襄二十七年）、吴季札聘上国（襄公二十九年）、郑子产相郑伯如晋（襄公三十一年）、虢之盟（昭元年）、晋韩宣子聘鲁（昭公二年）、郑游吉如晋送少姜之葬（昭公三年）、平丘之盟（昭公十三年）、夹谷之会（定公十年）、黄池之会（哀公十三年），等等。

### 四 记载强国争霸的情况

春秋初期，周王室已沦为一个小国，天子地位名存实亡，完全丧失了对诸侯的控制力，代之而起的是强国称雄的时代，《左传》全

---

① （晋）杜预：《春秋左传集解》第 3 册，第 1216 页。

② 邓勇（邓曦泽）：《王霸：正义与秩序——从春秋战争到普遍正义》，武汉大学，博士学位论文，第 296 页。

面记载了强国争霸的情况。根据《左传》的记载，春秋时期最先称雄争霸的是郑庄公，继而出现的争霸者依次是齐桓公、宋襄公、晋文公、秦穆公、楚庄王、晋景公、晋厉公、楚共王、晋悼公、楚灵王、吴王阖闾和越王勾践。其中齐桓公、晋文公、秦穆公、宋襄公、楚庄王最为有名，号称"春秋五霸"①。根据《左传》的记载，我们进而知道成为霸主的条件、霸主的权利、义务以及不同霸业的特点等情况。霸主即盟主，成为霸主的必要条件有两个，一是国家要强大，二是要有仁德。霸主有权利向盟国征收贡赋，有权利要求诸侯出兵配合其军事行动，甚至有权利对有罪的诸侯进行抓捕审判，有义务召集诸侯朝拜周天子，有义务率领诸侯军勤王、征伐不庭、保护盟国、平息诸侯国内部的叛乱、处理诸侯间的纷争，等等。

"春秋五霸"的特点及历史作用是各不相同的，如齐桓公霸业的主要特点就是"尊王攘夷"，保卫华夏文明，他率领盟国打败了狄人，迁邢封卫，遏制了楚国向北方的发展。由于齐桓公的霸业具有历史进步意义，故得到了后人的充分肯定，孔子曾这样赞扬齐桓公霸业的功绩："管仲相桓公，霸诸侯，一匡天下，民到于今受其赐。微管仲，吾其被发左衽矣。"② 又如，秦穆公的霸业，注重招贤进能，分别从西戎、虞、宋、晋国引进由余、百里奚、蹇叔、丕豹和公孙支等人才并委以重任，使秦国日益强大，统一了西戎十多个国家，又先后用武力护送晋国两位流亡的公子回国夺取政权，其一就是后来成为霸主的晋文公。

---

① （汉）司马迁：《史记·十二诸侯年表》"司马贞索隐［八］"，第 2 册，第 510 页。春秋五霸或指"齐桓公、晋文公、秦穆公、楚庄王、吴王阖庐"（班固《白虎通义·号》卷二），或指"齐桓公、宋襄公、晋文公、秦穆公、吴王夫差"（班固《汉书·诸侯王表第二》颜师古注）。

② 杨伯峻译注：《论语译注》，中华书局 1980 年版，第 151 页。

## 五　记载西周和春秋时期的社会制度及变革情况

根据《春秋左传研究》一书，《左传》不少内容涉及西周和春秋时期的社会制度，包括"宗法制、分封制、都邑制、奴隶制、世族制、爵位制、职官制、郡县制、赋税制、兵役制、刑法制、婚丧制、军事编制、教育制度、卜筮制度"，等等。同时记载了春秋时期各国典制的改革情况，如庄公十六年晋"曲沃伯以一军为诸侯"、闵公元年"晋侯作二军"、僖公十五年晋"作州兵"、僖公二十七年晋"作三军"、僖公二十八年"晋侯作三行"，僖公三十一年晋"作五军"，宣公二年"晋置公族余子公行"，成公三年"晋作六军"，昭公元年"晋魏舒毁车为行"，宣公十五年鲁国颁布"初税亩"制度，成公元年鲁国制定"丘甲"制度，襄公十一年鲁三桓"作三军""三分公室"，昭公五年鲁三桓舍中军"四分公室"，昭公四年郑子产"作丘赋"，昭公六年郑国"铸刑书"，等等。

## 六　记载许多古史传说

《左传》记载的古史传说包括"五帝事迹""鲧禹治水""禹征三苗""羿浞代夏""少康中兴""后稷兴周""大伯让国""周人克殷""周公摄政""周初封建""昭王南巡""穆王巡游""厉王戾虐""宣王中兴""幽王亡周"，等等。其中有些和其他文献的记载相互印证，丰富了古史传说的内容。有些则仅见于《左传》，弥足珍贵。例如，关于"羿浞代夏""少康中兴"的故事，所记相当具体、详尽，对夏史的研究具有十分重要的意义：

　　昔有过浇杀斟灌以伐斟鄩，灭夏后相。后缗方娠，逃出自窦，归于有仍，生少康焉，为仍牧正，惄浇，能戒之。浇使椒求之，逃奔有虞，为之庖正，以除其害。虞思于是妻之以二姚，而邑诸纶，有田一成，有众一旅。能布其德，而兆其谋，以收夏众，抚其官职。使女艾谍浇，使季杼诱豷，遂灭过、戈，复禹之绩。祀夏配天，不失旧物。(《左传》哀公元年)

## 七 记载了春秋时期的地理情况

《左传》详细记载了春秋时期山川河流及都邑的名称、位置、沿革等情况，为后人研究这一时期的山川分布、行政区划、都邑位置以及地理沿革提供了方便。例如，隐公元年："制，岩邑也。虢叔死焉，佗邑唯命。请京，使居之。"成公二年："逐之，三周华不注。"昭公四年："四岳、三塗、阳城、大室、荆山、中南、九州岛之险也，是不一姓。"哀公九年："秋，吴城邗，沟通江、淮。"

关于各诸侯国的地名，包括道里街巷宫室名，《左传》所记之多之细小，在先秦典籍中是无与伦比的，如根据顾栋高《春秋大事表》一书的考证，《左传》所记周王室的地名即多达73个，具体如下。

都：王城、郏鄏（郏）其南门曰圉门，北门曰乾祭门、成周、翟泉、宣榭、左巷、庄宫、平宫、襄宫邑：邬、刘、蒍、邢、温、原、绤、樊、隰郕、攒茅、向、盟、州、陉、隤、怀、酒泉、甘、毛、郲田、要、饯、扬、前城、解、郛、泽、墙人、直人、尹、唐、巩、萑谷、胥靡、滑、莒、冯、负黍、狐人、阙外、谷城、简城、盂地：伊川、坎欿、邥垂、溴梁、镮辕、雒汭、颍、甘鹿、荣锜氏、皇、东圉、社、阴、侯氏、溪泉、平阴、訾、蒯、尸氏、渠、堤上①

除顾栋高外，清人高士奇、江永、沈淑等人也都对《左传》所记地理名作过整理或考证。

---

① （清）顾栋高辑，吴树平、李解民点校：《春秋大事表》，中华书局1993年版，第1册，第705—718页。

## 八　记载春秋时期的天象和自然灾害

《左传》一书记载了发生在春秋时期的许多天象和自然灾害，为后人研究当时的自然现象提供了重要依据。例如，《春秋》一书所记日食共有 36 次，其中 10 次《左传》都有记载，分别在桓公十七年，庄公二十五年，僖公十五年，文公十五年，襄公二十七年，昭公七年、十七年、二十一年、二十四年、三十一年。又如，《左传》还记载了岁星的运行情况，共 6 次，分别在襄公二十八年、三十年（2次），昭公八年、十年、十一年。此举一例：

> 二十八年春，无冰。梓慎曰："今兹宋、郑其饥乎？岁在星纪，而淫于玄枵，以有时菑，阴不堪阳。"（《左传》襄公二十八年）

关于自然灾害，《左传》记载较多的是旱灾、水灾和虫灾。其中旱灾（包括不雨、大雩）共记有 13 次（《春秋》28 次），分别在桓公五年，僖公三年、十九年、二十一年，宣公八年，襄公五年、八年、二十八年，昭公三年、六年、十六年、二十四年、二十五年。大水共记有 4 次（《春秋》9 次），分别在桓公元年，庄公十一年、二十五年，昭公十九年。虫灾共记有 6 次（《春秋》14 次），其中螽灾 2 次（《春秋》11 次），分别在文公三年、哀公十二年；蜚灾 2 次（《春秋》1 次），分别在隐公元年、庄公二十九年；蜮灾 1 次（《春秋》1 次），在庄公十八年；蝝灾 1 次（《春秋》1 次），在宣公十五年。需要指出的是，和《春秋》相比，《左传》对自然灾害失载的情况也不少，原因值得研究，如除了以上所列外，春秋时期还有 3 次螟灾（隐公五年、八年，庄公六年）《春秋》有记载而《左传》未记，特别是像地震这样的灾害《春秋》共记有 5 次（文公九年，襄公十六年，昭公十九年、二十三年，哀公三年），《左传》则只记了1次，在昭公二十三年。

## 第二节 《左传》的文学价值

《左传》虽然不是文学著作，但在文学方面取得了巨大成功，唐人刘知几认为其叙事"皆言近而旨远，辞浅而义深，虽发语已殚，而含义未尽。使夫读者望表而知里，扪毛而辨骨，睹一事于句中，反三隅于字外"①，"或腴辞润简牍，或美句入咏歌，跌宕而不群，纵横而自得。若斯才者，殆将工侔造化，思涉鬼神，著述罕闻，古今卓绝"②。作者不仅善于通过简洁的语言叙述战争和事件，善于不动声色地刻画人物形象，且精于情节构造，曲折多致，步步成景，出神入化，落笔生辉，其辞令语言更是到了登峰造极的高度，后代的文学创作无不以《左传》为范式，从中汲取营养。

关于《左传》的文学成就前人论述颇多，如钱锺书指出《左传》的记言实际上是作者设身处地根据人物性格身份的代言、拟言。③ 沈玉成指出《左传》叙述战争的特点是"写大战面面俱到而面面不同，写小战则往往取其一面"，表现人物的特点是"在历史事件的发展中展现人物"，也根据实际需要采用"倒叙""插叙"等手法集中展示人物的前后事迹。④ 胡念贻根据晋楚三大战役的叙事指出，《左传》叙述大事的来龙去脉很广，不限于一年或一段文章之

---

① （唐）刘知几：《史通·内篇·叙事第二十二》卷6，浦起龙通释，吕思勉评，李永圻、张耕华导读整理，第126—127页。

② （唐）刘知几：《史通·内篇·叙事第二十二·杂说上》卷16，浦起龙通释，吕思勉评，李永圻、张耕华导读整理，第330页。

③ 钱锺书：《管锥编》第1册，中华书局1986年版第166页。

④ 沈玉成、刘宁：《春秋左传学史稿》，第94、96页。

中，而是通过许多线索渲染和突出其中心思想。① 白寿彝指出《左传》叙事于详细中有重点，于简略中有详明，记叙复杂事件善于综合不同材料。② 郑君华认为《左传》已注重人物个性特征、主观心理和人情世态的描写，同一个人身上可以表现出不同特征共存的复杂性。③ 何新文认为《左传》善于在历史人物的全部言行中选择最富于典型性的部分加以描绘，而不强调塑造典型。④ 郭预衡指出《左传》中的外交辞令可分为汪洋恣肆的长篇大论（如《吕相绝秦》）和委婉曲折的急就章（如《阴饴甥对秦伯》）两类。⑤ 笔者亦曾撰文认为《左传》辞令的特色主要包括"委婉含蓄，曲回有致；雍容典雅，辞简意深；刚柔相济，绵里藏针；雄辩阔论，词锋犀利；幽默机智，妙趣横生"五个方面。⑥《左传》辞令注重引经据典，风雅藻饰，以理服人，总体风格是居高守正，博雅含蓄，机智幽默，如海纳百川，汪洋恣肆，舒缓而深沉。⑦ 下面简要谈谈《左传》在叙事、人物刻画以及辞令方面的艺术特点和价值。

## 一　层层推进、不断深化的叙事艺术

《左传》叙事的手法和特点很多，诸如语言简洁、用词传神、前后相承、因果相应、结构严谨、脉络清晰、离合变化、奇正相生，主线为经，副线穿插，层层推进，不断深化，等等。其中"层层推

① 胡念贻：《论〈左传〉的叙事倾向》，《江海学刊》1963年第2期。

② 白寿彝：《论〈左传〉三事》，《光明日报》1962年12月19日。

③ 郑君华：《〈左传〉——长篇叙事文学的雏形》，《文学评论丛刊》第18辑，1983年。

④ 何新文：《〈左传〉的写人艺术》，《华中师院学报》（哲学社会科学版）1984年第6期。

⑤ 郭预衡：《〈左传〉的思想倾向和文学成就》，《语言文学》1982年第3期、第4期。

⑥ 胡安顺：《〈左传〉辞令的语言特色》，《文史知识》1997年第5期。

⑦ 胡安顺：《春秋卿士辞令与战国策士辞令异同论》，《吉林大学社会科学学报》2010年第4期。

进，不断深化"是最常见的方法，也是最引人入胜的方法，无论是展示"城濮之战""殽之战""鄢之战""邲之战""鄢陵之战"等大型战争，还是叙述"郑伯克段于鄢""晋骊姬之乱""重耳出亡""郑灵公之弑""晋楚弭兵""楚灵王干溪之难"等重要事件，从中都可以看到这种手法的运用。下面看看两则实例：

> 楚人献鼋于郑灵公。公子宋与子家将见。子公之食指动，以示子家，曰："他日我如此，必尝异味。"及入，宰夫将解鼋，相视而笑。公问之，子家以告，及食大夫鼋，召子公而弗与也。子公怒，染指于鼎，尝之而出。公怒，欲杀子公。子公与子家谋先。子家曰："畜老，犹惮杀之，而况君乎？"反谮子家，子家惧而从之。夏，弑灵公。(《左传》宣公四年)①

楚人给郑灵公进献了一种叫鼋的大甲鱼。郑大夫子公、子家拜见郑灵公，途中子公预感到会吃上美味，到宫中后果然发现御厨在宰杀甲鱼，两人高兴得笑起来。然而郑灵公赐宴群臣时，却有意拒绝子公食鱼，当众羞辱，子公怒而染指于鼎，导致灵公动了杀意，结果反被子公、子家所杀。整个场面就好像一幅层次分明的图画，读之如临其境。故事情节在层层推进，不断深化：始则子公因指动应验得意而笑，继则因遭羞辱而染指，终则大动干戈。气氛在迅速变换：始则轻松兴奋，继则尴尬紧张，终则充满杀气。人物性格在这种叙述中得到了充分表现：一个是不计后果、恣意妄为、愚顽暴戾的昏君，一个是不知隐忍、目无君上、负气用事的悍臣。诚如沈玉成先生所言《左传》是"在历史事件的发展中展现人物"的。

---

① （清）阮元校刻：《十三经注疏（清嘉庆刊本）·春秋左传正义》卷21，第4册，第4057—4058页。

齐侯使连称、管至父戍葵丘。瓜时而往，曰："及瓜而代。"期戍，公问不至。请代，弗许。故谋作乱。僖公之母弟曰夷仲年，生公孙无知，有宠于僖公，衣服礼秩如适，襄公绌之。二人因之以作乱。连称有从妹在公宫，无宠，使间公，曰："捷，吾以女为夫人。"

　　冬十二月，齐侯游于姑棼，遂田于贝丘，见大豕，从者曰："公子彭生也。"公怒曰："彭生敢见!"射之，豕人立而啼。公惧，队于车，伤足丧屦。反，诛屦于徒人费。弗得，鞭之，见血。走出，遇贼于门，劫而束之。费曰："我奚御哉?"袒而示之背，信之。费请先入，伏公而出，斗，死于门中。石之纷如死于阶下。遂入，杀孟阳于床。曰："非君也，不类。"见公之足于户下，遂弑之而立无知。（《左传》庄公八年）①

　　文章通过失信于大夫、射豕以及鞭打徒人费三事充分表现了齐襄公无信无义、色厉内荏、残暴无情的暴君形象，为其被弑埋下伏笔。对徒人费这个人物虽然着墨不多，但他的愚忠机智和献身精神却给人留下了深刻的印象。整个事件的叙述共用了二百余字，层层推进，不断深化，字字传神。其中动乱过程仅用七十一字，然而生动有趣，一波三折，出人意料，颇似小说。

## 二　不动声色、隐约深藏的表现人物手法

　　《左传》对人物性格的表现主要是通过语言、行动和事件叙述去展示，最突出的特点是不动声色，隐约深藏。由于用字凝练传神，深藏不露，故无须浓墨重彩，即能在寥寥数语之间使人物形象跃然

　　① （清）阮元校刻：《十三经注疏（清嘉庆刊本）·春秋左传正义》卷8，第4册，第3832—3833页。

纸上，余韵隽永。最著名的例子如桓公元年："宋华父督见孔父之妻于路，目逆而送之，曰：'美而艳。'"短短二十个字，没有明言，却将一个好色之徒表现得淋漓尽致，尤其"目逆而送之"五字，极其生动传神，历来为人们所称道。又如，襄公二十一年："（祁奚）不见叔向而归，叔向亦不告免焉而朝。"祁奚救叔向于囹圄，当得到晋平公的赦免令后，认为事情已经解决，竟不去看望叔向就回到自己封邑去了；而叔向出狱后，也没找祁奚道谢就直接上朝工作了。这两句话旨在表现二人都是毫无私念忠于国事的君子：祁奚救叔向是处于公心，无须等叔向感谢；叔向也知道祁奚救自己并非系于个人情感，故无须感谢祁奚。由于表现手法很含蓄，故显得祁奚、叔向的人品更为高大，耐人寻味。又如，在上举的《郑灵公之弑》和《齐襄公之弑》两文中，作者刻画郑灵公、子公、齐襄公、徒人费等人的手法，也无一不是不动声色的。下面再看几个实例：

> 郤克伤于矢，流血及屦，未绝鼓音，曰："余病矣！"张侯曰："自始合，而矢贯余手及肘，余折以御，左轮朱殷，岂敢言病。吾子忍之！"缓曰："自始合，苟有险，余必下推车，子岂识之？然子病矣！"张侯曰："师之耳目，在吾旗鼓，进退从之。此车一人殿之，可以集事，若之何其以病败君之大事也？擐甲执兵，固即死也。病未及死，吾子勉之！"左并辔，右援枹而鼓，马逸不能止，师从之。齐师败绩。……韩厥梦子舆谓己曰："且辟左右。"故中御而从齐侯。邴夏曰："射其御者，君子也。"公曰："谓之君子而射之，非礼也。"射其左，越于车下。射其右，毙于车中。綦毋张丧车，从韩厥，曰："请寓乘。"从左右，皆肘之，使立于后。韩厥俛，定其右。……将及华泉，骖絓于木而止。丑父寝于辁中，蛇出于其

下，以肱击之，伤而匿之，故不能推车而及。(《左传》成公
二年)①

　　这段文字对人物的表现也是不动声色的。既然郤克已"流血及
屦"而"未绝鼓音"，说明郤克伤势很重，仍在坚持指挥。既然
"自始合，苟有险，余必下推车，子岂识之"，说明战事异常激烈，
主帅的注意力高度集中在敌人一方，而对身边发生的"遇险""推
车"这类事情毫无察觉。张侯"师之耳目，在吾旗鼓，进退从之。
此车一人殿之，可以集事，若之何其以病败君之大事也？擐甲执兵，
固即死也。病未及死，吾子勉之"的言论证明了他忠于国事视死如
归的精神风貌，"自始合，而矢贯余手及肘，余折以御"的行为显示
了他把生死置之度外奋力作战的英雄气概，"左并辔，右援枹而鼓"
的行为则又显示了他高超的驾驶技术和忘我的协作精神，其思想之
崇高，意志之顽强，形象之高大，不禁令人击节赞叹，肃然起敬。
所有以上这些人物形象，作者都没有明说，只是隐藏在字里行间。
　　另外，在这段文章里，作者还表现了人物的心理活动：韩厥作
为军中一般官员，乘车本应居于左方位置，根据其父子舆"旦辟左
右"的托梦，他觉得车的左、右方都不吉利，于是选择了车御的中
间位置，而将车御挤到左方，这是不仁义的，将危险留给了战友，
结果车御被射中，掉在车下，车右也被射中，倒在车中。此时韩厥
心中有愧，故当綦毋张上车后，他通过"皆肘之，使立于后"的动
作阻止其居车左或车右，之后又特意俯下身子将车右的身体摆正，
使之躺舒服一些。当綦毋张"从左右"时，韩厥为何不用语言阻止
他呢？因为车右倒在车中并没有死，一说话就会暴露自己。他为何
又要在此时俯身将车右摆正呢，心中有愧，旨在示好表示关心而已。

　　① （清）阮元校刻：《十三经注疏（清嘉庆刊本）·春秋左传正义》卷25，第4册，
第4112—4113页。

再看逢丑父，战前因以肱击蛇而受伤，为什么要隐瞒自己的伤势呢？只能有一种解释，就是不想错过这次大战的机会，想继续当国君的车右，在战斗中建立功勋。

上述韩厥与逢丑父的心理活动是真实存在的，作者同样是不动声色地让这些心理隐藏于字里行间，几至不易察觉。

> 冬，楚子伐郑以救齐，门于东门，次于棘泽。诸侯还救郑。晋侯使张骼、辅跞致楚师，求御于郑。郑人卜宛射犬，吉。子大叔戒之曰："大国之人，不可与也。"对曰："无有众寡，其上一也。"大叔曰："不然，部娄无松柏。"二子在幄，坐射犬于外，既食而后食之。使御广车而行，己皆乘乘车。将及楚师，而后从之乘，皆踞转而鼓琴。近，不告而驰之。皆取胄于橐而胄，入垒，皆下，搏人以投，收禽挟囚。弗待而出。皆超乘，抽弓而射。既免，复踞转而鼓琴，曰："公孙！同乘，兄弟也，胡再不谋？"对曰："曩者志入而已，今则怯也。"皆笑曰："公孙之亟也！"（《左传·襄公二十四年》）[1]

这段文字以郑大夫宛射犬为反衬，惟妙惟肖地展现了晋将张骼、辅跞的形象和胸怀。张骼、辅跞与郑大夫宛射犬同乘一辆兵车向楚军挑战，由于张、辅二人是大国的将军，看不起射犬并多次欺负他，导致射犬在挑战的关键时刻进行报复，欲置二人于死地。挑战结束后，张、辅二人不但没有惩罚射犬，反而以兄弟相称，一笑了之。文章始终通过行动和语言展示人物性格，未对张、辅二人做任何评价，但二人在挑战前后的从容镇静、在挑战中的勇武敏捷以及战后原谅战友的宽阔胸怀都得到了充分表现。全篇不仅表意不动声色，

---

[1] （清）阮元校刻：《十三经注疏（清嘉庆刊本）·春秋左传正义》卷35，第4册，第4298—4299 页。

不露山水，且叙事井然有序，用词生动传神，对话机智幽默，同时运用了反衬、夸张等手法，使人物性格摇曳多姿，活灵活现，情节发展出乎意料，妙趣横生，不禁令人哑然失笑。读者始以为文章的重点是在表现宛射犬不为强势所屈的精神，读完才发现宣扬的是张、辅二人。对于张、辅二人，读者始而恶其傲慢欺人，继而服其从容勇武，终而敬其胸怀宽阔。对于宛射犬则不同，始而敬其不畏强暴，继而恶其不识大局，终而可其机智有节。故事的结局和人物的性格变化都不是开始就可以预知的。

《左传》何以喜欢用不动声色、隐约深藏的手法表现人物性格，并且能取得如此高的成就，究其原因，主要有三：一是作者的学养深厚，胸怀博大，境界高远，注重通过人物本身的行为和语言去说明问题，功夫用在行为和语言的表现上，而非点评上。左氏对于人物和事件的点评是慎之又慎的，一般都是通过君子之口。二是作者能够抓住极具代表性的典型行为和语言去勾画人物，故寥寥数笔，便能使人物形神兼备，熠熠生辉。三是由于作者在刻画人物时不加点评，反而增强了文章的含蓄性，所谓"隐秀"，言外意厚，耐人寻味。如果把一切都说透，显得过于浅易直白，反而达不到最佳效果，而要做到这一点是不容易的。

### 三　不卑不亢、绵里藏针的辞令特色

《左传》辞令主要包括使臣的外交辞令、臣下对国君的进谏或应答以及其他类的应对、致辞等。使臣的外交辞令如僖公四年楚使对管仲、僖公三十年烛之武退秦师、宣公三年王孙满对楚子问鼎、成公二年齐宾媚人对晋师、成公十三年吕相绝秦、襄公三十一年子产对士文伯、昭公九年詹桓伯辞于晋、昭公十九年郑子产对晋人问驷乞之立故、昭公三十年郑游吉对晋士景伯之诘等；臣下对国君的进谏如隐公五年鲁臧僖伯谏隐公观鱼、宣公十一年楚申叔时对庄王（谏复封陈）、襄

公四年晋魏绛对悼公（论和戎）、襄公十四年晋师旷对悼公（论卫人出其君）、昭公二十年齐晏子对景公（论"和与同"之异）、昭公二十六年齐晏子对景公（论礼可以为国）、哀公元年伍员谏吴王等；其他类的应对或致辞如僖公二十三年晋重耳对楚成王、僖公三十三年郑商人弦高犒秦师、孟明辞阳处父、文公十七年郑公子归生致书赵宣子、成公二年韩厥执絷致辞齐顷公、成公三年知罃对楚共王问、成公九年楚囚钟仪对晋侯、昭公十五年周景王斥籍谈、襄公十四年戎子驹支对范宣子、襄公二十一年祁奚谏范宣子等。《左传》辞令的特色很多，包括不卑不亢、绵里藏针、雍容典雅、含蓄有致和幽默机智等，其中最重要最基本的特色是不卑不亢、绵里藏针，著名的例子有僖公四年楚使对管仲、僖公二十三年晋重耳对楚成王、宣公三年王孙满对楚子问鼎、成公二年齐宾媚人对晋师、成公三年知罃对楚王问、成公九年楚囚钟仪对晋侯等。例如，齐宾媚人对晋师：

> 齐侯使宾媚人赂以纪甗、玉磬与地。不可，则听客之所为。宾媚人致赂，晋人不可，曰："必以萧同叔子为质，而使齐之封内尽东其亩。"对曰："萧同叔子非他，寡君之母也。若以匹敌，则亦晋君之母也。吾子布大命于诸侯，而曰：'必质其母以为信。'其若王命何？且是以不孝令也。《诗》曰：'孝子不匮，永锡尔类。'若以不孝令于诸侯，其无乃非德类也乎？先王疆理天下物土之宜，而布其利，故《诗》曰：'我疆我理，南东其亩。'今吾子疆理诸侯，而曰'尽东其亩'而已，唯吾子戎车是利，无顾土宜，其无乃非先王之命也乎？反先王则不义，何以为盟主？其晋实有阙。四王之王也，树德而济同欲焉。五伯之霸也，勤而抚之，以役王命。今吾子求合诸侯，以逞无疆之欲。《诗》曰'布政优优，百禄是遒。'子实不优，而弃百禄，诸侯何害焉？不然，寡君之命使臣则有辞矣，曰：'子以君师辱

于敝邑，不腆敝赋，以犒从者。畏君之震，师徒桡败，吾子惠
徼齐国之福，不泯其社稷，使继旧好，唯是先君之敝器、土地
不敢爱。子又不许，请收合余烬，背城借一。敝邑之幸，亦云
从也。况其不幸，敢不唯命是听。'"（《左传》成公二年）①

　　鞌之战，齐师大败，晋师兵临城下，齐国被迫立城下之盟，派
大夫宾媚人前往晋师和谈。晋师开出两个和谈条件：一是要齐国以
顷公母亲萧同叔子［成公十七年（前574）晋师主帅郤克出使齐国
时，曾遭萧同叔子一笑之辱］作为人质，二是要齐国将其所有田埂
子改为东西向（以便晋师战车通过）。虽为战败国，但针对晋师的无
理要求宾媚人进行了不卑不亢有理有节的批驳。整个应对紧紧抓住
晋人维护霸主地位的心理，以先王、大义、孝道和情理为利器，引
经据典，纵横其说，绵里藏针，虽处弱势而毫不示弱，坚决维护了
国家的利益和尊严，迫使晋师将帅不得不作出让步，堪称战败国使
者辞令的一篇杰作。又如知罃对楚共王问：

　　晋人归楚公子谷臣与连尹襄老之尸于楚以求知罃。于是荀
首佐中军矣，故楚人许之。王送知罃曰："子其怨我乎？"对曰：
"二国治戎，臣不才，不胜其任，以为俘馘。执事不以衅鼓，使
归即戮，君之惠也。臣实不才，又谁敢怨？"王曰："然则德我
乎？"对曰："二国图其社稷，而求纾其民，各惩其忿以相宥也，
两释累囚以成其好。二国有好，臣不与及，其谁敢德？"王曰：
"子归，何以报我？"对曰："臣不任受怨，君亦不任受德，无怨
无德，不知所报。"王曰："虽然，必告不谷。"对曰："以君之
灵，累臣得归骨于晋，寡君之以为戮，死且不朽。若从君之惠而

_____

① （清）阮元校刻：《十三经注疏（清嘉庆刊本）·春秋左传正义》卷25，第4册，第
4114—4115页。

免之，以赐君之外臣首，首其请于寡君而以戮于宗，亦死且不朽。
若不获命，而使嗣宗职，次及于事，而帅偏师以脩封疆，虽遇执
事，其弗敢违。其竭力致死，无有二心，以尽臣礼，所以报也。"
王曰："晋未可与争。"重为之礼而归之。(《左传》成公三年)①

　　宣公十二年（前597）邲之战中，晋大夫知罃被楚军俘获，楚
公子谷臣被晋军俘获，大夫连尹襄老战死，尸体被晋军获得。成公
三年（前588）夏，两国商定交换俘虏。临走之前，楚共王找知罃
谈话，希望知罃能说一些感谢他的话，但知罃的回答却完全出乎他
的意料：既无感谢之情，也无怨恨之意。如果一定要有所回报，那
就是将来有机会还能率军保卫边疆的话，一旦遇到共王，绝不退让
回避，而是要竭力拼死一战。整个回答不卑不亢、直抒胸臆，大义凛
然而不失礼节，充分表现了知罃在原则问题上高标自守的爱国精神、
不计个人恩怨的思想境界和直言不讳的坦荡胸怀。无怪乎楚共王不但
没有生气，反而对他肃然起敬，不由发出"晋未可与争"的感叹，并
设重礼送他回国。

　　不卑不亢、绵里藏针是致辞者的一种态度和风格，一般用于外
交场合或应对外人的场合，也是小国或处于弱势的群体或个人常有
的辞令特点。春秋时期，大国争霸，小国图存，朝聘会盟频仍，外
交斗争激烈，这种社会状况促进了辞令的发展。与大国、强国打交
道，小国、弱国既不能采取强硬的态度，也不能过于示弱，只能以
不卑不亢、柔中带刚的态度去应对，以免国家利益和尊严受到损害，
这是不卑不亢、绵里藏针这种辞令风格产生的基本原因。由于这种
风格优点多，宜于应对，故在后来成了历代外交辞令的基调。

---

　　① （清）阮元校刻：《十三经注疏（清嘉庆刊本）·春秋左传正义》卷26，第4册，第
4125—4126页。

# 第四章 《左传》的辞令艺术

## 第一节 《左传》辞令的语言特色

《左传》不仅是一部伟大的史学名著，同时在文学语言方面也取得了辉煌的成就，尤其是它的辞令，言近旨远，辞简义深，委婉含蓄，雍容典雅，具有高超的艺术技巧，是应对语言的典范，诚如唐代史学家刘知几所言："寻《左氏》载诸大夫词令、行人应答，其文典而美，其语博而奥，述远古则委曲如存，征近代则循环可覆。"[1] 根据笔者的考察，《左传》辞令的语言特色主要可以分为五个方面，现分述如下。

### 一 委婉含蓄，曲回有致

刘知几在《史通·惑经》中说："春秋之世，有识之士莫不微婉其辞，隐晦其说。"[2] 此话指出了《左传》辞令的一大特色，即委婉含蓄。这一特色不仅仅局限于行人的辞令，天子、诸侯、大夫乃至庶人、仆役的辞令亦均能极尽委婉曲回、隐约深藏之妙。

---

[1] （唐）刘知几：《史通·外篇·申左第五》卷14，浦起龙通释，吕思勉评，李永圻、张耕华导读整理，第303页。

[2] （唐）刘知几：《史通·外篇·惑经第四》卷14，浦起龙通释，吕思勉评，李永圻、张耕华导读整理，第299页。

僖公十五年（前654），秦晋两国发生了韩原之战，秦穆公大获全胜并俘虏了晋惠公。在秦军押解惠公返回的路上，晋大夫"反首拔舍"跟随其后以示哀戚，企图借此感动穆公以达到救回惠公的目的。穆公派人向晋大夫致辞说："二三子何其戚也？寡人之从晋君而西也，亦晋之妖梦是践，岂敢以至？"本意是要将忘恩负义的晋惠公押回秦国处治，致辞却将这一行动说成"寡人跟随晋君西去"，委婉之极，近乎讽刺。

再看齐晋鞌之战前夕的挑战、应战辞令：

> 齐侯使请战，曰："子以君师辱于敝邑，不腆敝赋，诘朝请见。"对曰："晋与鲁、卫，兄弟也。来告曰：'大国朝夕释憾于敝邑之地。'寡君不忍，使群臣请于大国，无令舆师淹于君地。能进不能退，君无所辱命。"齐侯曰："大夫之许，寡人之愿也；若其不许，亦将见也。"（《左传》成公二年）①

"鞌"战的起因是，晋因"邲"战失利而动摇了其在北方诸侯国中的霸主地位，东方旧的霸主齐国乘机与楚国建立友好关系，并伐鲁败卫，企图与晋争霸。为了打败齐国，重振霸业，晋人应鲁、卫之请出师伐齐，直打到齐国的靡笄山之下，于是两军在此摆开决战阵势。晋军攻入齐境，完全成了侵略行为，齐使的挑战辞令却将此说成"辱于敝邑"，委婉客气之态简直使直率的今人无法理解。晋使的应战辞令也是以委婉相对，如把晋军伐齐的军事行动说成"使群臣请于大国"，把坚决进军说成"能进不能退"，把齐使的挑战说成"辱命"，等等。

桓公十八年（前694），鲁桓公携夫人文姜（齐襄公之妹）访

---

① （清）阮元校刻：《十三经注疏（清嘉庆刊本）·春秋左传正义》卷25，第4册，第4112页。

齐，导致齐襄公得机再次与文姜私通（文姜嫁前已与襄公乱伦）。桓公怒责文姜，文姜向襄公告状，襄公恼羞之余派力士公子彭生杀死了桓公。一国之君，竟然在出访期间受侮身亡，这是鲁国的奇耻大辱，无奈齐国是一个大国，鲁国得罪不得，但对这样大的事件又不能默不作声，否则将会严重损害鲁国在诸侯间的形象，因此鲁国向齐国发了这样一个照会：

> 寡君畏君之威，不敢宁居，来修旧好，礼成而不反，无所归咎，恶于诸侯，请以彭生除之。（《左传》桓公十八年）①

罪魁祸首明明是齐襄公，致辞中却说"无所归咎"。文末提出用彭生来消除给鲁国造成的恶劣影响，委婉回曲，极为隐晦地表达了鲁国的愤怒之情，既挽回了面子，又使齐国能够接受，故齐襄公立即杀死了彭生。

成公九年（前582），晋景公视察军府时，发现了关押此处的楚囚钟仪，景公命人为钟仪松绑，并和他进行了如下的谈话：

> （景公）问其族，对曰："泠人也。"公曰："能乐乎？"对曰："先人之职官也，敢有二事？"使与之琴，操南音。公曰："君王如何？"对曰："非小人之所得知也。"固问之。对曰："其为大子也，师、保奉之，以朝于婴齐而夕于侧也。不知其他。"（《左传》成公九年）②

---

① （清）阮元校刻：《十三经注疏（清嘉庆刊本）·春秋左传正义》卷7，第4册，第3819页。

② （清）阮元校刻：《十三经注疏（清嘉庆刊本）·春秋左传正义》卷26，第4册，第4137页。

钟仪的这番回答表面上平淡无奇，实际上却是用含蓄曲折的语言表达了他不背本、不忘旧、无偏私、尊国君的深义。晋大夫范文子可谓是钟仪的知音，他说："楚囚，君子也。言称先职，不背本也；乐操土风，不忘旧也；称大子，抑无私也；名其二卿，尊君也。不背本，仁也；不忘旧，信也；无私，忠也；尊君，敏也。"（《左传》成公九年）他认为"仁以接事，信以守之，忠以成之，敏以行之。事虽大，必济"。于是建议晋景公放回钟仪，使之促成了晋、楚两国的和解。

## 二　雍容典雅，辞简意深

凡是读过《左传》的人大都会有这样一个共同的感觉，就是其行文从容不迫，典雅大方，辞简而意深，这一特色在辞令方面的表现尤为突出。

昭公二十年（前522）冬，齐景公向晏子谈到大夫梁丘据与自己很和谐，晏子则认为梁丘据的行为与景公不是和谐而是相同。景公询问"和谐"与"相同"是否不同，晏子作了如下的回答：

> 异。和如羹焉，水火醯醢盐梅以烹鱼肉，燀之以薪。宰夫和之，齐之以味，济其不及，以泄其过。君子食之，以平其心。君臣亦然。君所谓可而有否焉，臣献其否以成其可；君所谓否而有可焉，臣献其可以去其否。是以政平而不干，民无争心。故《诗》曰：'亦有和羹，既戒既平。鬷嘏无言，时靡有争。'先王之济五味、和五声也，以平其心，成其政也。声亦如味，一气，二体，三类，四物，五声，六律，七音，八风，九歌，以相成也；清浊，大小，短长，疾徐，哀乐，刚柔，迟速，高下，出入，周疏，以相济也。君子听之，以平其心。心平德和。故《诗》曰'德音不瑕'。今据不然。君所谓可，据亦曰可；

君所谓否，据亦曰否。若以水济水，谁能食之？若琴瑟之专一，谁能听之？同之不可也如是。(《左传》昭公二十年)①

　　晏子先以调和五味做羹比喻什么叫和谐，说明君臣之间的关系只有是互补的才谈得上和谐。接着引用《诗经》及先王的做法为证，以声乐中不同要素的相互配合产生乐曲为喻，对此问题作了进一步的强调。最后指出梁丘据对景公只是一味地顺从，完全保持相同，就好比以水和水，淡而无味，琴瑟只有一音，单调难听，实不可取。这个回答以讽谏为目的，对自己的观点进行了多角度的证明，其文势从容舒缓，摇曳多姿，而用语简约洗练，含义深刻。五味五声的生动比喻，再加上引经据典，以古证今，使整个风格显得富丽堂皇，典正大方，格调高古。

　　宣公三年（前673）春，楚庄王结束了在伊水流域讨伐陆浑之戎的战争后，顺势到周王室的疆土上阅兵示威。周定王派王孙满慰劳庄王，庄王却向王孙满询问王室九鼎的大小轻重，意欲逼周取天下，王孙满作了如下的回答：

　　在德不在鼎。昔夏之方有德也，远方图物，贡金九牧，铸鼎象物，百物而为之备，使民知神奸。故民入川泽山林，不逢不若。螭魅罔两，莫能逢之，用能协于上下以承天休。桀有昏德，鼎迁于商，载祀六百。商纣暴虐，鼎迁于周。德之休明，虽小，重也。其奸回昏乱，虽大，轻也。天祚明德，有所厎止。成王定鼎于郏鄏，卜世三十，卜年七百，天所命也。周德虽衰，天命未改，鼎之轻重，未可问也。(《左传》宣公三年)②

---

① （清）阮元校刻：《十三经注疏（清嘉庆刊本）·春秋左传正义》卷49，第4册，第4546—4549页。

② （清）阮元校刻：《十三经注疏（清嘉庆刊本）·春秋左传正义》卷21，第4册，第4056页。

面对庄王的无礼，王孙满不是直接进行怒斥，也不是用一句"在德不在鼎"的简单回答了事，而是从容不迫、洋洋洒洒地向庄王讲出一番大道理来：从九鼎的产生、作用直谈到九鼎转移的原因，由此得出结论说，能否拥有九鼎，不取决于武力而取决于是否有德。末了指出，周朝受命于天，有其定数，现在周德虽已衰弱，但还未到终结的时候，因此不可询问鼎的大小轻重。整个回答显得极其平静、文雅、自信、周密、庄严、厚重，可谓气盛言宜，文质并茂，大有王室居高临下、不可侵犯的气势。

### 三　刚柔相济，绵里藏针

《左传》中有许多辞令显得谦下柔和，尊重对方，但又坚决地维护了国家或个人的尊严，不卑不亢，屈伸有度，这就是刚柔相济、绵里藏针的特色。这种特色多出现在小国行人或处于弱势地位者的应对中，例如，僖公四年（前656）春，齐桓公率八国之师侵蔡伐楚，来势汹汹。面对管仲咄咄逼人的责问，楚使对以"贡之不入，寡君之罪也，敢不共给？昭王之不复，君其问诸水滨"，柔而不屈，绵里藏针。同年夏，齐桓公陈诸侯之师以炫耀武力，根据齐桓公前后两种不同的态度，楚使屈完先对以"君惠徼福于敝邑之社稷，辱收寡君，寡君之愿也"，后对以"君若以德绥诸侯，谁敢不服？君若以力，楚国方城以为城，汉水以为池，虽众，无所用之"，先柔后刚，刚柔相济，所谓"柔亦不茹，刚亦不吐"。屈完的应对，出色地表现了楚国愿意和谈但决不怕交战的立场，致使齐桓公终未敢轻加其兵，一场大规模的战争就这样被避免了。

僖公三十三年夏，晋襄公在其母文嬴的劝说下释放了殽之战中俘获的秦将孟明等三帅，不久后悔，派大夫阳处父火速追捕。当阳处父追至黄河时，孟明等已乘舟离开河岸，阳处父急中生智，解下骖马以襄公的名义赐赠孟明，企图诱骗他们上岸，孟明识破其计，叩首致辞说：

> 君之惠，不以累臣衅鼓，使归就戮于秦，寡君之以为戮，死且不朽。若从君惠而免之，三年将拜君赐。（《左传》僖公三十三年）①

致辞听起来柔和恭敬，实际上却是绵里藏针，"三年将拜君赐"的真实含义就是三年后将要前来复仇。

成公三年（前588）夏，晋、楚两国交换战俘，邲之战中为楚人俘获的晋将知䓨将被放回。临行前，楚共王与知䓨进行了如下一番著名的对话：

> 王送知䓨，曰："子其怨我乎？"对曰："二国治戎，臣不才，不胜其任，以为俘馘。执事不以衅鼓，使归即戮，君之惠也。臣实不才，又谁敢怨？"王曰："然则德我乎？"对曰："二国图其社稷而求纾其民，各惩其忿以相宥也，两释累囚以成其好；二国有好，臣不与及，其谁敢德？"王曰："子归，何以报我？"对曰："臣不任受怨，君亦不任受德，无怨无德，不知所报。"王曰："虽然，必告不谷。"对曰："以君之灵，累臣得归骨于晋，寡君之以为戮，死且不朽。若从君之惠而免之，以赐君之外臣首，首其请于寡君而以戮于宗，亦死且不朽。若不获命而使嗣宗职，次及于事，而帅偏师以修封疆，虽遇执事，其弗敢违。其竭力致死，无有二心，以尽臣礼，所以报也。"（《左传》成公三年）②

---

① （清）阮元校刻：《十三经注疏（清嘉庆刊本）·春秋左传正义》卷17，第4册，第3979页。

② （清）阮元校刻：《十三经注疏（清嘉庆刊本）·春秋左传正义》卷26，第4册，第4125—4126页。

知罃的回答，自始至终以国家利益为重，对楚王不露怨恨之色，更无逢迎之意，而是不卑不亢，柔中有刚，表现了一个大国将门之子良好的政治修养、不计个人恩怨的卓越见解及高度的爱国主义精神。无怪乎共王非常感慨地说："晋未可与争！"

### 四　雄辩阔论，词锋犀利

晋范宁称《左传》"艳而富"，唐韩愈称"左氏浮夸"，这一特色在其辞令方面的表现就是雄辩阔论。

昭公十五年（前527）十二月，晋大夫荀跞和籍谈作为正、副使前往周王室参加景王王后的葬礼，礼毕后，景王就晋国没有向王室交纳贡物一事询问荀跞，籍谈代荀跞回答说，晋国地处深山，与戎狄为邻，从没有受到过王室的赏赐，整天对付戎狄尚且来不及，哪有可能交纳贡物？景王听后当即对籍谈进行了这样的驳斥：晋国的始封君唐叔虞是周成王的同母弟，成王分封别的诸侯国时都有赏赐，对自己的同母弟不可能没有赏赐。文王检阅军队时用过的密须之鼓和大路之车，武王克商用过的阙巩之甲都赐给了唐叔虞；襄王时又将自己的大路、戎路之车和斧钺、秬酒、彤弓、虎贲以及王室所属的南阳之田赐给了文公。最后景王责问籍谈：你是晋国典籍掌管者孙伯黡的后代，怎么连这些大事都忘记了？景王的驳斥主要是用事实来说话，有根有据，辩而不华，步步紧逼。堂堂的晋国使者竟然被驳得张口结舌，无言以对，景王讥之为"数典而忘其祖"。

昭公三十年（前512）六月，晋顷公病故，郑国派执政大臣游吉出使晋国吊唁并送葬，晋人对郑献公没有亲自前来吊丧很不满意，派士景伯向游吉提出质问，游吉作了这样的回答：

> 诸侯所以归晋君，礼也。礼也者，小事大、大字小之谓。事大在共其时命，字小在恤其所无。以敝邑居大国之间，共其

职贡，与其备御不虞之患，岂忘共命？先王之制：诸侯之丧，
士吊，大夫送葬。唯嘉好、聘享、三军之事于是乎使卿。晋之
丧事，敝邑之间，先君有所助执绋矣。若其不间，虽士、大夫
有所不获数矣。大国之惠，亦庆其加，而不讨其乏，明底其情，
取备而已，以为礼也。灵王之丧，我先君简公在楚，我先大人
印段实往，敝邑之少卿也。王吏不讨，恤所无也。今大夫曰：
"女盍从旧？"旧有丰有省，不知所从。从其丰，则寡君幼弱，
是以不共。从其省，则吉在此矣，唯大夫图之！（《左传》昭公
三十年）①

　　游吉首先指出，诸侯所以归服晋君是由于晋国奉行礼。奉行礼
就是要做到小者能事奉大者，大者能保护小者。作为郑国，事奉晋
国已经做到了"共其职贡，与其备御不虞之患"，言外之意，晋国
对郑国则没有尽到保护之责。接着申辩郑国赴晋国吊丧的礼数向来有
繁有简，均符合先王之制，即使吊周天子之丧也有只派大夫前往的情
况。最后解释其国君尚年幼无法成行，自己一人前来是从其简，无可
厚责。整个回答，雄辩有力，词锋犀利，故"晋人不能诘"。

　　哀公元年（前494）春，吴王夫差攻入越国，越王句践派大夫
种向夫差求和，夫差打算同意，大夫伍员坚决反对，他向夫差这样
劝谏道：

　　不可。臣闻之："树德莫如滋，去疾莫如尽。"昔有过浇杀
斟灌以伐斟鄩，灭夏后相。后缗方娠，逃出自窦，归于有仍，
生少康焉，为仍牧正。惎浇，能戒之。浇使椒求之，逃奔有虞，
为之庖正，以除其害。虞思于是妻之以二姚，而邑诸纶，有田

---

① （清）阮元校刻：《十三经注疏（清嘉庆刊本）·春秋左传正义》卷53，第4册，第
4615—4616页。

一成，有众一旅。能布其德，而兆其谋，以收夏众，抚其官职。使女艾谍浇，使季杼诱殪。遂灭过、戈，复禹之绩，祀夏配天，不失旧物。今吴不如过，而越大于少康，或将丰之，不亦难乎？句践能亲而务施，施不失人，亲不弃劳。与我同壤，而世为仇雠。于是乎克而弗取，将又存之，违天而长寇仇，后虽悔之，不可食已。姬之衰也，日可俟也。介在蛮夷，而长寇仇，以是求伯，必不行矣。（《左传》昭公三十年）①

伍员在劝谏中先引用谚语"树德莫如滋，去疾莫如尽"说明只有灭掉越国才能消除后患。然后以夏帝少康在极其艰难的条件下灭掉过、戈二国恢复夏的天下为例，警告夫差一旦许和，吴国一定会被越国灭亡。末了指出吴、越相邻，世为仇敌，况且句践能够亲近贤臣，团结国人，如果不趁其战败之机攻灭之，必将后悔莫及。这番劝谏旁征博引，说古道今，理足服人，可惜已被胜利冲昏了头脑的夫差没有采纳。

## 五 幽默机智，妙趣横生

幽默是语言生动的重要条件之一，《左传》的辞令除具有上述特色以外，还常常充满幽默和机智，表现出极强的趣味性和感染力，这在先秦的典籍中是不多见的，作为一部历史著作，更是难能可贵。

宣公二年（前607）春，郑公子归生奉楚国之命伐宋，宋大夫华元率师抵御而战败被俘。战败的主要原因之一是华元的车御在战斗中有意驱车进入郑军，致使华元被俘。原来战前华元杀羊犒劳部下时没有施及羊斟，故羊斟在战时报复华元。羊斟驱车时向华元这

---

① （清）阮元校刻：《十三经注疏（清嘉庆刊本）·春秋左传正义》卷57，第4册，第4678—4680页。

样说："畴昔之羊子为政，今日之事我为政。"这句话既尖刻辛辣，又幽默风趣，可以想见当时羊斟得意的神色。

宣公十二年（前597）春，楚庄王率师包围了对楚有二心的郑国，夏六月，晋人出师救郑，从而拉开了晋、楚邲之战的序幕。庄王听说晋军已渡过黄河时曾打算撤回，令尹孙叔敖也主张撤军。庄王的宠臣伍参则主张迎战晋军，当时孙叔敖与伍参就撤与战的问题进行了一番争论：

> （孙叔敖）曰："昔岁入陈，今兹入郑，不无事矣。战而不捷，参之肉其足食乎？"参曰："若事之捷，孙叔为无谋矣；不捷，参之肉将在晋军，可得食乎？"（《左传》宣公十二年）①

双方争论的问题十分严肃，但其语言却极为风趣，尤其是伍参的回答，既幽默且机智，使争论的气氛进一步趋于缓和，这对将帅之间的团结十分重要。事实证明伍参的主张是正确的，他接着对晋军将帅特点的分析均与事实相符，最终促成庄王下定了迎战晋军的决心。战争开始后，晋军由于将帅不和，连连失误，节节败退。其中有这样一个场面：

> 晋人或以广队（坠）不能进，楚人惎（教）之脱扃。少进，马还。又惎之拔旆投衡，乃出。顾曰："吾不如大国之数奔也。"（《左传》宣公十二年）②

---

① （清）阮元校刻：《十三经注疏（清嘉庆刊本）·春秋左传正义》卷23，第4册，第4081—4082页。

② （清）阮元校刻：《十三经注疏（清嘉庆刊本）·春秋左传正义》卷23，第4册，第4085页。

楚军战士指导晋军的战车脱出泥淖，晋军战士逃离时却回过头来对楚军战士说"我们赶不上你们大国军队多次败逃富有经验"，感谢之意、解嘲之趣、好胜之态尽见于一语之中，幽默之至，妙趣横生！近人吴闿生对此评论说："风趣绝佳，非才力极大，不能有此文字，所以有生龙活虎之致，全在此等。史公不及左氏者亦在此。"① 通过这一动人场面我们还可以看到，尽管战争残酷无情，但作为下层士兵却能在敌军遇到危难时给以帮助，他们说笑无碍，并无敌意，这在一定程度上反映了当时人民群众对统治阶级的不义之战所抱的不满态度。

成公三年（前588）冬，齐顷公因"鞌"战之败而朝于晋，见到了郤克与韩厥，《左传》这样记载了当时见面及谈话的情景：

> 齐侯朝于晋，将授玉。郤克趋进曰："此行也，君为妇人之笑辱也，寡君未之敢任。"晋侯享齐侯，齐侯视韩厥。韩厥曰："君知厥也乎？齐侯曰："服改矣。"韩厥登，举爵曰："臣之不敢爱死，为两君之在此堂也。"（《左传》成公三年）②

宣公十七年（前592）春，郤克出使齐国，曾受到齐顷公之母萧同叔子的一笑之辱，发誓要向齐国报仇。鞌之战中，郤克率三军奋力作战，终于打败了齐军，故郤克这时说齐侯此行是因妇人一笑而辱临敝国，寡君可不敢当。一句忍俊不禁的谐谑，充分表现了他的泄愤之情、讽刺之意。韩厥的祝酒词表面上是在弥补郤克的失礼，实际上却将顷公战败被迫朝晋说成来和晋君加强友好

---

① 吴闿生著，白兆麟点注：《左传微·卷弟四·楚庄之霸》，白兆麟校注，黄山书社1995年版，第340页。

② （清）阮元校刻：《十三经注疏（清嘉庆刊本）·春秋左传正义》卷26，第4册，第4127页。

关系，这种风趣、机智的语言真是让顷公哭笑不得。除以上所举者外，同类的例子还有前面提到的"三年将拜君赐"，鞌之战中齐将高固的"欲勇者贾余余勇"，昭公元年（前541）鲁大夫叔孙豹的"带其褊矣"等，于幽默戏谑之中或示其志，或显其勇，或见其智，无不令人哑然失笑，掩卷而思。

## 第二节 《左传》辞令与战国策士辞令异同论

### 一 《左传》辞令的产生

公元前771年，周幽王为犬戎所杀，次年，周平王东迁洛邑，自此，中国社会进入了王室衰微、大国争霸的春秋时代。这时期的形势有四个重要特征：一是尊礼重义。尊礼重义的具体表现是，盟主需要取得周天子的承认，需要率领诸侯保卫王室，援助小国，平定诸侯国内部的叛乱，处理诸侯国之间的纷争，即使发动战争也常常需要在保卫王室的名义下进行；各诸侯国需要依照周礼办理丧葬、继承、婚娶等大事，履行纳贡、出兵、朝觐、会盟等义务；卿大夫在外交、讽谏、宴享等场合需要引经据典，赋《诗》引《书》，以示遵礼守义。二是战争频仍。战争的性质形形色色，诸如大国兼并小国的战争、大国与大国争霸的战争、王室为维护王权与诸侯国之间的战争、王室或诸侯国内部为争夺继承权而发生的内战，等等。三是外交激烈。王室为了维护自身的权威和尊严需要加强外交活动，大国为了争霸称雄需要通过外交争取诸侯国的拥护，小国更需要通过外交斗争保卫自身的安全和利益。外交的形式多种多样，诸如诸侯朝拜天子、盟国朝拜盟主、盟主聘问诸侯国，诸侯国相互聘问、王室与诸侯国订立盟约、诸侯国相互订立盟约、天子对诸侯或诸侯对诸侯发表声明，等等。四是内乱迭起。内乱主要分为宗室子弟争夺君位之乱和权臣谋逆之乱两种类型。几乎所有诸侯国都发生过内乱，王室的情况也是一样，著名者如周王子克之乱、王子颓之乱、王子带之乱、王子朝之乱、鲁庆父之乱、叔孙竖牛之乱、晋骊姬之乱、齐连称管至父之乱、崔杼庆封之乱、宋华亥向宁之乱、向魋之乱、郑共叔段之乱、卫州吁之乱、孙林父宁殖之乱、楚灵王之乱、白公胜之乱，等等。内乱使许多国君被弑，据《春秋繁露·灭国上》和《史记·太史公自序》的说法，春秋时期共弑君三十六起。以上社会现状导致了春秋卿士辞令的产生，尊礼重义的时风奠定了卿士辞令的思想基础和表现形式，而频仍的战争、激烈的外交以及此起彼伏的内乱为卿士辞令的产生提供了客观需要。挑战应战需要辞令，朝觐会盟需要辞令，讽谏君上安定国家更需要辞令。辞令的成功与否，直接关系到敌对双方的战与和、国家的兴与衰、存与亡、个人的安与危等。作为国家的卿士，必须加强自身修养、提高辞令水平以适应形势发展的需要。《左传》作为一部史书，忠实记录了春秋时期各国卿士辞令的真实面貌。

## 二 《左传》辞令论说方法对战国策士辞令的影响

《左传》中的卿士辞令对后世辞令艺术发生了巨大的影响，其不卑不亢的应对风范成了历代外交辞令的基本特色。由于战国距春秋时代最近，所以战国策士辞令受卿士辞令的影响最直接也最深①，尤其在论说方法方面，策士辞令对卿士辞令的继承可以说是亦步亦趋。这些方法主要有诱之以利、示之以害、以事为喻、引言说理、举史壮论、赋《诗》达意，驳以事实、间以巧言、以迂为直、以攻为守、以守为攻、先发制人、后发制人、层层设防、步步紧逼，等等。这里仅就诱之以利、示之以害、以事为喻、引言说理和举史壮论等五

---

① 《汉书·艺文志》："从横家者流，盖出于行人之官。"章学诚《文史通义·诗教上》："战国者，纵横之世也。纵横之学，本于古行人之官。"冯李骅、陆浩《左绣》："笔舌之妙，真为《国策》开山。"

种常见方法提出讨论。

1. 诱之以利

"诱之以利"就是在论说中指出利益之所在，使听者动心。例如：

> 逮吴之未定，君其取分焉。若楚之遂亡，君之土也。若以君灵抚之，世以事君。(《左传》定公四年)①
>
> 张仪之楚，贫。舍人怒而归。张仪曰："子必以衣冠之敝，故欲归。子待我为子见楚王。"当是之时，南后、郑袖贵于楚。
>
> 张子见楚王，楚王不说。张子曰："王无所用臣，臣请北见晋君。"楚王曰："诺。"张子曰："王无求于晋国乎？"王曰："黄金珠玑犀象出于楚，寡人无求于晋国。"张子曰："王徒不好色耳？"王曰："何也？"张子曰："彼郑、周之女，粉白黛黑，立于衢闾，非知而见之者，以为神。"楚王曰："楚，僻陋之国也，未尝见中国之女如此其美也。寡人之独何为不好色也？"乃资之以珠玉。(《楚策三·张仪之楚贫》)②

前一例是楚大夫申包胥向秦哀公求援致辞中的一部分。鲁定公四年，吴军打破郢都，楚昭王逃往国外，申包胥在这种严峻形势下来到秦国请求发兵救楚。他在上引的这段致辞中向哀公指出了出兵的巨大好处：在吴军立足未稳的情况下可以和吴国共同瓜分楚地；如果秦国能使楚国不被灭亡，楚国将世世代代尊事秦国。这些好处对于志在扩张的秦国来说自然具有很强的诱惑力，所以哀公不久即派出了援军。后一例是策士张仪诱使楚怀王出资助己的一篇说辞。

---

① （清）阮元校刻：《十三经注疏（清嘉庆刊本）·春秋左传正义》卷54，第4册，第4641页。

② （西汉）刘向辑录：《战国策》卷16，中册，第539—540页。

在黄金珠玑犀象等宝物对怀王都失去吸引力的情况下，张仪便动之以色，可谓深知其人，善施其计。

2. 示之以害

"示之以害"就是在论说中指出危害所在，使听者心有所惧，从而放弃或采取某种行动。在《左传》辞令中，这一方法常用于为了解除某种祸患的情况下，如僖公三十年的"烛之武退秦师"及上文所举的"申包胥如秦乞师"中都使用了这一方法。又如：

> 楚子以驲至于罗汭。吴子使其弟蹶由犒师，楚人执之，将以衅鼓。王使问焉，曰："女卜来吉乎?"对曰："吉。寡君闻君将治兵于敝邑，卜之以守龟，曰：'余亟使人犒师，请行以观王怒之疾徐，而为之备，尚克知之。'龟兆告吉，曰：'克可知也。'君若驩焉好逆使臣，滋敝邑休息，而忘其死，亡无日矣。今君奋焉震电冯怒，虐执使臣，将以衅鼓，则吴知所备矣。敝邑虽羸，若早修完，其可以息师。难易有备，可谓吉矣。……"乃弗杀。(《左传》昭公五年)[1]

昭公四年（前538）冬，吴军侵入楚国，次年冬，楚灵王率领诸侯军及东夷之师要对吴国进行报复，所以吴王之弟蹶由刚一来到楚军，即被盛怒的灵王所逮捕，并决定处死以祭军鼓。临刑之际，蹶由丝毫没有向灵王求饶，而是在答词中指出杀死自己将会引起的后果——势必使吴国进一步加强防备，以便在交战中夺取胜利。这样的结果显然不是灵王所希望的，于是马上改变了杀死蹶由的决定。在策士辞令中，"示之以害"和"诱之以利"一样更是无所不用的制胜法宝，所有的连横、合纵之说，无一不涉此法。例如：

---

[1] （清）阮元校刻：《十三经注疏（清嘉庆刊本）·春秋左传正义》卷43，第4册，第4436—4437页。

秦地半天下，兵敌四国，被山带河，四塞以为固。虎贲之
士百余万，车千乘，骑万匹，粟如丘山。法令既明，士卒安难
乐死。主严以明，将知以武。虽无出兵甲，席卷常山之险，折
天下之脊，天下后服者先亡。且夫为纵者，无以异于驱群羊而
攻猛虎也。夫虎之与羊，不格明矣。今大王不与猛虎而与群羊，
窃以为大王之计过矣。（《楚策一·张仪为秦破从连横》）①

在另外的场合，此法的使用也很常见。例如，在《蔡泽见逐于
赵》中，蔡泽就是通过向范雎陈说利害而"扼其咽而亢其气、拊其
背而夺其位"② 的。又如：

秦王大怒，而欲兼诛范雎。范雎曰："臣，东鄙之贱人也，
开罪于楚、魏，遁逃来奔。臣无诸侯之援，亲习之故，王举臣
于羁旅之中，使职事，天下皆闻臣之身与王之举也。今遇惑或
与罪人同心，而王明诛之，是王过举显于天下，而为诸侯所议
也。臣愿请药赐死，而恩以相葬臣，王必不失臣之罪，而无过
举之名。（《秦策三·秦攻邯郸》）③

此例的主要内容是秦相范雎因罪请求昭王赐自己服药自杀，结果
却得到了昭王的赦免。秦法规定，被举用的人有罪，举用者与其同罪。
秦大夫郑安平、王稽都是范雎举用的将军。郑安平后降赵，王稽则被
人控告谋反；因此昭王大怒，想在诛王稽的同时诛杀范雎。范雎的这
一请求，表面上是担心自己公开被杀会给昭王的声誉带来不利的影响，

---

① （西汉）刘向辑录：《战国策》卷14，中册，第504页。
② （清）严可均辑：《全汉文》卷53，商务印书馆1999年版，第538页。
③ （西汉）刘向辑录：《战国策》卷5，上册，第210页。

实际上则是向昭王暗示，范雎是杀不得的，否则将会使天下人都知道昭王不善于察人，使各国诸侯都讥议昭王连国相也选择不当。这一招果然奏效，昭王不能不考虑自己的名声："遂弗杀而善遇之。"

3. 以事为喻

"以事为喻"就是用某种事物作比喻以说明问题。《左传》辞令中的比喻常以生活中习见的事物或熟语作为喻体。例如，《左传》襄公十四年："譬如捕鹿，晋人角（执角）之，诸戎掎之（抓住鹿足），与晋踣（摔倒）之。"这是以捕鹿时的协同动作比喻殽之战中姜戎对晋人的配合行动。又如：

> （申叔时）曰："夏征舒弑其君，其罪大矣；讨而戮之，君之义也。抑人亦有言曰：'牵牛以蹊人之田，而夺之牛。'牵牛以蹊者，信有罪矣；而夺之牛，罚已重矣。诸侯之从也，曰讨有罪也。今县陈，贪其富也。以讨召诸侯，而以贪归之，无乃不可乎？"王曰："善哉！吾未之闻也。反之可乎？"对曰："吾侪小人所谓'取诸其怀而与之'也。"（《左传》宣公十一年）[1]

宣公十年（前599），陈国发生了夏征舒弑陈灵公的事件。十一年（前598），楚庄王平陈之乱，杀死了夏征舒，随后顺势灭陈，使之沦为楚国的一个县。楚大夫申叔时认为庄王的行动已远远超过了平乱的范围，不值得称道，于是在君臣二人之发生了上面这段对话。申叔时在劝谏中连用了两个比喻，一是以熟语"牵牛以蹊人之田，而夺之牛"比喻庄王对陈国的过头行动；二是以熟语"取诸其怀而与之"比喻恢复陈国将有恩于人而无损于己的道理，都非常贴切、生动、形象。庄王之所以能够接受申叔时的进谏，这两个比喻所起

---

[1] （清）阮元校刻：《十三经注疏（清嘉庆刊本）·春秋左传正义》卷22，第4册，第4073页。

的作用是显而易见的。在策士辞令中，比喻的喻体除用生活中习见的事物外，还常用杜撰的故事。例如：

> 天下之士，合从相聚于赵，而欲攻秦。秦相应侯曰："王勿忧也，请令废之。秦于天下之士非有怨也，相聚而攻秦者，以己欲富贵耳。王见大王之狗，卧者卧，起者起，行者行，止者止，毋相与斗者，投之以骨，轻起相牙者，何则？有争意也。"（《秦策三·天下之士合从相聚于赵》）①

例中应侯范雎以狗争骨头的前后不同状态比喻天下士人争利前后的不同心态和行动，贴切、生动、形象，惟妙惟肖，极具说服力，秦王果信而命唐雎载五千金行，"散不能三千金，天下之士大相与斗矣"。又如：

> 齐人见田骈，曰："闻先生高义，设（号）为不宦，而愿为役（愿亲自劳作）。"田骈曰："子何闻之？"对曰："臣闻之邻人之女。"田骈曰："何谓也？"对曰："臣邻人之女设为不嫁，行年三十而有七子，不嫁则不嫁，然嫁过（过于嫁）毕（已）矣。今先生设为不宦，訾（同资）养千钟，徒百人，不宦则然矣，而富过毕也。"田骈辞（道谢）。（《齐策四·齐人见田骈》）②
>
> 段产谓新城君曰："夫宵行者能无为奸，而不能令狗无吠己。今臣处郎中，能无议君于王，而不能令人毋议臣于君。愿君察之也。"（《韩策三·段产谓新城君》）③

---

① （西汉）刘向辑录：《战国策》卷5，上册，第202—203页。
② （西汉）刘向辑录：《战国策》卷11，上册，第420页。
③ （西汉）刘向辑录：《战国策》卷28，中册，第1035页。

前一例以邻人之女年三十不嫁却生下七个私生子的杜撰故事比喻田骈虚假的美名,后一例以夜行遭狗吠的现象比喻自己虽然不做邪恶之事但却免不了别人的非议,都十分贴切生动,和《左传》辞令中的比喻有异曲同工之妙。同类例子如《秦策三·应侯谓昭王》《齐策四·孟尝君逐于齐而复反》《赵策四·客见赵王》等。

4. 引言说理

"引言说理"就是引用古诗、文、熟语、名言等作为重要论据以助成其说。《左传》辞令中的引言常见的有十二类,分别是:

(1)引《诗经》。如僖公十九年:《诗》曰:"刑于寡妻,至于兄弟,以御于家邦。"

(2)引《周易》。如宣公十二年:《周易》有之……曰:"师出以律,否臧,凶。"

(3)引《礼记》。如昭公元年:故《志》(指《礼记》)曰:"买妾不知其姓,则卜之。"

(4)引《尚书》。如哀公十一年:《盘庚之诰》曰:"其有颠越不共,则劓殄无遗育,无俾易种于兹邑。"(引文与今本《尚书》所载有异)

(5)引古兵书。如僖公二十八年:《军志》曰:"允当则归。"又曰:"知难而退。"又曰:"有德不可敌。"

(6)引王室昭令。如僖公四年:管仲对曰:"昔召康公命我先君大公曰:'五侯九伯,女实征之,以夹辅周室。'"

(7)引盟誓言。如昭公十六年:世有盟誓,以相信也,曰:"尔无我叛,我无强贾,毋或匄夺。尔有利市室贿,我勿与知。"

(8)引古逸书。如昭公十年:《书》(已逸)曰:"欲败度,纵败礼。"

(9)引古人名言。如宣公十五年:古人有言曰:"虽鞭之长,不及马腹。"

（10）引古良史言。如昭公五年：周任有言曰："为政者不赏私劳，不罚私怨。"

（11）引君子言。如隐公六年：君子曰："善不可失，恶不可长。"

（12）引熟语。如宣公十五年：谚曰："高下在心。"又如昭公十九年：谚曰："无过乱门。"

这十二类中，引用最频繁的文献是《诗经》，可见《诗经》对于《左传》辞令的特殊意义，它不仅是士大夫政治修养的体现，也是辞令达到合礼、雄辩、典雅、含蓄的重要因素之一。策士辞令继承了"引言说理"的方法，但引言的情况要比《左传》简单得多。常见的有五类：

（1）引《诗经》。如《秦策四》顷襄王二十年：《诗》云："靡不有初，鲜克有终。"

（2）引《周易》。如《秦策四》顷襄王二十年：《易》曰："狐濡其尾。"（引文对原文有改动）

（3）引逸书。如《魏策一·知伯索地于魏桓子》：《周书》（已逸）曰："将欲败之，必姑辅之；将欲取之，必姑与之。"

（4）引逸诗。如《秦策五·谓秦王》：《诗》云："行百里者半于九十。"

（5）引熟语。如《秦策一·张仪说秦王》：臣闻之："弗知而言为不智，知而不言为不忠。"又如《韩策一·苏秦为楚合从说韩王》：臣闻鄙语曰："宁为鸡口，无为牛后。"

这五类中，引《诗经》的用例其实很少，充其量不过五六处，对《周易》等经书的引用则更少，像《尚书》《礼记》就没有提到。值得注意的是，策士辞令对于熟语的引用相当多，总数在 30 例左右。两相比较，可以看出，策士辞令和《左传》辞令虽然都把引言作为论说的重要方法，但所引的内容则是有一定区别的。

5. 举史壮论

"举史壮论"就是引用历史事实作为证据以增强说服力。在

《左传》辞令中，引用史证时对其内容往往有较详细的叙述，这是造成《左传》文势舒缓的原因之一。例如，昭公元年（前541），伍子胥为了谏阻吴王夫差许越求和，以少康恢复夏的天下为例，说明败亡之国完全可以灭掉战胜之国。又如，定公四年（前506）春，周卿士刘子（刘文公）及晋、鲁等十八国会于召陵以谋伐楚，当时规定盟誓歃血的顺序是按照各国始封君的长幼来排列。卫国的始封君康叔是蔡国始封君蔡叔之弟，所以被安排在蔡国之后歃血。卫国对此不服，其使臣祝佗子鱼作了如下的争辩：

> 以先王观之，则尚德也。昔武王克商，成王定之，选建明德，以藩屏周。故周公相王室，以尹（治）天下，于周为睦。分鲁公以大路、大旗……分康叔以大路、少帛、绋茷、旃旌、大吕，殷民七族——陶氏、施氏、繁氏、锜氏、樊氏、饥氏、终葵氏。封畛土略，自武父以南及圃田之北竟，取于有阎之土以共王职，取于相土之东都以会王之东蒐。聃季授土，陶叔授民，命以《康诰》，而封于殷虚。皆启以商政，疆以周索。分唐叔以大路、密须之鼓、阙巩、沽洗，怀姓九宗，职官五正。命以《唐诰》而封于夏虚，启以夏政，疆以戎索。三者皆叔也，而有令德，故昭之以分物。不然，文、武、成、康之伯犹多，而不获是分也，唯不尚年也。管、蔡启商，惎间王室，王于是乎杀管叔而蔡（流放）蔡叔。……若之何其使蔡先卫也？……（《左传》定公四年）①

祝佗在争辩中共举出了四个史证（此处所举为第一个史证，后三个史证因文长而略）以证明位次的排列应该是尚德而非尚年：（1）在文、武、成、康之子中，年长于鲁公（伯禽）、康叔、唐叔

---

① （清）阮元校刻：《十三经注疏（清嘉庆刊本）·春秋左传正义》卷54，第4册，第4635—4637页。

的人很多，王室重点只封赏了此三人，可见封赏根据是美德。蔡叔对王室有罪，曾被流放，所以蔡不能先于卫歃血；（2）武王的同母弟共有八人，只有周公、康叔和聃季三人被委以重任，其余五人都没有官职，这说明王室任人不是根据年龄；（3）曹国的始封君是文王之子，晋国的始封君是武王之子，论辈分曹长于晋，但曹却处在较远的甸服，王室这种安排的根据显然也不是年龄；（4）晋文公主持践土之盟时卫国就是先于蔡国歃血的，当时卫国国君尚未到场。这四个史证都以其无可辩驳的事实证明了卫国的地位应尊于蔡，所以刘子和晋国只好重新作了让卫先于蔡歃血的决定。从此例中可以看到《左传》辞令对史证叙述的详细程度——王室对三叔赏赐的各项具体内容、分封地的界线等，均一一作了清楚的交代，可谓不厌其烦。在策士辞令中，史证的使用要远远多于《左传》，但对每一史证的叙述则比较简略，只要能说明问题即可。这是造成策士辞令流畅的重要原因之一。例如：

> 苏秦曰："臣固疑大王之不能用也。昔者神农伐补遂，黄帝伐涿鹿而禽蚩尤，尧伐驩兜，舜伐三苗，禹伐共工，汤伐有夏，文王伐崇，武王伐纣，齐桓任战而伯天下。由此观之，恶有不战者乎？"（《秦策一·苏秦始将连横》）①

这是苏秦劝谏秦惠王采用连横策略的一段说辞，其中连用了九个史证，都是点到为止，对具体的内容没有作进一步的介绍。当然，在策士辞令中也有把史证介绍得比较详细的时候，不过为数较少，并且都有特殊的需要，如在《秦策一·张仪说秦王》中，张仪对武王灭商、赵襄子灭智伯这两个史证就讲述得比较详细，这是因为他

---

① （西汉）刘向辑录：《战国策》卷3，上册，第81页。

要向秦惠王强调坚持"战战栗栗，日慎一日"之道而天下可有的思想，其例证当然要对如何战战栗栗而取得天下的史实有一个具体的反映。

除了论说方法外，策士辞令的语言简练，语气谦敬，用词精当，引证博洽，应对机智，说理透彻，逻辑严密，这些无疑也都是春秋卿士辞令影响的结果。

### 三 《左传》辞令和战国策士辞令在论说方法方面的差异

不同的论说方法是造成风格不同特色的重要因素。在论说方法技巧方面，虽然《左传》辞令对战国策士辞令产生了直接影响，二者相同之处甚多，但也存在着不少差异。从春秋到战国，形势发生了很大的变化，辞令的内容、目的以及言者和听者的身份都不同了，辞令的论说方法自然也就有了一定的差异，这是形成《左传》与战国策士辞令不同特色的重要原因之一。

#### （一）《左传》辞令使用而策士辞令很少沿用的论说方法

《左传》辞令中某些论说方法在尊王重霸、维护周礼的春秋时期是行之有效的，但是在争强贵战、捐仁弃义的战国时期则失去了其本来的作用，策士们根据形势的需要很少再沿用这些方法。其中常见的有两种，即"晓以大义"和"讽以微言"。

1. 晓以大义

"晓以大义"就是通过宣示大义来说服或指责对方。这是《左传》辞令中最重要的论说方法之一，如宣公三年周大夫王孙满对楚庄王、宣公十四年晋大夫解扬答楚庄王、成公八年鲁大夫季文子指责晋国时都使用了这一方法。又如：

> 悼公稽首曰："吾子奉义而行者也。若我可，不必亡一大夫；若我不可，不必亡一公子。义则进，否则退，敢不唯子是

从？废兴无以乱，则所愿也。(《左传》哀公六年)①

这是齐景公的公子阳生（即悼公）劝说大夫鲍子的一段致辞。哀公五年（前490），齐景公病卒，遗命立少子荼为君。大夫陈乞则想废荼而另立新君。哀公六年（前489），陈乞将避居在鲁国的阳生秘密接回齐国送进宫中，欲迫使朝臣立阳生为君。立盟时，权臣鲍子对陈乞的做法提出了异议。当时形势非常紧张，鲍子完全有可能下令杀死阳生。在这种情况下，阳生轻轻用上面这几句话改变了形势，其高明之处就在于始终强调了一个"义"字，使人感到他是一个以国家利益为重的有道之君，故鲍子听后立即改变了初衷，且道："谁非君之子？"同意改立阳生为君。

2. 讽以微言

"讽以微言"就是不直接回答对方提出的问题，只是指出一些细小平常的事情作为提示。这种方法的特点是以小见大，往往能达到直言相谏所不能达到的作用。例如：

秦伯谓郤芮曰："公子谁恃？"对曰："臣闻亡人无党，有党必有仇。夷吾弱不好弄，能斗不过，长亦不改，不识其他。"(《左传》僖公九年)②

这是秦穆公和晋大夫郤芮的一段对话。僖公四年（前656），晋国发生了骊姬之乱，公子重耳、夷吾先后逃往国外避难。僖公九年（前651），晋献公病卒，夷吾以献纳晋城为代价请求秦国帮助自己

---

① （清）阮元校刻：《十三经注疏（清嘉庆刊本）·春秋左传正义》卷58，第4册，第4696页。

② （清）阮元校刻：《十三经注疏（清嘉庆刊本）·春秋左传正义》卷13，第4册，第3909页。

回国夺取君位。穆公作出决定前想了解夷吾在国内依靠的力量，于是和夷吾的使臣郤芮进行了上面这番对话。郤芮在回答中没有直接说明夷吾在国内的依靠对象，只是指出他不会有仇敌。然后提到一件小事，即夷吾幼年时期不喜欢玩耍，有时候一旦和别人争执起来也不过分，长大后这种性格一直没有改变。这一回答看起来极其平淡，但对于说明夷吾没有仇敌、即位后不会被推翻这一点来说是相当有力的；因为幼年时期最容易看清一个人的脾性。夷吾在幼年时期"不好弄"，说明其好静；"能斗不过"，说明其不好斗；"长亦不改"，说明其成年后仍然保持着不好斗的性格。不好斗就没有对立面，没有对立面自然就会得到多数人的支持。同类的例子又如，僖公二十五年（前635），晋文公攻取了原国，向寺人勃鞮征求守原的人选，勃鞮作了这样的回答：

> 昔，赵衰以壶飧从，径，馁而弗食。

晋文公当年在国外避难期间，赵衰是最重要的随从者之一。在长达十九年的流亡生活中，他在对文公的行进路线、外交及如何夺取君位等重大问题的决策方面都作出了重要贡献。但是这些功劳勃鞮都没有提及，只是把一次赵衰迷路后宁可挨饿也没有动用替文公提着的饭食这件小事讲了出来。困境中最能反映出一个人真正的品格，勃鞮所讲的事情虽然微乎其微，但却充分表现出了赵衰廉洁自律、忠诚职守的精神，因此文公当即作出了任命赵衰守原的决定。

**（二）《左传》辞令中罕用或未用而策士辞令中大量使用的论说方法**

策士辞令在沿用《左传》辞令论说方法的同时，还使用了一些新的方法，这一方面是形势变化的需要，另一方面和策士的思想、作风有密切的关系。常见的有"先防后攻""寄意寓言"和"谕以物理"三种。

## 1. 先防后攻

"先防后攻"就是在谈话的开始对可能来自他人的怀疑、攻击或其他后患做一些防范工作，然后再想办法说服对方。策士们游说其说，绝非一帆风顺，常常会面临猜忌、非难和攻击，甚或冒着被囚被杀的风险，正如韩非子在《说难》中所指出的："周泽未渥也，而语极知，说行而有功，则德忘，说不行而有败，则见疑，如此者身危。"这种情况从范雎"臣非有所畏而不敢言也，知今日言之于前，而明日伏诛于后"（《秦策三·范雎至秦》）一语可略见一斑。由此可知，策士们所处的地位和卿士是有很大区别的，非常凶险，"先防后攻"这种方法正是根据新形势新策略的需要而出现的。凡是事关重大，策士们在展开攻势之前总是要先考虑退路，如范雎在劝说秦昭王夺回权力的谈话前，即首先进行了这样的防备：

> 秦王屏左右，宫中虚无人。秦王跪而请曰："先生何以幸教寡人？"范雎曰："唯唯。"有间，秦王复请。范雎曰："唯唯。"若是者三。秦王跽曰："先生不幸教寡人乎？"范雎谢曰："非敢然也。臣闻始时吕尚之遇文王也，身为渔父，而钓于渭阳之滨耳，若是者，交疏也。已，一说而立为太师，载与俱归者，其言深也。故文王果收功于吕尚，卒擅天下而身立为帝王。即使文王疏吕望而弗与深言，是周无天子之德，而文、武无与成其王也。今臣，羁旅之臣也，交疏于王，而所愿陈者，皆匡君之事，处人骨肉之间，愿以陈臣之陋忠，而未知王心也，所以王三问而不对者是也。臣非有所畏而不敢言也，知今日言之于前，而明日伏诛于后。然臣弗敢畏也。"（《秦策三·范雎至秦》）①

---

①　（西汉）刘向辑录：《战国策》卷5，上册，第184页。

范雎采用的方法是故作姿态，欲擒故纵，迫使昭王答应即使不采纳其进言，也不追究其责任。同类例子又如《赵策三·秦攻赵于长平》《赵策四·冯忌请见赵王》：

> 秦攻赵于长平，大破之，引兵而归。因使人索六城于赵而讲。赵计未定。楼缓新从秦来，赵王与楼缓计之曰："与秦城何如？不与何如？"楼缓辞让曰："此非人臣之所能知也。"王曰："虽然，试言公之私。"楼缓曰："王亦闻夫公甫文伯母乎？公甫文伯官于鲁，病死。妇人为之自杀于房中者二八。其母闻之，不肯哭也。相室曰：'焉有子死而不哭者乎？'其母曰：'孔子，贤人也，逐于鲁，是人不随。今死，而妇人为死者十六人。若是者，其于长者薄，而于妇人厚！'故从母言之，之（是）为贤母也；从妇言之，必不免为妒妇也。故其言一也，言者异，则人心变矣。今臣新从秦来，而言勿与，则非计也；言与之，则恐王以臣之为秦也。故不敢对。使臣得为王计之，不如予之。"王曰："诺。"（《赵策三·秦攻赵于长平》）①

楼缓采用的方法是先通过说明事理解脱自己。本意是要劝赵王献城讲和，为了免遭猜忌获罪，他先用公甫文伯的故事说明这样一个道理：对于同一事物，立场角度不同则看法不同。此法果然奏效，既达到了目的，又保护了自己。

> 冯忌请见赵王，行人见（引见）之。冯忌接手（交手）免首（俯首。免，通俛），欲言而不敢。王问其故，对曰："客有见人于服子者，已而请其罪。服子曰：'公之客独有三罪：望我

---

① （西汉）刘向辑录：《战国策》卷20，中册，第692—693页。

而笑，是狎也；谈语而不称师，是倍（背）也；交浅而言深，是乱也。'客曰：'不然。夫望人而笑，是和也；言而不称师，是庸说（因师是平常的称呼）也；交浅而言深，是忠也。昔者尧见舜于草茅之中，席陇亩而荫庇桑，阴移而受天下传（接受了尧对天下的禅让）。伊尹负鼎俎而干汤，姓名未著而受三公。使夫交浅者不可以深谈，则天下不传而三公不得也。'"赵王曰："甚善。"冯忌曰："今外臣交浅而欲深谈可乎？"王曰："请奉教。"于是冯忌乃谈。（《赵策四·冯忌请见赵王》）①

清人刘熙载在《艺概》中指出："战国说士之言，其用意类能先立地步，故得如善攻者使人不能守，善守者使人不能攻也。不然，专于措辞求奇，虽复可惊可喜，不免脆而易败。"② 斯言极是。

2. 寄意寓言

"寄意寓言"就是编造寓言故事以说明事理。寓言故事在策士辞令中有20余例，都是作为论说手段出现的，著名者如"曾参杀人、画蛇添足、狐假虎威、惊弓之鸟、南辕北辙、鹬蚌相争"等。寓言最大的特点是能将某种思想或道理通过具体、生动、形象的故事表现出来。正因为如此，策士们把编寓言当成了一种重要的论说手段。寓言虽然是编造的，但蕴含的道理是客观存在的，故同样具有很强的说服力。例如：

苏厉谓周君曰："败韩、魏，杀犀武，攻赵，取蔺、离石、祁者，皆白起。是攻用兵，又有天命也。今攻梁，梁必破，破则周危，君不若止之。"谓白起曰："楚有养由基者，善射；去柳叶者百步而射之，百发百中。左右皆曰善。有一人过曰：'善

① （西汉）刘向辑录：《战国策》卷21，中册，第757页。
② （清）刘熙载：《刘熙载文集·艺概·文概》，江苏古籍出版社2000年版，第58页。

射，可教射也矣。'养由基曰：'人皆善，子乃曰可教射，子何不代我射之也？'客曰：'我不能教子支左屈右。夫射柳叶者，百发百中，而不以善息，少焉气力倦，弓拨矢拘，一发不中，前功尽矣。'今公破韩、魏，杀犀武，而北攻赵，取蔺、离石、祁者，公也。公之功甚多。今公又以秦兵出塞，过两周，践韩而以攻梁，一攻而不得，前功尽灭，公不若称病不出也。"（《西周策·苏厉谓周君》）①

客教养由基射箭的故事未必真有其事，但"不以善息，少焉气力倦，弓拨矢拘，一发不中，前功尽矣"的道理是存在的，真实的，富有启示意义。世上没有永不衰败的事物，所以选择急流勇退有时不失为上策。同类例子又如：

陈轸去楚之秦。张仪谓秦王曰："陈轸为王臣，常以国情输楚。仪不能与从事，愿王逐之。即复之楚，愿王杀之。"王曰："轸安敢之楚也。"王召陈轸告之曰："吾能听子言，子欲何之？请为子车约。"对曰："臣愿之楚。"王曰："仪以子为之楚，吾又自知子之楚。子非楚，且安之也！"轸曰："臣出，必故之楚，以顺王与仪之策，而明臣之楚与不也。楚人有两妻者，人诮其长者，詈之；诮其少者，少者许之。居无几何，有两妻者死。客谓诮者曰：'汝取长者乎？少者乎？''取长者。'客曰：'长者詈汝，少者和汝，汝何为取长者？'曰：'居彼人之所，则欲其许我也。今为我妻，则欲其为我詈人也。'"今楚王，明主也；而昭阳，贤相也。轸为人臣，而常以国情输楚王，王必不留臣，昭阳将不与臣从事矣。以此明臣之楚与不。（《秦策一·陈轸去

① （西汉）刘向辑录：《战国策》卷2，上册，第55—56页。

楚之秦》）①

对于张仪的诬告，如果直接进行辩解，秦王是不会轻易相信的。陈轸的聪明之处就在于没有直接去辩解，而是通过"楚人有两妻者"这一寓言证明张仪对自己的诬告在情理上是讲不通的，使秦王很快相信了自己，"遂善待之"。显然，寓言在这里起了关键性的作用。尽管张仪口若悬河，诡计百出，但这一次却败在了陈轸手下。还有些寓言构思巧妙，生动传神，最易打动游说对象。例如：

> 苏代为燕说齐，未见齐王，先说淳于髡曰："人有卖骏马者，比三旦立市，人莫之知。往见伯乐曰：'臣有骏马，欲卖之，比三旦立于市，人莫与言，愿子还而视之，去而顾之，臣请献一朝之费。'伯乐乃还而视之，去而顾之，一旦而马价百倍。今臣欲以骏马见于王，莫为臣先后者，足下有意为臣伯乐乎？臣请献白璧一双，黄金千镒，以为马食。"淳于髡曰："谨闻命矣。"入言之王而见之，齐王大说苏子。（《燕策二·苏代为燕说齐》）②

### 3. 谕以物理

"谕以物理"就是指出事物生死、盛衰、离合、盈缩的变化规律，使听者作出合乎事物发展规律的决定，策士辞令中运用这一方法的技巧是相当成熟和高超的。例如：

> 蔡泽见逐于赵，而入韩、魏，遇夺釜鬲于途。闻应侯任郑安平、王稽，皆负重罪，应侯内惭。乃西入秦，将见昭王，使

---

① （西汉）刘向辑录：《战国策》卷3，上册，第113页。
② （西汉）刘向辑录：《战国策》卷30，下册，第1146页。

人宣言以感怒应侯，曰："燕客蔡泽，天下骏雄弘辩之士也，彼一见秦王，秦王必相之而夺君位。"

应侯闻之，使人召蔡泽。蔡泽入，则揖应侯，应侯固不快；及见之，又倨。应侯因让之曰："子常宣言代我相秦，岂有此乎？"对曰："然。"应侯曰："请闻其说。"蔡泽曰："吁，何君见之晚也？夫四时之序，成功者去。夫人生手足坚强，耳目聪明圣知，岂非士之所愿与？"应侯曰："然。"……蔡泽得少间，因曰："商君、吴起、大夫种，其为人臣尽忠致功，则可愿矣。闳夭事文王，周公辅成王也，岂不亦忠乎！以君臣论之，商君、吴起、大夫种，其可愿孰与闳夭、周公哉！"应侯曰："商君、吴起、大夫种不若也。"蔡泽曰："然则君之主，慈仁任忠，不欺旧故，孰与秦孝公、楚悼王、越王乎？"应侯曰："未知何如也。"蔡泽曰："主固亲忠臣，不过秦孝、越王、楚悼，君之为主正乱、批患、折难，广地殖谷、回国、足家、强主，威盖海内，功章万里之外，不过商君、吴起、大夫种，而君之禄位贵盛，私家之富过于三子，而身不退，窃为君危之。语曰：'日中则移，月满则亏'，物盛则衰，天之常数也。进退盈缩，变化，圣人之常道也。昔者，齐桓公九合诸侯，一匡天下，至葵丘之会，有骄矜之色，畔者九国；吴王夫差无适于天下，轻诸侯，凌齐、晋，遂以杀身亡国；夏育、太史启叱呼骇三军，然而身死于庸夫此皆乘至盛不及道理也。夫商君为孝公平权衡，正度量，调轻重，决裂阡陌，教民耕战，是以兵动而地广，兵休而国富，故秦无敌于天下，立威诸侯，功已成，遂以车裂；楚地，持戟百万，白起率数万之师以与楚战，一战举鄢郢，再战烧夷陵，南并蜀、汉，又越韩、魏攻强赵，北坑马服，诛屠四十余万之众，流血成川，沸声若雷，使秦业帝。自是之后，赵、楚慑服，不敢攻秦者，白起之势也，身所服者七十余城，功已成矣，赐死于杜邮；吴起为楚悼罢无能，废无用，损不急之官，塞私门之请，壹楚国之俗，南攻扬越，北并陈、蔡，破横散从，使驰说之士，无所开其口，功已成矣，卒支解；大夫种为越王垦草创邑，辟地殖谷，率四方士，上下之力，以禽劲吴，成霸功。勾践终棓而杀之。此四子者，成功而不去，祸至于此。此所谓信而不能诎，往而不能反者也。范蠡知之，超然避世，长为陶朱。君独不观博者乎？或欲分大投，或欲分功，此皆君之所明知也。今君相秦，计不下席，谋不出廊庙，坐制诸侯，利施三川，以实宜阳，决羊肠之险，塞太行之口，又斩范、中行之途，栈道千里于蜀、汉，使天下皆畏秦。秦之欲得矣，君之功极矣，此亦秦之分功之时也！如是不退，则商君、白公、吴起、大夫种是也。君何不以此时归相印，让贤者授之？必有伯夷之廉，长为应侯，世世称孤，而有乔、松之寿，孰与以祸终哉？此则君何居焉？"应侯曰："善。"乃延入坐为上客。（《秦策三·蔡泽见逐于赵》）①

蔡泽说服范雎时即成功地运用了这一方法，什么"夫四时之序，成功者去"，什么"语曰：'日中则移，月满则亏。'物盛则衰，天之常数也；进退、盈缩、变化，圣人之常道也"，什么"此四子者（指商鞅、白起、吴起、大夫种），成功而不去，祸至于此。此所谓信（通伸）而不能诎（通屈），往而不能反者也"等，最终使范雎将相位让给了自己。同类例子又如：

孟尝君逐于齐而复反。谭拾子迎之于境，谓孟尝君曰："君得无有所怨齐士大夫？"孟尝君曰："有。""君满意杀之乎？"孟

---

① （西汉）刘向辑录：《战国策》卷5，上册，第211—217页。

尝君曰："然。"谭拾子曰："事有必至，理有固然，君知之乎?"孟尝君曰："不知。"谭拾子曰："事之必至者，死也;理之固然者，富贵则就之，贫贱则去之。此事之必至、理之固然者。请以市谕。市，朝则满，夕则虚，非朝爱市而夕憎之也，求存（所求者存）故往，亡故去。愿君勿怨。"孟尝君乃取所怨五百牒削去之，不敢以为言。(《齐策四·孟尝君逐于齐而复反》)①

　　孟尝君被逐后，许多原来投靠他的人都纷纷背叛了，所以孟尝君对这些人怀恨在心，欲杀之而后快。谭拾子从事物发展规律的角度对这些人的行为进行了分析，使孟尝君认识到这些人的叛离并非对他个人有什么私怨，而在于人之常情是"富贵则就之，贫贱则去之"，这是事物发展的规律，应予以理解和宽恕，于是将这些人的名字全部从登记册中删除了。

　　事物的发展规律是任何人都无法违背的，否则将要为规律所抛弃，古人对此早就有深刻的认识，"谕以物理"这一方法就是在这种认识基础上产生的，策士们在运用这一方法时又常常巧设机关，花样翻新，所以能收到预期的效果。

　　还有些论说，战国策士辞令采用的方法虽然和《左传》辞令没有什么不同，但在内容、程度、详略、侧重等方面是不同的，如同样是"以事为喻"，策士所用事例更为生动活泼，同样是"引言说理"，策士所引与卿士所引颇有不同，同样是"举史壮论"，卿士所举详而策士所举略，例见上。这些也属于策士辞令与《左传》辞令的差异，同时也是策士对《左传》辞令的发展。

## 四　《左传》辞令与战国策士辞令的不同特色及其成因

　　由于战国与春秋时期的社会背景不同，故尽管策士辞令受《左

---

① （西汉）刘向辑录:《战国策》卷11，上册，第406—407页。

传》辞令的影响很深，但两者的总体特色是有显著差异的。《左传》辞令的特色可以归纳为雍容典雅、委婉含蓄、雄辩阔论、刚柔相济和机智幽默几个方面，著名的用例如《臧僖伯谏隐公观鱼》（隐公五年）、《齐桓公伐楚》（僖公四年）、《秦穆公使辞晋大夫》（僖公十五年）、《晋公子重耳对楚子》（僖公二十三年）、《展喜犒齐师》（僖公二十六年）、《烛之武退秦师》（僖公三十年）、《郑皇武辞秦客》（僖公三十三年）、《王孙满对楚子问鼎》（宣公三年）、《齐宾媚人对晋人》（成公二年）、《知罃对楚王问》《韩厥举爵敬齐侯》（成公三年）、《魏绛请和戎》（襄公四年）、《晋范宣子聘鲁》（襄公八年）、《戎子驹支对范宣子之数》《师旷侍于晋侯》（襄公十四年）、《子产书告范宣子轻币》（襄公二十四年）、《郑子产献捷于晋》（襄公二十五年）、《子产对晋士文伯》（襄公三十一年）、《晏子论和同之异》（昭公二十年）、《游吉对士景伯问》（昭公三十年）、《伍员谏夫差》（哀公元年）等。策士辞令的特色可以概括为雄辩阔论、铺张扬厉、虚实并用和简洁明快几个方面，著名的用例如《秦策一·苏秦始将连横》《秦策一·张仪说秦王》《秦策二·齐助楚攻秦》《秦策三·范雎至秦》《秦策三·蔡泽见逐于赵》《楚策三·张仪之楚贫》等。

　　西周是一个所谓崇道德、隆礼义的奴隶制时代，礼乐征伐自天子出。刘向《书录》对当时社会是这样描述的：

　　　　叙曰：周室自文、武始兴，崇道德，隆礼义，设辟雍泮宫庠序之教，陈礼乐弦歌移风之化。叙人伦，正夫妇，天下莫不晓然，论孝悌之义，惇笃之行，故仁义之道满乎天下，卒致之刑错四十余年。远方慕义，莫不宾服，雅颂歌咏，以思其德①。

---

① 　（西汉）刘向辑录：《战国策·附录》下册，第 1195 页。

到了春秋时期，崇尚礼义仍然是社会的主要特征。一方面，天下依然保持着统一的局面，周天子在名义上依然是天下的宗主，受到华夏诸侯国的尊崇，周礼依然是各国制定法令和规范人们行为的准则。五霸的兴起，除依靠武力征伐外，尚需要用德义安抚诸侯，尚需要把尊事王室维护周礼作为号召诸侯的旗帜。各国卿士以维护周礼为己任，尊礼重信，尚德贵义，深心修养，务求博雅，无论在讽谏、外交场合还是一般交际场合，都竭力保持着尊礼、爱国、庄重、从容、自信、平静、文雅、谦谨的典正沉静之气和彬彬君子之风，这种社会风尚使卿士辞令自然形成了雍容典雅、委婉含蓄的特色。① 所谓"仁义之人，其言蔼如也"②。另一方面，王室衰微，号令不行，礼乐征伐自诸侯出，战争频仍，外交激烈，诸侯国"聘觐以相交，期会以相一，盟誓以相救"③，致使外交活动的重要性被提高，外交的成败关乎国家的利害和安危，使臣必须做到知识渊博，机智善辩，屈伸有度。这种现实需要使卿士辞令同时又形成了雄辩阔论、刚柔相济、机智幽默的特色。

《左传》辞令有一个共同的基调，即高度的爱国主义精神。应对中赋《诗》引《书》以明理，据礼执义以论事以及大量借用名言、熟语、史实助成其说是卿士们惯用的手法。

战国是一个由奴隶制向封建制社会转型的时代，天下处于分裂状态。昔日的王室、天子、贵族不存在了，昔日的礼制及相应的道德观念消失了，代之而起的是礼崩乐坏、争强贵战、相互兼并的时代。刘向《战国策·书录》对当时社会是这样描述的：

---

① 吕祖谦指出："盖縣圣人余泽未远，涵养自别，故其辞气不迫如此。"刘熙载指出："文得元气便厚，《左氏》虽说衰世事，却尚有许多元气在。"所谓"圣人余泽"，无非指文、武二王遗留下来的礼义道德规范，所谓"元气"，无非指周礼、周德。

② （唐）韩愈：《答李翊书》，载（清）董诰等编《全唐文》卷552，中华书局1983年版，第6册，第5588页。

③ （西汉）刘向辑录：《战国策·附录》下册，第1195页。

　　至秦孝公，捐礼让而贵战争，弃仁义而用诈谲，苟以取强而已矣。夫篡盗之人，列为侯王；诈谲之国，兴立为强。是以传相放效，后生师之，遂相吞灭，并大兼小，暴师经岁，流血满野，父子不相亲，兄弟不相安，夫妇离散，莫保其命，缪然道德绝矣。晚世益甚，万乘之国七，千乘之国五，敌侔争权，盖为战国。贪饕无耻，竞进无厌；国异政教，各自制断；上无天子，下无方伯；力功争强，胜者为右；兵革不休，诈伪并起。①

　　关于战国与春秋社会的差异，顾炎武在《日知录》中作过如下比较：

　　春秋时犹尊礼重信，而七国则绝不言礼与信矣；春秋时犹宗周王，而七国则绝不言王矣；春秋时犹严祭祀，重聘享，而七国则无其事矣；春秋时犹论宗姓私族，而七国则无一言及之矣；春秋时犹宴会赋诗，而七国则不闻矣；春秋时犹有赴告策书，而七国则无有矣。邦无定交，士无定主。……不待始皇之并天下，而文武之道尽矣。②

　　根据刘向、顾炎武的说法，战国社会的主要特征是争强贵战，不讲礼仪，而崇尚谋略，好用伪诈。这种时代需要驰骛用智之士，策士阶层也应运而生。为了求取功名富贵，实现人生价值，他们审时度势，日夜揣摩，四处游说，朝秦暮楚。华屋之下，抵掌而谈。一言合意，立即卿相；一语不智，垂橐而归。精通辞令成了决定他们个人命运的大事，功名利禄驱使他们不得不对辞令艺术进行认真

---

① （西汉）刘向辑录：《战国策·附录》下册，第1196页。
② （清）顾炎武著，周苏平、陈国庆点注：《日知录》，第588页。

的学习和研究，成败两重天的严峻性迫使他们在游说中必须做到雄辩、犀利、明快，极具说服力和鼓动性。这种现实需要使策士辞令自然形成了雄辩阔论，铺张扬厉，虚实并用和简洁明快的特色。

策士辞令也有一个共同的基调，即表现出强烈的功利主义倾向。游说中权衡利弊，步步紧逼，大量借用史实、俗语并巧设比喻、编造寓言助成其说是策士们常用的手法。

春秋卿士非常注重自身的道德修养和文化修养，注重个人形象，富有正义感和责任感，折冲于尊俎之间，赋诗歌咏，尽显博物风雅，其代表人物有周王孙满、鲁臧僖伯、叔孙豹、楚屈完、叔孙敖、蓬启疆、伍举、郑烛之武、子产、游吉、卫宁武子、吴公子季札等；战国策士博古通今，洞悉时势，但一些人不甚注重自身的道德修养和个人形象，颇具随意性，风雅亦略嫌不足，其代表人物有苏秦、张仪、范雎、蔡泽、陈轸、苏代、苏厉、虞卿、楼缓、江乙、犀首等。卿士辞令的出发点是完成使命或劝谏君上；战国策士辞令的出发点往往是说服人主，求取功名。《左传》辞令有以理服人的一面，这是主流，如《郑游吉对士景伯》（昭公三十年）、《申叔时谏楚庄王县陈》（宣公十一年）、《解扬对楚庄王》（宣公十四年）、《子产寓书告范宣子轻币》（襄公二十四年）等；也有强词夺理甚或威胁吓人的一面，所谓理不胜辞，这是末流，如《吕相绝秦》（成公十三年）、《楚蓬启疆致鲁昭公》（昭公七年）、《晋侯使叔向辞鲁》（昭公十三年）等。策士辞令也有以理服人的一面，如《秦策三·蔡泽见逐于赵》《齐策一·靖郭君将城薛》《齐策四·孟尝君逐于齐而复返》《赵策三·秦围赵之邯郸》等；也有强词夺理、威胁吓人或者虚张声势、危言耸听、欺诈蒙骗、假意奉承的一面，这可看作《左传》辞令负面影响的结果，如《东周策·东周欲为稻》《秦策二·齐助楚攻秦》《楚策一·张仪为秦破从连横》《楚策四·汗明见春申君》《赵策二·张仪为秦连横说赵王》《韩策一·张仪为秦连衡说韩王》《燕策一·人有恶苏秦于燕王者》等。

如果从内容到形式对《左传》辞令和战国策士辞令作一个总体比较，可以说前者一般讲的是礼义，注重以理服人；后者一般讲的是利害，注重以利动人。前者多是从国家利益出发，讽谏应对，不失其节，充满着高度的爱国主义精神；后者多是从个人利益出发，实施谋略，唯利是图，表现出强烈的功利主义倾向。前者引经据典，博雅含蓄，气定神闲，如海纳百川，汪洋恣肆，舒缓而深沉；后者审时度势，铺张扬厉，纵横驰骋，似大江东去，波涛滚滚，奔放而明快。

论居高守正，深刻隽永，风雅藻饰，则《左传》辞令占优；论陈说利害，扬声造势，流畅犀利，则策士辞令为长。和《左传》辞令一样，策士辞令在我国辞令史上具有重要的地位，它不仅继承了《左传》辞令的技巧和传统，而且创造性地发展了《左传》辞令的艺术，只是《左传》辞令中各国卿士表现出来的爱国主义精神和责任感被或多或少地遗忘了。

中编

# 春秋五霸事迹

# 第一章 齐桓公霸业

（庄公八年—僖公九年）

## 第一节 齐襄公之弑

〔内容简介〕齐僖公宠爱同母弟夷仲年之子公孙无知，使其享受与太子相同的待遇。齐襄公（僖公太子）即位后降低了公孙无知的待遇，引起他的怨恨。在大夫连称、管至父的拥戴下，公孙无知发动叛乱，于庄公八年（前686）十二月杀死齐襄公而自立为君。

（庄公八年秋）齐侯使连称、管至父戍葵丘①。瓜时而往②，曰："及瓜而代。"③期戍，公问不至④。请代，弗许。故谋作乱。僖公之母弟曰夷仲年⑤，生公孙无知⑥，有宠于僖公，衣服礼秩如适⑦，襄公绌之⑧。二人因之以作乱⑨。连称有从妹在公宫⑩，无宠，使间公⑪，曰："捷，吾以女为夫人。"⑫

①齐：姜姓国，地在今山东东北部一带。建都临淄，故址在今山东淄博东北。齐侯：齐襄公，僖公之子，名诸儿。连称、管至父：齐大夫。葵丘：齐地，在今山东淄博境。

②瓜时：瓜成熟之时。

③及瓜而代：至明年瓜熟时节派人替换。此为齐侯对二大夫的许诺。

④期（jī）戍：戍守到一周年。期（jī）：一周（年、月）。戍：指一年的戍期。问：指替换命令。

⑤僖公：齐庄公之子，襄公父。

⑥公孙无知：无知为齐庄公孙，故曰公孙。

⑦衣服句：所享受的服饰礼数与嫡子相同。礼秩：即礼数，按名位所分的礼仪等级。适：嫡的古字，指太子。

⑧绌（chù）之：将无知的待遇降低。绌，通"黜"。

⑨二人：指连称和管至父。因：投靠。之：指公孙无知。

⑩从妹：堂妹。在公宫：在后宫做妾。

⑪使间（jiàn）公：派她窥探襄公的行动。间（jiàn）：侦伺，窥探。

⑫曰：公孙无知说。捷：成功。女："汝"的古字。


冬十二月，齐侯游于姑棼①，遂田于贝丘②。见大豕，从者曰："公子彭生也。"③公怒曰："彭生敢见！"射之，豕人立而啼④。公惧，队于车，伤足，丧屦⑤。反，诛屦于徒人费⑥。弗得，鞭之，见血。走出，遇贼于门⑦，劫而束之⑧。费曰："我奚御哉！"⑨袒而示之背⑩，信之。费请先入，伏公而出，斗⑫，死于门中。石之纷如死于阶下⑬。遂入，杀孟阳于床⑭。曰："非君也，不类。"⑮见公之足于户下⑯，遂弑之，而立无知。

①姑棼：齐地名，即薄姑，在今山东博兴东北。

②遂：接着。田：义同"畋"，打猎。贝丘：齐地名，在今山东博兴南。

③公子彭生：齐公子。桓公十八年（前694），桓公携夫人文姜出访齐国，齐襄公与文姜（襄公妹）私通，接着又派公子彭生杀死桓公。后在鲁国的要求下，襄公将彭生处死。这里的大豕、彭生按迷信的说法均是彭生鬼魂的现形，杜预注："公见大豕而从者见彭生，皆妖鬼。"

④豕人立：野猪像人一样站立起来。人，名词作状语。

⑤队："坠"的古字。丧：丢失。屦（jù）：鞋子，用麻、葛等材料制成。

⑥反诛二句：回去后，向徒人费要鞋子。反："返"的古字。诛：求。徒人费：即寺人费。"徒"为"侍"字之误，"侍人"即"寺人"，宦官。

⑦贼：叛贼，指公孙无知、连称等人所带领的叛军。门：指宫门。

⑧劫而句：被叛军劫持并捆绑起来。

⑨奚御：哪里会抵抗？因遭鞭打故发此言。御，抵御。

⑩袒而示之背：脱去上衣，露出背上的鞭痕使看。

⑪先入：先入宫助贼行动。这是欺骗叛军的话。

⑫伏公：将襄公隐藏起来。斗：徒人费与叛军格斗。

⑬石之纷如：齐小臣，即石纷如，"之"为音节助词，无义。石纷如也与贼格斗而死。

⑭孟阳：齐小臣，装作襄公假寐于床，欲代公死。

⑮不类：不像。

⑯户下：门下边。

## 第二节 公子小白与公子纠争国

〔内容简介〕齐襄公即位之初，政令无常，为了避祸，大夫鲍叔牙事奉公子小白（僖公庶子）出逃到莒国。得知公孙无知弑齐襄公自立为君后，大夫管仲与召忽事奉公子纠（小白庶兄）出逃到鲁国。庄公九年（前685）春，齐大夫雍廪杀无知。鲁庄公闻讯后率师伐齐，欲以武力护送公子纠回国即位，不意公子小白抢先入齐夺位为君。此年秋，鲁师在乾时为齐所败，随后鲍叔牙率师迫鲁杀死公子纠。召忽为公子纠尽忠自杀，管仲则请将自己囚禁。鲍叔赦免管仲，并建议桓公（小白）任他为国相。

（庄公八年冬十二月）初，襄公立，无常①。鲍叔牙曰："君使民慢②，乱将作矣。"奉公子小白出奔莒③。乱作，管夷吾、召忽奉公子纠来奔④。

①襄公：齐襄公，齐僖公嫡子。无常：杜预注："政令无常。"

②鲍叔牙：齐大夫，公子小白之师。使民慢：以不敬的态度使民。慢，不敬。

③奉：事奉。小白：僖公庶子。莒（jǔ）：己姓国，一说曹姓，初建都介根（一作计斤），地在今山东胶县西南；春秋初年迁于莒（今山东莒县）。

④乱作：庄公八年（前686）十二月，齐公孙无知（齐僖公之同母弟夷仲年之子）在大夫连称、管至父的支持下杀死齐襄公，立为国君。管夷吾：即管仲，齐大夫。召（shào）忽：齐大夫。管夷吾与召忽均为公子纠之师。公子纠：小白庶兄。来奔：投奔鲁国避难。公子纠之母为鲁女，故奔鲁。

初，公孙无知虐于雍廪①。

（庄公）九年春，雍廪杀无知。

夏，公伐齐，纳子纠②。桓公自莒先入③。

①虐于雍廪：虐待雍廪。杜预注："雍廪，齐大夫。为杀无知传。"杨伯峻注："此与九年'雍廪杀无知'为一传。"

②公：指鲁庄公。纳子纠：武力护送子纠回国即位。

③桓公：即小白，谥号桓公。先入：先入齐夺取君位。

秋，师及齐师战于乾时①，我师败绩。公丧戎路，传乘而归②。秦子、梁子以公旗辟于下道，是以皆止③。

①师：指鲁军。乾（gān）时：齐地名，在齐都临淄西南一带。

②丧：此处义为丢弃。戎路：国君所乘的兵车。传乘（zhuàn shèng）：换乘他车。庄公传乘是为了免于被擒。

③秦子二句：秦子、梁子打着庄公的战旗退避到歧路上，所以都被齐军俘获了。秦子、梁子：分别为鲁庄公的车御和车右。以：动词，打着。下道：即岔道，歧路。秦、梁二人驰入下道旨在引开齐军，使庄公逃脱。止：被俘获。

鲍叔帅师来言曰："子纠，亲也，请君讨之①。管、召、仇也，请受而甘心焉。"②乃杀子纠于生窦，召忽死之③。管仲请囚，鲍叔受之④，及堂阜而税之⑤。归而以告曰："管夷吾治于高傒，使相可也。"⑥公从之⑦。

①亲：指与桓公是亲兄弟。讨：处治，指杀死。此言不忍亲自杀子纠。杜预注："鲍叔乘胜进军，志在生得管仲，故托不忍之辞。"

②管、召三句：管仲、召忽是仇人，故我们得到亲治其罪才甘心。受：得到。据《史记·齐世家》，管、召助子纠争国时，管仲曾射小白中其带钩。杜预注："管仲射桓公，故曰仇。甘心，言欲快意戮杀之。"

③生窦：鲁地，在今山东菏泽北。死之：为子纠尽忠自杀。

④请囚：请求把自己囚禁。受之：接受了管仲的请求。

⑤堂阜：齐地名，在今山东蒙阴县西北。税：通"脱"，释放。

⑥管夷二句：管仲治国的才能强于高傒，让他做国相是可以的。高傒（xī）：即高敬仲，齐正卿。

⑦公：指齐桓公。

〔附录〕（《史记·齐太公世家》）（桓公元年）初，襄公之醉杀鲁桓公，通其夫人，杀诛数不当，淫于夫人，数欺大臣，群弟恐祸及，故次弟纠奔鲁。其母鲁女也。管仲、召忽傅之。次弟小白奔莒，鲍叔傅之。小白母，卫女也，有宠于厘公（即齐僖公）。小白自少好善大夫高傒。及雍林人杀无知，议立君，高、国（国氏，齐世卿）先阴召小白于莒。鲁闻无知死，亦发兵送公子纠，而使管仲别将兵遮莒道，射中小白带钩。小白详（通"佯"）死，管仲使人驰报鲁。鲁送纠者行益迟，六日至齐，则小白已入，高傒立之，是为桓公。

桓公之中钩，详死以误管仲，已而载温车中驰行，亦有高、国内应，故得先入立，发兵距鲁。秋，与鲁战于乾时，鲁兵败走，齐兵掩绝鲁归道。齐遗鲁书曰："子纠兄弟，弗忍诛，请鲁自杀之。召忽、管仲，仇也，请得而甘心醢之。不然，将围鲁。"鲁人患之，遂杀子纠于笙渎（即生窦）。召忽自杀，管仲请囚。桓公之立，发兵攻鲁，心欲杀管仲。鲍叔牙曰："臣幸得从君，君竟以立。君之尊，臣无以增君。君将治齐，即高傒与叔牙足也。君且欲霸王，非管夷吾不可。夷吾所居国国重，不可失也。"于是桓公从之。乃详为召管仲欲甘心，实欲用之。管仲知之，故请往。鲍叔牙迎受管仲，及堂阜而脱桎梏，斋祓而见桓公。桓公厚礼以为大夫，任政①。

---

① （汉）司马迁：《史记》，第5册，第1485—1486页。

## 第三节 齐桓公始霸

〔内容简介〕齐桓公当初逃难时，曾到过谭国，谭国未以礼相待，齐桓公即位后，谭国又不派使者表示祝贺，故齐桓公于庄公十年（前684）冬派师灭谭。庄公十三年（前681）春，齐桓公为平宋国内乱在齐地北杏会盟诸侯，遂国人没有参加，此年夏，齐桓公派师灭遂。此年冬，鲁庄公赴齐与齐桓公会盟，两国重归于好。庄公十四年（前680）春，齐、陈、曹三国因宋背叛北杏之盟而伐宋，周王室应齐之请也参加了讨伐，迫使宋国求和。此年冬，齐桓公鉴于宋已顺服而在卫地鄄会盟诸侯。庄公十五年（前679）春，齐桓公再次在鄄地会盟诸侯，齐从此成为诸侯的首领。

（庄公十年）齐侯之出也，过谭，谭不礼焉[①]。及其入也，诸侯皆贺，谭又不至。冬，齐师灭谭，谭无礼也。谭子奔莒，同盟故也[②]。

①出：逃亡，指桓公当初因襄公政令无常而出国避居。谭：国名，地在今山东章丘西。

②谭子：谭国之君。子，爵位名。同盟故：因为两国是同盟国的缘故。杜预注："《传》言谭不能及远，所以亡。"

（庄公）十三年春[①]，会于北杏，以平宋乱[②]。遂人不至。夏，齐人灭遂而戍之。冬，盟于柯，始及齐平也[③]。

①庄公十三年：公元前681年。

②北杏：齐地，在今山东东阿北。宋乱：指庄公十二年（前682）宋大夫宋万弑宋闵公之乱。

③遂：妫姓国，地在今山东宁阳县西北。柯：齐邑，地在今山东阳谷县东北。平：讲和。杜预注："始与齐桓通好。"庄公八年（前686）秋，齐败鲁于乾时，庄公十年（前684）春，鲁败齐于长勺，此时两国和好。

〔附录〕（《史记·齐太公世家》）（桓公）五年，伐鲁，鲁将师败。鲁庄公请献遂邑以平，桓公许，与鲁会柯而盟。鲁将盟，曹沫（即曹刿）以匕首劫桓公于坛上，曰："反鲁之侵地！"桓公许之。已而曹沫去匕首，北面就臣位，桓公后悔，欲无与鲁地而杀曹沫。管仲曰："夫劫许之而倍信杀之，愈一小快耳，而弃信于诸侯，失天下之援，不可。"于是遂与曹沫三败所亡地于鲁。诸侯闻之，皆信齐而欲附焉。七年，诸侯会桓公于甄（卫地），而桓公于是始霸焉。①

（庄公）十四年春①，诸侯伐宋。齐请师于周②。夏，单伯之会，取成于宋而还③。

冬，会于鄄，宋服故也。

①（庄公）十四年：公元前680年。

②齐请句：齐请求周天子出兵伐宋。杜预注："齐欲崇天子，故请师，假王命以示大顺。"

③单伯：周大夫。取成句：诸侯军与宋讲和解后返回。成：和解，媾和。

（庄公）十五年春，复会焉，齐始霸也⑤。

①（庄公）十五年：公元前679年。杜预注："始为诸侯长。"

---

① （汉）司马迁：《史记》第5册，第1487页。

〔附录〕（《史记·齐太公世家》）（桓公）二十三年（庄公三十一年），山戎伐燕，燕告急于齐，齐桓公救燕，遂伐山戎，至于孤竹（古国名，在今河北卢龙县南）而还。燕庄公遂送桓公入齐境。桓公曰："非天子，诸侯相送不出境，吾不可以无礼于燕。"于是分沟割燕君所至与燕，命燕君复修召公之政，纳贡于周，如成、康之时。诸侯闻之皆从齐。①

## 第四节　迁邢封卫

〔内容简介〕闵公元年（前661），狄人攻打邢国，齐出师救援。闵公二年（前660），狄人攻打卫国，卫懿公战败身亡，狄人遂灭卫。卫逃亡之众立戴公（懿公叔父）为君，暂住在曹邑，齐桓公派公子无亏助戴公戍守。僖公元年（前659），齐桓公与宋桓公、曹昭公打败狄人，随后将邢国迁移到夷仪。僖公二年（前658），桓公又在楚丘重新封立卫国。

（闵公元年春）狄人伐邢①。管敬仲言于齐侯曰："戎狄豺狼，不可厌也；诸夏亲昵，不可弃也②；宴安鸩毒，不可怀也③。《诗》云：'岂不怀归，畏此简书。'④简书，同恶相恤之谓也。请救邢以从简书。"齐人救邢。

①狄：指赤狄，古族名，大体分布于山西长治北，与晋人杂居。邢：姬姓国，侯爵，始封地在今河北邢台，后迁于夷仪（在今山东聊城西南），开国君为周公第四子姬苴，僖公二十五年（前635）灭于卫。杜预注："狄伐邢在往年冬。"

②厌：满足。诸夏：指中原诸侯国。亲昵：亲近。

---

① （汉）司马迁：《史记》第5册，第1488页。

③宴安鸩毒：安逸如同毒酒。宴安，安乐。

④岂不二句：难道不想回去，只是惧怕这简书。简书：载有王命的竹简，用以约束诸侯国，使之互相救恤。引诗见《诗经·小雅·出车》。

（闵公二年）冬十二月，狄人伐卫。卫懿公好鹤，鹤有乘轩者①。将战，国人受甲者皆曰②："使鹤！鹤实有禄位，余焉能战！"公与石祁子玦，与宁庄子矢，使守③，曰："以此赞国④，择利而为之。"与夫人绣衣，曰："听于二子！"⑤渠孔御戎，子伯为右，黄夷前驱，孔婴齐殿⑥。及狄人战于荥泽⑦，卫师败绩，遂灭卫。卫侯不去其旗，是以甚败⑧。狄人囚史华龙滑与礼孔⑨，以逐卫人。二人曰："我，大史也，实掌其祭。不先，国不可得也。"⑩乃先之。至则告守曰："不可待也。"⑪夜与国人出。狄入卫，遂从之，又败诸河⑫。

①卫懿公：惠公之子，名赤。轩：前顶较高而有帷幕的车，大夫以上的官员乘坐。

②受甲者：领到甲胄的人，即将士。

③石祁子、宁庄子：皆卫大夫。玦：环形而有缺口的佩玉。按："玦"与"决"谐音，赠玦以示决断，给以临机决断权；赠矢以示御难，给以军队指挥权。

④赞：助。

⑤杜预注："取其文章顺序。"依杜注，绣衣之花纹有序不乱，示夫人当顺从二子，不可干政。

⑥渠孔、子伯、黄夷、孔婴齐：皆卫大夫。御戎指为懿公驾车，为右亦指做懿公的车右。

⑦荥泽：卫地，杜预注以为当在黄河之北。

⑧去：去掉，收起。甚败：惨败。《史记·卫康叔世家》："翟于是遂入，杀懿公。"

⑨史：太史。华龙滑、礼孔：皆卫史官名。

⑩我：我们。大史：即太史，太史兼掌祭祀。不先：不先回到卫国。按：此是华龙滑与礼孔欺骗狄人的话。杜预注："夷狄畏鬼，故恐言当先白神。"

⑪守：指留守国都的石祁子与宁庄子。不可待：不可守以待毙，应撤离。

⑫从之：狄师追击卫人。败诸河：杜预注："卫将东走渡河，狄复逐而败之。"杨伯峻注："卫、狄相战，终始在黄河之北。"


　　初，惠公之即位也少①，齐人使昭伯烝于宣姜，不可②，强之。生齐子、戴公、文公、宋桓夫人，许穆夫人③。文公为卫之多患也，先适齐。及败，宋桓公逆诸河，宵济④。卫之遗民男女七百有三十人⑤，益之以共、滕之民为五千人⑥，立戴公以庐于曹⑦。许穆夫人赋《载驰》⑧。齐侯使公子无亏帅车三百乘、甲士三千人以戍曹⑨。归公乘马，祭服五称⑩，牛、羊、豕、鸡、狗皆三百与门材⑪。归夫人鱼轩，重锦三十两⑫。

①惠公：宣公之子，懿公之父。杜预注："盖年十五六。"

②昭伯：名顽。据《史记·卫世家》为卫宣公前夫人夷姜之子。杜预注："昭伯，惠公庶兄，宣公子顽也。"烝：与母辈通奸。宣姜：卫宣公后娶夫人，齐女。不可：昭伯不同意。

③齐子：生卒不详。戴公：名申，继懿公而立，在位一年卒。文公：名毁，继戴公而立，在位二十五年。宋桓夫人：宋桓公夫人。许穆夫人：许穆公夫人。

④败：卫为狄师所败。逆：迎接，指接应卫败退者，即下文的遗民。宵济：乘夜渡河，因畏狄师。

⑤杨伯峻注："盖宋桓公所迎之败众也。"

⑥益之：加上。共（gōng）：原为故国，此时属卫邑，地在今河南辉县。滕：卫邑，今址不详。

⑦以：义同"而"。庐：暂居。曹：卫邑，在今河南滑县旧县城东。

⑧《载驰》：《诗经·墉风》中的一篇，内容是许穆夫人驱车往曹邑慰问其兄戴公，表现了她对卫亡而自己无力挽救的伤感。

⑨齐侯：齐桓公。公子无亏：即武孟，齐桓公之子。

⑩归（kuì）：赠送。公：指戴公。乘马：驾车之马。称（chèn）：一套衣服之称。杜预注："衣单、复具曰称。"

⑪门材：做门户的木材。杜预注："使先立门户。"

⑫夫人：指戴公夫人。鱼轩：用鱼皮装饰之车，夫人所用。重锦：上等熟细锦。三十两：即三十四。两：义同匹，一匹长四丈。杨伯峻注："古代布帛，每匹四丈，分为两段，两两合卷，故谓之两。"

（僖公元年春）诸侯救邢①。邢人溃，出奔师②。师遂逐狄人，具邢器用而迁之，师无私焉③。夏，邢迁于夷仪，诸侯城之，救患也④。凡侯伯，救患、分灾⑤、讨罪，礼也。

①诸侯：指齐桓公、宋桓公、曹昭公，各率其国军队救邢。杜预注："实大夫而曰诸侯，总众国之辞。"

②溃：被狄人击溃。奔师：奔向诸侯之师。杜预注："奔聂北之师也。"时诸侯军驻于聂北，聂北据杨伯峻注地今山东博平。

③具邢二句：收拾邢国的器用财物将邢迁移，在迁移过程中诸侯军没有私取邢国的财物。具：此处义为收拾，装点。私：暗中拿取。

④城之：为邢筑城。救患：救邢脱离敌患。

⑤侯伯：诸侯领袖。分灾：诸侯遇天灾，分谷物布帛赈济，称作分灾。

（僖公）二年春，诸侯城楚丘而封卫焉①。不书所会，后也②。

①僖公二年：公元前658年。诸侯：指以齐为首的诸侯国。城楚丘：在楚丘筑城。楚丘，卫地，在今河南滑县东。杜预注："不言城卫，卫未迁。"封卫：重新封立卫国。孔颖达疏："封者，聚土之名也。天子之建诸侯，必分之土地，立其疆界，聚土为封以记之，故建国谓之封国。卫是旧国，今云封者，以其君死国灭，更封建之，故云封也。"

②杜预注："诸侯既罢，而鲁后至，讳不及期，故以独城为文。"本年城楚丘，诸侯先会，鲁后至，至时会已毕。《春秋》记作："二年春，王正月，城楚丘。"为鲁讳而未记诸侯之会事。

## 第五节　齐桓公伐楚

〔内容简介〕僖公元年（前659）秋，楚因郑亲齐而出兵伐郑，齐桓公在宋地荦会盟诸侯，谋划救郑。僖公二年（前658）冬，楚再次伐郑。僖公三年（前657）秋，齐桓公在齐地阳谷会盟诸侯，准备伐楚。此年冬，桓公夫人蔡姬因荡舟使桓公受惊而被遣回，蔡国则将其改嫁，引起桓公恼怒。僖公四年（前656）春，齐桓公率领齐、鲁、宋、陈、卫、郑、许、曹八国军队先击溃蔡国，随后挥师伐楚。强兵压境，楚成王谋求通过外交使诸侯军撤退，没有成功。诸侯军继续向前推进，驻扎到楚地陉。此年夏，楚成王又派使者屈完到诸侯军中请盟，这次双方达成妥协，诸侯军退驻于召陵，屈完遂与诸侯军订立了盟约。

（僖公元年）秋，楚人伐郑，郑即齐故也<sup>①</sup>。盟于荦<sup>②</sup>，谋救郑也。

（僖公二年）冬，楚人伐郑，鬭章囚郑聃伯<sup>③</sup>。

（僖公三年）秋，会于阳谷<sup>④</sup>，谋伐楚也。

楚人伐郑，郑伯欲成。孔叔不可<sup>⑤</sup>，曰："齐方勤我，弃德不祥。"<sup>⑥</sup>

齐侯与蔡姬乘舟于囿，荡公<sup>⑦</sup>。公惧变色，禁之不可。公怒，归之，未之绝也<sup>⑧</sup>。蔡人嫁之。

①楚：芈姓国，建都于郢（故址在今湖北江陵西北），春秋时疆域有今湖北、湖南等地。即：接近，亲近。

②盟于荦（luò）：据本年《经》载，参加这次会盟的有齐桓公及僖公、宋公、郑伯、曹伯、邾人。荦：又称作"柽"，宋地，在今河南淮阳西北。

③鬭章：楚大夫。郑聃（nán）伯：郑大夫。

④阳谷：齐邑，故址在今山东阳谷东北。据本年《经》载，参加这次会盟的有齐桓公、宋公、江人和黄人。

⑤欲成：想求和。孔叔：郑大夫。不可：不同意。

⑥勤：救援。弃德：抛弃齐国的恩德。

⑦蔡姬：齐桓公夫人，蔡穆侯之妹。蔡：姬姓国，地在今河南上蔡、新蔡一带。囿：园池。荡公：摇船使桓公晃荡。

⑧归之二句：把她送到蔡国，但未断绝夫妻关系。

〔附录〕（《韩非子·外储说左上》）蔡女为桓公妻，桓公与之乘舟，夫人荡舟。桓公大惧，禁之不止，怒而出之。乃且复召之，因复更嫁之。桓公大怒，将伐蔡，仲父（管仲）谏曰："夫以寝席之戏，不足以伐人之国，功业不可冀也。请无以此为稽（计较）也。"桓公不听。仲父曰："必不得已，楚之菁茅不贡于天子三年矣，君不如举兵为天子伐楚。楚服，因还袭蔡，曰：'余为天子伐楚，而蔡不以兵听从'，因遂灭之。此义于名而利于实，故必有为天子诛之名，而有报仇之实。"①

（僖公）四年春，齐侯以诸侯之师侵蔡①。蔡溃。遂伐楚。楚子使与师言曰②："君处北海，寡人处南海③，唯是风马牛不相及也④，不虞君之涉吾地也⑤，何故？"管仲对曰："昔召康公命我先君大公曰⑥：'五侯九伯，女实征之，以夹辅周室。'⑦赐我先君履，东至于海，西至于河，南至于穆陵，北至于无棣⑧。尔贡包茅不入⑨，王祭不共⑩，无以缩酒，寡人是征⑪。昭王南征而不复⑫，寡人是问。"对曰："贡之不入，寡君之罪也，敢不共给？昭王之不复，君其问诸水滨。"⑬师进，次于陉⑭。

①（僖公）四年：公元前656年。以：动词，率领。据本年《经》载，齐桓公率领的诸侯包括鲁僖公、宋桓公、陈宣公、卫文公、郑文公、许穆公和曹昭公。楚为蔡的邻国，桓公侵蔡在表面上是怒蔡人改嫁蔡姬，实际上主要是为了威胁楚国。

②楚子：楚成王。楚属子爵，故称楚子。使：派使者。与：向。师：指诸侯之师。

③北海、南海：齐地临北海（即今渤海），楚地则不到南海，一北一南，明其相距之远。杜预注："楚界犹未至南海，因齐处北海，遂称所近。"

④唯是句：即使是马牛走失了也不会跑到对方境内去的。唯：句首语气词。是：代词。风：放逸，走失。一说，牝牡相诱叫作"风"。此句喻两国相距遥远，无利害关系。

① 梁启雄：《韩子浅解》，中华书局1960年版，第281页。

⑤虞：意料。涉：进入，"侵入"的委婉说法。

⑥召（shào）康公：周文王庶子，名奭，成王时为太保。大公：姜太公。周成王封太公于齐，至成王时，管、蔡作乱，淮夷叛周，成王使召康公对太公下了以下的命令，使齐从此有征伐权。

⑦五侯三句：五侯九伯，你都有权征讨他们，用以辅佐周王室。五侯九伯：泛指所有诸侯国。五侯，公、侯、伯、子、男五等爵位；九伯，九州岛之长。实：副词，表祈使语气。夹辅：辅助，辅佐。

⑧赐履：赐给有权征伐的范围。履：践踏，这里用作名词，义为足迹可去的地方，即征伐范围。海：指齐国东部的大海。穆陵：穆陵关，楚地名，故址在今湖北麻城北。"穆"一作"木"。无棣（dì）：齐北部的边邑，在今山东北部无棣北，一说在今河北卢龙一带。

⑨尔贡句：你们对王室的贡品包茅没有交纳。包茅：扎成捆的菁茅，祭祀用品。包，包扎；茅，一种有刺的草，即菁草。入：交纳。

⑩王祭句：周王的祭祀用品供应不上。共："供"的古字。无以句：没有东西用来缩酒。无以：无……用来，固定格式。缩酒：渗酒，即把酒浇在成捆的菁茅上使渗下，象征鬼神饮了酒。

⑪是：代词。代包茅，做征的宾语，前置。征：求取。一说义为责问，查问。

⑫昭王：周昭王，成王之孙，名瑕。南征：南巡。相传周昭王晚年南巡至汉水时，汉滨人送他渡江的船是胶粘合的，船至江心开裂，昭王溺死。杜预注："昭王，成王之孙，南巡守，涉汉，船坏而溺。周人讳而不赴，诸侯不知其故，故问之。"孔颖达疏："《吕氏春秋·季夏纪》云：'周昭王亲将征蛮荆，辛余靡长且多力，为王右。还反涉汉，梁败，王及祭公陨于汉中。辛余靡振王北济，反振祭公。'……旧说皆言汉滨之人以胶胶船，故得水而

坏，昭王溺焉。不知本出何书。"周昭王南巡溺死在公元前1002年（一说为公元前1052年），距齐桓公这次伐楚的时间已相去三百多年。

⑬君其句：您还是到汉水边上去查问原因吧。其：语气副词，表委婉的祈使。按：周昭王时楚国的势力还没有到达汉水流域，故楚使的回答表示楚对昭王的死不负责任。

⑭次：临时驻扎。陉（xíng）：楚山名，即陉山，在今河南漯河市郾城区南。杜预注："楚不服罪，故复进师。"本年《经》杜预注："楚强，齐欲绥之以德，故不速进而次陉。

　　夏，楚子使屈完如师①。师退，次于召陵②。齐侯陈诸侯之师，与屈完乘而观之③。齐侯曰："岂不穀是为？先君之好是继④，与不穀同好如何？"对曰："君惠徼福于敝邑之社稷，辱收寡君，寡君之愿也。"⑤齐侯曰："以此众战，谁能御之？以此攻城，何城不克？"对曰："君若以德绥诸侯⑥，谁敢不服？君若以力，楚国方城以为城，汉水以为池⑦，虽众，无所用之。"⑧屈完及诸侯盟。

①屈完：楚大夫。师：指诸侯军。杜预注："如陉之师，观强弱。"

②杜预注："完请盟故。"召（shào）陵：楚地，在今漯河市郾区东。

③陈：摆列成阵势。与屈完乘（shèng）：与屈完共乘一车。

④岂不二句：难道这次来是为了我自己，目的是继承先君建立的友好关系。不穀：国君对自己的谦称，义同孤、寡人，句中作"为"的宾语。是：结构助词，助宾语前置。

⑤君惠三句：蒙君惠顾向敝国社稷之神求福，收留寡君，这是寡君的愿望。惠：表敬副词。徼（yāo）：求。敝邑：破烂的城邑，

179

对自己国家的谦称。社稷：土地神和谷神。辱：表敬副词，义为这样做使对方蒙受了屈辱。收：收留，指不给以惩罚。

⑥以：介词，表凭借。绥：安抚。

⑦楚国二句：楚国将把方城山作为城墙，把汉水作为护城河。方城：山名，在今河南叶县南。方城、汉水在句中均作介词"以"的宾语。池：护城河。

⑧虽：即使。无所用之：无用武之地。

〔附录〕（《史记·齐太公世家》）（桓公）三十年春，齐桓公率诸侯伐蔡，蔡溃。遂伐楚。楚成王兴师问曰："何故涉吾地？"管仲对曰："昔召康公命我先君大公曰：'五侯九伯，若实征之，以夹辅周室。'赐我先君履，东至海，西至河，南至穆陵，北至无棣。楚贡包茅不入，王祭不具，是以来责。昭王南征不复，是以来问。"楚王曰："贡之不入，有之，寡人罪也，敢不共乎？昭王之出不复，君其问之水滨！"齐师进，次于陉。夏，楚王使屈完将兵扞（hàn，抵御）齐，齐师退次召陵。桓公矜屈完（向屈完炫耀）以其众。屈完曰："君以道则可；若不，则楚方城以为城，江、汉以为沟，君安能进乎？"乃与屈完盟而去。①

## 第六节　齐桓公伐郑

〔内容简介〕周惠王想废太子郑而立王子带，齐桓公则想巩固太子郑的地位。僖公五年（前655）夏，桓公率诸侯在卫地首止与太子郑相会。此年秋，桓公又为加强太子郑的地位在首止召集诸侯订立盟约。此事引起惠王的不满，他指示郑文公背齐从楚。文公为得

---

① （汉）司马迁：《史记》第5册，第1489页。

到周王的命令而高兴，又对不去朝见齐国感到恐惧，故中途逃回，
未参加盟约。僖公六年（前654）夏，齐桓公率领诸侯讨伐郑国，
包围了郑邑新密。僖公七年（前653）春，齐国再次讨伐郑国，郑
国为讨好齐国而杀死了申侯（申侯本为楚文王宠臣，文王死后出
奔在郑）。此年秋，齐桓公在鲁地宁母会诸侯，谋划如何对待郑
国，郑太子华也参加了此会。会上桓公对诸侯以礼相待，诸侯官
员接受了向天子贡献方物的规定，郑文公也让太子华表示服从此
规定。太子华想借齐国之力除掉国内的异己泄氏、孔氏与子人氏，
许诺将使郑成为齐的臣属国，齐桓公拒绝了他的请求。此年冬，
郑文公派使者与齐国订立了盟约。

（僖公五年）秋，诸侯盟①。王使周公召郑伯②，曰：
"吾抚女以从楚，辅之以晋，可以少安。"③郑伯喜于王命而
惧其不朝于齐也，故逃归不盟④。孔叔止之，曰："国君不
可以轻，轻则失亲⑤。失亲，患必至，病而乞盟⑥，所丧多
矣。君必悔之！"弗听。逃其师而归⑦。

①按：周惠王想废太子郑而立王子带，齐桓公则欲保太子郑。
本年夏桓公与鲁僖公、宋桓公、陈宣公、卫文公、郑文公、许僖公、
曹昭公曾会太子于首止，旨在稳定其位，本年秋桓公又召集诸侯在
首止立盟。杜预注："惠王以惠后故，将废太子郑而立王子带，故齐
桓帅诸侯会王大子以定其位。"

②王：周惠王。周公：即宰孔，周执政大臣。郑伯：郑文公，
厉公之子。

③吾抚三句：我支持你跟随楚国，有晋国作为辅助，就可以稍
有安定了。抚：此处义为支持。杜预注："王恨齐桓定大子之位，故
召郑伯使叛齐也。晋、楚不服于齐，故以镇安郑。"

④郑伯二句：郑伯对周惠王的命令感到高兴，但对自己不去朝

181

见齐国又感到害怕，左右为难，所以逃回不参加立盟。其：活用为己称。

　　⑤孔叔：郑大夫。轻：轻举妄动。亲：指同盟国的援助。杜预注："党援也。"

　　⑥病：指受到危害。

　　⑦逃其师：杨伯峻注："郑伯赴盟，有师随之。郑伯弃其师，只身逃逸，故曰'逃其师'。离师潜逃，惧被截留也。"

　　（僖公六年）夏，诸侯伐郑，以其逃首止之盟故也。围新密①，郑所以不时城也②。秋，楚子围许以救郑，诸侯救许，乃还③。

　　①诸侯：据本年《经》载，伐许的诸侯包括齐桓公、鲁僖公、宋桓公、陈宣公、卫文公、曹昭公。新密：本年《经》作新城，地在今河南密县东南。杜预注："实新密而《经》言新城者，郑以非时兴土功，齐桓声其罪以告诸侯。"

　　②郑所句：这是郑所以在农忙季节筑城的缘故。不时：不合时令，指农忙季节筑城。工程建筑应在农闲时节进行，新密是在农忙季节建成的，故言"不时"。郑伯逃盟，因惧诸侯来伐，故于农忙季节赶筑城池。

　　③许：姜姓国，时为齐盟国。围许旨在救郑。楚子：楚成王。还：指楚军撤回。

　　（僖公）七年春，齐人伐郑。孔叔言于郑伯曰："谚有之曰：'心则不竞，何惮于病？'①既不能强，又不能弱，所以毙也。国危矣，请下齐以救国。"②公曰："吾知其所由来矣。姑少待我。"③对曰："朝不及夕，何以待君？"夏，郑杀申侯以说于齐④，且用陈辕涛涂之谮也⑤。

①心则二句：心志如果不坚强，又何难于示弱？则：假设连词。竞：强。惮：难。病：此处义为示弱，屈服。

②下齐：向齐国屈服。

③所由来：来讨伐的原因。姑：副词，暂且。待我：等我想办法。杜预注："欲以申侯说。"

④申侯：原为楚文王宠臣，文王死后出奔居郑。说："悦"的古字，取悦。据《吕氏春秋·长见》，申侯时任郑执政，郑杀申侯旨在将逃首止之盟的责任推卸于申侯。

⑤且用句：并且也是由于听信了辕涛涂的谗言。辕涛涂：陈大夫。僖公四年（前656），齐桓公于昭陵之盟后准备回师，辕涛涂担心大军路过陈、郑之间多有征伐，故与申侯建议齐桓公沿海道返回，不意申侯将其出卖，齐桓公执辕涛涂（不久释放）并讨伐陈国。为报此仇，辕涛涂于僖公五年（前655）怂恿申侯在自己封地虎牢筑城，待竣工后却向郑文公诬陷申侯筑城欲叛。辕涛涂之谮即指此。

〔附录一〕（《左传》僖公七年）初，申侯，申出（申国之女所生）也，有宠于楚文王。文王将死，与之璧，使行，曰："唯我知女，女专利（垄断财货）而不厌，予取予求（从我取向我求），不女疵瑕（我不以你为过）也。后之人将求多于女（后之人，指楚嗣君。求多于女，向你多求财货），女必不免（不免于祸）。我死，女必速行，无适小国，将不女容焉。"既葬，出奔郑，又有宠于厉公（郑厉公）。子文（楚国令尹）闻其死也，曰："古人有言曰'知臣莫若君'，弗可改也已（此话有道理不可改易）。"

〔附录二〕（《吕氏春秋·长见》）荆文王曰："苋𡞩（楚大夫）数犯我以义，违我以礼，与处则不安，旷（久）之则不孤得焉。不以吾身爵之（如果不在我为王时授他爵位），后世有圣人，将以非不谷。"于是爵之五大夫（爵位名）。"申侯伯善持养（把握满足）吾意。吾所欲则先我为之，与处则安，旷之而不谷丧焉（受损失）。不以吾身远之，后世有圣人，将以非不谷。"于是送而行之。

申侯伯如郑，阿郑君之心，先为其所欲，三年而知（掌管）郑国之政也，五月郑人而杀之。是后世之圣人使（使：举）文王为善于上世（前世）也。

秋，盟于宁母，谋郑故也①。管仲言于齐侯曰："臣闻之，招携以礼，怀远以德②。德礼不易③，无人不怀。"齐侯修礼于诸侯，诸侯官受方物④。

①宁母：鲁地，在今山东金乡东南。谋郑：商议如何对待郑国。据本年《经》载，这次盟会的参加者有齐桓公、鲁僖公、宋桓公、陈世子款、郑世子华。

②招携：招抚叛离者。携：离。怀远：安抚远方之人使其归附。

③不易：不改变，不违背。

④齐侯二句：齐侯以礼待诸侯，诸侯使其官员接受了向天子贡奉物产的规定。方物：一方土地所产之物，即物产。孔颖达疏："王室盛明之时，每国贡有常职。天子既衰，诸侯惰慢，贡赋之事无复定准；故霸主摠帅诸侯尊崇天子，量其国之大小，号令所出之物。《传》言诸侯各使官司取齐约束，受其方所当贡天子之物，言其一听齐令，美齐侯能以礼服诸侯。"

郑伯使大子华听命于会①。言于齐侯曰②："泄氏、孔氏、子人氏三族实违君命③。君若去之以为成，我以郑为内臣④，君亦无所不利焉。"齐侯将许之。管仲曰："君以礼与信属诸侯，而以奸终之⑤，无乃不可乎？子父不奸之谓礼，守命共时之谓信⑥。违此二者，奸莫大焉。"⑦公曰："诸侯有讨于郑，未捷；今苟有衅⑧，从之，不亦可乎？"对曰："君若绥之以德，加之以训辞，而帅诸侯以讨郑⑨，郑将覆亡之不暇，岂敢不惧？若揔其罪人以临之⑩，郑有辞矣，何惧？且夫合诸侯以崇德也，会而列奸⑪，何以示后嗣？夫诸侯之会，其德刑礼义，无国不记⑫。记奸之位，君盟替矣⑬。作而不记，非盛德也⑭。君其勿许，郑必受盟⑮。夫子华既为大子而求介于大国以弱其国，亦必不免⑯。郑有叔詹、堵叔、师叔三良为政⑰，未可间也。"⑱齐侯辞焉⑲。子华由是得罪于郑。

冬，郑伯使请盟于齐⑳。

①郑伯句：郑伯让太子华听从盟会的命令。郑伯：郑文公。大子华：即世子华，文公之子。

②言：指大子华言。按：以下所言属太子华的私自主张，违反父命，其用心在于借齐国的力量达到个人消灭异己的目的。

③泄氏、孔氏、子人氏：皆郑大夫。

④若君二句：如果国君能除掉他们与郑和解，我将让郑国作为您的臣属国。以郑为内臣：使郑像齐国内臣那样事齐。杜预注："以郑事齐，如封内臣。"

⑤属：召集。奸：邪僻，不义。

⑥奸（gān）：犯，扰乱。守命：执行君命。共时：恭敬严肃地对待时事。共："恭"的古字。

⑦奸莫句：混乱没有比这更严重的。

⑧有衅：有隙可乘。衅，缝隙，间隙。杜预注："子华犯父命，是其衅隙。"

⑨训辞：训导。而帅句：（若不从命）然后再率领诸侯讨伐郑国。

⑩揔：率领。罪人：指郑太子华。杜预注："子华奸父命，即罪人。"临：到，此处义为"前往讨伐"。

⑪列奸：使奸邪之人入座。列，与会座次。一说"列"指君位，

185

"列奸"的意思是让奸人居于国君之位。

⑫邢：刑罚。记：记载。

⑬记奸二句：如果记载上奸人的位次，您的盟约就失去作用了。替：废弃。杜预注："位，会位也。子华为奸人而列在会位，将为诸侯所记。"

⑭作而二句：如果作了事而隐讳不书，这就不是光明磊落的德行。杜预注："君举必书，虽复齐史隐讳，亦损盛德。"

⑮受盟：接受盟约。

⑯介：因，凭借。不免：不免于祸。僖公十六年（前644）太子华为郑作杀。

⑰叔詹、堵叔、师叔：皆郑大夫。

⑱间：空隙，此处用作动词，钻空子。

⑲辞焉：辞绝了子华的请求。

⑳使：派使者。杜预注："以齐侯不听子华故。"

## 第七节　葵丘之盟

〔内容简介〕僖公九年（前651）夏，齐桓公与鲁僖公、宋襄公、卫文公、郑文公、许僖公、曹共公会于宋地葵丘，重申过去的盟约，加强友好关系。周襄王派使者宰孔到会赐给桓公祭肉，以示尊崇，并特命桓公免下拜之礼。此年秋，在齐桓公主持下，诸侯在葵丘订立了友好盟约。宰孔先归，路上遇见前来赴会的晋献公。宰孔向献公指出齐桓公不注重修德而致力于征伐，劝献公应注意国内安定，不必忙于参加盟会，故献公中途返回。

（僖公九年）夏，会于葵丘①，寻盟，且修好，礼也②。王使宰孔赐齐侯胙③，曰："天子有事于文武，使孔赐伯舅胙。"④齐侯将下拜。孔曰："且有后命⑤——天子使孔曰：
'以伯舅耋老，加劳，赐一级，无下拜！'"⑥对曰："天威不
违颜咫尺⑦，小白余敢贪天子之命无下拜？恐陨越于下，以
遗天子羞⑧。敢不下拜？"下，拜；登，受⑨。

①葵丘：宋地，在今河南兰考、民权境内。据载，这次与会者
有齐桓公、鲁僖公、宋襄公、卫文公、郑文公、许僖公和曹共公。

②寻盟三句：重申过去的盟约，并进一步加强友好关系，这是
合乎礼的。寻：重申。

③王：周襄王，惠王子，即太子郑，因得到齐桓公的支持而即
位。宰孔：即周公宰孔。胙（zuò）：宗庙祭肉。襄王赐胙给桓公，
是对桓公表示尊崇，视其功业仅次于周文、周武二王。

④事：指祭祀。文、武：周文王、周武王。伯舅：天子尊称同
姓长辈诸侯为伯父或叔父，称异姓诸侯为伯舅。

⑤后命：赐胙以外的命令。

⑥以：因。耋（dié）老：年老。耋，年七十称作耋，一说八十
为耋。加劳：加上功劳。级：等。孔颖达疏："法当下拜，赐之勿
下，是进一等。"无下拜：不必下拜。无，通"毋"。

⑦天威句：上天的威严近在咫尺。违：离。颜：面容。杜预注：
"言天鉴察不远，威严常在颜面之前。"

⑧恐陨二句：只怕下拜时不小心跌倒在堂下，给天子带来羞辱。
陨越：同义连用，跌倒。遗：留下，带来。一说"于下"指在下位，
诸侯对天子而言。

⑨下：下阶。拜：拜谢。登：登堂。受：受胙。


秋，齐侯盟诸侯于葵丘，曰："凡我同盟之人，既盟之
后，言归于好。"①宰孔先归，遇晋侯②，曰："可无会也。齐
侯不务德而勤远略③，故北伐山戎，南伐楚④，西为此会也。

东略之不知，西则否矣⑤。其在乱乎⑥！君务靖乱，无勤于行。"⑦晋侯乃还。

①言：句首语气词。以上三句为盟辞。

②晋侯：晋献公，晋文公之父。杜预注："晋侯欲来会葵丘。"

③勤远略：致力于征伐远方国家。勤：致力。略：侵略，征伐。

④山戎：即北戎。齐桓公伐山戎在庄公三十一年（前663）。南伐楚：在僖公四年（前656），详见本节《齐桓公伐楚》。

⑤东略二句：是否要征伐东部尚不知道，征伐西部则是不会了。

⑥其在句：其攻伐对象恐怕是在发生祸乱的国家。

⑦靖乱：平定内乱。晋献公此前杀嫡立庶，国家政局不稳，此言微戒献公要安定国内。杜预注："微戒献公，言晋将有乱。"无勤远行：不必忙于远行求会。


〔附录一〕（《国语·齐语》）（桓公）即位数年，东南多有淫乱者：莱、莒、徐夷、吴、越。一战帅服三十一国，遂南征伐楚，济汝，逾方城，望汶山（楚山），使贡丝于周而返。荆州诸侯莫敢不来服。遂北伐山戎，刜（击）令支、斩（伐）孤竹而南归。海滨诸侯莫敢不来服。与诸侯饰牲为载（为载书加于牲上。饰牲，陈牲），以约誓于上下庶神（众神），与诸侯戮力同心。西征攘白狄之地，至于西河（在白狄之西），方舟（并舟）设泭（泭：同桴，小木筏），乘桴济河，至于石枕（晋地名）。悬车束马，逾太行与辟耳（山名）之溪拘夏，西服流沙、西吴（均雍州地名）。南城（筑城）于周，反胙于绛（指讨晋乱，复其君位。胙：通"阼"，君位）。岳（北岳常山）滨诸侯莫敢不来服，而大朝诸侯于阳谷（齐地名）。兵车之属（指兵车之会，带有军队的盟会）六，乘车之会（不带军队的盟会）三，诸侯甲不解累（盛甲的袋子），兵不解翳（翳：盛弓箭的袋子），弢无弓，服无矢。隐武事，行文道，帅诸侯而朝天子。

……

桓公知诸侯之归己也，故使轻其币而重其礼（酬宾之礼）。故天下诸侯罢马以为币，缕綦以为奉，鹿皮四个；诸侯之使垂橐而入（言空手而来。橐：口袋），稛载而归（满载而归）。故拘之以利，结之以信，示之以武，故天下小国诸侯既许（听其盟约）桓公，莫之敢背，就其利而信其仁，畏其武。桓公知天下诸侯多与（从）己也，故又大施忠焉（施其忠信）。可为动者为之动，可为谋者为之谋，军谭、遂（以军灭谭国、遂国）而不有也（以分诸侯），诸侯称宽焉。通齐国之鱼盐于东莱（东莱夷），使关市（设在交通要道的集市）几（"通讯"，检查）而不征（征税），以为诸侯利，诸侯称广（施惠广）焉。筑葵兹、晏、负夏、领釜丘（皆厄塞名），以御戎狄之地，所以禁暴于诸侯也（禁其暴略诸侯）；筑五鹿、中牟、盖与、牡丘（中原四塞名），以卫诸夏之地，所以示权于中国也。教大成（大成：道德），定（放置）三革（甲、胄、盾），隐五刃（五刃：刀、剑、矛、戟、矢），朝服以济河（指西行渡河平晋）而无怵惕焉，文事胜（举）矣。是故大国惭愧，小国附协。唯能用管夷吾、宁戚、隰朋、宾胥无、鲍叔牙之属而伯功立。

〔附录二〕（《史记·齐太公世家》）（桓公）三十五年夏，会诸侯于葵丘。周襄王使宰孔赐桓公文武胙、彤弓矢、大路（同大辂，天子所乘之车），命无拜。桓公欲许之，管仲曰"不可"，乃下拜受赐。秋，复会诸侯于葵丘，益有骄色。周使宰孔会。诸侯颇有叛者①。晋侯病，后，遇宰孔。宰孔曰："齐侯骄矣，弟无行。"从之。是岁，晋献公卒，里克（晋大夫）杀奚齐、卓子（皆献公子），秦

---

① 《公羊传》僖公九年："葵丘之会，桓公震而矜之，叛者九国。"

穆公以夫人（穆公夫人，夷吾异母姊）入（纳）公子夷吾为晋君。桓公于是讨晋乱，至高梁（晋地），使隰朋（齐大夫）立晋君，还。

是时周室微，唯齐、楚、秦、晋为强。晋初与会，献公死，国内乱。秦穆公辟远，不与中国会盟。楚成王初收荆蛮有之，夷狄自置。唯独齐为中国会盟，而桓公能宣其德，故诸侯宾会。于是桓公称曰："寡人南伐至召陵，望熊山；北伐山戎、离枝、孤竹；西伐大夏（地名，在今山西太原南），涉流沙（沙漠）；束马悬车登太行，至卑耳山而还。诸侯莫违寡人。寡人兵车之会三，乘车之会六，九合诸侯，一匡天下。昔三代受命，有何以异于此乎？吾欲封泰山，禅梁父（祭梁父山）。"管仲固谏，不听；乃说桓公以远方珍怪物至乃得封，桓公乃止。①

〔附录三〕（《韩非子·十过》）奚谓过而不听于忠臣？昔者齐桓公九合诸侯，一匡天下，为五伯长，管仲佐之。管仲老，不能用事，休居于家，桓公从而问之曰："仲父家居有病，即不幸而不起，政安迁之？"管仲曰："臣老矣，不可问也。虽然，臣闻之：知臣莫若君，知子莫若父。君其试以心决之。"君曰："鲍叔牙何如？"管仲曰："不可。鲍叔牙为人刚愎而上悍（崇尚凶悍），刚则犯民以暴，愎则不得民心，悍则下不为用。其心不惧，非霸者之佐也。"公曰："然则竖刁何如？"管仲曰："不可。夫人之情莫不爱其身，公妒而好内（好纳妾），竖刁自獖（fèn，阉割）以为治内（掌内宫），其身不爱，又安能爱君？"曰："然则卫公子开方（卫国公子，仕于齐）何如？"管仲曰："不可。齐、卫之间不过十日之行，开方为事君，欲适君之故，十五年不归见其父母，此非人情也。其父母之不亲也，

---

① （汉）司马迁：《史记》第5册，第1490—1491页。

又能亲君乎?"公曰:"然则易牙何如?"管仲曰:"不可。夫易牙为君主味,君之所未尝食,唯人肉耳,易牙蒸其子首而进之,君所知也。人之情莫不爱其子,今蒸其子以为膳于君,其子弗爱,又安能爱君乎?"公曰:"然则孰可?"管仲曰:"隰朋可。其为人也,坚中而廉外,少欲而多信。夫坚中则足以为表,廉外则可以大任;少欲则能临其众,多信则能亲临国。此霸者之佐也,君其用之。"君曰:"诺。"居一年余,管仲死,君遂不用隰朋而与竖刁。刁莅(治)事三年,桓公南游堂阜,竖刁率易牙、卫公子开方及大臣为乱,桓公渴馁而死南门之寝。公守之室,身死三月不收,虫出于户。故桓公之兵横行天下,为五伯长,卒见弑于其臣而灭高名,为天下笑者何也? 不用管仲之过也。故曰:"过而不听于忠臣,独行其意,则灭其高名,为人笑之始也。"[①]

## 简　评

桓公之时,戎狄病燕、伐邢、灭卫而南下,强楚侵郑、围许而北上。南北交攻,中原诸国几为戎夷所并,《公羊传》所谓"南夷与北狄交,中国不绝若线"。桓公得管仲之佐,帅诸侯之师,救燕存许,迁邢封卫,北败戎狄,南控强楚,九合诸侯,一匡天下,遂使左衽之区变为衣裳之会,华夏文明免毁于夷狄。孔子赞曰:"管仲相桓公,霸诸侯,一匡天下,民到于今受其赐。微管仲,吾其披发左衽矣。"(《论语·宪问》)霸者之资,在于威德,无威则无以伐强救弱,无德则远人不服,诸侯不附;霸者之风,在于礼信,无礼则诸侯不听其令,无信则失天下之援。桓公威能率八国之师,登熊耳,望江汉,不战而屈强楚之兵,德能使"邢迁如归,卫国忘亡";礼能

---

① 梁启雄:《韩子浅解》,第75—76页。

施于弱燕之君，信能尽归侵鲁之地。故首开霸业，宾服四夷，功冠当时而泽及后世。相者之资，在于善谋，谋得则国兴，谋失则国衰；相者之风，在于敢谏，谏切则君安，谏失则君危。管仲谋能使齐仓廪实，衣食足，通货积财，国富民强；谏能使桓公重威德，守礼信，避害趋利，不战而胜。故致桓公于五霸之首而其名亦显扬于天下。桓公与管仲，一明一智。明者善用人而不计小过，智者善谋事而不拘细谨。明智相得，其业遂成。倘若桓公怀私仇而舍管仲之佐，则无以成其霸，管仲若羞小节而失桓公之遇，亦无以成其功名矣。桓公之晚岁，暮气衰而骄气生，善善不能行，恶恶不能去，虽有管仲之智亦难彻其耄老之固。管仲死，桓公尤失其计，近用小人，好内多宠，致使诸侯叛离，内乱迭起，国力日衰。故桓公一人死而齐霸业亦随之终。桓公生为一世之雄，横行天下，威加四海，死竟久不得葬，尸虫出于户，其状可哀而其咎实由自取也。

# 第二章　宋襄公争霸

（僖公八年—僖公二十二年）

## 第一节　宋襄公即位

〔内容简介〕僖公八年（前652）冬，宋桓公病重，太子兹父（宋襄公）请求立庶兄子鱼为君，子鱼推辞没有接受。僖公九年（前651）春，桓公卒，宋襄公即位。襄公因子鱼仁慈，任他为右师，执掌国政，宋国由此得到治理。

（僖公八年冬）宋公疾①，大子兹父固请曰②："目夷长且仁，君其立之！"③公命子鱼。子鱼辞，曰："能以国让，仁孰大焉？臣不及也，且又不顺。"④遂走而退⑤。

①宋公：宋桓公，名御说，庄公子，闵公弟。宋为子姓国，地在今河南东部、山东西南、安徽西北一带，开国君为商王纣的庶兄微子启，建都商丘，故址在今河南商丘南。

②大子：即太子。大："太"的古字。兹父：宋襄公。固：坚决。

③目夷：兹父庶兄，即下文的子鱼。杜预注："兹父，襄公也。目夷，兹父庶兄子鱼也。"其：祈使语气副词。

④杜预注："立庶不顺礼。"

⑤走而退：快步退下。

（僖公）九年春，宋桓公卒。……（冬）宋襄公即位，以公子目夷为仁，使为左师以听政①，于是宋治。故鱼氏世为左师②。

①左师：执政大臣，分左师、右师。

②鱼氏：目夷字子鱼，其后代以鱼为氏。

〔附录一〕（《史记·宋微子世家》）（桓公）三十年，桓公病，太子兹甫（即兹父）让其庶兄目夷为嗣。桓公义太子意，竟不听。三十一年春，桓公卒，太子兹甫立，是为襄公。以其庶兄目夷为相。

〔附录二〕（《说苑·立节》）宋襄公兹父为桓公太子，桓公有后妻子曰公子目夷，公爱之。兹父为公爱之也，欲立之，请于公曰：“请使目夷立，臣为之相以佐之。”公曰：“何故也?”对曰：“臣之舅在卫，爱臣，若终立，则不可以往，绝迹于卫，是背母也。且臣自知不足以处目夷之上。”公不许，强以请公，公许之。将立公子目夷，目夷辞曰：“兄立而弟在下，是其义也。今弟立而兄在下（兹父为兄目夷为弟之说，与《左传》《史记》之记不合），不义也。不义而使目夷为之，目夷将逃。”乃逃之卫，兹父从之。三年，桓公有疾，使人召兹父，曰：“若不来，是使我以忧死也。”兹父乃反，公复立之，以为太子，然后目夷归也。

## 第二节　宋襄公立齐孝公

〔内容简介〕齐桓公有宠姬六人，即长卫姬、少卫姬、郑姬、葛嬴、密姬与宋华子。长卫姬生武孟（公子无亏），少卫姬生惠公

（公子元），郑姬生孝公（公子昭），葛嬴生昭公（公子潘），密姬生懿公（公子商人），宋华子生公子雍。桓公与管仲将孝公作为太子托付于宋襄公，后在长卫姬与宠臣易牙的活动下桓公又同意立武孟为君。管仲死后，五公子各树党争立。桓公死后，易牙杀群臣而立武孟，孝公逃到宋国。僖公十八年（前642）春，宋襄公率诸侯之师伐齐，迫齐杀死武孟。四公子之徒与宋师战，被击败，襄公遂立孝公而还。

　　（僖公十七年秋）齐侯之夫人三：王姬、徐嬴、蔡姬①，皆无子。齐侯好内②，多内宠，内嬖如夫人者六人：长卫姬，生武孟③；少卫姬，生惠公；郑姬，生孝公④；葛嬴，生昭公；密姬，生懿公，宋华子，生公子雍⑤。公与管仲属孝公于宋襄公，以为大子。

　　雍巫有宠于卫共姬⑥，因寺人貂以荐羞于公⑦，亦有宠，公许之立武孟⑧。管仲卒，五公子皆求立⑨。冬十月乙亥⑩，齐桓公卒。易牙入，与寺人貂因内宠以杀群吏⑪，而立公子无亏。孝公奔宋。十二月乙亥赴，辛巳夜殡⑫。

　　①齐侯：齐桓公。王姬：娶自鲁，鲁代周为婚主，故称王姬。徐嬴：盖徐国女。《史记·齐太公世家》司马贞《索隐》按："《系本》：'徐，嬴姓。'"蔡姬：蔡国女。

　　②好内：好纳妾。内：指妾。服虔以内为妇官（见《史记·齐太公世家》裴骃《集解》），杨伯峻注以内谓妇女，皆不确。《国语·晋语一》："突闻之，国君好艾，大夫殆；好内，适子殆，社稷危。"韦昭注："好内，多嬖妾也。"又《南史·曹景宗传》："景宗好内，妓妾至数百，穷极锦绣。"

　　③杨伯峻注："卫姬有二，故分长少。"武孟：即公子无亏。

　　④惠公：即公子元。孝公：即公子昭。

⑤葛：嬴姓国，地在今河南宁陵北。昭公：即公子潘。密：姬姓国，地在今河南密县东南。懿公：即公子商人。华子：宋国华氏之女。

⑥雍巫：即易牙，善逢迎。杜预注："雍巫，雍人，名巫，即易牙。"卫共姬：即长卫姬。

⑦因：通过。寺人貂：宦官，名貂，桓公宠臣。荐羞：进献珍味。羞："馐"的古字。

⑧杜预注："易牙既有宠于公，为长卫姬请立武孟。"

⑨五子：指公子无亏、公子元、公子潘、公子商人、公子雍。孝公已立为太子，不在其内。

⑩乙亥：七日。

⑪与寺句：通过内宠假借君命杀死群臣。内宠：桓公的宠姬。

⑫乙亥：八日。赴："讣"的古字，向诸侯报丧。辛巳：十四日。殡：殓殡，装尸停柩。桓公自死至殡已六十七日。

（僖公）十八年春，宋襄公以诸侯伐齐①。三月，齐人杀无亏②。

齐人将立孝公，不胜，四公子之徒遂与宋人战③。夏五月，宋败齐师于甗④，立孝公而还。

①以：率领。本年《经》："王正月，宋公、曹伯、卫人、邾人伐齐。"

②杜预注："以说宋。"

③杜预注："无亏已死，故曰四公子。"

④甗（yǎn）：齐地，在今山东济南历城区。

〔附录〕（《史记·齐太公世家》）（桓公四十三年）桓公病，五公子各树党争立。及桓公卒，遂相攻，以故宫中空，莫敢棺（装棺）。

桓公尸在床上六十七日，尸虫出于户。十二月乙亥，无诡立，乃棺赴。辛巳夜，敛（通"殡"）殡。

桓公十有余子，要其后立者五人：无诡立三月死，无谥；次孝公；次昭公；次懿公；次惠公。孝公元年三月，宋襄公率诸侯兵送齐太子昭而伐齐。齐人恐，杀其君无诡。齐人将立太子昭，四公子之徒攻太子，太子走宋，宋遂与齐人四公子战。五月，宋败齐四子师而立太子昭，是为齐孝公。宋以桓公与管仲属之太子，故来征之。以乱故，八月乃葬齐桓公。

## 第三节　宋襄公以虐求霸

〔内容简介〕僖公十九年（前641）春，宋襄公派人逮捕了滕宣公，因其无道于民。夏，襄公召曹、邾二国举行了曹南之盟。随后襄公命邾文公杀死了未及时赴约的鄫国国君，用其尸祭祀妖神，想借此威慑东夷，使之归属。此年秋，宋师围攻曹国，因曹对宋不服。

（僖公十九年春）宋人执滕宣公[①]。

夏，宋公使邾文公用鄫子于次睢之社，欲以属东夷[②]。司马子鱼曰[③]："古者六畜不相为用[④]，小事不用大牲，而况敢用人乎？祭祀以为人也。民，神之主也。用人，其谁飨之[⑤]？齐桓公存三亡国以属诸侯[⑥]，义士犹曰薄德[⑦]，今一会而虐二国之君[⑧]，又用诸淫昏之鬼[⑨]，将以求霸，不亦难乎？得死为幸！"[⑩]

①滕：姬姓国，地在今山东枣庄市滕州市一带。按：滕宣公无道，故宋襄公执之。成公十五年《传》："凡君不道于其民，诸侯讨而执之，则曰某人执某侯。不然则否。"

②邾：战国时作"邹"，曹姓国，地在今山东曲阜东南一带，灭

于楚。邾文公：邾国国君，卒于文公十三年（前614）。用鄫（zēng）子：杀死鄫子用以祭祀。鄫子：鄫国国君。鄫：姒姓小国，地在今山东枣庄东。次睢之社：祭祀睢水妖神之处。睢：睢水，故道自今河南开封从鸿沟分出，流经杞县、睢县、宁陵、商丘、夏邑、永城、安徽濉溪、宿州、灵璧、江苏睢宁，至宿迁南后注入淮河。杜预注："此水次有神妖，东夷皆社祠之，盖杀人而用祭。"属东夷：使东夷归属。本年夏，宋襄公召诸侯举行曹南之盟，鄫子未及时与会，故使邾文公杀之为祭。本年《经》："夏六月，宋公、曹人、邾人盟于曹南（曹国南部，在今山东曹县南）。鄫子会盟于邾。"杜预注："不及曹南之盟。诸侯既罢，鄫乃会之于邾，故不言如会。"

③司马子鱼：即公子目夷，此时任司马。

④相：副词，自相。杜预注："六畜不相为用，谓若祭马先，不用马。"

⑤主：主人。飨：通"享"，享用。

⑥三亡国：指鲁、卫、邢。鲁庄公夫人哀姜与庄公弟庆父为乱，连弑两君，在齐桓公帮助下，鲁国才得以安定，事见《左传》闵公二年、《史记·鲁周公世家》。狄人伐邢灭卫，齐桓公迁邢于夷仪，重建卫于楚丘，详见第一章"齐桓公霸业"。

⑦杜预注："谓欲因乱取鲁，缓救邢、卫。"鲁难发生时，齐桓公曾向派往鲁国视察归来的仲孙湫询问是否可乘机攻取之。

⑧二君：指滕宣公与鄫子。杜预注："宋公三月以会召诸侯，执滕子，六月而会盟，其月二十二日执鄫子，故云一会而虐二国之君。"

⑨淫昏之鬼：食人之鬼，故言淫昏。杜预注："非周社故。"

⑩得死：指得善终。杜预注："恐亡其国。"

（秋）宋人围曹，讨不服也①。子鱼言于宋公曰："文王闻崇德乱而伐之②，军三旬而不降，退修教而复伐之，因垒而降③。《诗》曰：'刑于寡妻，至于兄弟，以御于家邦。'④今君德无乃犹有所阙，而以伐人，若之何⑤？盍姑内省德乎？无阙而后动。"⑥

①按：曹南之盟时，曹虽参加了盟会，但对宋不服，不肯致送粮草，未尽地主之礼。杜预注："曹南盟，不修地主之礼故。"

②崇：崇侯虎，商纣王臣。崇侯虎谮西伯（文王）于纣王，致使西伯被囚于羑里，西伯归后举兵讨伐崇侯虎。

③军：围攻。因垒而降：在营垒中投降，即未出垒抵抗，就地投降。

④刑："型"的古字，做榜样。至于兄弟：进一步影响到兄弟。御：治理。引诗见《诗经·大雅·思齐》。

⑤无乃：测度语气副词，恐怕。若之何：能把别人怎么样？

⑥盍：兼词，何不。无阙：德无阙时。

## 第四节　鹿上之盟

〔内容简介〕僖公二十年（前640）冬，宋襄公拟召集诸侯举行盟会。僖公二十一年（前639）春，襄公召齐、楚二国举行了鹿上之盟，目的想要求归附楚国的诸侯奉自己为盟主，楚国表面上表示同意。此年秋，楚、陈、蔡、郑等国诸侯到宋地盂会见宋襄公。会上楚国突然逮捕襄公并伐宋，宋被迫屈服，直到此年冬诸侯在薄地会盟时襄公才被释放。

（僖公二十年）（冬）宋襄公欲合诸侯①。臧文仲闻之，曰："以欲从人则可，以人从欲鲜济。"②

（僖公）二十一年春，宋人为鹿上之盟③，以求诸侯于楚④，楚人许之。公子目夷曰："小国争盟，祸也。宋其亡乎！幸而后败。"⑤

①合诸侯：召集诸侯举行盟会。

②臧文仲：鲁大夫。济：成功。杜预注："屈己之欲，从众之善。"

③鹿上：宋地，在今山东巨野西南。本年《经》："宋人、齐人、楚人盟于鹿上。"

④以求句：旨在求得楚的同意使归附楚的诸侯拥戴宋为盟主。杨伯峻注："齐桓卒于僖十七年，中国失霸主。十八年，郑始朝楚；十九年，楚又与陈、蔡、郑盟于齐，则此时楚已得诸侯矣。故宋襄欲继齐桓之霸业，必求于楚而后可。"

⑤其：副词，将。幸而后败：能晚点失败就是幸运。杜预注："谓军败。"

秋，诸侯会宋公于盂①。子鱼曰："祸其在此乎！君欲已甚，其何以堪之？"于是楚执宋公以伐宋②。

冬，会于薄以释之③。子鱼曰："祸犹未也，未足以惩君。"④

①盂：宋地，在今河南睢县。本年《经》："秋，宋公、楚子、陈侯、蔡侯、郑伯、许男、曹伯会于盂。"

②于是：在此会上。

③薄：宋地，在今河南商丘北。释之：释放宋襄公。据本年《经》，"薄之会"在冬十二月，鲁僖公也参加了此会。杜预注："诸侯既与楚共伐宋，宋服，故为薄盟以释之。"

④惩：惩戒，戒惧。杜预注："为二十二年战泓传。"

〔附录一〕（《公羊传》僖公二十一年）宋公与楚子期以乘车之

会（不带军队的盟会）。公子目夷谏曰："楚，夷国也，强而无义，请君以兵车之会（带军队的盟会）往。"宋公曰："不可。吾与之约以乘车之会，自我为之，自我堕之，曰不可。"终以乘车之会往。楚人果伏兵车，执宋公以伐宋。宋公谓公子目夷曰："子归国守矣！国，子之国也。吾不从子之言，以至此乎。"公子目夷复曰："君虽不言国，国，固臣之国也。"于是归，设守械而守国。楚人谓宋人曰："子不与我国，吾将杀子君矣。"宋人应之曰："吾赖社稷之神灵，吾国已有君矣。"楚人知虽杀宋公，犹不得宋国，于是释宋公。宋公释乎执，走之卫。公子目夷复曰："国为君守之，君曷为不入？"然后逆襄公归。①

〔附录二〕（《史记·楚世家》）（楚成王）三十三年，宋襄公欲为盟会，召楚。楚王怒曰："召我，我将好往袭辱之。"遂行，至盂，遂执辱宋公，已而归之。②

## 第五节　宋、楚泓之战

〔内容简介〕僖公二十二年（前638）三月，宋襄公因郑文公访问楚国而出兵攻打郑国，楚国出兵伐宋救郑，两军在泓水相遇。司马子鱼请求趁楚军渡河时发起进攻，襄公没有同意。楚军渡河后尚未摆好阵势，子鱼又请求发起进攻，襄公仍然没有同意。结果贻误战机，使楚军从容列阵打败了宋军，襄公本人腿部也负了重伤。战后国人都指责襄公，襄公却以"君子不重伤，不禽二毛""不鼓不成列"的愚蠢观点作解释，遭到子鱼的驳斥。

---

① （清）阮元校刻：《十三经注疏（清嘉庆刊本）·春秋公羊传注疏》第5册，第4900页。

② （汉）司马迁：《史记》第5册，第1697页。

（僖公二十二年）三月，郑伯如楚①。夏，宋公伐郑。子鱼曰："所谓祸在此矣。"②

（秋）楚人伐宋以救郑。宋公将战，大司马固谏曰③："天之弃商久矣④，君将兴之，弗可赦也已。"⑤弗听。冬十一月己巳朔，宋公及楚人战于泓⑥。宋人既成列，楚人未既济⑦。司马曰："彼众我寡，及其未既济也请击之。"公曰："不可。"既济而未成列，又以告。公曰："未可。"既陈而后击之，宋师败绩⑧。公伤股，门官歼焉⑨。

①郑伯：郑文公。如楚：到楚国访问。郑自齐桓公死后依附楚国。

②杜预注："怒郑至楚，故伐之，为下泓战起。"本年《经》："夏，宋公、卫侯、许男、滕子伐郑。"

③大司马：官名，掌全国军政。固：公孙固，宋庄公之孙。《国语·晋语四》："公子过宋，与司马公孙固相善。"韦昭注："固，宋庄公之孙，大司马固也。"杜预同韦说，注作："大司马固，庄公之孙公孙固也。""大司马固谏曰"一语《史记·宋世家》作"子鱼谏曰"，则太史公以为大司马即子鱼。

④天之句：上天厌弃商德已经很久了。商为宋之祖，故言商。商亡于公元前11世纪，至此时已四百多年，故言久。古人迷信天命决定人事，故以为上天厌弃商，则宋不得兴盛。

⑤弗可赦：兴天所弃，其罪不可赦。杜预注："言君兴天所弃，必不可；不如赦楚，勿与战。"

⑥己巳朔：初一。泓：泓水，古涣水支流，在今河南柘城西北。

⑦成列：摆好阵势。未既济：未全部渡过河。按：时宋军在泓水以北，楚军由南北渡泓水与宋军交战。

⑧陈："阵"的古字，列阵。股：大腿。襄公于僖公二十三年

（前637）五月即因伤势过重而卒。门官：宋襄公的亲军，由卿大夫子弟组成。歼：被歼灭。杜预注："门官，守门者，师行则在君左右。"

　　国人皆咎公①。公曰："君子不重伤，不禽二毛②。古之为军也，不以阻隘也③。寡人虽亡国之余，不鼓不成列。"④子鱼曰："君未知战。勍敌之人，隘而不列⑤，天赞我也。阻而鼓之⑥，不亦可乎？犹有惧焉。且今之勍者⑦，皆吾敌也。虽及胡耇⑧，获则取之，何有于二毛⑨？明耻教战⑩，求杀敌也，伤未及死，如何勿重？若爱重伤，则如勿伤；爱其二毛，则如服焉⑪。三军以利用也，金鼓以声气也⑫。利而用之，阻隘可也⑬；声盛致志，鼓儳可也。"⑭

　　①国：国都。咎：归罪。

　　②不重伤：不再次杀伤已受伤的人。禽："擒"的古字。二毛：黑发与白发相间，指头发花白的老年兵。

　　③为军：率军作战。不以：不凭。阻隘：同义连用，险阻之地。杜预注："不因阻隘以求胜。"

　　④亡国：指商朝。余：残余，指后裔。鼓：击鼓进攻。杜预注："耻以诈胜。"

　　⑤勍（qíng）：强，劲。隘：用作动词，受阻，处于不利之地。杜预注："言楚在险阻，不得陈列，天所以佐宋。"

　　⑥阻而句：利用敌人受阻之机进攻他们。

　　⑦杜预注："今之勍者，谓与吾竞者。"

　　⑧胡耇（gǒu）：老年人。胡：长寿。耇：老。

　　⑨何有句：对老年兵有什么可慈悲的？何有："何爱之有"的略语。

　　⑩明耻：宣扬怯战为可耻。教战：教育将士勇于作战。

　　⑪爱：怜惜。服焉：顺服他们。杜预注："言苟不欲伤杀敌人，

则本可不须斗。"《史记·宋世家》："必如公言，即奴事之耳，又何战为？"

⑫以利用：根据有利时机使用。以声气：用声势鼓舞士气。气，用作动词。

⑬阻隘句：凭借险阻进攻敌人是可以的。阻隘：用作动词。

⑭致志：鼓舞斗志。儳（chán）：不整，指秩序混乱的军队。

〔附录〕（《谷梁传》僖公二十二年）（冬）春秋三十有四战，未有以尊败乎卑，以师败乎人（"师"指其将帅姓名明确的军队，"人"指其将帅无名的军队。如《春秋·僖公十八年》"十有八年春，王正月，宋公、曹伯、卫人、邾人伐齐"，其中宋军、曹军的统帅是两国的国君，卫军、邾军的统帅是谁不明确）者也。以尊败乎卑，以师败乎人，则骄其敌（是由于骄傲轻视敌人）。襄公以师败乎人，而不骄其敌（却并非由于骄傲轻视敌人），何也？责之也。泓之战，以为复雩（雩：《左传》作"盂"）之耻也。雩之耻，宋襄公有以自取之：伐齐之丧（僖十八年乘桓公丧伐齐），执滕子，围曹，为雩之会。不顾其力之不足而致（招）楚成王，成王怒而执之。故曰：礼人而不同答，则反其敬；爱人而不亲，则反其仁；治人而不治，则反其知。过而不改，又之（又进一步），是谓之过，襄公之谓也。古者被甲婴胄，非以兴国也，则（即是）以征无道也，岂曰："以报其耻"哉？

## 简　评

齐桓既卒，宋襄公不思国小力绌，修行仁义，奋起争霸，败齐师，立孝公，执滕公，杀鄫子，为盟曹南，称雄鹿上，亦可谓炽烈一时。然曾几何时，即受辱于盂而败伤于泓，霸业未成，身先毙命，此所谓举鼎绝膑，以死求逞，岂不哀哉？齐桓之霸，重威崇德，修礼守义，兴八国之师而不轻加无罪，存三亡国而不自恃其功，故诸侯亲附，四夷宾服。宋襄一战侥幸胜齐，即以为天下莫强焉，遂不思用德，谓霸业力征可就。一会而虐二国之君，杀人主如屠牛羊，五年之中五用其兵，视凶器为手中玩物，构怨诸侯，涂炭生灵。故以曹国之小，尚且不服，而况荆楚之强，卧榻之侧，岂容他人鼾睡乎？盂之会，被执受辱，威风扫地，襄公宜知其陋而思退，然尚不觉悟，反进兵伐郑，以求一逞，此乃求霸心切，不知进退之过也。泓之战，大敌当前，生死存亡，虽愚人亦知据地利以求胜，而襄公屡弃忠言，"不鼓不成列"，致使良机尽失，一败涂地，此乃慕仁义礼让之虚名而不谙兵为死地之祸也。谚曰："长袖善舞，多钱善贾。"以宋国之褊小，使齐桓为之未必能霸，以宋襄之才疏，使为一大邑未必能治。襄公为其所不能为而不由其道，盲人瞎马，夜半临池，故知其"尽心力而为之，必有后灾"。

# 第三章　晋文公霸业

（僖公二十三年—僖公二十八年）

## 第一节　晋公子重耳出亡

〔内容简介〕僖公四年（前656），晋献公夫人骊姬为立己子奚齐而设计害死太子申生，随后又诬陷公子重耳、夷吾。僖公五年（前655），献公派寺人披伐蒲（重耳居守地），重耳逃往国外，从者有狐偃、赵衰、颠颉、魏武子、司空季子等人，先后到过狄、卫、齐、曹、宋、郑、楚、秦等八个国家，历时十九年，备尝艰辛，尽察民情。

（僖公二十三年）晋公子重耳之及于难也，晋人伐诸蒲城①。蒲城人欲战，重耳不可，曰："保君父之命而享其生禄，于是乎得人②，有人而校，罪莫大焉③。吾其奔也！"遂奔狄④。从者狐偃、赵衰、颠颉、魏武子、司空季子⑤。狄人伐廧咎如⑥，获其二女叔隗、季隗，纳诸公子⑦。公子取季隗，生伯儵、叔刘⑧；以叔隗妻赵衰，生盾。将适齐，谓季隗曰："待我二十五年，不来而后嫁。"对曰："我二十五年矣，又如是而嫁，则就木焉。请待子。"⑨处狄十二年而行⑩。

①难：指僖公四年（前656）晋献公夫人骊姬设计害死太子申生，接着又诬陷公子重耳及夷吾，重耳奔蒲。此以下属追叙。晋人

206

伐诸蒲城：僖公五年（前655），晋献公派寺人披到蒲城讨伐重耳。
蒲城：晋邑，即蒲，重耳居守地，故址在今山西隰县西北。

②保君二句：依仗君父的赐命而享有养生禄邑，于是才拥有人众。保：依仗。禄：俸禄。

③有人二句：在自己拥有人的情况下而违抗君父之命，没有什么罪过比这更大的了。校：违抗，对抗。

④狄：当指赤狄，地在今山西长治、潞城一带。重耳之母为戎狄之女，故逃往狄。

⑤狐偃：晋大夫，晋文公主要谋士。赵衰（cuī）：赵夙之弟，赵盾之父，晋文公主要谋士，后为卿。颠颉（xié）：晋大夫。魏武子：晋大夫，即魏犫（chōu），毕万之子。司空季子：晋大夫，名胥臣。当时从重耳出亡者除以上五人外，尚有狐毛、贾佗等。

⑥廧咎（qiáng gāo）如：古族名，赤狄的别支，隗姓，地在今山西太原东北一带。

⑦纳：这里义为"送给"。

⑧取："娶"的古字。伯儵（chóu）、叔刘：此二人留狄未归。

⑨我二四句：我已经二十五岁了，要是再等这么多年改嫁，那时候就该进入棺材了，请允许我等着你。就木：指进棺材。

⑩处狄句：公子重耳在狄共住了十二年后离去。


　　过卫，卫文公不礼焉①。出于五鹿②，乞食于野人，野人与之块③。公子怒，欲鞭之。子犯曰："天赐也。"④稽首受而载之⑤。

①卫：姬姓国，其时都楚丘，故址在今河南滑县东。卫文公：懿公赤之子，戴公申之弟。不礼：不以礼接待。

②出于句：从五鹿走出时。五鹿：卫地名，在今河南濮阳南，一说在今河北大名东。

③野人：指农夫。块：土地。

④子犯：即狐偃。天赐：得土为有国的预兆，故言"天赐"。

⑤稽（qǐ）首句：重耳向农夫叩头致谢后收下土块装在车上。稽首：九拜中最恭敬的礼，叩头至地。

及齐，齐桓公妻之，有马二十乘①。公子安之②，从者以为不可。将行，谋于桑下③。蚕妾在其上，以告姜氏④。姜氏杀之⑤，而谓公子曰："子有四方之志⑥，其闻之者，吾杀之矣。"公子曰："无之。"姜曰："行也！怀与安，实败名！"⑦公子不可。姜与子犯谋，醉而遣之⑧。醒，以戈逐子犯。

①妻之：为他娶妻。马二十乘（shèng）：一乘有马四匹，马二十乘等于说马八十匹。

②安之：安于齐国的生活。

③将行：打算离去。桑：桑树。重耳在齐国两年后桓公死去，其子孝公立，重耳从者以为孝公不足恃，故谋离去。

④蚕妾二句：养蚕的女奴在树上采桑，（听见了树下的密谋，）把它告诉了姜氏。姜氏：重耳所娶齐女。

⑤杜预注："恐孝公怒其去，故杀妾以灭口。"

⑥四方之志：出行以图大事之志。

⑦行也：走吧。怀：留恋妻室。安：安于现状。败名：败坏功名。

⑧醉而句：用酒把重耳灌醉，然后送他上了路。

及曹①，曹共公闻其骈胁②，欲观其裸③。浴，薄而观之④。僖负羁之妻曰⑤："吾观晋公子之从者，皆足以相国⑥。若以相，夫子必反其国⑦。反其国，必得志于诸侯⑧。得志于诸侯，而诛无礼，曹其首也⑨。子盍蚤自贰焉？"⑩乃馈盘飧，置璧焉⑪。公子受飧反璧⑫。

①曹：姬姓国，建都陶丘，地在今山东定陶西南。

②骈（pián）胁：一种生理畸形，肋骨紧密相连。

③欲观其裸：想看他的裸体。

④薄：靠近。杜预注："薄，迫也。"杨伯峻注以为，"薄"即《国语·晋语四》"设微薄而观之"之"微薄"，"微薄"亦即"帷薄"，设帘而窥之。

⑤僖负羁：曹大夫。

⑥相：辅佐，辅助。

⑦夫子：那人，指重耳。反其国：返回他的国家继承君位。反，"返"的古字。

⑧得志：指称霸。

⑨诛无礼：讨伐对他无礼的国家。曹其首：曹国恐怕要首当其冲。曹共公偷观重耳裸体，是严重的失礼行为，故言"无礼"。

⑩盍："何不"的合音词。蚤：通"早"。贰焉：对他持不同的态度。贰：动词，这里意采取不同于曹共公的态度。焉：兼词，义同"于之"。

⑪飧（sūn）：熟食。置璧焉：藏璧于飧中。杜预注："臣无竟（境）外之交，故用盘；藏璧飧中，不欲令人见。"

⑫受飧：示领情。反璧：送还璧，示不贪。

及宋①，宋襄公赠之以马二十乘。

①宋：子姓国，建都商丘，地在今河南商丘南。

及郑，郑文公亦不礼焉①。叔詹谏曰②："臣闻天之所启③，人弗及也。晋公子有三焉④，天其或者将建诸，君其礼焉⑤！男女同姓，其生不蕃⑥。晋公子，姬出也，而至于今，一也⑦；离外之患，而天不靖晋国，殆将启之⑧，二也；有三士足以上人而从之⑨，三也。晋、郑同侪，其过子弟，固将礼焉⑩，况天之所启乎！"弗听。

①郑文公：名捷，郑厉公子。

②叔詹：郑大夫，与堵叔、师叔同执政，号称三良。

③所启：开，这里义为"佑助"。

④有三焉：有三件人所不及的事。

⑤天其二句：上天大概要立他为君，您还是以礼待他吧！其：测度语气副词。

⑥同姓：指同姓通婚。蕃：昌盛。

⑦晋公四句：晋公子重耳是姬姓女子所生的，而能活到今天，这是第一件。重耳的母亲大戎狐姬为姬姓，与晋同姓。

⑧离：通"罹"，遭受。外之患：出奔的祸患。靖：安定。殆：大概。

⑨三士：据《国语·晋语四》，指狐偃、赵衰、贾佗。上人：超过一般人。

⑩侪（chái）：等，等级。固将礼焉：本来就应该对他们以礼相待。

　　及楚，楚子飨之①，曰："公子若反晋国，则何以报不谷？"对曰："子女玉帛②，则君有之；羽毛齿革③，则君地生焉。其波及晋国者，君之余也④。其何以报君？"⑤曰："虽然，何以报我？"⑥对曰："若以君之灵，得反晋国，晋楚治兵，遇于中原，其辟君三舍⑦。若不获命⑧，其左执鞭弭，右属櫜鞬⑨，以与君周旋。"⑩子玉请杀之⑪。楚子曰："晋公子广而俭，文而有礼⑫。其从者肃而宽，忠而能力⑬。晋侯无亲⑭，外内恶之。吾闻姬姓，唐叔之后其后衰者也，其将由晋公子乎⑮？天将兴之，谁能废之？违天必有大咎。"乃送诸秦。

①楚子：楚成王。

②子女：青年男女，或说指美女。帛：丝织品。

③羽毛齿革：分别指鸟羽、兽毛、象牙、牛皮等物产。

④波及：传播到。波，通"播"。余：指享用所剩下来的。

⑤其：活用作第一人称，我。

⑥虽然二句：虽然这样，你打算用什么报答我？

⑦晋楚三句：晋、楚之间如果发生战争，两军在中原相遇的话，我将避君后撤三舍。治兵：军事训练，这里是交战的委婉说法。其：副词，将。三舍：九十里地，古时军行三十里为一舍。

⑧若不句：如果得不到您停止进攻的命令。

⑨弤：末端用骨、角装饰的弓，此处泛指弓。属（zhǔ）：佩戴，披挂。櫜（gāo）：箭袋。鞬（jiān）：弓套。

⑩周旋：驰逐，应战的委婉说法。

⑪子玉：楚令尹，名得臣。

⑫广而俭：志向广大而生活俭约。文而有礼：有文采而合乎礼仪。

⑬肃而宽：待人恭敬而宽厚。肃：敬。能力：尽力。

⑭晋侯：指晋惠公夷吾，重耳庶弟。僖公四年（前656），与重耳同遭骊姬之难逃亡国外，僖公九年（前651）在秦国的帮助下回国即位。无亲：没有亲近的人。

⑮吾闻三句：我听说在姬姓诸侯国中，唐叔的后代将最后衰亡，这大概是由于重耳的出现吧？唐叔：周成王弟，晋始封侯。其：副词，将。后衰：最后衰亡。其（其将）：副词，表推测。

秦伯纳女五人①，怀嬴与焉②。奉匜沃盥③，既而挥之④。

怒曰："秦、晋匹也，何以卑我？"⑤公子惧，降服而囚⑥。他日，公享之。子犯曰："吾不如衰之文也⑦，请使衰从。"公子赋《河水》⑧，公赋《六月》⑨。赵衰曰："重耳拜赐!"⑩公子降，拜，稽首。公降一级而辞焉⑪。衰曰："君称所以佐天子者命重耳，重耳敢不拜？"

①秦伯：秦穆公。纳女五人：送给重耳五个女子做妻妾。

②怀嬴句：怀嬴在其中。怀嬴：秦穆公之女嬴氏。初嫁与晋太子圉（即晋怀公，惠公夷吾子，重耳侄，当时在秦作人质）为妻，圉于僖公二十二年（前638）逃回晋，怀嬴留秦，穆公复嫁与重耳。《史记·晋世家》："重耳至秦，缪公以宗女五人妻重耳，故子圉妻与往。重耳不欲受，司空季子曰：'其国且伐，况其故妻乎？且受以结秦亲而求入，子乃拘小礼，忘大丑乎？'遂受。缪公大欢，与重耳饮。"

③奉匜（yí）句：怀嬴手捧匜浇水给重耳洗手。奉：捧。匜：形如瓢的盥洗器。沃：浇水。盥：洗手。

④既而句：重耳洗完后挥手使怀嬴离去，不敬之态。

⑤怒：怀嬴怒。匹：匹敌，对等。卑下：下看我。

⑥降服句：脱去上衣，把自己拘系成囚犯的样子，表示谢罪。囚：用作动词。

⑦衰：赵衰。文：有文才，善于辞令。

⑧赋：诵诗，通过诵诗表达意向。《河水》：已失传。一说"河"字为"沔"字之误，河水即《诗经·小雅》中的《沔水》。重耳取此诗"水流归于海"之意，比喻自己周游列国至秦方有归宿。

⑨《六月》：《诗经·小雅》中的一篇。穆公取此诗叙述尹吉甫辅佐周宣王征伐之事，喻重耳返国必能匡佐王室。

⑩拜赐：拜谢穆公诵诗的美意。

⑪降：走下台阶。辞：辞让，表示不敢当此大礼。

## 第二节　秦伯纳公子重耳

〔内容简介〕僖公二十四年（前636）春，秦穆公出兵帮助重耳回国夺取君位。渡过黄河后，先包围了晋邑令狐，然后攻入桑泉，攻占了白衰。晋师在庐柳防守。秦穆公派公子挚说服晋师归顺了重耳，重耳经曲沃进入国都即位，不久派人到高梁杀死了晋怀公。

　　（僖公）二十四年春①，王正月，秦伯纳之②。不书，不告入也③。及河，子犯以璧授公子，曰④："臣负羁绁从君巡于天下⑤，臣之罪甚多矣。臣犹知之，而况君乎？请由此亡。"⑥公子曰："所不与舅氏同心者，有如白水！"⑦投其璧于河⑧。

　　①僖公二十四年：公元前636年。

　　②王正月：周历正月。纳之：以武力护送重耳回国即位。之：指代晋公子重耳。

　　③不书二句：《春秋》对此没有记载，由于晋国没有向鲁国告知重耳回国一事。按：《春秋》本年春只记有"二十有四年春王正月"一语。

　　④河：黄河。璧：祭祀所用。授：交还。

　　⑤负羁绁（xiè）：背着马笼头和缰绳，意即做仆从。羁：马笼头。绁：缰绳。巡：巡行，流亡的委婉说法。

　　⑥请：表敬副词，义为请允许我。亡：逃离。

　　⑦所不二句：如果不和舅父同心相处的话，有此白水鉴之。此为重耳对河神的自誓之辞，"有如白水"意为有河神明鉴，若背誓言，遭天诛地灭。所：假设连词。舅氏：子犯为重耳之舅，故称舅氏。有

如：誓词中的常用语，义为"有彼"或"有此"。古人常指日月山川为誓，以为其神可鉴万物。

⑧投璧于河：在于向河神示其诚信。

济河，围令狐，入桑泉，取臼衰①。二月甲午，晋师军于庐柳②。秦伯使公子絷如晋师，师退，军于郇③。辛丑，狐偃及秦、晋之大夫盟于郇④。壬寅，公子入于晋师。丙午，入于曲沃⑤。丁未，朝于武宫⑥。戊申，使杀怀公于高梁⑦。不书，亦不告也。

①令狐、桑泉、臼衰：皆晋地。令狐在今山西临猗西，桑泉在令狐之西，臼衰在今山西运城之西。

②甲午：四日。或说二月无甲午，以下六个干支纪日均差一月。晋师：晋怀公派来阻止重耳回国的军队。庐柳：晋地，在今山西临猗西北。

③郇：晋地，在今山西临猗西南。秦公子絷前往晋师，旨在说服晋师放弃抵抗，归顺重耳。

④辛丑：十一日。在晋大夫同意归顺重耳后，狐偃随与秦、晋大夫订立盟约。

⑤壬寅：十二日。丙午：十六日。曲沃：晋别都，重耳祖庙所在地，故址在今山西闻喜东北。

⑥丁未：十七日。武宫：重耳祖父曲沃武公之庙，在绛。据王引之《经义述闻》考证，"丁未"下脱"入于绛"三字。朝祖庙在于得到祖宗承认，其后晋君即位，必朝武宫。

⑦戊申：十八日。怀公：晋惠公子。高梁：晋地，在今山西临汾东北。时怀公逃亡在高梁。

〔附录一〕（《韩非子·外储说左上》）文公反国至河，令笾豆

（今注：供祭祀或宴会盛食物的器具，笾竹制，豆木制）捐之，席蓐
（rù，草席）损之，手足胼胝（pián zhī，老茧）、面目黧（lí，黑色）
黑者后之。咎犯（即子犯）闻之而夜哭。公曰："寡人出亡二十年，
乃今得反国，咎犯闻之不喜而哭，意不欲寡人反国邪?"犯对曰：
"笾豆所以食也，而君捐之；席蓐所以卧也，而君弃之。手足胼胝，
面目黧黑，劳有功者也，而君后之。今臣与在后（处在后例），中
（中：通'衷'，内心）不胜其哀，故哭。且臣为君行诈伪以反国者众
矣。臣尚自恶也，而况于君。"再拜而辞。文公止之曰："谚曰'筑社
（土地庙）者撅撅（qiān guì，脱下衣裳，撅当作攓）而置之，端冕
（端正冠冕）而祀之。'今子与我取之而不与我治之，与我置之而不与
我祀之焉?"乃解左骖而盟于河。①

〔附录二〕（《史记·晋世家》)是时惠公十四年秋。惠公以九月
卒，子圉（怀公）立。十一月，葬惠公。十二月，晋国大夫栾、郤
等闻重耳在秦，皆阴来劝重耳、赵衰等反国，为内应甚众。于是秦
缪公（即穆公）乃发兵与重耳归晋。晋闻秦兵来，亦发兵拒之。然
皆阴知公子重耳入也。唯惠公之故贵臣吕（吕甥）、郤（郤芮）之
属不欲立重耳。重耳出亡凡十九岁而得入，时年六十二矣，晋人多
附焉。

文公元年春，秦送重耳至河。咎犯曰："臣从君周旋天下，过亦
多矣。臣犹知之，况于君乎? 请从此去矣。"重耳曰："若反国，所
不与子犯共者，河伯视之!"乃投璧河中，以与子犯盟。是时介子推
从，在船中，乃笑曰："天实开公子，而子犯以为己功而要市（邀
功）于君，固足羞也。吾不忍与同位。"乃自隐渡河。②

---

①　梁启雄：《韩子浅解》，第282—283页。
②　（汉）司马迁：《史记》第5册，第1660—1661页。

## 第三节　晋文公靖国

〔内容简介〕僖公二十四年（前636）春，重耳在秦穆公的帮助下回国夺取了君位。惠公的旧臣吕甥、郤芮因怕遭到迫害而图谋将文公烧死在宫中。由于寺人披的告密，文公在秦穆公的配合下及时粉碎了吕、郤的阴谋。接着文公奖赏功臣，施惠百姓，使国内迅速得到安定。

（僖公二十四年春）吕、郤畏逼，将焚公宫而弑晋侯①。寺人披请见，公使让之，且辞焉②，曰："蒲城之役③，君命一宿，女即至④。其后余从狄君以田渭滨，女为惠公来求杀余⑤，命女三宿，女中宿至⑥。虽有君命，何其速也？夫袪犹在，女其行乎！"⑦对曰："臣谓君之入也，其知之矣⑧。若犹未也，又将及难。君命无二，古之制也⑨。除君之恶，唯力是视，蒲人、狄人，余何有焉⑩？今君即位，其无蒲、狄乎⑪？齐桓公置射钩而使管仲相⑫，君若易之，何辱命焉⑬？行者甚众，岂唯刑臣？"⑭公见之，以难告。三月，晋侯潜会秦伯于王城⑮。己丑晦，公宫火，瑕甥、郤芮不获公，乃如河上⑯，秦伯诱而杀之。晋侯逆夫人嬴氏以归⑰。秦伯送卫于晋三千人，实纪纲之仆⑱。

①吕、郤：吕甥、郤芮，皆晋惠公臣。逼：威胁，侵害。晋侯：晋文公。

②寺人披：晋宦臣。让：指责。辞焉：拒绝接见他。焉：代词，相当"之"。

③蒲城之役：指僖公五年（前655）晋献公派寺人披伐蒲捕杀

重耳一事。

④一宿：指限期第二天到，即过一夜。宿，住宿。即至：当日至。

⑤从狄君：跟狄君一起。田：打猎。惠公：重耳异母弟，名夷吾。

⑥三宿：指限期第四天到，即过三夜。中宿：过两夜。

⑦夫袪两句：那只袖子尚在，你还是走吧！袪（qū）：袖口。僖公五年（前655），寺人披奉献公之命赶往蒲城捕杀重耳，重耳翻墙而逃，被寺人披砍掉了袖子。

⑧谓：以为。其：大概。之：指做君主的道理。此二句言重耳得国艰难，当知为君之道。

⑨君命二句：执行君命不能有二心，这是古来的制度。

⑩唯力是视：即唯视力，竭尽全力。蒲人、狄人：保护过重耳的蒲城人和狄族人。骊姬之乱时重耳先奔蒲，不久因寺人披伐蒲而奔狄。何有："何爱之有"的略语。

⑪今君二句：现在您即位为君，大概也无爱于蒲人和狄人（国君所憎之人的保护者）吧？

⑫置：放下。钩：同"钩"，皮带上的钩子。按：齐桓公与其兄子纠争国时管仲助子纠，射桓公中钩，后桓公听鲍叔牙之谏，不但不杀管仲，反任为国相。

⑬君若二句：您如不用（齐桓公）这种做法，何劳您屈尊命令（意指我会主动离开您）？

⑭行者：惧罪逃走之人。甚：一本作"其"，将。刑臣：刑余之臣，寺人披自指。

⑮王城：秦地，在今陕西大荔东。

⑯己丑晦：三十日。晦，阴历每月最后一天。火：被烧着。瑕甥：即吕甥。如河上：追到黄河上。

⑰逆：迎。嬴氏：即文嬴，文公夫人，秦穆公女。或以为即辰嬴（怀嬴），重耳流亡至秦时穆公所嫁女。

⑱卫：卫士。纪纲之仆：一般仆役的统领者。杜预注："新有吕、郤之难，国未辑睦，故以兵卫文公。诸门户仆隶之事，皆秦卒共之，为之纪纲。"

初，晋侯之竖头须，守藏者也①。其出也，窃藏以逃，尽用以求纳之②。及入，求见，公辞焉以沐③。谓仆人曰："沐则心覆④，心覆则图反，宜吾不得见也⑤。居者为社稷之守，行者为羁绁之仆，其亦可也⑥，何必罪居者？国君而仇匹夫，惧者甚众矣。"仆人以告，公遽见之⑦。

①竖：左右小吏。头须：人名。守：保管。藏（zàng）：财物。

②其出：指重耳出亡时。

③公辞句：文公以正在洗头为由拒绝接见他。

④心覆：心倾斜向下。洗头时心随头和上身向下倾，故言心覆。

⑤图反：思考问题与正常相反。图：考虑。古人误以为心是思维器官，故言心覆则图反。宜：应该，难怪。

⑥居者：指没有跟随重耳出亡的人。社稷之守：留守国家。其亦可也：这也可算是事君。

⑦甚众：或作"其众"。遽（jù）：迅速。

晋侯赏从亡者，介之推不言禄，禄亦弗及①。推曰："献公之子之九人，唯君在矣。惠、怀无亲，外内弃之②。天未绝晋，必将有主。主晋祀者，非君而谁？天实置之，而二三子以为己力，不亦诬乎③？窃人之财，犹谓之盗，况贪天之功以为己力乎？下义其罪④，上赏其奸，上下相蒙⑤，难与处矣!"其母曰:"盍亦求之，以死谁怼?"⑥对曰:"尤而效之，罪又甚焉，且出怨言，不食其食。"⑦其母曰:"亦使知之若何?"⑧对曰:"言，身之文也。身将隐，焉用文之? 是求显也。"⑨其母曰:"能如是乎? 与女偕隐。"遂隐而死。晋侯求之不获，以绵上为之田⑩，曰:"以志吾过，且旌善人。"⑪

①介之二句: 介之推不提禄位，禄位也没有给他。介之推: 即介推，跟随重耳出亡的功臣。

②惠: 晋惠公。怀: 晋怀公。亲: 亲近者。外: 国外。内: 国内。

③二三子: 这几个人，指随从重耳出亡的大夫。诬: 欺骗。

④下: 在下位的。义其罪: 以为他们的罪行合乎义。义: 意动用法。罪: 指贪天之功。

⑤上: 在上位的。奸: 指贪天之功。蒙: 欺骗。

⑥盍亦二句: 何不也去求赏，因为不求而死，又能怨恨谁呢? 盍: "何不"的合音词。怼 (duì): 怨恨。

⑦尤: 罪，错。不食其食:《史记·晋世家》作"不食其禄"。

⑧亦使句: 也让他们知道一下此事如何? 之: 指隐居。

⑨言身五句: 言语，是人身的表现。人身将来要退隐，哪里用得着表现它? (如果去表现) 这就是寻求显露了。文: 文采，此处义为表现。

⑩绵上: 即绵上之田，晋地，在今山西介休东南介山下。为之田: 作为介之推的祭田。

⑪志: 记。旌: 表彰。


〔附录一〕(《国语·晋语四》)(文公) 元年春，公及夫人嬴氏至自王城。秦伯纳卫三千人，实纪纲之仆。公属 (会合) 百官，赋 (授) 职任功 (任有功)。弃责 (免债) 薄敛，施 (施德) 舍 (舍禁，解除禁令）分寡。救乏赈滞（救济处境窘迫者），匡困资无。轻关（减少税收）易道（除盗贼），通商（利商旅）宽农（放宽农政）。懋穑（勉励稼穑）劝分（劝有分无），省用足财。利器（利器用）明德，以厚民性（使民情淳朴）。举善援能，官方（常）定物（事），正名育（长）类（善）。昭旧族，爱亲戚，明贤良，尊贵宠，赏功劳，事耇老，礼宾旅（客），友故旧。胥、籍、狐、箕、栾、郤、柏、先、羊舌、董、韩（以上十一族为晋旧姓），寔掌近官（朝廷官）。诸姬（同姓）之良，掌其中官（内官，近侍臣僚）。异姓之能，掌其远官（县官及边疆官）。公食贡，大夫食邑，士食田，庶人食力，工（百工）商（官贾）食官（官禀之），皂隶食职（以职食禄），官宰（家臣）食加（大夫之加田）。政平民阜，财用不匮。①

〔附录二〕（《史记·晋世家》）（文公元年）文公修政，施惠百姓。赏从亡者及功臣，大者封邑，小者尊爵。未尽行赏，周襄王以弟带难出居郑地，来告急晋。晋初定，欲发兵，恐他乱起，是以赏从亡未至隐者介子推。推亦不言禄，禄亦不及。

……

介之推从者怜之，乃悬书宫门曰："龙欲上天，五蛇为辅。龙已升云，四蛇各入其宇，一蛇独怨，终不见处所。"文公出，见其书，曰："此介子推也。吾方忧王室，未图其功。"使人召之，则亡。遂求所在，闻其入绵上山中，于是文公环绵上山中而封之，以为介推田，号曰："介山，以记吾过，且旌善人。"

从亡贱臣壶叔曰："君三行赏，赏不及臣，敢请罪。"文公报曰："夫导我以仁义，防我以德惠，此受上赏。辅我以行，卒以成立，此受次赏。矢石之难，汗马之劳，此复受次赏。若以力事我而无补吾缺者，

---

① 《国语》，上海古籍出版社1978年版，第371页。

此（复）受次赏。三赏之后，故且（将）及子。"晋人闻之，皆悦。①

## 第四节　晋文公勤王

〔内容简介〕僖公二十四年（前636），周襄王弟王子子带为夺取王位率狄师攻打襄王，王师大败，襄王逃离王城到郑国避居。僖公二十五年（前635）春，秦穆公率师驻扎在黄河之滨，准备助襄王返回王城。晋文公听从狐偃"求诸侯莫如勤王"的建议，辞回秦师，独率晋师击败王子带，于夏四月使襄王返回王城。

（僖公二十五年春）秦伯师于河上，将纳王①。狐偃言于晋侯曰："求诸侯，莫如勤王②。诸侯信之，且大义也。继文之业而信宣于诸侯③，今为可矣。"

晋侯辞秦师而下④。三月甲辰，次于阳樊⑤。右师围温，左师逆王⑥。夏四月丁巳，王入于王城，取大叔于温，杀之于隰城⑦。

①秦伯二句：秦穆公率师驻扎在黄河边上，准备护送周襄王回王城。僖公二十四年（前636）秋，襄王异母弟王子带攻襄王，襄王出居于郑地泛，此时秦穆公打算率兵助襄王回王城复位。

②求诸侯：求得诸侯的拥护。勤王：起兵救援王。

③文：指晋文侯，名仇，晋始封君叔虞的九世孙。周平王东迁时文侯匡辅王室有功，得到平王赏赐。

④晋侯句：晋文公辞回秦师（独率晋师）顺流而下（纳王）。辞秦师：劝秦师返回。下：指顺黄河东下。

⑤甲辰：十九日。次：临时驻扎。阳樊：即樊，周王畿内邑，

---

① （汉）司马迁：《史记》第5册，第1662—1663页。

在今河南济源东南。

⑥温：周王畿内国，地在今河南温县西南。逆：迎接。时王子带居于温。

⑦丁巳：三日。大叔：即王子带。隰城：周王畿内邑，在今河南武涉西南。

〔附录〕（《史记·晋世家》）（文公）二年春，秦军河上，将入王，赵衰曰：“求霸莫如入王尊周。周、晋同姓，晋不先入王，后秦入之，毋以令于天下。方今尊王，晋之资也。”三月甲辰，晋乃发兵至阳樊，围温，入襄王于周。四月，杀王弟带。周襄王赐晋河内阳樊之地。

## 第五节　晋文公围原

〔内容简介〕晋文公助周襄王平乱有功，襄王将原、温等属国之地赐给晋国。原人不服，文公包围了原国。只做了三日内攻下的准备，期限已到而原人未投降，文公下令撤军。由于文公信守其诺，原人很快投降。文公任命赵衰为原大夫。

（僖公二十五年）冬，晋侯围原①，命三日之粮②。原不降，命去之③。谍出④，曰：“原将降矣。”军吏曰：“请待之。”公曰：“信，国之宝也，民之所庇也。得原失信，何以庇之？所亡滋多。”⑤退一舍而原降⑥。迁原伯贯于冀⑦。赵衰为原大夫，狐溱为温大夫⑧。

晋侯问原守于寺人勃鞮⑨。对曰：“昔赵衰以壶飧从，径，馁而弗食。”⑩故使处原⑪。

①原：国名，姬姓，为周王室的藩属国，地在今河南济源西北。

文公勤王有功，襄王将原、温等属国之地赐予晋，原人不服，故围之。

②命三句：命令携带三日军粮，意即准备三日攻下原。

③原不二句：（三天期到）原人没有投降，（文公）下令撤离。

④谍：晋军派遣入原刺探军情的间谍。

⑤所庇："所"字结构，用来庇护的保护物。滋：更加。文公命令用三天时间攻下原，如果延期等待原投降，即是失信于晋师。

⑥退一句：晋师撤离了三十里时原人投降了。

⑦原伯贯：周守原的大夫。冀：本国名，此时已为晋邑，地在今山西河津东北。

⑧为：被任命。原大夫：镇守原邑的官员。原属晋后降为邑。狐溱：狐毛之子。

⑨晋侯句：晋文公向寺人勃鞮征求原守的人选。寺人勃鞮：即寺人披。

⑩昔赵三句：过去赵衰提着饭食跟随您，当他迷失道路时，肚子饿了也不敢吃。以：带着。飧（sūn）：饭食。径：用作动词，走入小路，即失道。馁：饥饿。杜预注："言其廉且仁，不忘君也。"

⑪杜预注："从披言也。衰虽有大功，犹简小善以进之，示不遗劳。"

## 第六节　晋、楚城濮之战

〔内容简介〕楚国自僖公二十二年（前638）在泓水大败宋襄公后势力大增，继续向北扩张。僖公二十六年（前634）冬，楚因宋叛楚投晋，派令尹子玉等率师伐宋；同时应鲁国之请出师伐齐，攻取了谷邑。僖公二十七年（前633）冬，楚成王亲自率陈、蔡、郑、许四国诸侯包围了宋国。宋向晋告急，晋为了取得诸侯的拥护以建立霸业，决定出师救宋，导致了城濮之战的发生。

晋军由文公亲自统率，郤縠将中军，郤溱为副；狐毛将上军，狐偃为副；栾枝将下军，先轸为副（不久郤縠死，擢先轸将中军，使胥臣为下军副）。共出动战车七百乘。楚军由令尹子玉统率，子西率左翼之军，子上率右翼之军。由于子玉不从成王回撤的命令，故成王减少了他的兵力。除盟军外，子玉所率之师只包括楚右军部队、太子所属部队及子玉同宗子弟组成的军队。僖公二十八年（前632）春，晋出师先攻打楚国的盟国曹、卫两国，楚军北上救援。不久晋设谋使齐、秦两大国也出兵与楚交战，使曹、卫与楚绝交。子玉被激怒，追击晋军。晋军退避三舍，与宋、齐、秦三国军队同驻扎在卫地城濮，楚军随后赶到，大战开始。交战结果，楚军及其盟军大败。子玉回师至楚地连谷时自杀。

周襄王得知晋军大胜后，亲自前往郑地践土慰劳晋师。郑国因楚战败深感恐惧，派人向晋求和，不久两国建立了盟约。五月十四日，周襄王宴请文公，同时策命文公为诸侯之长，赐给车服等礼物，授予文公安抚四国、惩治邪恶以维护王室的权力。卫成公得知楚战败后逃往楚国，不久又逃到陈国，派使往践土接受了在周王行宫举行的盟约。

（僖公二十七年）冬，楚子及诸侯围宋①，宋公孙固如晋告急②。先轸曰："报施救患，取威定霸，于是乎在矣。"③狐偃曰："楚始得曹而新昏于卫④，若伐曹、卫，楚必救之，则齐、宋免矣。"⑤于是乎蒐于被庐⑥，作三军，谋元帅⑦。赵衰曰："郤縠可。臣亟闻其言矣⑧。说礼、乐而敦《诗》《书》⑨。《诗》《书》，义之府也；礼、乐，德之则也；德、义，利之本也。《夏书》曰⑩：'赋纳以言，明试以功，车服以庸。'⑪君其试之！"乃使郤縠将中军，郤溱佐之。使狐偃将上军，让于狐毛而佐之⑫。命赵衰为卿，让于栾枝、先轸⑬。使栾枝将下军，先轸佐之。荀林父御戎，魏犨为右⑭。

①楚子：楚成王。诸侯：据本年《经》为陈侯、蔡侯、郑伯、许男。楚因宋赠马给重耳，叛楚投晋，故于僖公二十六年（前634）冬派子玉等伐宋，此时楚成王又亲自率诸侯围宋。

②公孙固：宋大夫，宋庄公之孙。

③先轸（zhěn）：晋卿。施：指重耳流亡至宋时，宋襄公赠马二十乘。患：指宋遭围。于是乎在："在于是乎"的倒装，意为在于此。

④得曹：得到曹国的拥护。昏："婚"的古字。

⑤去年楚应鲁之请，出师伐齐，取谷邑，使申公叔侯戍谷以逼齐，故此处齐、宋并提。

⑥蒐（sōu）：阅兵。被庐：晋地，今址不详。

⑦作：建立。三军：指中军、上军、下军。中军将即三军元帅。闵公元年（前661）晋献公建二军，此时增为三军。谋元帅：商议元帅人选。

⑧郤縠（hú）：晋臣，余不详。亟：屡次。

⑨说："悦"的古字。礼：礼节。孔颖达疏："礼者，歉卑恭谨，行归于敬。"乐：音乐。孔颖达疏："乐者，欣喜欢娱，事合于爱。"敦：注重。

⑩《夏书》：指《尚书·虞夏书》。以下所引三句见于今本《尚书·虞书·舜典》。

⑪赋纳三句：对言论普遍采纳，用功效证明试验，（功成则）以车马服饰赏赐。赋：通"敷"，普遍。"赋纳"今本《尚书》作"敷奏"。庸：酬赏，奖赏。孔颖达疏："人以车服为荣，故天子之赏诸侯，皆以车服赐之。"

⑫郤溱：晋卿，郤至之先。狐毛：狐偃之兄。

⑬栾枝：晋卿，栾书祖父，谥贞子。

⑭荀林父：又称荀伯、中行伯、中行桓子。晋作三行（兵车三军以外的步兵编制，即中行、右行、左行）以御狄，荀林父将中行，

故以官为氏。御戎：为晋文公驾驭兵车。魏犫（chōu）：即魏武子，重耳出亡时的随从之一。为右：做车右，车右为兵车的保卫者，居车御之右方。

晋侯始入而教其民，二年欲用之。子犯曰："民未知义，未安其居。"①于是乎出定襄王，入务利民，民怀生矣②。将用之，子犯曰："民未知信，未宣其用。"③于是乎伐原以示之信。民易资者不求丰焉，明征其辞④。公曰："可矣乎？"子犯曰："民未知礼，未生其共。"⑤于是乎大蒐以示之礼⑥，作执秩以正其官⑦，民听不惑而后用之。出谷戍，释宋围⑧，一战而霸，文之教也⑨。

①未安其居：民不知道义则苟且偷生，苟且偷生则易逃散，故言"未安其居"。

②定襄王：助襄王返回王城复位，以示君臣之义。怀生：安生。

③宣：明确。其用：指信义的作用。

④易资：交易，买卖。不求丰：不以伪诈求多利。明征其辞：旨在证明其言有信。征，证明。杜预注："重言信。"

⑤共：通"恭"，恭敬。

⑥按：阅兵需要顺少长，明贵贱，故言大蒐以示之礼。

⑦作执句：设立执秩官以确定官员的职务。执秩：掌管爵禄的官员。正：确定。官：指职务，职分。

⑧出谷二句：赶出戍守谷地的楚军，解除了楚对宋的包围。谷：即山谷，齐地，在今山东东阿县旧治东阿镇。按：出谷戍释宋围俱在下年。

⑨一战：指下年城濮之战。文之教：用文德教民的结果。"文"指始入教民、勤王示义、伐原示信、大蒐示礼数事。

〔附录〕（《国语·晋语四》）（文公四年）文公问元帅于赵衰，对曰：“郤縠可，行年五十矣，守学弥惇（厚）。夫先王之法志，德义之府也。夫德义，生民之本也。能惇笃者，不忘百姓也。请使郤縠。”公从之。公使赵衰为卿，辞曰：“栾枝贞慎，先轸有谋，胥臣多闻，皆可以为辅佐，臣弗若也。”乃使栾枝将下军，先轸佐之。取五鹿（卫地），先轸之谋也。郤縠卒，使先轸代之。胥臣佐下军。公使原季（即赵衰）为卿，辞曰：“夫三德（指勤王示义、伐原示信、大蒐示礼三事）者，偃之出也。以德纪（治理）民，其章（功勋）大矣，不可废也。”使狐偃为卿，辞曰：“毛之智，贤于臣，其齿（年齿）又长。毛也不在位，不敢闻命。”乃使狐毛将上军，狐偃佐之。①

（僖公）二十八年春①，晋侯将伐曹，假道于卫，卫人弗许②。还，自南河济③，侵曹伐卫。正月戊申，取五鹿④。二月，晋郤縠卒。原轸将中军，胥臣佐下军，上德也⑤。晋侯、齐侯盟于敛盂⑥。卫侯请盟，晋人弗许⑦。卫侯欲与楚，国人不欲，故出其君以说于晋⑧。卫侯出居于襄牛⑨。公子买戍卫⑩，楚人救卫，不克。公惧于晋，杀子丛以说焉⑪。谓楚人曰：“不卒戍也。”⑫

①僖公二十八年：公元前632年。

②晋侯：晋文公。晋由西而东攻曹，曹在卫东南，故借道于卫。曹、卫为楚之亲近国，伐曹、卫旨在救宋、齐，此用上年狐偃之谋。

③南河：古称黄河自潼关以上北南流向的一段为西河，自潼关以下西东向的一段为南河。南河在卫西南，因卫拒绝借道，故晋绕道由南河济，再东进。

④戊申：九日。五鹿：卫地，在今河南濮阳东北。

---

① 《国语》，第382—383页。

⑤原轸：即先轸。因其采邑在原，故又称原轸。胥臣：晋卿，即司空季子，从重耳出亡者之一。上：通"尚"。先轸德才兼备，由下军佐越级升为中军帅，故言尚德。

⑥齐侯：齐昭公。齐因楚逼，故与晋结盟。敛盂：卫地，在今河南濮阳东南。

⑦卫侯：卫成公，卫文公子，名郑。重耳出亡至卫时，卫文公不礼，此年春卫又拒绝借道于晋，故晋不许其盟。

⑧与楚：倒向楚国。出：逐出。说："悦"的古字。

⑨出：指离开国都。襄牛：卫地，在今河南濮阳市范县南。

⑩公子买：鲁大夫。戍卫：晋伐卫，鲁欲亲楚，故派兵替楚戍守卫国。

⑪公：鲁僖公。子丛：公子买之字。说焉：向晋国讨好。

⑫不卒戍：没有尽心完成戍守任务。杜预注："诈告楚人，言子丛不终戍事而归，故杀之。"

晋侯围曹，门焉，多死①。曹人尸诸城上，晋侯患之②。听舆人之谋曰："称舍于墓。"③师迁焉，曹人凶惧，为其所得者棺而出之④。因其凶也而攻之⑤。三月丙午⑥，入曹。数之以其不用僖负羁而乘轩者三百人也⑦，且曰："献状。"⑧令无入僖负羁之宫而免其族⑨，报施也⑩。魏犨、颠颉怒曰："劳之不图，报于何有？"⑪爇僖负羁氏⑫。魏犨伤于胸，公欲杀之而爱其材，使问，且视之。病，将杀之⑬。魏犨束胸见使者，曰："以君之灵，不有宁也？"⑭距跃三百，曲踊三百⑮。乃舍之⑯。杀颠颉以徇于师，立舟之侨以为戎右⑰。

①门：名词用作动词，攻城。多死：指晋军死亡很多。

②曹人句：曹人将晋军尸体陈列在城上。尸：陈尸。患：担心，怕动摇军心。

③舆人：众人。称：扬言。舍于墓：要驻扎在曹人的祖坟上，意即要挖坟暴尸。

④凶惧：恐惧。所得者：指晋军战死者。棺：盛棺。出：运出城外。

⑤因其句：晋人乘曹人恐惧之机而攻城。

⑥丙午：八日。

⑦数之句：指责曹君不重用僖负羁而乘轩车的大夫却竟有三百人之多。数：指责。轩：有帷幕的高级车，大夫以上的官员所乘。曹为小国而大夫多至三百人，属滥用官爵。

⑧献状：献上功状，意在查问曹大夫获得禄位的凭据。状：证件，凭据。杜预注："言其无德居位者多，故责其功状。"

⑨宫：住宅。而免其族：且免除对僖负羁族人的伤害。

⑩施：指重耳流亡至曹时僖负羁夫妇曾以璧置飧中相送。

⑪魏犫三句：魏犫、颠颉发怒说："连有功的人都不考虑，还谈什么报答呢？"报于何有：即"何有于报"的倒装。魏犫、颠颉二人均有从重耳出亡之功，因未得到重用，故发此怨言。

⑫爇（ruò，又音rè）：放火焚烧。

⑬使问四句：派人慰问，同时观察他的伤情，如果伤势过重（没有活的可能）的话，就打算杀掉他。病：指伤势重。

⑭以君二句：托国君的福，我不是很安宁吗？灵：威灵。

⑮距跃：向前跳。曲踊：曲身向上跳。三百：虚数，表次数多。

⑯舍之：免他一死。

⑰徇：示众。舟之侨：本虢国旧臣，闵公二年（前660）因避祸奔晋，重耳出亡时相从（据《说苑·复恩》），此时被任为戎右，魏犫被免。

〔附录〕（《韩非子·外储说右上》）（晋文公）曰："然则何如足

以战民（使民勇于战）乎？"狐子（狐偃）对曰："令无得不战。"公曰："无得不战奈何？"狐子对曰："信赏必罚，其足以战。"公曰："刑罚之极安至？"对曰："不辟亲贵，法行所爱。"文公曰："善。"明日，令田于圃陆，期以日中为期，后期者行军法焉。于是公有所爱者曰颠颉，后期，吏请其罪，文公陨涕而忧。吏曰："请用事焉。"遂斩颠颉之脊以徇百姓，以明法之信也。而后百姓皆惧曰："君于颠颉之贵重如彼甚也，而君犹行法焉，况于我则何有矣。"文公见民之可战也，于是遂兴兵伐原，克之；伐卫，东其亩（使其田垄东西向），取五鹿；攻阳胜虢（灭虢下阳、上阳）；伐曹；南围郑，反之陴（除其城上女墙）；罢宋围；还与荆人战城濮，大败荆人；返为践土（郑地）之盟，遂成衡雍（郑地）之义；一举而八有功。所以然者，无他故异物，从狐偃之谋，假颠颉之脊也。

宋人使门尹般如晋师告急[1]。公曰："宋人告急，舍之则绝，告楚不许[2]。我欲战矣，齐、秦未可[3]，若之何？"先轸曰："使宋舍我而赂齐、秦，藉之告楚[4]。我执曹君而分曹、卫之田以赐宋人。楚爱曹、卫，必不许也。喜赂怒顽[5]，能无战乎？"公说，执曹伯，分曹、卫之田以畀宋人[6]。

①门尹般：宋大夫。

②舍之二句：如果丢弃他们不管则会断绝关系，如果请求楚国退兵楚国又不可能答应。

③未可：尚未同意对楚作战。

④舍我：免掉向我国请求。赂：赠送财物。藉之告楚：让齐、秦二国替宋向楚提出退兵的请求。藉：借助。

⑤喜赂句：齐、秦喜欢宋国所赠送的财物而恼恨楚国的顽固。赂：财物。

⑥曹伯：曹共公。畀（bì）：给予。

楚子入居于申<sup>①</sup>，使申叔去谷<sup>②</sup>，使子玉去宋<sup>③</sup>。曰：“无从晋师<sup>④</sup>。晋侯在外十九年矣，而果得晋国。险阻艰难，备尝之矣；民之情伪，尽知之矣。天假之年，而除其害<sup>⑤</sup>。天之所置，其可废乎<sup>⑥</sup>？《军志》曰：‘允当则归。’<sup>⑦</sup>又曰：‘知难而退。’又曰：‘有德不可敌。’此三志者<sup>⑧</sup>，晋之谓矣。”子玉使伯棼请战<sup>⑨</sup>，曰：“非敢必有功也，愿以间执谗慝之口。”<sup>⑩</sup>王怒，少与之师，唯西广、东宫与若敖之六卒实从之<sup>⑪</sup>。

①入居于申：从宋退居到申。申，原为姜姓国，为楚所灭，成为楚县，故址在今河南南阳境内。申在楚所筑长城“方城”以内，故言“入”。

②申叔：即申公叔侯，楚大夫，僖公二十六年（前634）受命戍守楚所取齐地谷。去：撤离。

③子玉：楚令尹，名得臣，城濮之战中任楚军统帅。

④无从句：不要进攻晋军。无：通“毋”。从：追赶。这里义为进攻，进击。

⑤天假二句：上天赐他高寿，并且除掉了他的祸害。假：赐予。杜预注：“献公之子九人，唯文公在，故曰天假之年。”害：指晋惠公、怀公、吕甥、郤芮等。

⑥其：语气副词，作用同“岂”。

⑦《军志》：古兵书。允当句：适可则归。允当：适可，得当。此句意指楚已达到伐宋的目的，在齐、秦出面为宋请求的情况下即可撤归。

⑧志：记载，即上举三句话。

⑨伯棼：楚大夫鬬伯比之孙。

⑩间执：堵塞。谗慝（tè）：说坏话的人，指楚大夫蒍贾。“城濮之战”前夕，蒍贾曾预言子玉如率兵车超过三百乘，将不会得胜

而归。

⑪西广（guàng）：广为楚军编制名，分左右两广，西广即右军兵车。东宫：楚太子所属军队。若敖之六卒：子玉同宗子弟组成的亲兵。若敖：楚武王祖父，六卒的创建者。卒：兵车编制，一卒三十乘。

〔附录〕（《左传》僖公二十七年）（秋）楚子将围宋，使子文（楚前令尹）治兵（军训）于睽（楚邑），终朝而毕，不戮一人。子玉复治兵于睽，终日而毕，鞭七人，贯（军刑名，以箭穿耳）三人耳。国老皆贺子文，子文饮之酒。蒍贾（孙叔敖之父）尚幼，后至，不贺。子文问之，对曰："不知所贺。子之传政于子玉，曰：'以靖国也。'靖诸内而败诸外，所获几何？子玉之败，子之举也。举以败国，将何贺焉？子玉刚而无礼，不可以治民，过三百乘，其不能以入矣。苟入而贺，何后之有？"

子玉使宛春告于晋师曰①："请复卫侯而封曹②，臣亦释宋之围。"子犯曰："子玉无礼哉！君取一，臣取二，不可失矣。"③先轸曰："子与之④！定人之谓礼，楚一言而定三国，我一言而亡之，我则无礼，何以战乎？不许楚言，是弃宋也；救而弃之，谓诸侯何⑤？楚有三施，我有三怨⑥，怨仇已多，将何以战？不如私许复曹、卫以携之⑦，执宛春以怒楚，既战而后图之。"公说，乃拘宛春于卫，且私许复曹、卫。曹、卫告绝于楚。

①宛春：楚大夫。

②复卫侯：使卫侯回国城恢复君位。封曹：指恢复曹国。封：建立。

③君：指晋文公。取一：达到"释宋之围"一个目的。臣：指

子玉。取二：达到"复卫侯""封曹"两个目的。不可失：不可失掉因子玉无礼而攻打楚军的机会。

④与之：即许之，答应他。

⑤谓诸句：怎么对诸侯交代？杜预注："言将为诸侯所怪。"

⑥三施：指子玉的要求对卫、曹、宋三国都有好处。三怨：指若晋拒绝，将会引起三国的怨恨。

⑦私许复：暗中答应恢复。携之：间离曹、卫与楚的关系。携：间离。

　　子玉怒，从晋师①。晋师退。军吏曰："以君辟臣，辱也；且楚师老矣②，何故退？"子犯曰："师直为壮，曲为老③，岂在久乎？微楚之惠不及此④，退三舍辟之，所以报也⑤。背惠食言，以亢其仇，我曲楚直，其众素饱⑥，不可谓老。我退而楚还，我将何求⑦？若其不还，君退臣犯，曲在彼矣。"退三舍。楚众欲止⑧，子玉不可。

①从晋师：率军追击晋师。

②辟："避"的古字。老：军队疲惫缺乏战斗力称作老。楚师长久在外作战，故言老。

③直：理直。壮：气壮，有力量。曲：理曲。

④微楚句：如果没有楚国的恩惠我们就不会有今天。微：否定性假设连词，要不是。楚之惠：指重耳流亡到楚国时，楚成王以礼相待并将重耳一行送至秦国。

⑤所以报：以此作为报答。此践重耳当年许楚成王"辟君三舍"之诺言。

⑥亢（kàng）：庇护，保护。其仇：楚国的仇敌，指宋。素饱：指士气一向饱满。

⑦我将何求：楚还则宋围释，目的达到，故言"我将何求"。

⑧止：停止追击。

夏四月戊辰①，晋侯、宋公、齐国归父、崔夭、秦小子
慭次于城濮②。楚师背酅而舍③，晋侯患之。听舆人之诵
曰④："原田每每，舍其旧而新是谋。"⑤公疑焉⑥。子犯曰：
"战也！战而捷，必得诸侯。若其不捷，表里山河⑦，必无
害也。"公曰："若楚惠何?"⑧栾贞子曰⑨："汉阳诸姬，楚
实尽之⑩。思小惠而忘大耻⑪，不如战也。"晋侯梦与楚子
搏，楚子伏己而盬其脑⑫，是以惧。子犯曰："吉。我得天，
楚伏其罪，吾且柔之矣。"⑬

①戊辰：初一，或说为三日。

②宋公：宋成公。国归父、崔夭：皆齐大夫。小子慭（yìn）：
秦穆公之子。城濮：卫地，在今山东鄄城西南临濮集。一说在今河
南开封陈留附近。

③酅（xī）：丘陵险阻之地。舍：驻扎。楚师占据有利地势，故
晋文公有顾虑。

④舆人：众人，即士卒。

⑤原田二句：原田肥美，割去旧禾，谋种新苗。原：平原。每
每：同"脄脄"（méi），肥美貌。新：指新苗，作"谋"的宾语，前
置。"谋"与"每"押韵，古音同在"之"部。杜预注："高平曰原。
喻晋君美盛，若原田之草每每然。可以谋立新功，不足念旧惠。"洪亮
吉《春秋左传诂》："《说文》：'芼，草盛上出也。'……《广雅》：
'脄脄，肥也。''脄'通作'每'。按：'每每'亦当谓田之肥美。
杜《注》似采《说文》，而以为喻晋君之美盛，则失之。"王念孙
《广雅疏证》："左思《魏都赋》：'脄脄坰野。'张载注云：'脄脄，美
也。'引《大雅·绵》篇：'周原脄脄。'……《毛诗》作：'周原膴
膴。'《传》云：'膴膴，美也。'郑笺云：'周之原地，膴膴然肥

美。'……臄与脄古字通，又通作每。僖二十八年《左传》'原田每每'，亦谓原田之肥美也。杜预注云'原田之草每每然'，失之。"

⑥疑：对是否与楚交战有疑虑。

⑦表里句：晋国外有黄河内有大山。此言晋有地势之利，易守难攻。表：外，外表。

⑧若楚句：对楚国的恩惠怎么办？若……何：固定格式，把（对）……怎么办。

⑨栾贞子：即栾枝。

⑩汉阳：汉水之阳，即汉水北岸。诸姬：诸姬姓国。实：副词，表肯定。尽：灭。

⑪忘大耻：晋与汉阳诸姬为同姓国，故言楚灭诸姬是晋国的大耻。

⑫搏：徒手搏斗。伏己：伏在自己身上。盬（gǔ）：用嘴吸。

⑬我得天，楚伏其罪：晋侯脸朝天，故言得天助；楚子脸朝地，故言伏地认罪。吾且句：我们将要柔服楚国了。柔：安抚，怀柔。按：脑属阴柔之物，柔能克刚，故言"柔之"。杜预注："子犯审见事宜，故权言以答梦。"


　　子玉使鬬勃请战①，曰："请与君之士戏，君冯轼而观之，得臣与寓目焉。"②晋侯使栾枝对曰："寡君闻命矣。楚军之惠，未之敢忘，是以在此③。为大夫退，其敢当君乎④？既不获命矣，敢烦大夫谓二三子⑤：'戒尔车乘，敬尔君事，诘朝将见。'"⑥

①鬬勃：楚大夫。

②冯："凭"的古字，依着，靠着。轼：车厢前扶手的横木。与寓目：陪同观看。与：参与。寓目：过目。

③在此：停留此处（未敢前进）。"此"指退避三舍后所驻之地，

即城濮。

④为大二句：为大夫尚且要退避，难道还敢抵挡楚君吗？大夫：指子玉。

⑤不获命：得不到停止交战的命令。大夫：指鬭勃。二三子：指子玉等楚军将帅。

⑥诘朝（jié zhāo）：明晨。诘：义同"翌"。


晋车七百乘，韅靷鞅靽①。晋侯登有莘之虚以观师②，曰："少长有礼，其可用也。"遂伐其木以益其兵③。己巳，晋师陈于莘北④，胥臣以下军之佐当陈、蔡⑤。子玉以若敖之六卒将中军，曰："今日必无晋矣！"子西将左，子上将右⑥。胥臣蒙马以虎皮，先犯陈、蔡。陈、蔡奔，楚右师溃。狐毛设二旆而退之⑦，栾枝使舆曳柴而伪遁，楚师驰之⑧。原轸、郤溱以中军公族横击之⑨。狐毛、狐偃以上军夹攻子西，楚左师溃。楚师败绩。子玉收其卒而止，故不败⑩。

①韅（xiǎn）：马腹带。靷（yǐn）：引车前行的皮带，一端系于车轴，一端系于骖马胸部皮革之上。鞅（yǎng）：套在马胸部的皮带。靽（bàn）：套于马后的皮带。以上四字均用作动词，言晋军兵车装束整齐。

②有莘：古国名，地在今山东曹县西北。虚：废墟，故址。

③兵：兵器。杜预注："伐木以益攻战之具。"

④己巳：四日。莘北：莘墟之北，即城濮。

⑤胥臣句：胥臣以下军副帅的身份率下军抵挡陈、蔡之师。陈、蔡：楚的盟军。杜预注："陈、蔡属楚右师。"据下文，晋下军将栾枝此时别有任务，故下军由其佐胥臣指挥。

⑥子西：楚大夫，名鬭宜申。左：指左翼部队。子上：即上文的鬭勃。右：指右翼部队。

⑦狐毛句：狐毛打起两面大旗伪装成中军帅的样子后退。旆：军中大旗。按：中军帅设二旆，狐毛为上军将而设二旆后退，目的在诱楚军深入。

⑧舆（yú）：车。驰：驱马追击。

⑨中军公族：中军中的公族。公族：国君宗室子弟组成的军队。

⑩收其卒：收拢自己直接指挥的中军士卒。杨伯峻注："其卒当为若敖之六卒。"止：稳住阵脚。杜预注："三军唯中军完，是不大崩。"

晋师三日馆谷，及癸酉而还①。甲午，至于衡雍②，作王宫于践土③。

①馆：动词，住于客舍，即驻扎休整。谷：用作动词，吃楚军的军粮。癸酉：六日，或说八日。

②甲午：二十七日，或说二十九日。衡雍：郑地名，在今河南原阳西。

③作王宫：为周王建造行宫。践土：郑地，在今河南原阳西南。杜预注："襄王闻晋战胜，自往劳之，故为作宫。"

乡役之三月①，郑伯如楚致其师，为楚师既败而惧②，使子人九行成于晋③。晋栾枝入盟郑伯④。五月丙午⑤，晋侯及郑伯盟于衡雍。

①乡役：城濮之战以前。乡，义同"向"。三月：城濮之战在四月，此三月指战前一月，即本年三月份。

②郑伯：郑文公。致其师：将自己的军队交给楚国指挥。致：送。《史记·郑世家》："四十一年，助楚击晋。自晋文之过无礼，故背晋助楚。"一说郑实未出师。孔颖达疏："致其师者，致其郑国之师，许以佐楚也。战时虽无郑师，要本心佐楚，故既败而惧。"

③子人九：郑大夫，姓子人，名九。行成：求和。

④入：进入郑国都城。

⑤丙午：五月九日，或说十一日。

　　丁未，献楚俘于王：驷介百乘①，徒兵千。郑伯傅王，用平礼也②。己酉，王享醴，命晋侯宥③。王命尹氏及王子虎、内史叔兴父策命晋侯为侯伯④。赐之大辂之服，戎辂之服⑤，彤弓一，彤矢百，玈弓矢千⑥，秬鬯一卣，虎贲三百人⑦。曰："王谓叔父⑧，'敬服王命，以绥四国，纠逖王慝。'"⑨晋侯三辞，从命。曰："重耳敢再拜稽首，奉扬天子之丕显休命。"⑩受策以出，出入三觐⑪。

①丁未：五月十日，或说十二日。驷介百乘：披甲驷马所驾的兵车百辆。驷：同驾一辆车的四匹马。介：铠甲。古兵车之马披甲衣。

②傅王：为周襄王主持宴礼。用平礼：用周平王款待晋文侯仇的礼仪款待晋文公。

③己酉：五月十二日，或说十四日。醴：甜酒。命：赐命。宥：通"侑"，侑币。古代主人宴客，认为未尽其情意时，赠客人以财物，称作侑币。《国语·晋语四》："王飨醴，命公（晋文公）胙侑。"韦昭注："侑，侑币。"《仪礼·公食大夫礼》："侑币，束锦也。"

④尹氏、王子虎：皆周襄王卿士。内史：官名，协助天子处理爵、禄、废、置等政务。叔兴父：周大夫。策命：用简册的书面形式正式授命。侯伯：诸侯之长，即霸主。

⑤大辂（lù）：大车，天子所乘，以金（铜）为饰。可以赐给诸侯或卿。戎辂：兵车。服：车服，乘坐者的服饰及冠。大辂之服包括大辂及服饰，戎辂之服包括戎辂及服饰。

⑥彤：朱红色。玈（lú）：黑色。按：古代一弓配百矢。"玈弓

矢千"为"玈弓十，玈矢千"的略语。杜预注："弓一矢百，则矢千弓十矣。诸侯赐弓矢，然后专征伐。"

⑦秬鬯（jù chàng）：黑黍和香酒，用以祭祀。卣（yǒu）：酒器。虎贲（bēn）：勇士。

⑧叔父：周天子尊称同姓长辈诸侯为叔父或伯父，此指晋文公。

⑨纠：监察揭发。逖：当为"剔"，清除。王慝（tè）：对周王作恶的人。慝：邪恶。

⑩重耳二句：重耳斗胆再次拜谢叩头，恭受并将发扬天子伟大、英明、美好的赐命。敢：表敬副词。再：两次。丕：大。显：明。休：美。

⑪觌：朝见天子。杜预注："出入，犹去来也。从来至去，凡三见王。"


卫侯闻楚师败，惧，出奔楚，遂适陈，使元咺奉叔武以受盟①。癸亥，王子虎盟诸侯于王庭②，要言曰③："皆奖王室，无相害也④。有渝此盟，明神殛之⑤，俾队其师，无克祚国，及而玄孙⑥，无有老幼。"君子谓是盟也信，谓晋于是役也能以德攻⑦。

①卫侯：卫成公。遂：最后。元咺（xuān）：卫大夫。奉：奉陪。叔武：卫成公之弟。受盟：接受盟约。

②癸亥：据杜预注为五月二十八日，据杨伯峻注为五月二十六日。王庭：指践土周襄王行宫之庭。本年《经》："五月癸丑，公会晋侯、齐侯、宋公、蔡侯、郑伯、卫子、莒子，盟于践土。"杜预注："《经》书癸丑，月十八日也。《传》书癸亥，月二十八日。经、传必有误。"癸丑：据杨伯峻注为"五月十六日"。

③要（yāo）言：约言，即誓词。

④奖：扶助。无：通"毋"。

⑤渝：改变，违背。明神：圣明的神。殛：诛灭。

⑥俾：使。队："坠"的古字，丧失。无克：不能。祚：享有。而：你的。

⑦以德攻：以德取胜。指战前能以文德教民而后用之。

初，楚子玉自为琼弁玉缨，未之服也①。先战，梦河神谓己曰："畀余，余赐女孟诸之麋。"②弗致也。大心与子西使荣黄谏③，弗听。荣季曰："死而利国，犹或为之，况琼玉乎④？是粪土也，而可以济师⑤，将何爱焉？"弗听。出告二子曰："非神败令尹，令尹其不勤民⑥，实自败也。"既败，王使谓之曰；"大夫若入，其若申、息老何？"⑦子西、孙伯曰⑧："得臣将死，二臣止之曰：'君其将以为戮。'"⑨及连谷而死⑩。晋侯闻之而后喜可知也⑪，曰："莫余毒也已⑫！蒍吕臣实为令尹，奉己而已⑬，不在民矣。"

①琼弁（biàn）：以赤玉为饰的皮冠。一说弁为马冠。玉缨：以玉为饰的帽带。一说缨为马鞅。服：用。

②畀：送给。孟诸之麋：指宋国之地。孟诸：宋国境内的水泽名。麋：通"湄"，水草交接之地。

③大心：子玉之子。子西：子玉之族。荣黄：楚大夫，即下文荣季。

④死而三句：死了如果对国家有利，尚且应该去做，何况是失去琼玉呢？而：假设连词。

⑤是粪三句：（和国家利益相比）这琼玉不过是粪土，如果可使军队取得成功，对它还有什么可吝惜的呢？济：成功，这里为使动用法。

⑥不勤民：不以民事为重。杜预注："尽心尽力，无所爱惜为勤。"

⑦王使三句：楚成王派使者对子玉说："大夫如果（活着）回国，将怎么对申、息的父老交代？"息：原为姬姓国，庄公十四年（前680）为楚所灭，成为楚邑，地在今河南息县。杜预注："申、息二邑子弟皆从子玉死，言何以见其父老。"

⑧孙伯：即大心。

⑨得臣三句：得臣（子玉）打算自杀，是我们二人阻止了他，对他说："国君将会亲自对你施以刑戮的。"按：这是对楚王使臣所说的话。杨伯峻注："句意谓子玉本欲自杀谢罪，而我等阻止之，谓且俟君王之刑戮。"

⑩及连句：到连谷时子玉自杀了。连谷：楚地，在方城外，今址不详。杜预注："至连谷，王无赦命，故自杀也。"文公十年《传》："城濮之役，王思之，故使止子玉曰：'毋死！'不及。止子西，子西缢而县绝，王使适至，遂止之，使为商公。"据此，楚成王第一次派出使者不久即后悔，故又派使者制止子玉自杀，结果子玉在使者未赶到之前已死。

⑪喜可知：喜形于色。知，义同"见"。

⑫莫余句：没有人危害我了。莫：无指代词，没有谁。毒：危害。已：同"矣"。

⑬芳吕臣：楚大夫，即叔伯。实：作用同"之"。奉己：为自己打算。杜预注："言其自守无大志。"

〔附录〕（《史记·晋世家》）（晋文公五年）晋焚楚军，火数日不息，文公叹。左右曰："胜楚而君犹忧，何？"文公曰："吾闻能战胜安者唯圣人，是以惧。且子玉犹在，庸可喜乎？"子玉之败而归，楚成王怒其不用其言，贪与晋战，让责子玉，子玉自杀。晋文公曰："我击其外，楚诛其内，内外相应。"于是乃喜。

城濮之战，晋中军风于泽，亡大旆之左旃<sup>①</sup>。祁瞒奸命，司马杀之，以徇于诸侯<sup>②</sup>。使茅茷代之<sup>③</sup>。师还，壬午济河。舟之侨先归，士会摄右<sup>④</sup>。秋七月丙申，振旅，恺以入于晋<sup>⑤</sup>。献俘授馘<sup>⑥</sup>，饮至大赏<sup>⑦</sup>，征会讨贰<sup>⑧</sup>。杀舟之侨以徇于国，民于是大服。君子谓："文公其能刑矣，三罪而民服<sup>⑨</sup>。《诗》云'惠此中国，以绥四方'<sup>⑩</sup>，不失赏刑之谓也。"

①风于泽：在沼泽中遇风。旆（pèi）：军中先驱车。旃（zhān）：赤色曲柄旗。

②祁瞒：晋大夫。奸命：违犯军令。徇：巡行示众。

③茅茷（fèi）：晋大夫。

④壬午：六月十六日，或说十八日。先归：擅自先归国。士会：晋大夫，即士季、范武子，士蒍之孙、成伯之子。摄：代理。舟之侨为戎右而先归，故由士会代之。

⑤丙申：二日。振旅：整顿军容。振：整饬。恺：通"凯"，凯旋。

⑥献俘：向宗庙献俘报功。授馘（guó）：将所取敌人的左耳献上报功。授，此处义同"献"。馘：割下的左耳。古代战争中割取所杀敌人的左耳用以报功。

⑦饮至：典礼名。诸侯朝觐、会盟或征伐完毕，回到宗庙饮酒庆祝称作"饮至"。

⑧征会：召集诸侯举行盟会。杜预注："将冬会于温。"贰：指有二心的诸侯国。

⑨能刑：能严明刑法。三罪：三次惩处罪犯。罪犯指颠颉、祁瞒、舟之侨。

⑩引诗见《诗经·大雅·民劳》。

〔附录一〕（《韩非子·难一》）晋文公将与楚人战（城濮之战），

召舅犯问之，曰："吾将与楚人战，彼众我寡，为之奈何？"舅犯曰："臣闻之：繁礼君子不厌忠信，战阵之间不厌诈伪。君其诈之而已矣。"文公辞舅犯，因召雍季而问之曰："我将与楚人战，彼众我寡，为之奈何？"雍季对曰："焚林而田，偷（只顾眼前）取多兽，后必无兽；以诈遇民，偷取一时，后必无复（不能再用）。"文公曰："善。"辞雍季，以舅犯之谋与楚人战以败之。归而行（赐）爵，先雍季而后舅犯。群臣曰："城濮之事，舅犯谋也。夫用其言而后其身，可乎？"文公曰："此非君所知也。夫舅犯言，一时之权也；雍季言，万世之利也。"仲尼闻之曰："文公之霸也，宜哉！既知一时之权，又知万世之利。"[1]

〔附录二〕《史记·晋世家》）（晋文公五年六月）晋侯度河北归国。行赏，狐偃为首。或曰："城濮之事，先轸之谋。"文公曰："城濮之事，偃说我毋失信。先轸曰'军事胜为右'，吾用之以胜。然此一时之说，偃言万世之功，奈何以一时之利而加万世功乎？是以先之。"[2]

## 第七节　温之会

〔内容简介〕僖公二十八年（前632）冬，晋文公召集鲁、齐、宋、蔡、郑、陈、莒、邾八国诸侯及秦人在温地会见，商议讨伐对晋不服的卫、许二国。卫成公与其臣元咺到会诉讼，晋国判元咺胜诉，将成公逮捕并关入王城大牢，使元咺另立公子瑕为君。会间，晋文公欲率诸侯朝周以提高自己的威望，又担心诸侯有不从命者，故假借狩猎的名义先将周襄王召请出城，然后率诸侯进行了朝拜。

---

① 梁启雄：《韩子浅解》，第346—347页。
② （汉）司马迁：《史记》第5册，第1668页。

十一月十二日，文公率诸侯包围了许国。

（僖公二十八年）冬，会于温①，讨不服也②。

卫侯与元咺讼③，宁武子为辅④，针庄子为坐⑤，士荣为大士⑥。卫侯不胜。杀士荣，刖针庄子，谓宁俞忠而免之。执卫侯，归之于京师，置诸深室⑦。宁子职纳橐饘焉⑧。元咺归于卫，立公子瑕⑨。

①据本年《经》载，与会者有晋文公、鲁僖公、齐昭公、宋成公、蔡庄公、郑文公、陈穆公、莒子、邾子、秦人。

②不服：指卫、许二国。

③卫侯与元咺讼：卫成公于本年五月逃往楚国时，命大夫元咺奉其弟叔武接受践土之盟，不久听谮言说元咺立叔武做了国君，便杀死跟随自己的元咺之子元角。本年六月，晋允许成公回国复位，成公的先遣人员杀死了叔武，元咺出逃到晋国，此时向晋文公起诉成公。

④宁武子：卫大夫，即下文的宁俞。为辅：做卫成公的辅佐。

⑤针庄子：卫大夫。为坐：作为代理人，替卫侯对质。坐：对质，辩护。

⑥士荣：卫大夫。大士：治狱官。杜预注："元咺又不宜与其君对坐，故使叔针庄子为主，又使卫之忠臣及其狱官质正元咺。"

⑦深室：特设的囚室，因其幽深，故名"深室"。

⑧宁子句：宁子负责给卫侯送衣食。宁子：即宁武子。职：负责，承担。橐（tuó）：衣囊，此处指衣物。饘（zhān）：稠粥，此处指食品。

⑨公子瑕：卫宗室，即公子适。僖公三十年（前630）秋，卫成公被释，一回国即杀死了元咺和公子瑕。杜预注："瑕立经年，未会诸侯，故不称君。"

是会也<sup>①</sup>，晋侯召王，以诸侯见，且使王狩<sup>②</sup>。仲尼曰："以臣召君，不可以训。"<sup>③</sup>故书曰："天王狩于河阳。"<sup>④</sup>言非其地也<sup>⑤</sup>，且明德也<sup>⑥</sup>。

丁丑，诸侯围许<sup>⑦</sup>。

①是会：指温之会。

②召王：召请周襄王来。以诸侯见：率领诸侯朝见。狩：冬猎。杜预注："晋侯大合诸侯，而欲尊事天子以为名义。自嫌强大，不敢朝周，喻王出狩，因得尽群臣之礼，皆谲而不正之事。"《史记·晋世家》："冬，晋侯会诸侯于温，欲率之朝周。力未能，恐其有畔者，乃使人言周襄王狩于河阳。"

③以：作为。训：规范，准则。

④书：指《春秋》经文的记载。河阳：晋邑名，位于温地之西，故址在今河南孟州市西。

⑤言非句：这样记载旨在说明周天子已不在自己的地方。

⑥且明句：同时也宣扬了晋侯的功德。杜预注："隐其召君之阙，欲以明晋之功德。"

⑦丁丑：十一月十二日。据《说苑·敬慎》，晋文公率诸侯之师围许，兵极疲惫，未能服许，遂罢师而归。

## 简　评

功业之成，在于得时。晋献公有子九人，贤者唯太子申生及公子重耳、夷吾三人。设无骊姬之乱，申生不死，则重耳不得为君。若天未假之年，使先夷吾而卒，则重耳亦不得为君，何论霸业？惠公在位十四年而王室无事，重耳春入于晋而乱夏起于王室，一踯国门即获勤王之利，教民三年又逢败楚之机。归国不出五年，定襄王，启南阳，去谷守，释宋围，一战而霸，功继于齐桓之后而威及于春秋之末。故知名分先定者未必非祸，姗姗来迟者有时是福。孟子曰："虽有智慧，不如乘势；虽有镃基，不如待时。"晋文公可谓得时矣！

功业之成，在于得人。重耳出亡十九年，内有里克、丕郑、狐突、头须之辈心系意属、舍死散财以求纳；外有赵衰、狐毛、狐偃、介推之流紧随左右规划方略以图入；途有齐女姜氏深明大义割情杀妾以伸志。重耳既入，介之推不言禄而退隐，赵衰、狐偃不居功而让贤，司空季子不恃劳而从命。夫伟业无不兴于同心而毁于离德，大功无不成于礼让而败于互争。观重耳所得之人，或投死效忠，以义灭身，或行不辍足，归不争功。无论居者行者，莫不同心纳君，协力致霸。孟子曰："以天下与人易，为天下得人难。"晋文公可谓得人矣！

功业之成，在于得谋。重耳之业，系于避乱之奔，基于勤王之举而定于城濮之战。三者如有一失，则返国之途或为惠、怀所断，勤王之利或为秦穆所得而城濮之胜或为楚成所取。存亡之因，胜败之果，不在于天，全在人谋。重耳之出亡也，始由蒲奔狄，狄为母舅之邦，故奔狄；居狄十二年，经卫而之齐，齐为当时之霸，故之齐；居齐五年，经曹、宋、郑而之楚，齐桓卒而楚成强，故去齐之楚；居楚数月而之秦，秦为晋强邻，且召重耳，故去楚之秦。重耳之入国也，始用狐偃之谋，辞秦穆而独纳王，先收尊周取威之效；后听先轸之计，使齐、秦助晋而曹、卫背楚，终获败楚定霸之功。原重耳之返国，虽迂回万里，而避害趋利，取道无误，其势必入于国；察重耳之求霸，先勤王而得诸侯，后败楚而去其敌，其势必至于霸。故知赵衰、狐偃、先轸之流皆善谋而重耳长于决断，最善用谋。管子曰："明一者皇，察道者帝，通德者王，谋得兵胜者霸。"晋文公可谓得谋矣！

# 第四章　秦穆公霸西戎

（僖公十三年—文公三年）

## 第一节　秦、晋韩之战

〔内容简介〕晋发生骊姬之乱时，公子重耳、夷吾逃往国外避难。僖公九年（前651）冬，秦穆公帮助夷吾回国继承了君位，这就是晋惠公。惠公回国前向穆公许诺将晋黄河以西、以南的五座城送给秦国，但是一回到晋国惠公就背弃诺言，同时辜负了穆姬（穆公夫人、夷吾之姊）对他的嘱托。僖公十三年（前647）冬，晋国发生饥荒，向秦购粮，穆公同意输粟给晋，解救了晋的饥荒。僖公十四年（前646）冬，秦发生饥荒，向晋购粮，晋却拒绝了秦的要求。由于晋惠公屡次负秦，故穆公于僖公十五年（前645）秋率师伐晋，连续三次将晋军打败。九月，晋惠公亲自率师迎敌，两军在晋地韩交战，结果秦军再次打败晋军，并擒获了惠公。

（僖公十三年）冬，晋荐饥①，使乞籴于秦②。秦伯谓子桑③："与诸乎？"对曰："重施而报，君将何求④？重施而不报，其民必携⑤，携而讨焉，无众必败。"谓百里⑥："与诸乎？"对曰："天灾流行，国家代有⑦，救灾恤邻，道也⑧，行道有福。"丕郑之子豹在秦⑨，请伐晋。秦伯曰："其君是

247

恶<sup>⑩</sup>，其民何罪？"秦于是输粟于晋，自雍及绛相继<sup>⑪</sup>，命之曰"泛舟之役"<sup>⑫</sup>。

①荐饥：再次发生饥荒。荐：再次。饥：饥荒。

②籴（dí）：买进粮食。

③秦伯：秦穆公，名任好，德公第三子，宣公、成公之弟。秦封伯爵，故称秦伯。子桑：秦大夫，即公孙枝。

④重施二句：厚待他而得到报答，君还要求什么呢？

⑤重施二句：厚待他而不思图报，其百姓必生叛离之心。携：叛离。

⑥百里：即百里奚，原为虞国大夫，晋灭虞后，秦穆公用五张羊皮将他换回，任为大夫。

⑦国家句：各国交替发生。代：交替。

⑧恤（xù）：救济。道：仁道。

⑨丕（pī）郑：晋大夫。僖公十年（前650），丕郑被晋所杀，其子丕豹逃至秦。

⑩其君是恶：厌恶晋国国君。君，指晋惠公，名夷吾，献公之子。

⑪于是：当时。雍：秦都，故址在今陕西凤翔南。绛：晋都，故址在今山西翼城东南。

⑫泛舟之役：秦国的运粮队乘船走水路，顺渭水东流而下，一路接连不断，浩浩荡荡，如同一场战役，故称"泛舟之役"。泛：泛的异体。

（僖公十四年）冬，秦饥，使乞籴于晋，晋人弗与。庆郑曰<sup>①</sup>："背施无亲<sup>②</sup>，幸灾不仁，贪爱不祥，怒邻不义<sup>③</sup>。四德皆失<sup>④</sup>，何以守国？"虢射曰："皮之不存，毛将安傅？"<sup>⑤</sup>庆郑曰："弃信背邻，患孰恤之<sup>⑥</sup>？无信患作，失援必

毙，是则然矣。"⑦虢射曰："无损于怨而厚于寇⑧，不如勿
与。"庆郑曰："背施幸灾，民所弃也。近犹仇之，况怨敌
乎?"⑨弗听。退曰："君其悔是哉!"

①庆郑：晋大夫。

②背施：背弃恩德。无亲：失去亲己者。晋骊姬之乱时，公子
夷吾奔梁，献公死后，夷吾在秦的帮助下回国即位，"施"指此事及
上年秦贷粟于晋事。

③贪爱：贪得所爱之物。怒邻不义：激怒邻国，不合礼义。

④四德：四种道德，指礼智仁义，上述背施属无礼，贪爱属
不智。

⑤虢射：晋大夫。晋惠公回国前曾经许诺回国即位后割晋河西、
河南五城与秦，及至食言背约。此句中的"皮"喻指许秦之城，
"毛"喻指籴粟与秦，言既背秦施，结怨已深，虽籴粟与秦，如去皮
而施毛，无济于事。

⑥患孰句：发生祸患谁来救助?

⑦是则句：这是必然的。则：副词，表肯定。

⑧无损句：（籴粟与秦）不会减少对我们的怨恨，反而增加了敌
人的力量。厚：增厚，加强。寇：外来之敌，指秦。

⑨近犹二句：亲近的人尚且会结仇，何况敌对的国家呢?


（僖公十五年）（秋）晋侯之入也①，秦穆姬属贾君
焉②，且曰："尽纳群公子。"③晋侯烝于贾君④，又不纳群公
子，是以穆姬怨之。晋侯许赂中大夫⑤，既而皆背之。赂秦
伯以河外列城五⑥，东尽虢略⑦，南及华山，内及解梁城⑧，
既而不与⑨。晋饥，秦输之粟;秦饥，晋闭之籴。故秦伯
伐晋。

①晋侯句：晋惠公将回国的时候。

②秦穆姬：秦穆公夫人，晋献公女，晋公之姊。属（zhǔ）："嘱"的古字。贾君：晋献公次妃。或说是太子申生之妃，即惠公之嫂。

③纳：接收，即允许回国。公子：晋献公之子。献公共有子九人，骊姬之乱时多逃往国外。

④烝：同母辈通奸叫作"烝"。

⑤赂：赠送。中大夫：晋大夫里克、平郑。据《国语·晋语二》，夷吾归国前曾许诺将汾阳之田百万赐予里克，将负蔡之田七十万赐予平郑。

⑥河外：指晋黄河以西、以南地。列：各。

⑦尽：至。虢略：晋地，在今河南灵宝市。杨伯峻注："今河南灵宝县治即旧虢略镇。"

⑧内：指晋黄河以北地。解梁：故址在今山西永济市伍姓湖北。按：解梁不在河外列城五之内。

⑨既而：不久，指夷吾归国即位不久。

三败及韩①。

……

九月，晋侯逆秦师，使韩简视师②，复曰："师少于我，斗士倍我。"公曰："何故？"对曰："出因其资③，入用其宠④，饥食其粟，三施而无报，是以来也。今又击之，我怠秦奋，倍犹未也。"⑤公曰："一夫不可狃⑥，况国乎？"遂使请战，曰："寡人不佞，能合其众而不能离也⑦。君若不还，无所逃命。"⑧秦伯使公孙枝对曰："君之未入，寡人惧之；入而未定列⑨，犹吾忧也。苟列定矣，敢不承命？"⑩韩简退曰："吾幸而得囚。"⑪

①三败句：秦军三次击败晋军追至韩原。韩：即韩原，晋地，

在今山西芮城。

②逆：迎。韩简：晋大夫。

③出因句：出奔时依靠他们的资助。梁国近秦地，在今陕西韩城南。夷吾当初奔梁，旨在求得秦的资助。杨伯峻注："夷吾出奔，盖因秦之资助。"

④入用句：能回国即位是由于得到他们的宠信。用：因，由于。

⑤怠：士气低落。倍犹未：超过一倍还不止。

⑥一夫：匹夫。狃（niǔ）：轻视。

⑦不佞（nìng）：不才。能合句：能将军队集合起来却无法使他们离散。

⑧无所句：无法逃避您的命令。

⑨惧之：为您担忧。之：活用作第二人称。定列：定位，确立君位。

⑩敢不句：岂敢不遵照您的命令奉陪？承：接受，遵照。

⑪幸而句：能活着被囚当俘虏就算幸运。

　　壬戌①，战于韩原。晋戎马还泞而止，公号庆郑②。庆郑曰："愎谏违卜③，固败是求，又何逃焉？"遂去之④。梁由靡御韩简，虢射为右⑤，辂秦伯，将止之，郑以救公误之，遂失秦伯⑥。秦获晋侯以归。晋大夫反首拔舍从之⑦。秦伯使辞焉，曰："二三子何其戚也⑧？寡人之从晋军而西也，亦晋之妖梦是践⑨，岂敢以至？"⑩晋大夫三拜稽首曰："君履后土而戴皇天⑪，皇天后土实闻君之言，群臣敢在下风。"⑫

①壬戌：九月十四日。

②晋戎句：晋惠公的军马陷在烂泥中盘旋不出。戎马：军马。号：呼救。

③愎（bì）谏：不听劝谏。韩原之战晋惠公坚持乘坐郑国所献的小驷马，庆郑指出外来之马不服水土，不熟道路，习性难以把握，晋惠公没有采纳他的意见。违卜：违背占卜。惠公战前通过占卜确定车右，卜兆以庆郑为吉，然惠公不用，而以家仆徒（家仆徒：晋大夫）为右。

④固败句：本来就是自求失败。遂去句：于是就离开了他。

⑤梁由靡：晋大夫。御韩简：为韩简驾车。右：车右，兵车的保卫者。

⑥辂（yà）：通"迓"，此处义为迎战。止：俘获。郑：庆郑。失：放走。

⑦晋大句：晋国大夫们披头散发，风餐露宿地跟随着秦军。反首：头发散乱下垂。拔舍：除草平地以为息宿之处。

⑧使：派人。辞：劝归。二三句：诸位何必这样忧伤呢？

⑨寡人二句：我跟随晋君向西而去，只不过是应验晋国的妖梦罢了。妖梦：僖公十年（前650），晋大夫狐突不寐而见到太子申生，申生对狐突言夷吾无礼，七日后又通过神巫告诉狐突，天帝许其惩罚有罪之人，使之败于韩。妖梦即指此事。践：此处义为应验。

⑩以至：带晋君至秦。一说"以至"义为太过分。

⑪君履句：大王脚踏地头顶天。履：踏，踩。后土：大地。皇天：天。

⑫群臣句：我们群臣斗胆在下面恭候（您实现诺言）。下风：下面。

穆姬闻晋侯将至①，以太子罃、弘与女简、璧登台而履薪焉②。使以免服衰绖逆③，且告曰："上天降灾，使我两君匪以玉帛相见④，而以兴戎⑤。若晋君朝以入，则婢子夕以死⑥；夕以入，则朝以死。唯君裁之。"乃舍诸灵台⑦。

①穆姬：即秦穆公夫人。

②以：带着。䓨：即秦康公，穆姬所生。弘：䓨同母弟。简、璧：䓨同母姊妹。履薪：脚踩柴薪，示欲自焚。

③使以句：派人带上丧服去迎接穆公。杨伯峻注："《传》意盖使使者持此服以迎穆公，如己及儿女皆死，穆公当即著之。"免(wèn)："絻"的古字，丧服之一，去冠束发，以布缠头。衰绖：丧服。绖，丧服的带子，有首绖、腰绖等。

④匪：非，不是。玉帛：瑞玉和束帛，诸侯会盟时所持的礼物，象征和平。

⑤戎：兵戎，战争。

⑥婢子：奴婢，婢女，穆姬谦称自己。

⑦乃舍句：于是（穆公）把晋惠公囚禁在灵台。舍：安排住宿，实为囚禁。灵台：周朝故台名，故址在今陕西户县。


　　大夫请以入①。公曰："获晋侯，以厚归也，既而丧归，焉用之②？大夫其何有焉③？且晋人戚忧以重我，天地以要我④。不图晋忧，重其怒也⑤；我食吾言，背天地也。重怒难任⑥，背天不祥，必归晋军。"公子絷曰："不如杀之，无聚慝焉。"⑦子桑曰："归之而质其大子，必得大成⑧。晋未可灭而杀其君，只以成恶⑨。且史佚有言曰：'无始祸，无怙乱，无重怒。'⑩重怒难任，陵人不祥。"乃许晋平⑪。

①以入：把晋侯带回国都。

②获晋四句：俘获晋侯，本是带着重大收获归来的，不久却带着丧事而归，哪里能这样做呢？厚：重。

③何有：有何益。

④戚忧：指晋大夫反首拔舍。重我：加重我的罪过。要(yāo)：威慑，约束。

⑤不图二句：若不考虑晋人的忧戚，就会增加他们的愤怒。

⑥任：担当。

⑦公子絷（zhí）：秦大夫。聚慝（tè）：相聚为恶。聚，指君臣相聚。慝：邪恶。

⑧质其大子：让其太子来作人质。大成：指有利的媾和条件。

⑨成恶：造成恶果。

⑩史佚：周成王时史官。无始三句：不要首先制造祸端，不要利用别人的动乱，不要加重别人对自己的愤怒。怙（hù）：恃，凭。

⑪平：讲和，媾和。


〔附录〕（《史记·秦本纪》）（秦穆公）十四年，秦饥，请粟于晋。晋君谋之群臣。虢射曰："因其饥伐之，可有大功。"晋君从之。十五年，兴兵将攻秦。缪公发兵，使丕豹将，自往击之。九月壬戌，与晋惠公夷吾合战于韩地。晋君弃其军，与秦争利，还而马鸷（马陷于泥）。缪公与麾下驰追之，不能得晋君，反为晋军所围。晋击缪公，缪公伤。于是岐下食善马者三百人驰冒晋军，晋军解围，遂脱缪公而反生得晋君。初，缪公亡善马，岐下野人共得而食之者三百余人，吏逐得，欲法之。缪公曰："君子不以畜产害人。吾闻食善马肉不饮酒，伤人。"乃皆赐酒而赦之。三百人者闻秦击晋，皆求从，从而见缪公窘，亦皆推锋争死，以报食马之德。①

## 第二节　秦始征晋河东

〔内容简介〕僖公十五年（前645）十月，晋大夫阴饴甥与秦穆公盟于王城，两国讲和。十一月，秦穆公放回了晋惠公。此年晋国

---

① （汉）司马迁：《史记》第1册，第188—189页。

又发生饥荒，秦穆公不念惠公之恶，再次送粮给晋。从此时起，秦开始在晋所献河东之地设置官吏，征收赋税。

　　（僖公十五年）十月，晋阴饴甥会秦伯，盟于王城①。秦伯曰："晋国和乎？"对曰："不和。小人耻失其君而悼丧其亲②，不惮征缮以立圉也③，曰：'必报仇，宁事戎狄。'君子爱其君而知其罪，不惮征缮以待秦命④，曰：'必报德，有死无二。'⑤以此不和。"秦伯曰："国谓君何？"⑥对曰："小人戚，谓之不免；君子恕，以为必归。小人曰：'我毒秦⑦，秦岂归君？'君子曰：'我知罪矣，秦必归君。贰而执之，服而舍之，德莫厚焉，刑莫威焉⑧。服者怀德，贰者畏刑，此一役也，秦可以霸⑨。纳而不定，废而不立，以德为怨，秦不其然。'"⑩秦伯曰："是吾心也。"改馆晋侯，馈七牢焉⑪。

　　①阴饴甥：晋大夫。王城：秦地名，在今陕西大荔东。

　　②和：和睦团结。小人：指百姓。亲：指在韩之战中阵亡的亲人。

　　③不惮句：不怕征收军赋，整修甲兵，立圉做了国君。圉：惠公子，即晋怀公。此前惠公自秦派人告国人，自己虽得归，亦无面目见社稷，命卜日立其子圉为君。

　　④君子：指卿大夫。秦命：指秦释放惠公的命令。

　　⑤有死句：有必死之志而未做别的选择。

　　⑥国谓句：国人认为晋君的命运将会怎样？

　　⑦恕：以己心推想他人之心。毒：伤害。

　　⑧德莫二句：没有比这更宽厚的仁德，没有比这更威严的刑罚。

　　⑨役：指韩之战。霸：做诸侯的盟主。

⑩以德二句：使感德变为怨恨，秦大概不会这样做。秦不其然：即"秦其不然"，《国语·晋语三》作"君其不然"。

⑪改馆：重新安排住所。牢：牛、羊、猪各一头为一牢，七牢为待诸侯之礼。

十一月，晋侯归。丁丑①，杀庆郑而后入。

是岁，晋又饥。秦伯又饩之粟②，曰："吾怨其君而矜其民③。且吾闻唐叔之封也④，箕子曰：'其后必大。'⑤晋其庸可冀乎⑥？姑树德焉以待能者。"于是秦始征晋河东，置官司焉⑦。

①丁丑：二十九日。

②饩（xì）：赠送。

③吾怨句：我怨恨他们的国君而怜悯他们的百姓。矜（jīn）：怜悯。

④唐叔：晋始封君，周成王弟。

⑤箕（jī）子：殷纣王叔父，曾被纣王囚禁，武王灭商后将他释放，咨以国事。其后必大：他的后代必定昌盛壮大。

⑥晋其句：我们难道可以寄希望得到晋国吗？其、庸：反诘副词连用。

⑦始：开始。征：征税。晋河东：指晋黄河以东割让给秦国的地方。到僖公十七年（前643），秦又将河东之地归还给了晋国。官司：官吏。

〔附录〕（《史记·秦本纪》）（穆公十五年）于是缪公虏晋君以归，令于国，"齐宿（今注：先一日斋戒独宿），吾将以晋君祠上帝"。周天子闻之，曰"晋我同姓"，为请晋君。夷吾姊亦为缪公夫人，夫人闻之，乃衰绖跣，曰："妾兄弟不能相救，以辱君命。"缪公曰："我得晋君以为功，今天子为请，夫人是忧。"乃与晋君盟，许归之，更舍上舍，而馈之七牢。十一月，归晋君夷吾，夷吾献其河西地，使太子圉为质于秦。秦妻子圉以宗女。是时秦地东至河。

## 第三节　晋侯、秦伯围郑

〔内容简介〕晋文公出亡路过郑国时，郑文公没有以礼相待，晋楚城濮之战前夕，郑文公又出兵助楚击秦，故晋文公联合秦穆公于僖公三十年（前630）九月围攻郑国。大敌当前，郑文公派大夫烛之武请求秦退兵。烛之武利用秦、晋之间的矛盾极言灭郑于秦有害而无益。穆公被说服，不仅撤回秦军，并且派大夫杞子等人助郑防守。由于秦军撤回，晋文公只好解除了对郑的包围。

（僖公三十年）九月甲午，晋侯、秦伯围郑①，以其无礼于晋，且贰于楚也②。晋军函陵，秦军泛南③。佚之狐言于郑伯曰："国危矣，若使烛之武见秦君④，师必退。"公从之。辞曰："臣之壮也，犹不如人；今老矣，无能为也已。"公曰："吾不能早用子，今急而求子，是寡人之过也。然郑亡，子亦有不利焉。"许之。

①甲午：十日，或说十三日。晋侯：晋文公。秦伯：秦穆公。郑：郑国。

②以其二句：因为郑对晋国无礼，并且有叛离之心投靠楚国。贰：离心，背叛。"无礼"指僖公二十八年（前632）晋楚城濮之战前夕，郑文公曾派师助楚击晋。

③函陵：郑地，在今河南新郑北。泛（fàn）：泛水（东泛），在今河南中牟南，久湮。

④佚（yì）之狐：郑大夫。郑伯：郑文公。烛之武：郑大夫。

夜缒而出①。见秦伯曰："秦、晋围郑，郑既知亡矣。若亡郑而有益于君，敢以烦执事②。越国以鄙远③，君知其难也，焉用亡郑以陪邻④？邻之厚，君之薄也。若舍郑以为东道主，行李之往来，共其乏困⑤，君亦无所害。且君尝为晋君赐矣⑥，许君焦、瑕，朝济而夕设版焉⑦，君之所知也。夫晋，何厌之有？既东封郑，又欲肆其西封⑧。若不阙秦⑨，将焉取之？阙秦以利晋，唯君图之。"⑩秦伯说，与郑人盟，使杞子、逢孙、杨孙戍之⑪，乃还。

①缒（zhuì）：用绳子吊着从城上下去。

②敢以句：冒昧地用此事麻烦您。敢：表谦副词。执事：手下的官员，是对穆公的敬称。为了表示敬畏对方，不敢直呼，只能通过其手下转告，故以执事相称。

③越国句：跨过一个国家把远方之地作为自己的边邑。国：指晋国，在秦之东。鄙：边邑，用作动词。远：指郑国，在晋之东。

④焉用句：何必要灭亡郑国来增加邻国的领土呢？陪：增益。邻：指晋。

⑤舍：舍弃，即不灭。东道主：东方道上的主人。行李：外交使节，或作"行理"。共："供"的古字，供应，提供。乏困：缺乏的物资。

⑥尝：曾经。为：对，给。赐：施惠，此主要指秦穆公先后纳夷吾、重耳回国即位之事。

⑦许君二句：（晋惠公）许诺把焦、瑕二邑献给秦国，可是早晨渡河回国，晚上就在河上构筑防御工事。焦、瑕：晋二邑名。焦在今河南三门峡市西，瑕在今河南三门峡市陕州区南。僖公十五年《传》，晋惠公回国前曾"赂秦伯以河外列城五"，其中包括焦、瑕二邑。设版：构筑防御工事。版，指版筑的工事。

⑧既东二句：把郑变成其东边的疆界后就要扩大其西边的疆界。封：疆界。前一"封"字用作动词。肆：此处义为扩大。

⑨阙秦：损害秦。

⑩阙秦二句：结果是损害了秦而有利于晋，希望您认真考虑此事。唯：表希望的句首语气词。

⑪说："悦"的古字。杞（qǐ）子、逢孙、杨孙：皆秦大夫。戍之：为郑防守。为防止郑为晋所灭，故派三大夫戍之。

子犯请击之①。公曰："不可。微夫人之力不及此②。因人之力而敝之③，不仁；失其所与，不知④；以乱易整，不武⑤。吾其还也。"亦去之。

①子犯：即狐偃，文公舅父。

②微夫句：假如没有那人的帮助，我就不会到达现在的地位。微：假如没有。晋文公当年遭骊姬之乱在外流亡长达十九年，最后是在秦穆公的帮助下才回国夺取了君位。详见第三章"晋文公霸业"第一节"晋公子重耳出亡"。

③因：依靠，凭借。敝：义同弊，损害。

④失其二句：失掉自己的盟国，这是不理智的表现。所与：同盟国，指秦。知："智"的古字。

⑤以乱二句：以交战代替团结，这是不威武的表现。乱：指晋如攻秦造成的战乱。整：指秦、晋之间的团结协作。武：威武，古人以能制止战争为武。

## 第四节　秦、晋殽之战

〔内容简介〕僖公三十二年（前628）冬，秦穆公拒绝老臣蹇叔的谏阻，派大夫孟明、西乞、白乙率师偷袭远在东方的郑国。三十

259

三年（前627）春，当秦师行至滑国时，遇见郑国商人弦高。弦高一方面假借郑君之命犒劳秦师，另一方面派人迅速将敌情报告国内。孟明因郑国已有防备，故放弃袭郑计划，顺势灭掉滑国后撤回。夏四月，当秦师到达崤山时遭到了晋师的伏击，全军覆没，孟明、西乞、白乙三帅被俘。晋襄公之母文嬴为秦穆公之女，在她的请求下，襄公不久又释放了孟明等三帅。穆公对不用蹇叔之言造成的这次惨重失败深感痛悔，他承担了失败的责任，未加罪于孟明。

（僖公三十二年）冬，晋文公卒。庚辰，将殡于曲沃①。出绛②，柩有声如牛。卜偃使大夫拜，曰："君命大事，将有西师过轶我③，击之，必大捷焉。"

①庚辰：十二月十日。殡于句：将灵柩由绛运往曲沃停放。殡：殓而未葬。曲沃：晋邑名，在今山西闻喜东北。晋昭侯封叔父成师于此，至成师孙曲沃武公并晋代为晋君，此后以曲沃为晋别都。文公为成师之后，因祖庙在曲沃，故殡于此。

②绛：晋都，在今山西翼城东南。

③卜偃：占卜官。君：指晋文公之灵。大事：指战事。西师：指秦军。过轶我：迅速通过我国。轶（yì）：本义为后车超越前车，此处义为不假道迅速越境而过。

杞子自郑使告于秦，曰："郑人使我掌其北门之管，若潜师以来，国可得也。"①穆公访诸蹇叔②。蹇叔曰："劳师以袭远，非所闻也。师劳力竭，远主备之，无乃不可乎③？师之所为，郑必知之。勤而无所，必有悖心④。且行千里，其谁不知？"公辞焉⑤。召孟明、西乞、白乙⑥，使出师于东门之外。蹇叔哭之曰："孟子⑦！吾见师之出而不见其入也！"公使谓之曰："尔何知？中寿，尔墓之木拱矣。"⑧蹇叔之子与师<sup>⑨</sup>，哭而送之，曰："晋人御师必于殽<sup>⑩</sup>，殽有二陵焉<sup>⑪</sup>：其南陵，夏后皋之墓也；其北陵，文王之所辟风雨也<sup>⑫</sup>。必死是间，余收尔骨焉！"<sup>⑬</sup>秦师遂东。

①管：钥匙。若潜二句：如果派军队来偷袭，可以夺得郑国。

②访：咨询。诸：兼词，相当"之于"。蹇（jiǎn）叔：岐（今陕西岐山东北）人，游于宋，受百里奚推荐被穆公拜为上大夫。

③远：指郑国。无乃句：恐怕不行吧？

④勤而二句：劳师动众而无所获，士卒必生不满情绪。勤：劳。

⑤公辞句：穆公拒绝了他的劝谏。焉：代词，相当于"之"。

⑥孟明：姓百里，名视，字孟明，百里奚之子。西乞：即西乞术。白乙：即白乙丙。《史记·秦本纪》以西乞、白乙为蹇叔之子。

⑦孟子：即孟明。

⑧公使四句：穆公派人对他说："你知道什么？如果只能活到中寿，你墓上的树该有两手合抱那么粗了。"此骂蹇叔老而不死。中寿：说法不一，一说指七十岁，蹇叔盖已有八十岁，过了中寿年纪。拱：两手合抱。

⑨与师：参加了出征的军队。与，参加。

⑩御师：抵御秦军。因秦不向晋假道，故必遭其攻打。殽（xiáo）：即殽山，在今河南洛宁西北。山分东、西二殽，相距三十五里。东殽长坂数里，峻阜绝涧，车不得并行；西殽多为石坂，险绝无异东殽。

⑪二陵：即东、西二殽。

⑫南陵：即西殽山。夏后皋：夏桀的祖父。北陵：即东殽山。文王：周文王。

⑬必死二句：你们必定会死在这中间，我将到那里收取你的尸骨。是：指二陵。

〔附录〕（《史记·秦本纪》）（缪公）五年，晋献公灭虞、虢，虏虞君与其大夫百里傒，以璧马赂于虞故也。既虏百里傒，以为秦缪公夫人媵（今注：媵：随嫁的人）于秦。百里傒亡秦走宛，楚鄙人（今注：鄙人：边地人）执之。缪公闻百里傒贤，欲重赎之，恐楚人不与，乃使人谓楚曰："吾媵臣百里傒在焉，请以五羖羊皮赎之。"楚人遂许与之。当是时，百里傒年已七十余。缪公释其囚，与语国事。谢曰："臣亡国之臣，何足问！"缪公曰："虞君不用子，故亡，非子罪也。"固问，语三日，缪公大说，授之国政，号曰五羖大夫。百里傒让曰："臣不及臣友蹇叔，蹇叔贤而世莫知。臣常游困于齐而乞食铚（铚：地名）人，蹇叔收臣。臣因而欲事齐君无知，蹇叔止臣。臣得脱齐难，遂之周。周王子颓好牛，臣以养牛干（干：求）之。及颓欲用臣，蹇叔止臣，臣去，得不诛。事虞君，蹇叔止臣。臣知虞君不用臣，臣诚私利禄爵，且（姑且）留。再用其言，得脱；一不用，及虞君难；是以知其贤。"于是缪公使人厚币迎蹇叔，以为上大夫。[1]

（僖公）三十三年春[1]，秦师过周北门[2]，左右免胄而下，超乘者三百乘[3]。王孙满尚幼[4]，观之，言于王曰："秦师轻而无礼[5]，必败。轻则寡谋，无礼则脱[6]。入险而脱，又不能谋，能无败乎？"

①僖公三十三年：公元前627年。

②周北门：周天子都城（在今河南洛阳）的北门。

③左右：兵车上居于车御左右的武士。古代兵车一般设甲士三人：车御一人居中，武士二人分居左右。免胄（zhòu）而下：摘掉头盔跳下车，以示对周王致敬。超乘（shèng）：一跃上车，显示勇

---

① （汉）司马迁：《史记》第1册，第186页。

武的表现。

④王孙满：周大夫，周共王的玄孙。

⑤王：周襄王。轻：轻率，指超乘。无礼：指仅免胄而未卷甲束兵。古代礼法，诸侯军队过天子之都门应卷甲束兵以示恭敬，上下车亦应庄重严肃，秦军仅免胄下车，且一跃上车，故言秦师轻而无礼。

⑥脱：轻率，疏略。


及滑①，郑商人弦高将市于周②，遇之。以乘韦先牛十二犒师③。曰："寡君闻吾子将步师出于敝邑④，敢犒从者，不腆⑤。敝邑为从者之淹，居则具一日之积，行则备一夕之卫。"⑥且使遽告于郑⑦。

①滑：姬姓小国，都费，故址在今河南偃师缑氏。

②市：做买卖。周：成周。

③以乘句：以四张熟羊皮在先、十二头牛在后犒劳秦军。乘：四。一乘驾四马，故以乘代称四。韦：熟牛皮。先：先于。古人送礼，先轻后重，故弦高先送四张熟羊皮，后送十二头牛。

④步师：行军。敝邑：谦称自己国家。

⑤敢犒二句：冒昧犒劳您的随从，不成敬意。不腆（tiǎn）：不厚，不多。或以"不腆敝邑"断句，意为敝邑贫乏。按：弦高假借君命犒赏秦师，目的是让秦军将领得知郑国已有防备。

⑥敝邑三句：敝国为您的随从久留作了安排，如果居住一天，就准备一天的供应，如果要离开就做好最后一夜的警卫。此言其实是告诉秦军，郑国已有防备。淹：久留。

⑦且使句：同时派人驾驿车火速将敌情报告郑国。且：一边，同时。遽：驿站的专用车，速度快。

郑穆公使视客馆①，则束载、厉兵、秣马矣②。使皇武子辞焉③，曰："吾子淹久于敝邑，唯是脯资饩牵竭矣④。为吾子之将行也，郑之有原圃，犹秦之有具囿也，吾子取其麋鹿以闲敝邑，若何?"⑤杞子奔齐，逢孙、杨孙奔宋⑥。

①郑穆公：文公捷之子。客馆：宾馆。杞子等三人居此。此句《十三经注疏》本原脱，据阮元《校勘记》补。

②束载：捆绑所载之物。厉兵：磨砺兵器。厉，"砺"的古字。秣（mò）马：喂马。按：束载、厉兵等行动都是做内应的准备。

③皇武子：郑大夫。辞焉：向杞子等致辞，发话。

④唯是句：因此我们的干肉、粮食、牲畜都用尽了。脯：干肉。资：指粮食。饩（xì）：活牲。牵：可以牵着走的牲口，即活牲。"饩""牵"同义连用。

⑤为吾五句：因为你们将要走了，郑国有原圃，就如同秦国有具囿一样，你们可以自己去猎取一些麋鹿作为补给，使我国有所喘息，怎么样? 这是委婉的逐客令。原圃：郑国养动物的园林名。具囿：秦国养动物的园林名。闲：闲暇。此处为使动用法，使得到喘息，休息。

⑥奔：逃奔。杞子三人不敢留郑，又惧秦责其情报不实，故分别奔齐、宋。


孟明曰："郑有备矣，不可冀也①。攻之不克，围之不继②，吾其还也。"灭滑而还。

①冀：希求。

②不继：没有后继的援兵。


晋原轸曰①："秦违蹇叔而以贪勤民，天奉我也。奉不可失，敌不可纵②。纵敌患生，违天不祥。必伐秦师!"栾枝曰："未报秦施而伐其师，其为死君乎？"③先轸曰："秦不哀吾丧而伐吾同姓，秦则无礼，何施之为④？吾闻之：'一日纵敌，数世之患也。'谋及子孙，可谓死君乎？"⑤遂发命，遽兴姜戎⑥。子墨衰绖⑦，梁弘御戎，莱驹为右⑧。

①原轸：即先轸，晋执政大臣，中军帅。因封于原（地在今河南济源西北），故又称原轸。

②奉我：赐给我们取胜的机会。奉：送给。纵：放走。

③栾枝：晋大夫。未报二句：尚未报答秦国的恩惠却攻打他的军队，这难道是替死去的国君着想吗？为：动词，义为"考虑"，或说义同"有"。死君：指晋文公。

④同姓：指郑国。郑、晋同为姬姓国。何施句：还有什么恩惠可言？何施：作"为"的宾语，前置。为：动词。

⑤谋及二句：谋及子孙后代，这才算得上替死去的国君着想吧？

⑥遽：速。兴：发动，调遣。姜戎：居于晋国南部的少数民族，姜姓，西戎的别支。

⑦子：晋襄公，文公之子。因文公尚未葬，故称子。墨衰绖：把丧服染成黑色。墨，用作动词。当时认为穿白色孝服打仗不吉利，故染成黑色。

⑧梁弘、莱驹：皆晋大夫。御戎：为晋襄公驾兵车。

夏四月辛巳①，败秦师于殽。获百里孟明视、西乞术、白乙丙以归。遂墨以葬文公，晋于是始墨②。

①辛巳：十三日，或说为十四日。

②遂墨二句：于是便穿着黑色丧服给文公举行葬礼，晋从此开始改用黑色丧服。

文嬴请三帅①，曰："彼实构吾二君，寡君若得而食之，不厌②，君何辱讨焉？使归就戮于秦，以逞寡君之志③，若何？"公许之④。先轸朝，问秦囚，公曰："夫人请之，吾舍之矣。"先轸怒曰："武夫力而拘诸原，妇人暂而免诸国⑤。堕军实而长寇仇⑥，亡无日矣。"不顾而唾。公使阳处父追之⑦，及诸河，则在舟中矣⑧。释左骖，以公命赠孟明⑨。孟明稽首曰："君之惠，不以累臣衅鼓⑩，使归就戮于秦，寡君之以为戮，死且不朽⑪，若从君惠而免之，三年将拜君赐。"⑫

①文嬴句：文嬴向襄公请求释放三个元帅。文嬴：晋文公夫人，秦穆公之女，晋襄公母亲。杜预注："文嬴，晋文公始适秦，秦穆公所妻夫人，襄公嫡母。"

②彼实句：是他们使两国国君结下了怨恨。构：结，此处义为使结怨，使动用法。寡君：指秦穆公。不厌：不满足，恨不能全消。

③以逞句：以满足寡君的愿望。逞：满足，称意。

④公：晋襄公。

⑤武夫二句：将士们费尽力气从战场上把他们俘虏回来，妇人却在转瞬间把他们从国都释放。拘：抓获。原：指战场。暂：短暂的时间。免：释放。诸：之于。国：国都。

⑥堕（huī）军句：毁掉了战果又助长了敌人的志气。堕：毁坏。军实：指战果。

⑦不顾句：不顾是在君前，愤然唾了一口。这是大不敬的行为。依礼，在尊长面前不可吐痰，擤鼻涕。阳处父（fǔ）：晋大夫。

⑧及河二句：等追到黄河边时，孟明等人已坐到了船上。

⑨释左句：解下左边的骖马，假托襄公的命令赠给孟明。此欲骗孟明等下船上岸。

⑩君之二句：蒙晋君开恩，不把我等杀掉祭鼓。累（léi）臣：被捆绑的臣，即战俘，指孟明等三人。累：绳索，这里用作动词。

衅鼓：古时钟鼓等器制成，杀牲以祭，将牲血涂在钟鼓的缝隙，叫作"衅"。也有杀战俘祭钟鼓的。

⑪寡君二句：寡君如果杀了我们，则死而无怨。之以：即以之。之，指代孟明等。为：动词，施行。不朽：当"无怨"讲。

⑫三年句：三年后再来拜谢晋君的恩赐。这是三年后再来报复的委婉说法。


　　秦伯素服郊次，乡师而哭曰①："孤违蹇叔，以辱二三子，孤之罪也。"不替孟明，曰②："孤之过也，大夫何罪？且吾不以一眚掩大德。"③

①素服：用作动词，穿着白色丧服。这是表示对阵亡将士的哀悼及自责。郊次：在郊外等待。乡：面对。

②替：废弃不用。曰：此字各本均无，今据王引之《经义述闻·春秋左传上·不替孟明孤之过也》补之。

③且吾句：再说我不能因一次过失而埋没人的大功。眚（shěng）：过失。本义指眼睛上的翳障。


## 第五节　秦伯复用孟明

　　〔内容简介〕殽之战，秦师全军覆没，秦大夫皆要求治主帅孟明死罪，秦穆公认为殽之战的失败是因自己的贪取所造成，孟明无罪，故继续任用孟明。文公二年（前625）春，为了报殽之战之仇，孟明率师伐晋，结果又打了败仗。秦穆公没有因为孟明的再次失败而失去对他的信任，仍然使他执政。其后孟明对国家的政令进行了改善，增加了对人民的好处，使国家进一步强盛起来。文公三年（前624），秦穆公亲自率军伐晋，攻取了晋邑王官，直打到晋都远郊，晋人避而不敢出战。随后秦穆公回师渡过黄河，到殽山掩埋了秦军阵亡将士的尸骨，然后班师回国。秦由此称霸西戎，这是秦穆公坚决任用孟明的结果。

（文公元年）（冬）殽之役，晋人既归秦帅，秦大夫及左右皆言于秦伯曰①："是败也，孟明之罪也，必杀之。"秦伯曰："是孤之罪也。周芮良夫之诗曰②：'大风有隧，贪人败类③。听言则对，诵言如醉④。匪用其良，覆俾我悖。'⑤是贪故也，孤之谓矣⑥。孤实贪以祸夫子⑦，夫子何罪?"复使为政。

①秦伯：秦穆公。

②芮（ruì）良夫：即芮伯，周厉王的卿士。以下引诗见《诗经·大雅·桑柔》。诗意讥讽周厉王不听善言，用人不当，造成社会动荡，人民遭殃。

③有隧：迅疾。有，形容词词头。贪人句：贪人败坏善类。类：指善类。

④听言二句：听到劝谏的话便心怀恼恨，一见到诵读《诗》《书》上的话则昏然如醉。言：指劝谏之言。对：高亨《诗经今注》以为通"怼"。诵言：郑玄笺以为指诵读《诗》《书》之言。

⑤匪用二句：不听贤良的劝谏，反使我背理遭难。覆：反。俾：使。悖：悖谬，犯错误。

⑥是贪二句：这是由于贪婪的缘故，《诗》上讥讽的就是我这样的人。

⑦夫子：指孟明。

（文公）二年春①，秦孟明视帅师伐晋，以报殽之役。二月，晋侯御之②。先且居将中军③，赵衰佐之。王官无地御戎④，狐鞫居为右⑤。甲子，及秦师战于彭衙⑥，秦师败绩。

晋人谓秦"拜赐之师"⑦。

①文公二年：公元前 625 年。

②晋侯：晋襄公。御：亲自率师抵御。

③先且居：先轸之子。僖公三十三年（前 627）八月，先轸在对狄人的作战中战死，襄公命先且居继父将中军。

④赵衰：晋卿，晋文公的主要谋臣。王官无地：晋大夫。王官：地名，以地为氏。御戎：为晋襄公驾车，代替梁弘。

⑤狐鞠（jù）居：晋大夫。

⑥甲子：二月七日。彭衙：秦地名，在今陕西白水东北。

⑦拜赐之师：讥讽孟明"三年将拜君赐"一语，见《秦、晋殽之战》一节。


秦伯犹用孟明，孟明增修国政，重施于民①。赵成子言于诸大夫曰："秦师又至，将必辟之②。惧而增德，不可当也③。《诗》曰：'毋念尔祖，聿修厥德。'④孟明念之矣⑤。念德不怠，其可敌乎？"

①秦伯句：秦穆公继续重用孟明。重施：增加好处。

②赵成子：即赵衰。辟："避"的古字，避免作战。

③惧而二句：由于畏惧而加强德政，这是不可抵挡的

④毋念二句：不要只想着靠你的祖宗，要加强自己的德行。聿（yù）：句首语气词。厥：代词，义同"其"。引诗见《诗经·大雅·文王》。

⑤念：义同"修"。


（文公三年）（夏）秦伯伐晋，济河焚舟①，取王官，及郊②。晋人不出，遂自茅津济③，封殽尸而还④。遂霸西戎，用孟明也⑤。

君子是以知秦穆公之为君也，举人之周也，与人之壹也⑥；孟明之臣也，其不解也，能惧思也⑦；子桑之忠也，其知人也，能举善也⑧。《诗》曰"于以采蘩？于沼于沚⑨。于以用之？公侯之事"⑩，秦穆有焉。"夙夜匪解，以事一人"⑪，孟明有焉。"诒厥孙谋，以燕翼子"⑫，子桑有焉。

①济河句：渡过黄河后烧掉渡船，以示有进无退。

②王官：晋邑名，地在今山西闻喜西。及郊：打到郊区。郊，指晋都绛城的郊野，一说"郊"为晋地名。"郊"字《史记·秦本纪》作"鄗"。

③茅津：晋地名，即今山西平陆南茅津渡。位处黄河北岸，由此渡河向东即是殽山。

④封殽尸：给在殽之战中阵亡的秦军将士封土作标记。封：加土筑坟。

⑤遂霸西戎：于是成了西部少数民族国的首领。西戎：西部少数民族国，活动在今陕、甘一带。

⑥为君：作为国君。举：举用。周：考虑全面。与：授予，任用。壹：专一。

⑦解："懈"的古字。惧思：思想上知戒惧。

⑧子桑：即公孙枝，推举百里奚者。孟明为百里奚之子，故将孟明的成功亦归功于子桑的推举。

⑨于以：于何。蘩：白蒿。沼：小池。沚：水中小洲。

⑩事：指祭祀。杜预注："言沼沚之蘩至薄，犹采以共公侯，以喻秦穆不遗小善。"以上引诗见《诗经·召南·采蘩》。

⑪夙夜二句：从早到晚不懈怠，专门事奉王一人。一人指周宣王，此处借指秦穆公。引诗见《诗经·大雅·烝民》。

⑫诒厥二句：留给其子孙谋略，以安定辅助他们。此言子桑善识人才，举人谋及子孙。诒：留给。燕：安定。翼：辅佐。引诗见

《诗经·大雅·文王有声》。

〔附录一〕（《史记·秦本纪》）（穆公）三十六年，缪公复益厚孟明等，使将兵伐晋，渡河焚船，大败晋人，取王官及鄗（hào），以报殽之役。晋人皆城守不敢出。于是缪公乃自茅津渡河，封殽中尸，为发丧，哭之三日。乃誓于军曰："嗟士卒！听无哗，余誓告汝。古之人谋黄发番番（pó。黄发番番：指头发由白变黄的老年人，'番'通'皤'），则无所过。"以申思不用蹇叔、百里傒之谋，故作此誓，令后世以记余过。君子闻之，皆为垂涕，曰："嗟乎！秦缪公之与人周也，卒得孟明之庆。"

三十七年，秦用由余谋伐戎王，益国十二，开地千里，遂霸西戎。①

〔附录二〕（《说苑·臣术》）秦穆公使贾人载盐于卫，征（应为"卫"）诸贾人（"贾人"二字衍）贾人买百里奚以五羖羊之皮，使将车之秦。秦穆公观盐，见百里奚牛肥，曰："任重，道远以险，而牛何以肥也？"对曰："臣饮食以时，使之不以暴；有险，先后之以身，是以肥也。"穆公知其君子也，令有司具沐浴为衣冠与坐，公大悦。异日，与公孙支论政，公孙支大不宁，曰："君耳目聪明，思虑审察，君其得圣人乎？"公曰："然。吾悦夫奚之言，彼类圣人也。"公孙支遂归，取雁以贺，曰："君得社稷之圣臣，敢贺社稷之福。"公不辞，再拜而受，明日，公孙支乃致上卿（交出上卿之位）以让百里奚，曰："秦国处僻民陋，以愚无知，危亡之本也，臣自知不足以处其上，请以让之。"公不许，公孙支曰："君不用宾相（以礼迎宾）而得社稷之圣臣，君之禄也；臣见贤而让之，臣之禄也。今君

①　（汉）司马迁：《史记》第 1 册，第 193—194 页。

既得其禄矣，而使臣失禄可乎？请终致之！"公不许。公孙支曰：
"臣不肖而处上位，是君失伦（伦：理）也。不肖失伦，臣之过。进
贤而退不肖，君之明也。今臣处位，废君之德而逆臣之行也，臣将
逃。"公乃受之，故百里奚为上卿以制之，公孙支为次卿以佐之也。①

〔附录三〕（《文选·李斯〈上书秦始皇一首〉》）臣闻吏议逐客，
窃以为过矣。昔穆公求士，西取由余于戎，东得百里奚于宛，迎蹇
叔于宋，来邳豹、公孙支于晋。此五子者，不产于秦，穆公用之，
并国二十，遂霸西戎。②

〔附录四〕（《左传》文公六年）（夏）秦伯任好卒，以子车氏之
三子，奄息、仲行、针虎为殉，皆秦之良也。国人哀之，为之赋
《黄鸟》（《诗经·秦风》）。君子曰："秦穆之不为盟主也宜哉！死而
弃民，先王违世（即离世），犹诒之法（给百姓留下法则），而况夺
之善人乎？"③

〔附录五〕（《诗经·秦风·黄鸟》）交交黄鸟，止于棘。谁从
（从葬）穆公？子车奄息。维此奄息，百夫之特（今注：特：杰出
人才）。临其穴（墓穴），惴惴（惧貌）其栗。彼苍者天，歼我良
人！如可赎兮，人百其身（每人死一百次也心甘情愿）。
交交黄鸟，止于桑。谁从穆公？子车仲行。维此仲行，百夫之
防（防：抵挡。一人可挡百人）。临其穴，惴惴其栗。彼苍者天，歼
我良人！如可赎兮，人百其身。

---

① 向宗鲁：《说苑校正》，中华书局1982年版，第43—45页。
② （梁）萧统编，（唐）李善注：《文选》，中册，中华书局1977年版，第544页。
③ （清）阮元校刻：《十三经注疏（清嘉庆刊本）·春秋左传正义》第4册，第
4002—4003页。

交交黄鸟，止于楚（一种灌木）。谁从穆公？子车针虎。维此针虎，百夫之御！临其穴，惴惴其栗。彼苍者天，歼我良人！如可赎兮，人百其身。[①]

# 简 评

秦穆公任好，德公之子，成公之弟，在位三十九年。穆公在位初期，正值齐桓霸业由盛而衰、晋文霸业尚未兴起之时。穆公修明政治，招贤进能，得百里奚于宛，迎蹇叔于宋，来丕豹、公孙支于晋，规划方略，以图东进称霸诸侯。僖公九年，纳晋公子夷吾以求利，十三年，输粟于晋以示仁，十五年，三败晋师获虏惠公以示威。十七年，齐桓公卒，自此至重耳入国，前后八年，秦之国势最为强胜。二十四年，穆公纳晋公子重耳为君，是为文公。二十五年，穆公率师抵河，欲纳襄王求诸侯，不意为晋文独得勤王之利。二十八年，晋、楚战于城濮，楚师败绩，晋文先成霸业。三十二年，穆公欲乘晋文之卒使孟明袭郑东进，然劳师袭远，未得其志，殽山遭伏，全军覆没。其后穆公复用孟明为政，卒报覆军之仇；且听由余之谋，益国十二，开地千里，遂霸西戎。

或问："秦穆公威德较之齐桓、晋文何如？"答曰："秦穆定难称雄，威同齐桓；宽厚仁爱，德过晋文。齐桓九合诸侯，迁邢封卫，北伐山戎，南遏强楚，威力所加，四海震惧。秦穆雄风浩荡，所向披靡，西并戎狄，东服强晋，再置大国之君若举手之易。设无秦穆之力，重耳终其身不免为一流亡公子，或客死他乡，或为惠、怀所杀，入国称君尚且无望，焉能勤王启土，一战而霸？齐桓所建者，秦穆有所未建；秦穆所能者，齐桓亦有所不能。其威之强弱，可作

---

① （清）阮元校刻：《十三经注疏（清嘉庆刊本）·毛诗正义》第1册，第793—794页。

高下之论乎？晋文入国伊始，怀斩袪之怨而让寺人，罪守藏之逃而仇匹夫，恼观裸之辱而责曹君，此乃以报复为能事，足见其器之小；城濮之战，以诈伪胜楚，温之会，假出狩以召王，此乃以诡道求霸，诡而不正，足见其德行。穆公不罚食马之野人反赐之酒，不念晋惠背德之恶反输粟以赈其民，不罪孟明覆军之过复信之任之，其宽厚之心，仁爱之德可谓于时无二，以晋文之不正，何能及焉？"

或问："秦穆之霸与齐桓、晋文有以异乎？"答曰："有异。霸者，诸侯之盟主也。典型之霸，上有天子之命，下有诸侯之奉，视宜而举盟，以时而受贡。齐桓九合诸侯，天子赐胙加级，使无下拜；晋文一战胜楚，天子命为侯伯，使绥四国；故齐桓、晋文均为典型之霸。秦穆既无盟会之举，亦无天子之命，更无诸侯之贡，故非诸侯之盟主，仅称雄于西戎而已。此乃秦穆与齐桓、晋文霸业之异也。前人有论：'秦穆公奋然有为，再置晋君，城濮一战，文公遂霸，君子曰：晋之霸也，秦穆其有焉，定晋之乱，成文之功，左右霸主，中国再振，齐桓所不能为者，穆能为之，虽谓之霸，亦未尝不可也。'（马骕《左传事纬》）此所谓秦穆之霸者，实则秦穆之强也。强与霸，似同而实异，不可混之。秦穆虽有定乱之举，成文之功，然毕竟未为盟主，《左传》文公六年云'秦穆之不为盟主也'，《史记·秦本纪》亦云'秦缪公广地益国，东服强晋，西霸戎夷，然不为诸侯盟主'，均是其证；故谓穆公强则是，谓之霸（霸中国）则非矣。"

或问："秦穆威能立霸主而服强晋，德能赈饥国而赦野人，然终其世而不能霸中国，其因有可说者乎？"答曰："有也。勤王为求霸之终南捷径，而穆公无勤王之功；中原为争霸之要地，而秦地处偏远，且为强晋所阻；殽函为致胜之天险，而其时属晋而非秦。此数者，乃穆公所以不能霸中国而朝诸侯也。倘若穆公缓归晋河东之地，使强兵据守，不半途而废其勤王之举，以取威诸侯，然后东进其师，救危恤患，因利乘便，其势必能使强国请盟、弱国入朝矣。"

# 第五章　楚庄王霸业

（文公十六年—宣公十五年）

## 第一节　楚庄王灭庸

〔内容简介〕文公十六年（前611）秋，楚国发生饥荒，其西南部一带的戎族乘机侵入，楚国的附庸国庸人率领群蛮背叛了楚国，楚国的邻国麇人也率领百濮准备攻打楚国。面对严重的形势，楚庄王采用大夫蒍贾之计连续败退，使庸人产生轻敌思想。在庸人未设防备的情况下，庄王会师临品，一举灭亡了庸国。

（文公十六年）（秋）楚大饥，戎伐其西南①，至于阜山，师于大林②。又伐其东南，至于阳丘，以侵訾枝③。庸人帅群蛮以叛楚④，麇人率百濮聚于选⑤，将伐楚。

①戎：散处于楚国西部、南部一带的古族名。

②阜山：楚邑，在今湖北房县南。师：驻扎。大林：楚邑，今址不详。

③阳丘：楚邑，今址不详。訾枝：楚邑，在今湖北枝江境。

④庸：古国名，为楚附庸，地在今湖北枝江境。

⑤麇（jūn）：古国名，在今湖北十堰市郧阳区西。百濮：散居于江、汉之南的古族名，无统一君长。选：楚地，当在今湖北石首附近。

于是申、息之北门不启①，楚人谋徙于阪高②，蒍贾曰③："不可。我能往，寇亦能往，不如伐庸。夫麇与百濮，谓我饥不能师④，故伐我也。若我出师，必惧而归。百濮离居，将各走其邑，谁暇谋人？"乃出师。旬有五日，百濮乃罢⑤。

①于是：在这时。申、息：楚国北部边境的两个要镇。申在今河南南阳，息在今河南息县西南。北门不启：北门关闭，以防中原诸侯侵入。

②阪高：楚险要之地，在今湖北当阳东北长阪。

③蒍（wěi）贾：楚大夫，字伯嬴，孙叔敖之父。

④师：用作动词。出师。

⑤罢：罢归。杜预注："濮夷无屯聚，见难则散归。"

自庐以往，振廪同食①。次于句澨②。使庐戢黎侵庸，及庸方城③。庸人逐之，囚子扬窗。三宿而逸④，曰："庸师众，群蛮聚焉，不如复大师，且起王卒⑤，合而后进。"师叔曰："不可。姑又与之遇以骄之⑥。彼骄我怒⑦，而后可克，先君蚡冒所以服陉隰也。"⑧又与之遇，七遇皆北，唯裨、儵、鱼人实逐之⑨。庸人曰："楚不足与战矣。"遂不设备。

①庐：楚邑，在今湖北襄阳西南。往：指楚往伐庸。振：发。廪：仓。同食：上下同食。

②句澨（gōu shì）：楚国西部边界，在今湖北丹江口均县镇。

③戢（jí）黎：庐邑大夫。方城：庸国山名。山顶平坦，四面险固，山南建有城，周长十余里，故址在今湖北竹山一带。

④子扬窗：戢黎属官。窗，"窗"的异体。三宿句：子扬窗过了

三个晚上逃跑回来。

⑤复大师：再用楚大军进攻。起王卒：出动楚王的直属军。

⑥师叔：楚大夫。姑又句：暂且再与他们接战以引起他们骄傲。

⑦我怒：引起我军愤怒。

⑧先君句：这是先君蚡冒用以制服陉隰的方法。蚡（fén）冒：楚国第十六君。据《史记·楚世家》，蚡冒为楚武王之兄，杜预以为是武王之父。陉隰：本是古国，蚡冒始并为楚国地，在今湖北江陵以东一带。

⑨禅、儵（chóu）、鱼：群蛮中的三部。"儵"或作"儵"。"鱼"在今重庆奉节东。"禅""儵"今址不详。按：庸人轻敌，故只有三个部族追击楚军。

楚子乘驲①，会师于临品②，分为二对：子越自石溪、子贝自仞以伐庸③。秦人、巴人从楚师④。群蛮从楚子盟⑤，遂灭庸。

①楚子：楚庄王，名侣，楚成王之孙，穆王之子，文公十四年（前613）立。驲（rì）：古代驿站的专用车。

②临品：楚地，在今湖北丹江口市均县镇。

③子越：又称子越椒、斗椒、伯棼，司马子良之子。石溪、仞：均地名，在今均县镇一带。子贝：楚大夫。

④巴：姬姓国，地在今川东、鄂西一带。从：跟随。

⑤从：依从，同意。杜预注："蛮见楚强故。"

〔附录一〕（《史记·楚世家》）庄王即位三年，不出号令，日夜为乐，令国中曰："有敢谏者死无赦！"伍举（即椒举，伍子胥祖父）入谏。庄公左抱郑姬，右抱越女，坐钟鼓之间。伍举曰："愿有进。"隐（隐藏其意）曰："有鸟在于阜，三年不蜚（通'飞'）不鸣，是何鸟也？"庄王曰："三年不蜚，蜚将冲天；三年不鸣，鸣将惊人。举退矣，吾知之矣。"居数月，淫益甚。大夫苏从乃入谏。王曰："若不闻令乎？"对曰："杀身以明君，臣之愿也。"于是乃罢淫乐，听政，所诛者数百人，所进者数百人，任伍举、苏从以政。国人大说。是岁灭庸。①

〔附录二〕（《吴越春秋·王僚使公子光传》）王即位三年，不听国政，沉湎于酒，淫于声色。左手拥秦姬，右手抱越女，身坐钟鼓之间而令曰："有敢谏者死！"于是伍举进谏曰："有一大鸟，集楚国之庭，三年不飞亦不鸣。此何鸟也？"于是庄王曰："此鸟不飞，飞则冲天；不鸣，鸣则惊人。"伍举曰："不飞不鸣，将为射者所图。弦矢卒发，岂得冲天而惊人乎？"于是庄王弃其秦姬越女，罢钟鼓之乐，用孙叔敖任以国政，遂霸天下，威伏诸侯。②

〔附录三〕（《吕氏春秋·审应览第六·重言》）荆庄王立三年，不听而好讔（隐语）。成公贾入谏。王曰："不谷禁谏者，今子谏，何故？"对曰："臣非敢谏也，愿与君王讔也。"王曰："胡不设（隐言于）不谷矣。"对曰："有鸟止于南方之阜，三年不动不飞不鸣，是何鸟也？"王射（猜度）之曰："有鸟止于南方之阜，其三年不动，将以定志意也；其不飞，将以长羽翼也；其不鸣，将以览民则也。是鸟虽无飞，飞将冲天；虽无鸣，鸣将骇人。贾出矣，不谷知之矣。"明日朝，所进者五人，所退者十人。群臣大说。荆国之众相贺也。故《诗》曰："何其久也？必有以也；何其处也？必有与也"，其庄王之谓邪？成公贾之讔也，贤于太宰嚭（太宰嚭本楚伯州

<hr />

① （汉）司马迁：《史记》第 5 册，第 1700 页。
② （后汉）赵晔撰，薛耀天译注：《吴越春秋译注》，天津古籍出版社 1992 年版，第 30—31 页。

犁之孙，因伯州犁被杀而奔吴，后为吴太宰）之说也。太宰嚭之说，听乎夫差，而吴国为墟；成公贾之谲，喻乎荆王，而荆国以霸。①

## 第二节　楚命郑公子归生伐宋

〔内容简介〕宣公元年（前608）夏，陈、宋成为晋的盟国，郑成为楚的盟国。其秋，楚庄王伐陈、宋，晋出师救陈、宋而伐郑，楚派大夫蒍贾救郑，晋师退回。其冬，晋人复伐郑，楚庄王于宣公二年（前607）春命郑公子归生伐宋以报之。宋大夫华元、乐吕率师抵御。交战结果，宋军大败，华元、乐吕被俘。

（宣公）二年春①，郑公子归生命于楚伐宋②，宋华元、乐吕御之③。二月壬子，战于大棘④，宋师败绩，囚华元，获乐吕，及甲车四百六十乘，俘二百五十人，馘百⑤。狂狡辂郑人⑥，郑人入于井，倒戟而出之，获狂狡⑦。君子曰：“失礼违命⑧，宜其为禽也。戎，昭果毅以听之之谓礼⑨。杀敌为果，致果为毅；易之，戮也。”⑩

将战，华元杀羊食士，其御羊斟不与⑪。及战，曰：“畴昔之羊子为政，今日之事我为政。”⑫与入郑师⑬，故败。君子谓：“羊斟，非人也，以其私憾，败国殄民。于是刑孰大焉⑭？《诗》所谓‘人之无良’者，其羊斟之谓乎？残民以逞。”⑮

①宣公二年：公元前607年。

②公子归生：郑宗室，字子家。命于楚：即受命于楚。杜预注：“受楚命也。”竹添光鸿《左传会笺》：“笺曰：补碑宋本并作‘受命’，然传文无受字，故注云‘受楚命’。若传本作‘受命于楚’，

---

① 陈奇猷校释：《吕氏春秋校释》第3册，第1156页。

则文义已明，杜可无庸注矣。释文亦作'命于楚'。"

③华元：宋大夫，任右师。乐吕：宋大夫，任司寇。御：通"御"，抵御。

④壬子：二月无壬子，记日有误。大棘：宋地，在今河南睢县南。

⑤馘（guó）百：割取了一百个敌人的耳朵。馘，割取所杀敌人的左耳，用以报功。人：衍字。

⑥狂狡：宋大夫。辂（yà）：通"迓"，迎，此处义为迎战。

⑦郑人三句：郑军有一人落入井内，狂狡倒转戟头用戟柄救他上来，结果此人反俘获了狂狡。

⑧失礼：忘记军法。违命：违抗军令。孔颖达疏："军法以杀敌为上，将军临战，必三令五申之。"

⑨戎昭二句：在作战中要表现出果敢坚毅的精神以听从命令这叫做礼。戎：作战，战争。昭：显示，表现。

⑩致果：到达果敢。易之：反之。戮：被戮。

⑪御：车御，驾车者。羊斟（zhēn）：宋大夫。不与：未施及。

⑫畴昔：往日。为政：作主。我为政：言朝何方驾车由我做主。

⑬与入句：载上华元驰入郑军。与：与之。

⑭憾：恨。殄（tiǎn）：残害。刑：刑罚，这里指罪过。

⑮人之无良：今本《诗经·小雅·角弓》作"民之无良"。残民句：不惜残民以图快意。逞：称心，快意。

## 第三节　楚庄王复封陈

〔内容简介〕宣公十年（前599），陈国大夫夏征舒射杀陈灵公。宣公十一年（前598）冬，楚庄王率诸侯讨伐夏征舒，攻入陈国，杀死了夏征舒。随后趁势灭掉陈国，将陈作为楚国的一个县。不久在楚大夫申叔时的劝谏下庄王又恢复了陈国。

（宣公十一年）冬，楚子为陈夏氏乱故伐陈<sup>①</sup>。谓陈人"无动！将讨于少西氏"<sup>②</sup>。遂入陈，杀夏征舒，辕诸栗门<sup>③</sup>。因县陈<sup>④</sup>。陈侯在晋<sup>⑤</sup>。

①楚子：楚庄王。为：因。夏氏乱：事在宣公十年（前599），陈大夫夏御叔之妻郑女夏姬色美，陈灵公与其二卿孔宁、仪行父共与之私通，且君臣公开以夏姬之子夏征舒（时已为卿）为戏，征怒而射杀灵公，自立为陈侯（据《史记》），孔宁、仪行父奔楚。

②无动：不要惊动，害怕。少西氏：指夏征舒。杜预注："少西，征舒之祖子夏之名。"

③辕（huàn）：车裂。诸：之于。栗门：陈国城门。

④因县句：趁机灭掉了陈国，把它降为楚国的一个县。因：介词，其后省"之"。县：用作动词，作为县。

⑤陈侯：指陈灵公的太子午，即陈成公。据《史记·陈杞世家》，征舒杀灵公后，太子午奔晋。

申叔时使于齐，反<sup>①</sup>，复命而退。王使让之曰<sup>②</sup>："夏征舒为不道，弑其君，寡人以诸侯讨而戮之，诸侯、县公皆庆寡人<sup>③</sup>，女独不庆寡人，何故？"对曰："犹可辞乎？"<sup>④</sup>王曰："可哉！"曰：夏征舒弑其君，其罪大矣；讨而戮之，君之义也。抑人亦有言曰：'牵牛以蹊人之田<sup>⑤</sup>，而夺之牛。'牵牛以蹊者，信有罪矣；而夺之牛，罚已重矣。诸侯之从也，曰讨有罪也<sup>⑥</sup>。今县陈，贪其富也。以讨召诸侯，而以贪归之<sup>⑦</sup>，无乃不可乎？王曰："善哉！吾未之闻也。反之可乎？"<sup>⑧</sup>对曰："吾侪小人所谓'取诸其怀而与之'也。"<sup>⑨</sup>乃复封陈⑩。乡取一人焉以归，谓之夏州⑪。

①申叔时：楚大夫。反："返"的古字。

②使：派人。让：责怪，责备。

③县公：楚国县大夫的通称，犹言县尹。

④辞：辩解，说明原因。

⑤抑：转折连词，不过。蹊（xī）：踩，走过。

⑥诸侯二句：诸侯所以随从楚国，因为说是讨伐有罪的人。

⑦以讨二句：以讨伐有罪者的名义号召诸侯，而以贪取的事实告终。

⑧反之：把陈国归还给人家。

⑨吾侪句：这就是我们小人所说的"从他怀中取出又送给他"的事情。此言于我无损而于人有恩。

⑩复封陈：重新建立陈国，即恢复陈国。

⑪乡取二句：从陈国每乡取一人集中住在楚国的一个地区，称作夏州，以此宣扬讨夏氏之武功。焉：兼词，相当"于之"，其中"之"指代陈国。归：指归于楚。夏州：地在今武汉市汉阳北。

〔附录一〕（《左传》宣公九年）（冬）陈灵公与孔宁、仪行父通于夏姬，皆衷（内穿）其祖（nì，贴身衣）服以戏于朝。泄冶（今注：陈大夫）谏曰："公卿宣淫，民无效焉，且闻不令。君其纳之（纳藏祖服）！"公曰："吾能改矣。"公告二子。二子请杀之，公弗禁，遂杀泄冶。孔子曰："《诗》云：'民之多辟，无自立辟。'其泄冶之谓乎！"①

（《左传》宣公十年）（夏）陈灵公与孔宁、仪行父饮酒于夏氏。公谓行父曰："征舒似女。"对曰："亦似君。"征舒病（恼恨）之，

---

① （清）阮元校刻：《十三经注疏（清嘉庆刊本）·春秋左传正义》第4册，第4069页。

公出，自其厩（征舒从马厩）射而杀之。二子奔楚。①

〔附录二〕（《史记·陈杞世家》）（陈）成公元年冬，楚庄王为夏征舒杀灵公，率诸侯伐陈。谓陈曰："无惊！吾诛征舒而已。"已诛征舒，因县陈而有之，群臣毕贺。申叔时使于齐来还，独不贺。庄王问其故，对曰："鄙语有之，牵牛径人田，田主夺之牛。径则有罪矣，夺之牛，不亦甚乎？今王以徵舒为贼弑君，故征兵诸侯，以义伐之，已而取之，以利其地，则后何以令于天下！是以不贺。"庄王曰："善。"乃迎陈灵公太子午于晋而立之，复君陈如故，是为成公。孔子读史记至楚复陈，曰："贤哉楚庄王！轻千乘之国而重一言。"②

〔附录三〕（《淮南子·人间训》）申叔时曰："牵牛蹊人之田，田主杀其人而夺之牛。罪则有之，罚亦重矣。今君王以陈为无道，兴兵而攻，因以诛罪人，遣人戍陈。诸侯闻之，以王为非诛罪人也，贪陈国也。盖闻君子不弃义以取利。"王曰："善！"乃罢陈之戍，立陈之后。诸侯闻之，皆朝于楚。③

## 第四节　楚庄王克郑

〔内容简介〕宣公三年（前606）春，晋国攻打楚国的盟国郑，迫使郑接受盟约，依附于晋。其夏，楚人伐郑以报之。此后楚、晋反复交兵争夺郑国，郑被迫摇摆于楚、晋之间。宣公十一年（前598）夏，郑在陈地辰陵接受了楚国的盟约，但其冬又请求事奉晋

---

① （清）阮元校刻：《十三经注疏（清嘉庆刊本）·春秋左传正义》第4册，第4071页。

② （汉）司马迁：《史记》第5册，第1580页。

③ 刘文典撰，冯逸、乔华点校：《淮南鸿烈集解》，中华书局1989年版，第608—609页。

国，故楚庄王于宣公十二年（前597）春率师围郑。三个月之后攻克郑国都门，郑襄公肉袒牵羊迎接楚庄王，表示谢罪，恳求楚庄王保留其国家。楚庄王左右皆请求灭掉郑国，楚庄王认为郑君尚能取信和使用其民，不可灭，遂许郑求和，两国订立了盟约。

（宣公）十二年春，楚子围郑①，旬有七日。郑人卜行成②，不吉。卜临于大宫，且巷出车③，吉。国人大临，守陴者皆哭④。楚子退师，郑人修城。进复围之⑤，三月克之。入自皇门，至于逵路⑥。郑伯肉袒牵羊以逆⑦，曰："孤不天⑧，不能事君，使君怀怒以及敝邑，孤之罪也。敢不唯命是听？其俘诸江南以实海滨，亦唯命⑨。其翦以赐诸侯，使臣妾之⑩，亦唯命。若惠顾前好⑪，徼福于厉、宣、桓、武，不泯其社稷⑫，使改事君，夷于九县⑬，君之惠也，孤之愿也，非所敢望也。敢布腹心，君实图之。"左右曰："不可许也，得国无赦。"⑭王曰："其君能下人，必能信用其民矣，庸可几乎？"⑮退三十里而许之平⑯。潘尪入盟，子良出质⑰。

①宣公十二年：公元前597年。楚子：楚庄王。

②卜：占卜。根据龟甲被烧后的裂纹预测吉凶的活动。行成：向楚国求和。成，和解。

③临：哭。大（tài）宫：郑祖庙。巷出车：陈车于街巷，示将迁移，不得安居。

④陴（pí）：女墙，即城墙上的矮墙。皆哭：哀哭示困以求楚怜。

⑤进复围之：楚庄王哀怜郑人皆哭而退师，郑人不服修城欲守，故进复围之。

⑥皇门：郑城门名。逵路：四通八达的大路。

⑦郑伯：郑襄公。肉袒：去衣露体，表示谢罪。牵羊：表示惶恐如就戮之羊。杜预注："肉袒牵羊，示服为臣仆。"逆：迎。

⑧不天：不能奉承天意。"天"用作动词。

⑨其俘二句：如果俘虏我到大江之南以填充海滨，我也唯命是从。其：假设连词。诸：同"之于"。江南：指海滨。实：填充，即流放。

⑩翦（jiǎn）：灭掉，指灭掉郑国。使：使诸侯。臣妾之：把郑国人当作臣妾使用。臣：男奴。妾：女奴。

⑪顾：顾念。杜预注："楚、郑世有盟誓之好。"

⑫徼（yāo）：求。厉：周厉王。宣：周宣王。桓：郑桓公，郑始封君，周厉王之子，宣王同母弟。武：郑武公，桓公之子。杜预注："愿楚要福于此四君，使社稷不灭。泯犹灭也。"

⑬夷：等同。九县：楚国灭掉小国后所置的一些县。九，虚数。楚自鲁庄公十四年（前680）至文公十六年（前611）实灭掉十一个小国置县。

⑭得国句：得到一个国家没有赦免的事情。

⑮庸可句：难道可以希望得到郑国吗？庸：副词，难道。几：通"冀"。

⑯平：讲和。杜预注："退一舍以礼郑。"

⑰潘尪（wāng）：楚大夫。子良：郑襄公弟。出质：到楚国作人质。

## 第五节　楚、晋邲之战

〔内容简介〕宣公十二年（前597）春，楚庄王率师包围了对楚有二心的郑国。晋国迟至六月才出师救郑（中途得知郑战败投降）。荀林父将中军，先縠为副；士会将上军，郤克为副；赵朔将下军，栾书为副。赵括、赵婴齐任中军大夫，巩朔、韩穿任上军大夫，荀首、赵同任下军大夫，韩厥任司马。晋师赶到黄河时得知郑已与楚媾和，荀林父等将领欲撤回，以先縠为首的主战派则主张坚决进军与楚交锋，先縠并擅自率领所属部队渡过了黄河。迫于无奈，荀林父随后也率师渡过黄河迎战。晋师渡河后驻扎在郑地敖、鄗二山之间。楚庄王率师由新郑到达郑地郔，随后又继续北上，驻扎在郑邑管以待晋师。楚师沈尹将中军，子重将左军，子反将右军。楚庄王一方面派使请求与晋师和解，另一方面又令人到阵前挑战，以疑误晋师。晋大夫魏锜、赵旃二人因对晋怀有怨恨而希望晋师战败，有意前往挑战以激怒楚师。六月十四日这天，楚师先对晋师发起进攻，荀林父不知所措，竟下令先渡河逃回者有赏，晋师遂大败而逃，荀首之子知罃被俘。到晚上时，楚师回驻到郑地郔，接着向东来到靠近黄河的郑地衡雍。在衡雍祭祀黄河之神，并筑庙向楚先君报告了战争的胜利后撤回。本年秋，晋师也撤回国内。

（宣公十二年）夏六月，晋师救郑。荀林父将中军，先縠佐之[1]；士会将上军，郤克佐之[2]；赵朔将下军，栾书佐之[3]。赵括、赵婴齐为中军大夫[4]，巩朔、韩穿为上军大夫[5]，荀首、赵同为下军大夫[6]。韩厥为司马[7]。

[1]荀林父：林父于僖公二十七年（前633）晋作三军时御戎，于文公十二年（前615）佐中军，此时代郤缺为执政大臣，将中军。先縠（hú）：《史记·晋世家》以为是先轸之子，或说当为先轸之孙先克之子。

[2]士会：晋大夫。郤克：郤缺之子。

[3]赵朔：赵盾之子。栾书：栾枝之孙，栾盾（文公十二年任将下军）之子。

[4]赵括、赵婴齐：均赵盾异母弟。赵括即屏括，赵婴齐即楼婴。

中军大夫：中军将佐所属之官。

⑤巩朔：又称巩伯、士庄伯。韩穿：韩万之后。

⑥荀首：荀林父之弟，又称知季、知庄子，为知氏之先。赵同：即原同，赵盾异母弟，赵括、赵婴齐同母兄。

⑦韩厥：即韩献子，韩万之玄孙。司马：军中执法官。

　　及河，闻郑既及楚平，桓子欲还<sup>①</sup>，曰：“无及于郑而剿民，焉用之？楚归而动，不后。”<sup>②</sup>随武子曰：“善。会闻用师，观衅而动<sup>③</sup>。德、刑、政、事、典、礼不易，不可敌也<sup>④</sup>，不为是征<sup>⑤</sup>。楚军讨郑，怒其贰而哀其卑。叛而伐之，服而舍之，德、刑成矣<sup>⑥</sup>。伐叛，刑也；柔服<sup>⑦</sup>，德也。二者立矣。昔岁入陈，今兹入郑，民不罢劳<sup>⑧</sup>，君无怨讟，政有经矣<sup>⑨</sup>。荆尸而举<sup>⑩</sup>，商农工贾不败其业<sup>⑪</sup>，而卒乘辑睦，事不奸矣<sup>⑫</sup>。蒍敖为宰，择楚国之令典<sup>⑬</sup>。军行，右辕左追蓐<sup>⑭</sup>，前茅虑无<sup>⑮</sup>，中权后劲<sup>⑯</sup>。百官象物而动，军政不戒而备<sup>⑰</sup>，能用典矣。其君之举也，内姓选于亲，外姓选于旧<sup>⑱</sup>。举不失德，赏不失劳。老有加惠，旅有施舍<sup>⑲</sup>。君子小人，物有服章<sup>⑳</sup>。贵有常尊，贱有等威<sup>㉑</sup>，礼不逆矣。德立刑行，政成事时<sup>㉒</sup>，典从礼顺，若之何敌之？见可而进，知难而退，军之善政也。兼弱攻昧，武之善经也<sup>㉓</sup>。子姑整军而经武乎<sup>㉔</sup>！犹有弱而昧者，何必楚？仲虺有言曰‘取乱侮亡’<sup>㉕</sup>，兼弱也。《汋》曰‘于铄王师<sup>㉖</sup>！遵养时晦’<sup>㉗</sup>，耆昧也<sup>㉘</sup>。《武》曰‘无竞惟烈’<sup>㉙</sup>，抚弱耆昧以务烈所<sup>㉚</sup>，可也。”

①河：黄河。桓子：荀林父的谥号。

②无及四句：没有赶上救郑而劳民，哪里用得着？等楚军返回后再对郑采取行动，不算晚。剿：“剿”的异体。劳累。动：指伐

郑，因郑降楚。

③随武子：即士会。衅：缝隙，空子。

④德：德行。刑：刑罚。政：政令。事：事业。典：法度。礼：礼仪。不易：不发生变易。

⑤不为句：不可对这样的国家征伐。为：介词，对。是：指德、刑、政、事、典、礼不易的国家。

⑥德刑句：德行、刑罚都已形成风气和制度。

⑦柔服：安抚已服者。柔：怀柔，安抚。

⑧昔岁：指宣公十一年（前598）伐陈。今兹：今年。罢：通"疲"。

⑨君无怨讟（dú）：人民对国君没有怨言。怨：恨。讟：怨言。经：常法。

⑩荆尸句：按照荆尸阵法作战。荆尸：楚武王创立的一种阵法。

⑪商贾（gǔ）：运货贩卖者称"商"，囤积营利者称"贾"。

⑫卒乘：指军队。卒：步卒。乘：兵车。辑睦：团结。辑：和睦。奸：干扰。此言各行业不相干扰。

⑬蒍（wěi）敖：即孙叔敖。宰：令尹，楚国执政大臣。令典：好的法令制度。

⑭右：右军。辕：指主帅的兵车，这里用作动词，紧随主帅的兵车。左：左军。追蓐（rù）：筹集粮草。

⑮前茅：前哨，侦察兵。茅，通"旄"。前茅遇敌情时举旄向后军示警。虑无：考虑意外。

⑯中权：中军决策。后劲：以精兵殿后。

⑰百官：各类军官。象物：按照其职责。物，指各类军官的旗帜，上画有表明其职责的标志。军政句：军中行政不待戒令即完成。戒：戒令。

⑱举：选拔人才。内姓：同姓。旧：故旧。杜预注："言亲疏

并用。"

⑲旅：旅客。施舍：赐予财物。

⑳物有句：所用之物的规格和色彩都有一定的制度，用以别尊卑。服：按身份等级所规定的服饰车马制度。章：色彩，这里指色彩的规定，等级不同则所用色彩不同。

㉑等威：等级之畏。威：通"畏"。

㉒事时：兴作合于时，不妨农。

㉓兼弱：兼并弱国。昧：指政治混乱的国家。经：方法。

㉔经武：经略武备。经：经略，整治。

㉕仲虺（huǐ）：商汤的左相，薛国祖先奚仲之后。取乱：攻取已动乱的国家。侮亡：陵侮即将亡国的昏君。引语见伪古文《尚书·仲虺之诰》。孔颖达疏："乱是已乱，亡谓将亡。二者衰甚，已将灭，其国亡形已著，无可忌惮，故陵侮其人。既侮其人，必灭其国，故以侮言之。"

㉖《汋》：《诗经·周颂》篇名。"汋"今本作"酌"。于（wù）：叹词，啊。铄：通"烁"，光辉，壮美。王师：指周武王之师。

㉗遵养句：顺从天道攻取那黑暗的国家。遵：遵从。养：取。时：通"是"。晦：昏昧，昏乱。

㉘耆（zhǐ）昧句：这是对付昏乱的方法。耆：致使。杜预注："耆，致也，致讨于昧。"

㉙《武》：《诗经·周颂》篇名。无竞：无比。惟：语气词。烈：业。杜预注："言武王兼弱攻昧，故成无疆之业。"

㉚抚弱：安抚弱国。务：致力于。烈所：功业所在处，即功业。


彘子曰："不可。晋所以霸，师武臣力也①。今失诸侯，不可谓力；有敌而不从，不可谓武。由我失霸，不如死。且成师以出，闻敌强而退，非夫也②。命为军帅，而卒以非夫③，唯群子能，我弗为也。"以中军佐济④。

①麂子：即先縠。师武：军队勇武。臣力：群臣尽力。

②夫：大丈夫。

④卒以非夫：却以不是大丈夫告终。

⑤以中句：率领中军佐所属部队渡河。

　　知庄子曰①："此师殆哉！《周易》有之，在'师'☷☵之'临'☷☱②，曰：'师出以律，否臧，凶。'③执事顺成为臧，逆为否④。众散为弱，川壅为泽⑤。有律以如己也，故曰律⑥。否臧，且律竭也⑦。盈而以竭，夭且不整⑧，所以凶也。不行之谓'临'⑨，有帅而不从，'临'孰甚焉？此之谓矣⑩。果遇必败，麂子尸之。虽免而归，必有大咎。"⑪

①知庄子：即下军大夫荀首。

②在师句：从"师"卦☷☵变为"临"卦☷☱。师：六十四卦之一，卦位为"坎"☵下、"坤"☷上（坎、坤均为八卦名，六十四卦由八卦配合而成），象征兴师动众去征伐。之：变为，变化。临：六十四卦之一，卦位为"兑"☱下、"坤"☷上，筮遇此卦可举行大享之祭，但至八月则有凶祸。按："师"卦变化为"临"卦，发生变化的部分是"师"卦的下体，即"坎"☵变为"兑"☱，发生变化的爻（爻是卦的基本符号，即阳爻—和阴爻--）为初爻（六十四卦，每卦六爻，位次自下而上，第一爻称初爻，余依次称二爻、三爻、四爻、五爻、上爻），即初爻由阴爻变成了阳爻。

③师出三句：出师要用军纪约束，不善，则有凶祸。以：用。律：军纪，法纪。否（pǐ）：不。臧：善。此三句为师卦初爻的爻辞（说明各爻要义的文辞）。

④执事：行事。顺成：顺成功之道。逆：反其道。此二句继续解释爻辞。

⑤众散为弱："坎"代表民众，"兑"代表柔弱，由"坎"变为"兑"，故言众散为弱。川壅为泽："坎"又代表河川，"兑"又代表沼泽，"坎"变为"兑"，象征河川壅塞为泽，故言川壅为泽。此二句是对卦象（一卦象征的事物）的解释。

⑥有律二句：有军纪是为了约束军队像自己一人那样行动，所以称作"律"。己：指主帅。

⑦且：将。竭：穷尽。杜预注"竭，败也。"孔颖达疏："水之竭似法之败，故云'竭，败也'。"

⑧盈：充满。天：阻塞。杜预注："水遇天塞，不得整流则竭涸也。"此两句比喻军队的纪律受到破坏，将会导致失败。

⑨不行句：不能通行叫作"临"。"临"卦的下体"兑"代表沼泽，不能流动，故言"不行之谓临"。

⑩"临"孰二句："临"哪有比这更严重的？说的就是这种情况。此：指彘子违命的事。

⑪尸之：负主要责任。尸：主。免：指免于战死。大咎：大祸。杜预注："为明年晋杀先縠传。"

韩献子谓桓子曰："彘子以偏师陷①，子罪大矣。子为元师，师不用命，谁之罪也？失属亡师②，为罪已重，不如进也。事之不捷，恶有所分③，与其专罪，六人同之，不犹愈乎？"④师遂济。

①韩献子：即韩厥。偏师：全军的一部分，对主力而言。陷：指陷入敌阵。

②属：指郑国。彘子败，郑必叛晋投楚，故言失属。师：指先縠所率的军队。

③事：指战事。之：助词。用于主语和谓语之间，含假设之意。恶：指失败的责任。分：分担。

④专罪：指由元帅一人承担罪责。犹：更。愈：强一些。

楚子北，师次于郔①。沈尹将中军②，子重将左，子反将右③，将饮马于河而归。闻晋师既济，王欲还，嬖人伍参欲战④。令尹孙叔敖弗欲，曰："昔岁入陈，今兹入郑，不无事矣⑤。战而不捷，参之肉其足食乎？"⑥参曰："若事之捷，孙叔为无谋矣。不捷，参之肉将在晋军，可得食乎？"令尹南辕反旆⑦，伍参言于王曰："晋之从政者新，未能行令⑧。其佐先縠刚愎不仁，未肯用命。其三帅者专行不获，听而无上，众谁适从⑨？此行也，晋师必败。且君而逃臣，若社稷何？"王病之，告令尹改乘辕而北之，次于管以待之⑩。

①楚子：楚庄王。北：挥师北上。郔（yán）：郑地，在今河南郑州南。一说郔即廪延。

②沈尹：即孙叔敖，一说沈尹与孙叔敖为两人。

③子重：公子婴齐之字，庄王弟，后继孙叔敖为令尹。左：左军。子反：公子侧之字，后为大司马。右：右军。

④嬖人：宠臣。杜预注："参，伍奢之祖父。"令尹：楚执政大臣。

⑤孙叔敖：即蔿敖，蔿贾之子。不无事：意即太多事。事，指战事。

⑥参之句：伍参的肉难道够吃吗？此言即使吃掉伍参的肉也不足以抵罪。其：语气副词，难道。

⑦南辕：调车辕向南。反旆：大旗反向指南，准备返回楚国。

⑧从政者：指荀林父。新：指执政时间不长。荀林父为执政大臣不过数月。未能行令：不能顺利发号施令。

⑨专行不获：专行己意不能获得一致。荀林父、士会等主张撤

回，先縠等主张战，很不统一。听而二句：军队要听命却得不到上级的统一指挥，大家不知道服从谁好。

⑩病之：感到耻辱。病，意动用法。管：郑邑名，故址在今河南郑州。

晋师在敖、鄗之间①。郑皇戌使如晋师，曰："郑之从楚，社稷之故也，未有二心。楚师骤胜而骄②，其师老矣，而不设备，子击之，郑师为承，楚师必败。"彘子曰："败楚服郑，于此在矣，必许之！"栾武子曰："楚自克庸以来，其君无日不讨国人而训之，于民生之不易、祸至之无日③，戒惧之不可以怠。在军，无日不讨军实而申儆之④，于胜之不可保、纣之百克而卒无后⑤，训之以若敖、蚡冒筚路蓝缕以启山林⑥。箴之曰⑦：'民生在勤，勤则不匮。'不可谓骄。先大夫子犯有言曰：'师直为壮，曲为老。'我则不德而徼怨于楚⑧，我曲楚直，不可谓老。其君之戎分为二广⑨。广有一卒，卒偏之两⑩。右广初驾，数及日中，左则受之，以至于昏⑪。内官序当其夜⑫，以待不虞，不可谓无备。子良，郑之良也；师叔，楚之崇也⑬。师叔入盟，子良在楚⑭，楚、郑亲矣。来劝我战，我克则来，不克遂往，以我卜也⑮，郑不可从。"赵括、赵同曰："率师以来，唯敌是求。克敌得属⑯，又何俟？必从彘子！"知季曰："原、屏，咎之徒也。"⑰赵庄子曰："栾伯善哉！实其言，必长晋国。"⑱

①敖、鄗（qiāo）：二山名，在今河南荥阳市境内。

②皇戌：郑大夫。骤：屡次。

③栾武子：即栾书。讨：治理。训：告诫。于：用法同"以"，与其后两个词组一起组成介词结构作"训"的补语。

④讨：这里义为整顿。军实：军备。申儆：反复告诫。

⑤不可保：不可长久保持。纣：商纣王。百克：多次打胜仗。无后：绝后。

⑥若敖、蚡冒：皆楚先君。筚路：柴车。蓝缕：破衣服。启山林：开辟山林。此形容创业的艰辛。

⑦箴（zhēn）：劝告，劝戒。

⑧则：副词，确认事实，义同"实"。不德：指以武力争取诸侯。徼（yāo）：求，此处义为"结"。

⑨戎：军队，此处指楚庄王的亲兵。广（guàng）：楚兵车编制单位，十五乘为一广。

⑩广有二句：每广配有一卒步兵，卒设有偏、偏设有两。卒、偏、两：均为军队编制单位。之：有。一卒设有两偏，一偏设有二两。"卒偏之两"义为"卒之偏、偏之两"，"卒偏"之间蒙后省去"之"。杜预注："十五乘为一广。《司马法》：百人为卒，二十五人为两。车十五乘为大偏。今广十五乘，亦用旧偏法，复以二十五人为承副。"洪亮吉《春秋左传诂》："服虔云：'左、右广各十五乘。百人为卒，言广有一卒为承也。五十人为偏，二十五人曰两。广既有一卒为承，承有偏，偏有两，故曰卒偏之两。'（《周礼》疏）杜《注》据《司马法》，与周制不合，当从服说。"

⑪右广四句：右广每天先驾车警戒，计时到了正午，左广即接替之，一直值班到天黑。初：指一天的开始。数：数时刻。

⑫内官：指楚王的近臣。序：依次。当其夜：值夜班。

⑬子良：即公子去疾，贤大夫。师叔：即潘尪。崇：受尊崇的大夫。

⑭入盟：到郑国订立盟约。在楚：在楚国作人质。

⑮以我句：根据我们的胜负决定他们的去从。意即晋胜则从晋，晋败则从楚。卜：古人以占卜决定大事，此处义为决定。

⑯得属：得到属国。属，指郑国。

⑰知季：即下军大夫荀首。原：即赵同。屏：即赵括。咎之徒：招祸之徒。咎：灾祸。杨伯峻注以为"徒"借为"涂"，"咎之徒"犹云实行赵括、赵同之言乃自取殃咎之道。

⑱赵庄子：即下军帅赵朔。实：实行。长晋国：对晋国有益。杜预注以为此句意指栾书当执晋国之政。

　　楚少宰如晋师①，曰："寡君少遭闵凶，不能文②。闻二先君之出入此行也③，将郑是训定，岂敢求罪于晋？二三子无淹久！"④随季对曰："昔平王命我先君文侯曰⑤：'与郑夹辅周室，毋废王命！'今郑不率⑥，寡君使群臣问诸郑，岂敢辱候人？敢拜君命之辱。"⑦彘子以为谄，使赵括从而更之，曰："行人失辞⑧。寡君使群臣迁大国之迹于郑⑨，曰'无辟敌！'群臣无所逃命。"⑩

①少宰：官名，太宰之副。

②闵凶：忧患。闵：忧。不能文：不善于外交辞令。

③二先君：指庄王之父穆王及祖父成王。出入此行：来往于此道。

④郑是训定：即训定郑，宾语"郑"前置。训定：教训安定。二三子：指晋诸将。无淹久：不必久留。淹久，同义连用。

⑤随季：即上军帅士会。文侯：晋文侯，在位时间当周幽王、平王时期。

⑥不率：指不遵从王命。率：遵循，遵从。

⑦岂敢二句：岂敢使候人屈驾？谨拜谢楚君的赐命。辱：使蒙辱，表敬的说法。候人：道路迎送宾客之官，此处指楚使臣少宰。杜预注以为候人指伺候望敌者。

⑧谄：谄媚，奉承。行人：使者的通称。因随季出面作答，故

以行人称之。失辞：误对。

⑨寡君句：寡君要使我们群臣把大国的足迹从郑国迁移出去。迁大国之迹：驱逐楚军的委婉说法。

⑩无所逃命：没有地方逃避命令，意即非战不可。

楚子又使求成于晋，晋人许之，盟有日矣①。楚许伯御乐伯，摄叔为右，以致晋师②。许伯曰："吾闻致师者，御靡旌摩垒而还。"③乐伯曰："吾闻致师者，左射以菆④，代御执辔，御下两马掉鞅而还。"⑤摄叔曰："吾闻致师者右入垒，折馘执俘而还。"⑥皆行其所闻而复。晋人逐之，左右角之。乐伯左射马而右射人，角不能进⑦。矢一而已，麋兴于前，射麋丽龟⑧。晋鲍癸当其后⑨，使摄叔奉麋献焉⑩，曰："以岁之非时，献禽之未至，敢膳诸从者。"⑪鲍癸止之，曰："其左善射，其右有辞⑫，君子也。"既免⑬。

①成：和解。盟有日：结盟已定下日期。

②许伯、乐伯、摄叔：均楚大夫。致晋师：向晋师挑战，指单车挑战。孔颖达疏："楚子既求成，而又令挑战，示其不欲崇和，以疑误晋之群师。"

③御：驾车。靡旌：偃旗疾驱。摩垒：迫近敌军营垒。

④左射三句：车左用良箭向敌营射去，然后代替车御执辔驾车，车御则下车调整马匹、理顺马鞍后再返回来。如此做以示其从容不惧。左：车左。古兵车位尊者居左，称车左；车御居中（国君或主帅在车时则居中，车御居左）；车右（骖乘）居右。菆（zōu）：好箭。

⑤两马：调整套绳使服马与服马对齐、骖马与骖马对齐。两：捔的古字，整饰。鞅：套在马胸部的皮带。

⑥右入垒：车右只身冲入敌人营垒。折：割，断。馘：左耳。

执俘：生擒敌人。

⑦角：夹攻。角：指晋师夹攻的左右翼。

⑧矢一三句：箭仅剩一支了，这时有只麋出现在前边，乐伯射麋正中其背。麋：鹿的一种，俗称"四不像"。兴：出现。丽：附着，射中。龟：兽类背部隆高处。

⑨鲍癸：晋大夫。当其后：正从乐伯之后追赶上来。

⑩此句主语为乐伯。焉：相当"于之"，其中"之"指代鲍癸。

⑪以岁三句：因今年还不到时令，应奉献的禽兽没有送到，谨先以此进献给您的随从者作为膳食吧！膳：动词，进献食物。

⑫止之：制止其属追赶。有辞：善于辞令。

⑬既免：指乐伯等三人全免于被俘。既：尽。


晋魏锜求公族未得而怒①，欲败晋师。请致师，弗许。请使②，许之。遂往，请战而还。楚潘党逐之，及荧泽，见六麋，射一麋以顾献③，曰："子有军事，兽人无乃不给于鲜，敢献于从者。"④叔党命去之⑤。赵旃求卿未得，且怒于失楚之致师者⑥，请挑战，弗许。请召盟，许之，与魏锜皆命而往⑦。郤献子曰："二憾往矣⑧，弗备必败。"彘子曰："郑人劝战，弗敢从也；楚人求成，弗能好也。师无成命⑨，多备何为？"士季曰："备之善。若二子怒楚，楚人乘我⑩，丧师无日矣，不如备之。楚之无恶，除备而盟，何损于好？若以恶来，有备不败。且虽诸侯相见，军卫不彻，警也。"⑪彘子不可。士季使巩朔、韩穿帅七覆于敖前⑫，故上军不败。赵婴齐使其徒先具舟于河，故败而先济。

①魏锜：晋魏犨之子，又称吕锜、厨武子。公族：即公族大夫，掌管公族及卿大夫子弟的官员。

②请使：请求出使楚军。

③潘党：楚大夫潘尫之子。荥泽：即荥泽，古泽薮名，西汉以后淤为平地，故址在今河南郑州西北古荥北。顾献：回车献给潘党。

④兽人二句：兽人恐怕不能满足您对新鲜禽兽的需求，谨将此献给您的随从。兽人：掌畋猎之官。给：足。鲜：新杀的禽兽。

⑤叔党：即潘党。命去之：命部下离去不追。

⑥赵旃：上军大夫赵穿之子。失：放走。

⑦召盟：召请楚人前来结盟。此句与上文"盟有日矣"相应。命：受命。

⑧郤献子：即上军佐郤克。二憾：两个怀恨的人，指魏锜与赵旃。憾：恨。

⑨成命：既定的战略。

⑩士季：即士会。乘：乘无备之机进攻。

⑪且虽三句：况且即使诸侯以和好相见，军队的防卫也不撤除，这就是警惕。彻：通"撤"。

⑫七覆：七队伏兵。敖：即上文"晋师在敖、鄗之间"之敖，山名。


潘党既逐魏锜①，赵旃夜至于楚军②，席于军门之外，使其徒入之③。楚子为乘广三十乘④，分为左右。右广鸡鸣而驾，日中而说⑤。左则受之，日入而说。许偃御右广，养由基为右⑥。彭名御左广，屈荡为右⑦。乙卯，王乘左广以逐赵旃。赵旃弃车而走林，屈荡搏之⑧，得其甲裳。晋人惧二子之怒楚师也，使軘车逆之⑨。潘党望其尘，使骋而告曰："晋师至矣！"楚人亦惧王之入晋军也，遂出陈⑩。孙叔曰："进之！宁我薄人，无人薄我⑪。《诗》云'元戎十乘，以先启行'，先人也⑫。《军志》曰'先人有夺人之心'⑬，薄之也。"遂疾进师，车驰卒奔，乘晋军⑭。桓子不知所为，鼓于军中曰："先济者有赏！"中军、下军争舟，舟中之指可掬也⑮。

①既逐魏锜：赶走魏锜之后。杜预注："言魏锜见逐而退。"

②杜预注："二人虽俱受命而行不相随，赵旃在后至。"

③席：用作动词，铺席而坐，以示无所畏惧。入之：入于军门。

④乘广：兵车名。

⑤说（shuì）：通"税"，止息，休息。

⑥许偃：楚大夫。御右广：驾御右广的指挥车。养由基：楚大夫，善射。

⑦彭名：楚大夫。屈荡：楚大夫，屈瑕之后，屈建祖父。杜预注："楚王更迭载之，故各有御、右。"

⑧一说为六月十四日。搏之：与赵旃搏斗。

⑨軘（tún）：兵车的一种，防守所用。逆：迎接。

⑩入：陷入。陈："阵"的古字，摆开阵势。

⑪孙叔：即令尹孙叔敖。薄：迫近，进逼。

⑫元戎：大型兵车。启行：打破敌人的行阵。引诗见《诗经·小雅·六月》。先人：先发制人。

⑬《军志》：古兵书。

⑭乘：进攻。

⑮先济：指抢先渡河逃回。舟中句：舟中被斩断的手指多得可用两手掬起来。晋师先登者恐船沉，故以刀斩后攀者之手，致使许多手指落入舟中。


晋师右移①，上军未动。工尹齐将右拒卒以逐下军②。楚子使唐狡与蔡鸠居告唐惠侯曰③："不谷不德而贪，以遇大敌，不谷之罪也。然楚不克，君之羞也，敢藉君灵以济楚师。"④使潘党率游阙四十乘，从唐侯以为左拒，以从上军⑤。驹伯曰："待诸乎?"⑥随季曰："楚师方壮，若萃于我，吾师必尽，不如收而去之。分谤生民⑦，不亦可乎?"殿其卒而退⑧，不败。

①右移：向右方转移。右：西边。晋军的西边靠近黄河。

②工尹齐：楚大夫。右拒卒：右拒的兵卒。右拒及下文的左拒均为阵名，方形。下军：指晋下军。

③唐狡、蔡鸠居：均楚大夫。唐惠侯：唐国之君。唐：附楚小国，地在今湖北随县西北唐县镇。

④灵：威灵。济：帮助。

⑤游阙：机动兵车，巡游于战场，以备急需。从上军：指追击晋上军。

⑥驹伯：杜预注以为即上军佐郤克，杨伯峻注以为是郤克之子郤锜。待：此处义为迎战。

⑦分谤：分担罪名。谤：指责别人的错误、罪过，此处指失败的罪名。生民：使人生存下来，即使士卒免于战死。杜预注："同奔为分谤，不战为生民。"

⑧殿其卒：士会亲自为上军殿后。

王见右广，将从之乘①。屈荡户之，曰："君以此始②，亦必以终。"自是楚之乘广先左③。

①从之乘：上右广兵车乘坐。

②户：阻止。以此始：乘坐左广开始作战。

③先左：以左广居先。

晋人或以广队不能进，楚人惎之脱扃①，少进，马还，又惎之拔旆投衡②，乃出。顾曰："吾不如大国之数奔也。"③

①晋人二句：晋军有一兵车陷入泥坑不能前进，楚军士兵教他们去掉车前的横木。广：兵车。队："坠"的古字。恭（jì）：教，指点。扄（jiōng）：车前拦挡的横木。

②还：盘旋不进。拔旆：拔掉大旗。投衡：将所拔之旗投挂在横木上。衡：车辕头上的横木。杜预注："拔旗投衡上，使不帆风，差轻。"

③顾曰二句：晋军回过头来笑着说："我们可赶不上你们大国多次战败逃跑（富有经验）啊！"数奔：屡次逃跑。此属玩笑之语，讥笑楚军多次打败仗，富有逃跑经验。


　　赵旃以其良马二济其兄与叔父，以他马反①。遇敌不能去，弃车而走林。逢大夫与其二子乘，谓其二子无顾②。顾曰："赵傁在后。"③怒之，使下，指木曰："尸女于是。"④授赵旃绥以免⑤。明日，以表尸之，皆重获在木下⑥。

①济：帮助。以他马反：用别的马驾车而归。

②逢大夫：晋大夫，姓逢。乘：驾车路过。无顾：别回头看。杜预注："不欲见赵旃。"盖当时军纪，遇大夫必搭救，因车不能容多人，救赵旃必舍己子，故逢大夫戒其二子勿回顾，恐望见赵旃，不得不救。

③赵傁：犹赵老。傁：同"叟"，老人。

④尸女：义为收你们的尸首。尸，用作动词，收尸。

⑤绥：系于车上用作登车拉手的绳套。免：免于难。

⑥以表：按照标记。表：标记。尸之：收二子之尸。重获：兄弟之尸双双被找到。重：双双。杜预注以为"重"指兄弟累尸而死。


　　楚熊负羁囚知罃。知庄子以其族反之①，厨武子御②，下军之士多从之。每射，抽矢菆纳诸厨子之房③。厨子怒曰：

"非子之求而蒲之爱，董泽之蒲，可胜既乎？"④知季曰："不以人子，吾子其可得乎？吾不可以苟射故也。"⑤射连尹襄老，获之⑥，遂载其尸。射公子谷臣，囚之。以二者还⑦。

及昏，楚师军于邲⑧。晋之余师不能军，宵济，亦终夜有声⑨。

①熊负羁：楚大夫。知罃：下军大夫知庄子之子。以：率领。族：家兵。反之：返回救知罃。

②厨武子：即魏锜。

③抽矢二句：抽到好箭，则装进厨武子的箭袋。矢菆（zōu）：箭中良好者。房：箭袋。

④非子三句：不搭救儿子却舍不得蒲柳，董泽的蒲柳难道用得完吗？蒲：蒲柳，做箭杆的材料，这里指箭。董泽：晋地名，在今山西闻喜东北。胜既：同义连用，穷尽。

⑤（不）以：动词，捉拿。苟：随便。

⑥连尹襄老：楚大夫。连尹，官名，一说连为地名，尹为连地的长官；襄老，人名。获之：获得其尸。

⑦公子谷臣：楚王之子。以：动词，带着。

⑧邲（bì）：郑地，在今河南郑州市荥阳市北。

⑨不能军：溃不成军。杜预注："不能成营屯。"亦终夜：通夜。亦终，同意连用。亦：通"奕"，累。

丙辰，楚重至于邲，遂次于衡雍①。潘党曰："君盍筑武军而收晋尸以为京观②？臣闻克敌必示子孙，以无忘武功。"楚子曰："非尔所知也。夫文，止戈为武③。武王克商。作《颂》曰④：'载戢干戈，载櫜弓矢⑤，我求懿德，肆于时夏⑥，允王保之。'⑦又作《武》⑧，其卒章曰：'耆定尔功.'⑨其三曰⑩:'铺时绎思,我徂惟求定.'⑪其六曰:'绥万邦,屡丰年.'⑫夫武,禁暴、戢兵、保大、定功、安民、和众、丰财者也⑬.故使子孙无忘其章⑭.今我使二国暴骨,暴矣;观兵以威诸侯⑮,兵不戢矣.暴而不戢,安能保大?犹有晋在,焉得定功?所违民欲犹多,民何安焉?无德而强争诸侯,何以和众?利人之几而安人之乱,以为己荣,何以丰财⑯?武有七德,我无一焉,何以示子孙?其为先君宫,告成事而已.武非吾功也⑰.古者明王伐不敬,取其鲸鲵而封之,以为大戮,于是乎有京观以惩淫慝⑱.今罪无所,而民皆尽忠以死君命,又可以为京观乎?"⑲祀于河,作先君宫,告成事而还⑳.

①丙辰:何日不详,一说为六月十五日.重:辎重.衡雍:郑地名,在今河南原阳西.

②盍:何不.武军:积败军之尸封土成垒,称作武军.京观:又称京丘,积败军之尸,在其上封土成高丘形,称作京观,用以炫耀武功.《汉书·翟方进传》:"盖闻古者伐不敬,取其鲲鲵筑武军,封以为大戮,于是乎有京观以惩淫慝……其取反虏逆贼之鲲(同'鲸')鲵,聚之通路之旁,濮阳、无盐、圉、槐里、盩厔凡五所,各方六丈,高六尺,筑为武军,封以为大戮,荐(聚)树之棘,建表木,高丈六尺.书曰:'反虏逆贼鲲鲵在所.'"颜师古注:"鲲鲵,大鱼为害者也.以此比敌人之勇桀者.京,高丘也.观,谓如阙形也."

③文:指字形结构.止戈为武:止、戈二字组成武字.此根据篆文"武"字的结构说明能制止战争才算是武功.甲骨文武字作𢧐,上为戈,下为足,像人持戈行动.

④《颂》:《诗经·周颂》.以下引诗见《周颂·时迈》篇,诗

意言武王偃武修文以德治天下。

⑤载：副词，义同乃。戢（jí）：收藏。櫜（gāo）：盛盔甲或弓箭的袋子，此处用作动词，义为收藏。

⑥懿：美。肆：遍布，流布。时：通"是"，此。夏：华夏，中国。

⑦允王句：必能称王保天下。允：副词，诚，必。

⑧《武》：《周颂》中的一篇。

⑨耆：致。定：建立。尔：此。戴震《毛郑诗考证》："尔，犹此也。"杜预注："言武王诛纣，致定其功。"今《武》仅存一章，引诗为其末句。

⑩其三：指《武》第三章，下文"其六"指《武》第六章。按：今本《诗经·周颂》中的《我将》《武》等六篇，高亨以为即原《武》（高氏称《大武》）中的六章。高亨《诗经今注》："《大武》有舞有歌，舞分六场，歌分六章。舞的内容：一场象征武王带兵出征，歌《我将》篇；二场象征灭亡殷国，歌《武》篇；三场象征征伐南国，歌《赉》篇……六场象征班师还朝，歌《桓》篇。战国人说《大武》是武王、周公所作。这六篇原是一篇的六章，今本分为六篇，而且篇次已错乱。"

⑪铺时二句：布施教化持续不停，我去征伐唯求安定。铺：今本作"敷"，布。时：此，指教化政令。绎：连续不断。思：语气词，义同"兮"。徂：往，指往伐纣。一说指往伐南国。维：同"唯"。引诗见今本《周颂·赉》。

⑫屡丰年：屡致丰年。杜预注："言武王既安天下，数致丰年。"引诗见今本《周颂·桓》。

⑬戢兵：止息战争。保大：指保有国家，一说指保持强大。丰财：增加资财。杜预注："此武七德。"

⑭其章：指以上记载七种武德的四章诗。杜预注："著之篇章，

使子孙不忘。"孔颖达疏："杜以不忘其章，谓子孙不忘上四篇之诗，故云'著之篇章，使子孙不忘'。必知然者，以文承武王克商作《颂》之后，文连四篇诗义，故以为'著之篇章'。"一说"章"指显赫的功业。王引之《经义述闻》："家大人曰：'凡功之显著者谓之章。'"

⑮观兵：炫耀武力。威诸侯：威胁诸侯。

⑯几：危。杜预注："几，危也。"何以丰财：杜预注："兵动则年荒。"

⑰其为三句：还是修建先君的宗庙，祭告战争获胜就是了，武功谈不上是我的功业。其：祈使语气副词。宫：宗庙。孔颖达疏："《礼记·曾子问》称：'古者师行，必以迁庙主行，载于齐（斋）车，言必有尊也。'《尚书·甘誓》云'用命赏于祖'，谓迁庙之祖主也。为先君宫，为此迁主作宫，于此祀之。"

⑱明王：贤明的君王。鲸鲵：即鲸，其雄称鲸，雌称鲵。此喻凶恶之人。封之：将其尸首堆积封埋。大戮：大型杀戮。愿（tè）：邪恶。

⑲今罪三句：现在罪无所归，晋人都是尽忠为执行君命而战死的，难道可以用他们建造京观吗？罪无所：即罪无所归，此言不应加罪于无辜的晋军士卒。

⑳先君宫：楚先王之庙。成事：指获胜。


秋，晋师归，桓子请死，晋侯欲许之①。士贞子谏曰②："不可。城濮之役，晋师三日谷③，文公犹有忧色。左右曰：'有喜而忧，如有忧而喜乎？'④公曰：'得臣犹在，忧未歇也。困兽犹斗，况国相乎？'⑤及楚杀子玉，公喜而后可知也，曰：'莫余毒也已。'⑥是晋再克而楚再败也，楚是以再世不竞⑦。今天或者大警晋也，而又杀林父以重楚胜⑧，其无乃久不竞乎⑨？林父之事君也，进思尽忠，退思补过，社稷之卫也，若之何杀之⑩？夫其败也，如日月之食焉，何损于明？"晋侯使复其位。

①桓子请死：此役战败，晋军伤亡众多，影响重大，故桓子请死以抵罪。晋侯：晋景公。

②士贞子：又称士贞伯、士渥浊等，随会的族子。《史记·晋世家》记作随会。

③三日谷：城濮之战，楚军大败，晋军获其屯粮，连食三日。谷：用作动词，食谷。

④有喜二句：有了喜事却忧愁起来，那么如果有了忧愁却反而欢喜吗？杜预注："言忧喜失时。"

⑤得臣：即子玉，楚令尹，城濮之战中的楚军主帅。歇：停止，消除。国相：指得臣。

⑥莫余句：没有人再危害我了。毒：危害。

⑦再：第二次。再世：两世，指楚成王与楚穆王两代。不竞：不强。

⑧天：上天。或者：或许。大警晋：对晋发出严重警告。重：增加。

⑨其无句：这恐怕会造成长期不能强盛的后果？无乃：语气副词。

⑩若之何：固定结构，怎么能。

〔附录一〕（《左传》宣公十三年）秋，赤狄伐晋，及清（晋地），先縠召之（邲战不得志，故召狄欲为变）也。冬，晋人讨（追究）邲之败与清之师，归罪于先縠而杀之，尽灭其族。君子曰："恶之来也，己则取之，其先縠之谓乎？"①

---

① （清）阮元校刻：《十三经注疏（清嘉庆刊本）·春秋左传正义》第4册，第4093页。

〔附录二〕（《史记·晋世家》）（景公）三年，楚庄王围郑，郑告急晋。晋使荀林父将中军，随会将上军，赵朔将下军，郤克、栾书、先縠、韩厥、巩朔佐之。六月，至河。闻楚已服郑，郑伯肉袒与盟而去，荀林父欲还。先縠曰："凡来救郑，不至不可，将率离心。"卒度河。楚已服郑，欲饮马于河为名而去。楚与晋军大战。郑新附楚，畏之，反助楚攻晋。晋军败，走河，争度，船中人指甚众。楚虏我将智罃。归而林父曰："臣为督将，军败当诛，请死。"景公欲许之。随会曰："昔文公之与楚战城濮，成王归杀子玉而文公乃喜。今楚已败我师，又诛其将，是助楚杀仇也。"乃止。

　　四年，先縠以首计（为首主战）而败晋军河上，恐诛，乃奔翟，与翟谋伐晋。晋觉，乃族縠。縠，先轸子也。①

　　〔附录三〕（《新书·先醒》）昔楚庄王即位，自静三年，以讲得失，乃退辟邪而进忠正，能者任事而后在高位，内领国政，辟草而施教（垦土），百姓富，民恒一，路不拾遗，国无狱讼。当是时也，周室坏微，天子失制矣，宋郑无道，欺昧诸侯。庄王围宋伐郑，郑伯肉袒牵羊，奉簪（去冠退位）而献国。庄王曰："古之伐者，乱则整之，服则舍之，非利之也。"遂弗受，乃与晋人战于两棠（即泌地），大克晋人，会诸侯于汉阳（姬姓国名，在汉水北），申天子之辟（法）禁，而诸侯说服。庄王归过申侯（申国国君，申国于庄王六年被楚灭）之邑，申侯进饭，日中而王不食。申侯请罪曰："臣斋而具食甚洁，日中而不饭，臣敢请罪。"庄王喟然叹曰："非子之罪也。吾闻之曰：'其君贤君也，而又有师者王；其君中君也，而又有师者伯；其君下君也，而群臣又莫若者亡（群臣莫己若者）。'今我下君也，而群臣又莫若不谷，恐亡有也。吾闻之：

---

　　① （汉）司马迁：《史记》第 5 册，第 1677 页。

'世不绝贤。'天下有贤，而我独不得，若吾生者，何以食为？"故庄王战服大国，义从诸侯，戚然忧恐，圣智在身而自错（置于）不肖，思得贤佐，日中忘饭，可谓明君矣。此之谓"先痐所以存亡"，此先醒者也。[1]

〔附录四〕（《说苑·复恩》）楚庄王赐群臣酒，日暮酒酣，灯烛灭，乃有人引美人之衣者。美人援绝其冠缨，告王曰："今者烛灭，有引妾衣者，妾援得其冠缨持之，趣（通'取'）火来上，视绝缨者。"王曰："赐人酒，使醉失礼，奈何欲显妇人之节而辱士乎？"乃命左右曰："今日与寡人饮，不绝冠缨者不欢。"群臣百有余人皆绝去其冠缨而上火，卒尽欢而罢。居三（或作二）年，晋与楚战，有一臣常在前，五合五获首（斩获敌人之首），却敌，卒得胜之。庄王怪而问曰："寡人德薄，又未尝异子（特别待您），子何故出死不疑如是？"对曰："臣当死，往者醉失礼，王隐忍不暴而诛也；臣终不敢以荫蔽之德（受了遮蔽的恩德）而不显报王也。常愿肝脑涂地，用颈血湔（通'溅'）敌久矣。臣乃夜绝缨者也。"遂斥（击败）晋军，楚得以强。此有阴德者必有阳报也。[2]

## 第五节　楚庄王伐宋

〔内容简介〕宣公十二年（前597）冬，楚庄王伐宋邑萧，宋人救萧。宣公十三年（前596）夏，庄王因宋人救萧而伐宋。宣公十四年（前595）夏，庄王派大夫申舟出使齐国，同时令其经过宋国时不要借道，有意挑衅以图再次伐宋。申舟过宋时因未借道而为宋

---

①　（汉）贾谊：《新书》，（汉）扬雄：《法言》，上海古籍出版社1989年版，第51—52页。

②　（汉）刘向撰，向宗鲁校注：《说苑校证》，中华书局1987年版，第125—127页。

所杀，秋九月，庄王包围了宋国。宣公十五年（前594）春，宋人向晋国告急，晋人未出师，仅派使告宋勿降。夏五月，宋被迫与楚媾和，双方互派人质并订立了"我无尔诈，尔无我虞"的盟约。

　　（宣公十四年夏）楚子使申舟聘于齐①，曰："无假道于宋。"亦使公子冯聘于晋②，不假道于郑。申舟以孟诸之役恶宋③，曰："郑昭宋聋④，晋使不害，我则必死。"王曰："杀女，我伐之。"见犀而行⑤。及宋，宋人止之。华元曰："过我而不假道，鄙我也⑥。鄙我，亡也。杀其使者，必伐我。伐我，亦亡也。亡一也。"乃杀之。楚子闻之，投袂而起⑦，屦及于窒皇，剑及于寝门之外，车及于蒲胥之市⑧。秋九月，楚子围宋。

　　①楚子：楚庄王。申舟：楚左司马，又称文无畏、文之无畏，楚文王之后。

　　②公子冯（píng）：楚公子。

　　③孟诸之役：指在孟诸田猎。孟诸：宋泽薮名，在今河南商丘东北。文公十年冬，楚穆王会陈、郑、蔡三国诸侯将伐宋，宋昭公表示屈服，并陪穆公田猎于孟诸。其间昭公违命，申舟鞭笞其车御，得罪了宋国。

　　④昭：指明事理。聋：指不知进退。

　　⑤见犀：申舟使犀见于楚王。见：使动用法。犀：申舟之子。杜预注："以子托王，示必死。"

　　⑥华元：宋公族大夫，华督曾孙。鄙我：把我国当成了楚国的边邑。鄙：边邑，此处为意动用法。

　　⑦投袂（mèi）：意即拂袖。袂：衣袖。杜预注："投，振也。"陈奇猷《吕氏春秋校释·行论》："削之本义为刀室，所以套刀者，引申其义则以物套入某物之中谓之削……此文'削袂'者，谓两手

套入衣袖之中，正形容庄王消闲自得之状。"一说"投袂"义为扔掉衣袖。孔广森《经学卮言》："削，裁也。投袂，投其所削之袂也。《左氏·宣十四年传》文未备，杜氏遂以投为振，壹若拂袖之义，误已。"孔说似非。庄王为一国之君而亲自裁缝，于理难通。

⑧屦及三句：跑到前庭时才穿上鞋子，跑到寝门之外时才带上佩剑，跑到蒲胥之市时才坐上车。屦（jù）：鞋子。"屦"及下文的"剑、车"均用作动词。窒皇：君主正寝的前庭。蒲胥之市：市名。以上三句形容庄王未及穿鞋、佩剑、坐车就徒步奔出宫外发兵的急切心情。鞋、剑、车都是由人随后送上的。

（宣公十五年春）宋人使乐婴齐告急于晋①，晋侯欲救之。伯宗曰②："不可。古人有言曰：'虽鞭之长，不及马腹。'天方授楚，未可与争。虽晋之强，能违天乎？谚曰：'高下在心。'③川泽纳污，山薮藏疾，瑾瑜匿瑕，国君含垢④，天之道也。君其待之！"乃止。使解扬如宋⑤，使无降楚，曰："晋师悉起，将至矣。"郑人囚而献诸楚⑥。楚子厚赂之，使反其言，不许，三而许之⑦。登诸楼车，使呼宋人而告之，遂致其君命⑧。楚子将杀之，使与之言曰："尔既许不谷而反之，何故？非我无信，女则弃之，速即尔刑。"对曰："臣闻之，君能制命为义，臣能承命为信，信载义而行之为利⑨。谋不失利，以卫社稷，民之主也。义无二信，信无二命⑩。君之赂臣，不知命也⑪。受命以出，有死无霣，又可赂乎？臣之许君，以成命也⑫。死而成命，臣之禄也。寡君有信臣，下臣获考死⑬，又何求？"楚子舍之以归⑭。

①乐婴齐：宋大夫，华元的族弟。

②伯宗：晋大夫，孙伯纠之子。

③授：佑助，保佑。高下句：伸缩都在于心的运用。杜预注："度时制宜。"

④疾：指毒虫瘴气等。匿瑕：隐藏有斑点。含垢：指能忍耻。

⑤解扬：晋大夫。

⑥郑人囚：《史记·郑世家》："过郑，郑与楚亲，乃执解扬而献楚。"

⑦厚赂：厚赐。反其言：说反话，即晋不来救。三：用作动词，劝说三次。

⑧楼车：设有望楼用于瞭望敌情的兵车。君命：指晋君的命令。《史记·郑世家》："遂负楚约而致其晋君命曰：'晋方悉国兵以救宋，宋虽急，慎毋降楚，晋兵今至矣！'"

⑨君能三句：君能制定命令就是合义，臣能执行君命就是守信，用臣之信奉君之义而行动就能获利。义：合理的道德行为。

⑩主：依靠。义无二句：合义不能有两种信用，守信不能接受两种命令。杜预注："欲为义者不行两信，欲行信者不受二命。"

⑪不知命：不懂得"信无二命"的道理。

⑫无陨：不能丢弃使命。陨：通"陨"，坠落。以成命：是为了完成国君的使命。《史记·郑世家》："庄王曰：'若之许我，已而背之，其信安在？'解扬曰：'所以许王，欲以成吾君命也。'"

⑬禄：福。考死：义同"考终"，即善终。

⑭舍之以归：《史记·郑世家》："将死，顾谓楚军曰：'为人臣无忘尽忠得死者！'楚王诸弟皆谏王赦之，于是赦解扬使归。晋爵之为上卿。"


夏五月，楚师将去宋①。申犀稽首于王之马前曰："毋畏知死而不敢废王命，王弃言焉。"②王不能答。申叔时仆③，

311

曰："筑室，反耕者④，宋必听命。"从之。宋人惧，使华元夜入楚师，登子反之床，起之⑤，曰："寡君使元以病告，曰：'敝邑易子而食，析骸以爨⑥。虽然，城下之盟，有以国毙，不能从也⑦。去我三十里，唯命是听。'"子反惧，与之盟而告王。退三十里。宋及楚平，华元为质。盟曰："我无尔诈，尔无我虞。"⑧

①楚师将去宋：据《公羊传》及《史记·宋世家》，楚军粮尽，故将撤归。

②申犀：申舟之子。毋畏：申舟之名。因在君前，故申犀直呼父名。弃言：庄王对许申舟有"杀女，我伐之"的承诺，今未服宋而去，故曰弃言。

③申叔时：楚大夫。仆：驾车。时为庄王驾车。

④筑室：修筑营房。反耕者：分兵轮流返回耕种。表示无撤军之意。

⑤子反：公子侧，楚军主将。起之：使他起来。

⑥病：指严重的形势。析骸：劈骨当柴烧。爨（cuàn）：烧火做饭。

⑦有以二句：即使与国家俱亡，也不能从城下之盟。以：作用同"与"。

⑧虞：防备。杜预注："楚不诈宋，宋不备楚。"此两句应为互文见义，即互不欺诈，互不防备。

〔附录一〕（《吕氏春秋·行论》）楚庄王使文无畏于齐，过于宋，不先假道。还反，华元言于宋昭公曰："往不假道，来不假道，是以宋为野鄙（边邑）也。楚之会田也，故鞭君之仆于孟诸。请诛之。"乃杀文无畏于扬梁之堤（宋地）。庄王方削袂（手套进衣袖），闻之曰："嘻！"投袂而起，履及诸庭，剑及诸门，车及之蒲疏之市，遂舍于郊，兴师围宋九月。宋人易子而食之，析骨而爨之。宋公肉袒执牺（牲），委服（匍匐）告病，曰："大国若宥（赦罪）图之，唯命是听。"庄王曰："情矣，宋公之言也。"乃为却四十里，而舍于卢门（宋城门）之阖（门扇，指门），所以为成而归也。①

〔附录二〕（《公羊传》宣公十五年）庄王围宋，军有七日之粮尔，尽此不胜，将去而归尔。于是使司马子反乘堙（登城的器械）而窥宋城，宋华元亦乘堙而出，见之。司马子反曰："子之国何如？"华元曰："惫矣。"曰："何如？"曰："易子而食之，析骸而炊之。"司马子反曰："嘻！甚矣惫！虽然，吾闻之也：'围者柑马（以木衔马口，控制其食，"柑"通"衔"）而秣之，使肥者应客（以示饱足）'。是何，子之情也（这是为什么，您要说出宋军的真情）？"华元曰："吾闻之，'君子见人之厄，则矜之；小人见人之危，则幸之。'吾见子之君子也，是以告情于子也。"司马子反曰："诺，免之矣！吾军亦有七日之粮尔，尽此不胜，将去而归尔。"揖而去之。反于庄王。庄王曰："何如？"司马子反曰："惫矣。"曰："何如？"曰："易子而食之，析骸而炊之。"庄王曰："嘻！甚矣惫！虽然，吾今取此然后而归尔。"司马子反曰："不可。臣已告之矣，军有七日之粮尔。"庄王怒曰："吾使子往视之，子曷为告之？"司马子反曰："以区区之宋，犹有不欺人之臣，可以楚而无乎？是以告之也。"庄王曰："诺。舍而止。虽然，吾犹取此然后归尔。"司马子反曰："然则君请处于此，臣请归尔。"庄王曰："子去我而归，吾孰与处于此？吾亦从子而归尔。"引师而去之。②

────────────

① 陈奇猷校释：《吕氏春秋校释·恃君览第八》第 3 册，第 1391 页。

② （清）阮元校刻：《十三经注疏（清嘉庆刊本）·春秋公羊传注疏》卷 16，第 4963 页。

# 简 评

晋灵公昏庸无道，心志不在称雄诸侯，楚穆王遂欲北上争霸，伐郑、陈而服蔡、宋。庄王乘父之志，首灭庸国，攘除外患，然后挥师北上，伐陆浑（见《王室衰微·楚子问鼎》），灭舒、蓼（宣公八年），入陈、郑，败强晋，服鲁克宋，霸业遂成。至共王时，竟能盟国十四，使晋人畏而避之（成公二年），可谓一时之盛矣。

若谓晋文之霸，定于城濮，则楚庄之霸，在于邲役。邲之役，晋师将帅不和，军律废弛，进退失据，主帅荀林寡断少谋，不能制军，副帅先縠骄悍不羁，恣意妄行，魏锜、赵旃之徒则心怀私怨，欲败晋师，此乃先败而后求战。孔明云："有制之兵，无能之将，不可以败；无制之兵，有能之将，不可以胜。"若晋师者，可谓无能之将而御无制之兵，故知其战则必败。楚师卒乘辑睦，君臣同心，乘克郑之胜，得唐侯之助，用薄人之术，举荆尸之阵而加于必败之师，此乃先胜而后求战。《孙子》曰"知可以战与不可以战者胜""上下同欲者胜""将能而君不御者胜"，此数者楚师尽合之，故知其战则必胜。

庄王之治国也，举不失德，赏不失劳，农工商贾不败其业；庄王之用兵也，观衅而动，可见而进，兼弱攻昧不失其时。庄王之于陈，因其乱而攻灭之，得善言而复封之，闻过则改，从善如流；庄王之于郑，叛则伐之，服则舍之，怒贰哀卑，威德并用；庄王之于晋，败其师而不矜功，分其霸而无骄色，以止戈为武，视安民为荣。其为人也，雄豪而仁惠，有似秦穆；明哲而谦谨，有过齐桓。宜哉，庄王之霸也！

下编

# 春秋王公世家世系表

## 凡 例

1. 各表据汉司马迁《史记》、晋杜预《春秋左传集解》《春秋释例》、汉宋衷注《世本八种》（清人秦嘉谟等辑），唐孔颖达《春秋左传正义》、清姚彦渠《春秋会要》、清顾栋高辑《春秋大事表》、清陈厚耀《春秋世族谱》、清王文源《春秋世族辑略》等文献制作。

2. 所涉人物凡具有相承关系者，无论是父子、祖孙还是兄弟，其间一律加短线表示，必要时外加括号。所涉人物如属兄弟（包括伯叔兄弟）而无继承关系者，其间不加短线，依次排列，必要时外加括号。所涉人物如系属不明，根据出现的时间置于同代人物之后，以小字注明其出现的年代，必要时外加括号。世系表中均不标注公元纪年。

3. 表中只列见于《春秋左传》中的人物，关于人物关系的说明主要依据杜预注，同时参考其他文献。

# 一 春秋王公世系表

周平王元年（前770）至周敬王四十四年（前476）为春秋时期。鲁国编年史之《春秋》起自隐公元年（前722），终于哀公十四年（前481，依《公羊传》《谷梁传》所记），或哀公十六年（前479，依《左传》所记），起讫时间与史学所说春秋时期不同。周平王四十九年为隐公元年（前772），周敬王三十九年为哀公十四年（前481，获麟之年），周敬王四十一年为哀公十六年（前479，孔子卒年）。下表中《史记·十二诸侯年表》简称《史记·年表》。

## 1. 周王室世系表

周：姬姓，公元前11世纪周武王灭商后建立，定都于镐（今西安西南沣水东岸），至公元前771年周幽王被申侯与犬戎所杀为止，史称西周。公元前770年周平王东迁洛邑（今河南洛阳），至公元前256年被秦灭为止，史称东周。东周分春秋、战国两个时期，春秋时期自周平王至周敬王共历十三王（不计悼王）。

**平王** 名宜臼，幽王子。鲁孝二十七年立，在位五十一年。布纲治纪称平。执政：郑伯寤生。

**一桓王** 名林，平王孙，太子泄父子（泄父早死）。鲁隐四年立，在位二十三年。桓王后妃季姜。克敬勤民称桓。执政：郑伯寤生、虢公忌父、虢公林父、周公黑肩。

**一庄王** 名佗，桓王子。鲁桓十六年立，在位十五年。庄王妃王姚，生子颓。叡圉克服称庄。执政：虢公林父、周公黑肩。

**一釐王** 名胡齐，庄王子。鲁庄十三年立，在位五年。

小心畏忌称釐。执政：——**惠王** 名阆，厘王子。鲁庄十八年立，在位二十五年。其
虢公丑、周公忌父。 二年，王子颓作乱。惠王妃陈妫，生襄王及王子带。

爱人好与称惠。执政：虢 ——**襄王** 名郑，惠王子。鲁僖九年立，在位三十三年。其
公丑、周公忌父、宰孔。 十六年，王子带作乱，王出居郑，叔带立。其十

七年，晋侯纳王，诛叔带。襄王后狄女隗氏。因事有功称 ——**顷王** 名壬臣，襄王
襄。执政：宰孔、周公忌父、王子虎、周公阅、王叔桓公。 子。鲁文九年

立，在位六年。敏以敬顺称顷。 ——**匡王** 名班，顷王子。鲁文公十五年立，在位
执政：周公阅、王叔桓公、王孙叔。 六年。贞心大度称匡。执政：周公阅、

王孙苏、召桓 ——**定王** 名瑜，顷王子，匡王弟。鲁宣三年立，在位二十一年，定王
公、毛伯卫。 后姜氏。大虑静民称定。执政：王孙苏、召桓公、刘康公、

周公楚、 ——**简王** 名夷，定王子。鲁成六年立，在位十四年。平易不 ——**灵王** 名
尹武公。 疵称简。执政：单襄公、刘康公、周公楚、尹武公。 泄

心，简王子。鲁襄二年立，在位二十七年。灵王后姜 ——**景王** 名贵，灵王子。鲁
氏。乱而不损称灵。执政：王叔陈生、伯舆、单靖公。 襄二十九年立，在

位二十七年。景王穆后生太子寿，嬖姜生长庶子王子朝。布义行刚称景。 ——**悼王**
执政：单靖公、刘定公、成简公、单献公、单成公、刘献公、单穆公。

**猛** 即王子猛，景王长子。太子寿早卒，国人立 ——**敬王** 名匄，景王子，悼王同母
猛为太子，未及即位而卒，周人谥称悼王。 弟。鲁昭二十三年立，在
位四十四年。其初期王子朝作乱。夙夜恭事称敬。执政：
单穆公、刘文公、单武公、刘桓公、苌宏、单平公。

## 2. 鲁公室世系表

鲁：姬姓，侯爵。开国君为周公旦之子伯禽，建都曲阜（今山
东曲阜）。传二十三世至隐公，入春秋，战国时沦为小国，公元前
256 年为楚所灭。

**隐公** 名息姑，惠公子，惠公继室声子所生。在位十一年，为 ——**桓公** 名允，
公子翚所弑。不尸其位称隐。执政：公子翚、无骇。 一作

轨，惠公子，隐公异母弟。在位十八年，卒于齐。夫人文姜 ——**庄公** 名同，桓公
生庄公及季友。辟土服远称桓。执政：公子翚、臧孙达。 子。在位三

十二年。夫人哀姜，无子。妾叔姜，生闵公；孟任，生子般；成风，生僖公。胜敌克乱称庄。执政：臧孙达、公子庆父、臧孙辰。 **—闵公** 名启，庄公子。在位二年，为庆父所弑。在国遭难称闵。执政：公子庆父、臧孙辰。 **—僖公** 名申庄公子，闵公异母弟。在位三十三年。夫人声姜，生文公。小心畏忌称僖。执政：臧孙 **—文公** 名兴，僖公子。在位十八年。夫人出姜（即哀姜），辰、公子友、公子遂。 生恶及视。妾敬嬴，生宣公及叔肸。忠信接礼称文。执政：公孙敖、仲遂、叔孙 **—宣公** 名俀，一作接，文公子。在位十八年。夫人穆得臣、季孙行父、仲孙穀。 姜，生成公及宋伯姬。善问周达称宣。执政：季孙行父、仲孙 **—成公** 名黑肱，宣公子。在位十八年。夫人齐姜。妾定姒，生襄蔑、叔孙侨如。 公。安民立政称成。执政：季孙行父、仲孙蔑、叔孙侨如。 **—襄公** 名午，成公子。在位三十一年。妾敬归，生子野；敬归娣齐归，生昭公。辟士有德称襄。执政：季孙行父、仲孙蔑、叔孙豹、季孙宿、仲孙速、仲孙羯。 **—昭公** 名裯，或作稠，襄公子。在位三十二年，卒于干侯。夫人孟子。威仪恭明称昭。执政：季孙宿、叔孙婼、仲孙貜、季孙意如、仲孙何忌、季孙不敢。 **—定公** 名宋，襄公子，昭公弟。在位十五年。夫人定姒，生哀公。安民大虑称定。执政：季孙意如、叔孙不敢、仲孙何忌、季孙斯、叔孙州仇。 **—哀公** 名蒋，定公子。在位二十七年，奔越。恭仁短折称哀。执政：季孙斯、叔孙州仇、仲孙何忌、季孙肥。

## 3. 晋公室世系表

晋：姬姓，侯爵。开国君为周成王弟叔虞，始建都于唐（今山西翼城西）。传十三世至鄂侯，入春秋。晋昭侯（鄂侯祖父）封叔父成师于曲沃（今山西闻喜东北），形成分裂局面，至曲沃武公统一晋。晋献公迁都于绛（今山西翼城东南），晋景公迁都新田（今山西侯马西北），或称新绛。公元前4世纪中叶，晋为韩、赵、魏三家所分。

**鄂侯** 名郗，孝侯子。鲁惠四十六年（鲁隐公立前一年）立，在位六年。曲沃庄伯伐翼，鄂侯奔随，晋人纳诸鄂，故称鄂侯。无谥。鄂侯二年为鲁隐元年。 **—哀侯** 名光，鄂侯子。鲁隐六年鄂侯奔随时立于翼，在位九年，被曲沃武公所虏。 **—小子侯** 哀侯子。鲁桓四年立（或作三年立），在位四年，为 **—晋侯缗** 鄂侯子，哀侯弟。缗或作愍。鲁桓八年立（或曲沃武公诱杀。无谥。 作六年立），在位二十七年。为曲沃武公所灭。

无 **—武公** 名称，庄伯子。于鲁隐八年继父曲沃庄伯 **—献公** 名诡诸，武公子。谥。 立，于鲁庄十六年统一晋，在位三十九年。 鲁庄十八年立，

在位二十六年。献公烝武公妾齐姜，生秦穆姬及太子申生。献公夫人贾君。姜大戎狐姬，生文公；小戎子，生惠公；骊姬，生奚齐，其娣生卓子。执政：士芳、罕夷、里克、荀息、 **—惠公** 名夷吾，献公子。鲁僖十年立。在位十四年。 **—文公** 名重丕郑。 夫人梁嬴，生怀公。执政：吕甥、郤芮、郤称。 耳，

献公子，惠公异母兄。鲁僖二十四年立，在位九年。惠公十四年，惠公卒，太子圉立，是为怀公。次年秦纳重耳返晋，杀怀公。文公夫人文嬴。姜偪姞，生襄公；季隗，生伯儵、叔刘；杜祁，生子雍；辰嬴（怀嬴），生子乐。执政：郤縠、郤溱、 **—襄公** 先轸、赵衰、狐毛、狐偃、栾枝、胥臣、先且居、箕郑、胥婴、先都。

名骧，文公子。鲁僖三十三年立，在位七年。夫人穆嬴，生灵公。执政： **—灵公** 先且居、赵衰、赵盾、栾枝、胥臣、箕郑、先都、狐射姑、阳处父、贾佗。

名夷皋，襄公子。鲁文七年立，在位十四年，于鲁宣二年为赵穿所弑。执 **—成公** 政：赵盾、先克、郤缺、荀林父、先蔑、先都、箕郑、栾盾、胥甲、臾骈。

名黑臀，文公子，襄公弟。鲁宣三年立，在位七年。 **—景公** 名獳，成公子。鲁宣执政：赵盾、郤缺、荀林父、胥克、士会、赵朔。 十年立，在位十九年。

执政：荀林父、士会、郤克、栾书、先縠、赵朔、赵同、赵括、 **—厉公** 名州蒲，景士燮、荀首、荀庚、郤锜、韩厥、鞏朔、韩穿、荀骓、赵旃。 公子。鲁成

十一年立，在位七年。执政：栾书、韩厥、荀庚、 **—悼公** 名周，襄公曾孙，厉公士燮、赵旃、郤犨、郤至、郤锜、知罃、荀偃。 侄。鲁成十八年立，在

位十六年。夫人杞女，生平公。执政：韩厥、知罃、荀偃、 **—平公** 名彪，悼公子。栾黡、魏相、士鲂、赵武、魏绛、韩起、范匄、魏颉。 鲁襄十六年立，

在位二十六年。平公妃少姜，妾卫姬。执政：荀偃、士匄、赵武、 **—昭公** 名夷，韩起、魏绛、栾盈、荀吴、荀盈、程郑、范鞅、魏舒、赵成、荀跞。 平公子。

鲁昭十一年立，在位六年。执政： **—顷公** 名去疾，昭公子。鲁昭十七年立，在位韩起、荀吴、魏舒、范鞅、荀跞。 十四年。执政：韩起、荀吴、魏舒、范鞅、荀跞。 **—定公** 名午，顷公子。鲁昭三十一年立，在位三十七年。执政：赵鞅。 魏舒、范鞅、赵鞅、荀跞、荀寅、韩不信、魏曼多。

### 4. 齐公室世系表

齐：姜姓，侯爵。开国君姜太公尚父，建都营丘（后称临淄，在今山东淄博东北）。传十三世至僖公，入春秋。公元前221年为秦所灭。

**僖公** 名禄，庄公子。在位三十三年。僖公九年为鲁隐元年。

**襄公** 名诸儿，僖公子。鲁桓十五年立，在位十二年被弑。夫人王姬。执政：王子成父。

**桓公** 名小白，僖公子，襄公庶弟。鲁庄九年立，在位四十三年。夫人王姬、徐嬴、蔡姬。妾长卫姬，生公子无亏；少卫姬，生惠公；郑姬，生孝公；葛嬴，生昭公；密姬，生懿公；宋华子，生公子雍。执政：国懿仲、高傒、管夷吾、仲孙湫、隰朋。

**孝公** 名昭，桓公子。鲁僖公十八年，宋人杀公子无亏，立昭，在位十年。执政：不详。

**昭公** 名潘，桓公子，孝公弟。鲁僖二十八年立，在位二十年。夫人子叔姬，生子舍。执政：国归父、崔夭。

**懿公** 名商人，桓公子，昭公弟。鲁文十四年立，十八年被弑，在位四年。执政：不详。

**惠公** 名元，桓公子，懿公兄。鲁宣元年立，在位十年。妃萧同叔子，生顷公。执政：国佐、高固。

**顷公** 名无野，惠公子。鲁宣十一年立，在位十七年。夫人声孟子，生灵公。执政：国佐、高固。

**灵公** 名环，顷公子。鲁成十年立，在位二十八年。夫人颜懿姬，无子；次夫人鬷声姬，生庄公；姜仲子，生子牙；戎子，请立子牙为太子者。穆孟姬，生景公。执政：国佐、高无咎、鲍国、崔杼、国弱、庆封、高厚。

**庄公** 名光，灵公子。鲁襄二十年立，在位六年。执政：国弱、崔杼、庆封、

**景公** 名杵臼，灵公子，庄公弟。鲁襄二十六年立，在位五十八年。夫人燕姬。妾鬻姒，生子荼；胡姬，携安孺子往赖地者。执政：国弱、崔杼、庆封、鲍国、陈须无、公孙虿、公孙灶、晏婴、高鄩、陈无宇、栾施、高张、国夏、陈乞、鲍牧。

**安孺子** 名荼，景公子。鲁哀六年立，在位一年，为陈乞所弑。无谥。执政：陈乞、鲍牧。

**悼公** 名阳生，景公子。鲁哀七年立，十年被鲍子弑，在位四年。夫人季姬。执政：陈乞、鲍牧。

**简公** 名壬，悼公子。鲁哀十一年立，在位四年，为陈恒所弑。执政国书、高无平、陈乞、陈恒。

**平公** 名鹜，悼公子，简公弟。鲁哀十

五年立，在位三十五年。

执政：陈恒、国观。

### 5. 秦公室世系表

秦：嬴姓，伯爵。其先为颛顼之后，传至非子时，周孝王封非子于秦（地在今甘肃张家川东），为附庸国，号秦嬴。传六世至襄公，因送平王东迁有功，封为诸侯，至其子文公时入春秋。文公建都雍（今陕西凤翔东南）。公元前221年秦王政统一中国，建立秦朝。

**文公**　襄公子。在位五十年。文公四十四年为鲁隐元年。

—**宁公**　文公孙，文公太子静公之子（静公早卒，未即位）。鲁隐八年立，在位十二年。

—**出子**　或称出公，宁公子。鲁桓九年立，在位六年。无谥。

—**武公**　宁公子，出子兄。鲁桓十五年立，鲁庄十六年卒，在位二十年。

—**德公**　宁公子，武公弟。鲁庄十七年立，在位二年。

—**宣公**　德公子。鲁庄十九年立，在位十二年。

—**成公**　德公子，宣公弟。鲁庄三十一年立，在位四年。

—**穆公**　或作缪公，名任好，德公子，成公弟。鲁僖元年立，在位三十九年。夫人穆姬，生康公及公子弘、女简、璧。执政：小子憨、百里奚、由余、孟明视、西乞术、白乙丙。

—**康公**　名罃，穆公子。鲁文七年立，在位十二年。执政：西乞术。

—**共公**　名稻，一作和，康公子。鲁宣元年立，在位四年。执政：不详。

—**桓公**　共公子。鲁宣五年立，二十……右大夫说。

—**景公**　名后单，桓公子。鲁成十五年立，在位四十年。执政：右大夫詹、庶长鲍、庶长武、庶长无地、公子鍼。

—**哀公**　景公子。鲁昭六年立，在位三十六年。执政：子蒲、子虎。

—**惠公**　哀公孙，哀公太子夷公之子（夷公早卒）。鲁定十年立，在位九年。执政：不详。

—**悼公**　惠公子。鲁哀四年立，在位十五年。执政：不详。

### 6. 楚公室世系表

楚：芈姓，子爵。黄帝孙颛顼帝高阳之后，开国君熊绎，受封于周成王，建都丹阳（今湖北秭归东南）。传至熊渠时，僭封长子康为句亶王，中子红为鄂王，少子执疵为越章王。周厉王时，熊渠畏被伐而去王号。又传十世至熊通，入春秋。熊通僭称武王。至文王时，迁都于郢（今湖北江陵纪王城）。楚始称荆，楚成王时改号楚。战国时楚被迫多次迁都，公元前223年为秦所灭。

**武王**　名熊通，霄敖子，若敖孙，蚡冒弟。弑蚡冒自立，在位五十一年，鲁庄公四年卒。武王十九年为鲁隐元年。夫人邓曼。执政：鬬伯比、鬬祁、屈瑕、屈重。

**—文王**　名赀，武王子。鲁庄五年立，在位十五年。夫人息妫，生庄敖及成王。执政：彭仲爽。

**—堵敖**　即庄敖，名囏，文王子，成王兄。鲁庄二十年立，在位三年，为弟頵所弑，无谥。

**—成王**　本名頵，更名恽，文王子，堵敖弟。鲁庄二十三年弑堵敖自立，在位四十六年，为商臣所逼自缢。执政：公子元、鬬谷於菟、成得臣、蒍吕臣、鬬勃、鬬宜申。

**—穆王**　名商臣，成王子。鲁文元年弑成王自立，在位十二年。执政：成大心、成嘉、潘崇。

**—庄王**　名旅，穆王子。鲁文十四年立，在位二十三年。执政：鬬班、鬬椒、蒍艾猎、蒍贾、公子婴齐。

**—共王**　名审，庄王子。鲁成元年立，在位三十一年。夫人秦嬴，妾巴姬。执政：公子婴齐、公子壬夫、公子贞、公子侧、公子何忌、公子午。

**—康王**　名昭，共王子。鲁襄十四年立，在位十五年。执政：公子午、公子道舒、蒍子冯、屈建、公子齮、蒍掩、屈到、屈荡、公子罢戎、然丹、申鲜虞。

**—郏敖**　名麋，康王子。鲁襄二十九年立，在位四年，为公子围所弑，无谥。执政：公子围。

**—灵王**　本名围，更名虔，共王子，康王弟。鲁昭元年弑郏敖自立，在位十二年，其弟公子弃疾等发动叛乱，王于流亡中自缢。执政：蒍罢、屈生、公子比。

**—平王**　本名弃疾，更名居，共王子，灵王弟。鲁昭十四年立，在位十三年。夫人郹阳封人女，生太子建；嬴氏，生昭王。嬴氏本为太子建所娶秦女，平王自纳之。执政：曼成然、阳匄、囊瓦、公子鲂、王子胜。

**—昭王**　名轸，又名壬，平王子，太子建异母弟（建被黜出奔）。鲁昭二十七年立，在位二十七年。执政：公子申、公子结、郤宛、公孙宁、公孙宽、子谷。

**—惠王**　名章，昭王子。鲁哀七年立，在位五十七年。执政：沈诸梁、

## 7. 宋公室世系表

宋：子姓，公爵。殷商之后，开国君为纣王庶兄微子启。建都商丘（今河南商丘南）。传十四世至穆公，入春秋。公元前286年为齐所灭。

**穆公** 名和，武公子，宣公弟。在位九年。穆公七年为鲁隐元年。执政：孔父嘉。

**—殇公** 与夷，宣公子。鲁隐四年立，在位十年，为华父督所弑。执政：孔父嘉。

**—庄公** 名冯，穆公子。鲁桓三年立，在位十八年。执政：华父督。

**—闵公** 名捷，庄公子。鲁庄三年立，在位十年，为宋万所弑。执政：华父督。

**—桓公** 御说，庄公子，闵公弟。鲁庄十三年立，在位三十一年。执政：不详。

**—襄公** 名兹父，桓公子。鲁僖十年立，在位十四年。夫人王姬。执政：公子目夷、公子印、华耦、公孙友、鳞矔、华御事。

**—成公** 名王臣，襄公子。鲁僖二十四年立，在位十七年。执政：公孙固、公子成、公子荡、乐豫、公子印、华耦、公孙友、鳞矔、华御事。

**—昭公** 名杵臼，成公子。鲁文八年立，在位九年，为襄公夫人王姬所杀。执政：公子印、鳞矔、荡意诸、华御事、华耦、华元。

**—文公** 名鲍，成公子，昭公弟。鲁文十七年立，在位二十二年。执政：华元、荡虺、公子朝、乐举、公子须、公孙师、乐吕。

**—共公** 名固，文公子。鲁成三年立，在位十三年。夫人共姬，生平公。执政：华元、向为人、鳞朱、鱼石、荡泽、老佐、乐裔、向带、鱼府。

**—平公** 名成，共公子。鲁成十六年立，在位四十四年，杀其太子痤。妾弃，生元公。执政：华元、乐喜、向戌、华亥、华弱、华阅、皇郧、乐遄、西鉏吾、华臣、华定、皇国父、华费遂、华合比、华喜。

**—元公** 名佐，平公子。鲁昭十一年立，在位十五年。夫人景曹。执政：华元、乐大心、华费遂、仲几、向宁、华轻、华貙、公孙忌、边卬、乐祁、乐輓、缓、皇野、皇怀、乐朱鉏、灵不缓。

**—景公** 名头曼，或作栾，元公子。鲁昭二十六年立，在位四十八年。执政：乐大心、皇瑗、乐筏、皇非我、向巢、皇

## 8. 卫公室世系表

卫：姬姓，侯爵。开国君为周武王弟康叔，建都朝歌（今河南淇

县）。传十三世至桓公，入春秋。后多次迁都，公元前 254 年为魏所灭。

**桓公** 名完，庄公子。在位十六年，为庶弟州吁所弑。桓公十三年为鲁隐元年。执政：石碏。

**—宣公** 名晋，庄公子，桓公弟。鲁隐五年立，在位十九年。宣公烝庄公妾夷姜，生急子。纳急子妻为夫人，是为宣姜，生寿及惠公。宣公子、惠公庶兄昭伯（名顽，夷姜）烝宣姜，生齐子、戴公、文公、宋桓夫人、许穆夫人。执政：不详。

**—惠公** 名朔，宣公子。鲁桓十三年立。在位四年时，左、右公子立黔牟为君，惠公奔齐，亡齐八年复入为君，前后在位二十三年。执政：不详。

**—黔牟** 宣公子，急子母弟，昭伯母兄。鲁桓十七年被左、右公子立。在位八年时齐、鲁等国纳惠公，放黔牟于周。无谥。执政：右公子职、左公子泄。

**—懿公** 名赤，惠公子。鲁庄二十六年立，在位九年，为狄人所灭。执政：石祈子、宁速。

**—戴公** 名申，宣公孙，昭伯之子。鲁闵二年立，未及一年而卒。执政：不详。

**—文公** 名毁，宣公孙，昭伯之子，戴公弟。鲁僖元年立，在位二十五年。执政：宁速。

**—成公** 名郑，文公子。鲁僖二十六年立，在位二十五年。执政：元咺、宁俞、孙炎、孔达。

**—穆公** 名遫，成公子。鲁宣十年立，在位十一年。执政：孔达、孙良夫、石稷、宁相。

**—定公** 名臧，穆公子。鲁成三年立，在位十二年。夫人定姜。妾敬姒，生献公。执政：孙良夫、宁相、孙林父、孔烝□、宁殖。

**—献公** 名衎，定公子。鲁成十五年立，在位十八年时为孙林父等所逼奔齐，历十二年，于鲁襄二十六年复入，前后在位二十一年。执政：孙林父、孔烝钼、宁殖、北宫括、子叔剽（献公从弟）。

**—殇公** 名剽，《卫世家》作秋，字子叔，穆公孙，献公从弟，《卫世家》作定公弟。鲁襄十五年立，在位十二年，于鲁襄二十六年为宁喜所弑。执政：孙林父、宁殖、孔烝钼、太叔仪、石买、石恶、宁喜。

**—襄公** 名恶，献公子。鲁襄三十年立，在位九年。夫人宣姜。妾婤姶，生孟絷及灵公。执政：孔烝钼、太叔仪、北宫括、石圃。

**—灵公** 名元，襄公子。鲁昭八年立，在位四十二年。夫人南子。执政：孔烝钼、北宫佗、石圃、北宫喜、公子朝、孔圉公叔发。

**—出公** 名辄，灵公孙，太子蒯聩（即庄公）之子。夫人夏戊女。鲁哀二年立，蒯聩于鲁定十四年出奔宋、晋。辄在位第十三年（鲁哀十六年）孔悝纳庄公，奔鲁，继而至齐，历三年于鲁哀十八年复入为君，前后在位二十年。孔圉、石圃、石曼姑、宁

325

跪、太叔遗、石魋

**庄公** 名蒯聩，灵公子，出公父。夫人吕姜。鲁哀十六年自戚入卫立，在位二年被卫人逐出国都，为己氏所杀。执政：太叔遗、石圃、

石魋、孔悝。

**—卫君起** 名起，灵公子。鲁哀十七年立，十八年被石圃逐而奔齐，出公辄自齐归复立。

## 9. 郑公室世系表

郑：姬姓，伯爵。开国君桓公，名友，周厉王少子，宣王庶弟。始封于郑（今陕西渭南市华州区东），郑武公时东迁，攻灭郐与东虢，建都新郑（今河南新郑）。传三世至庄公，入春秋。公元前375年为韩所灭。

**庄公** 名寤生，武公子。武公夫人武姜所生，在位四十三年。夫人邓曼，生昭公；妾宋女雍姞，生厉公。又有子亹、子仪等子。庄公二十二年为鲁隐元年。执政：祭仲、高渠弥。

**—厉公** 名突，庄公子，昭公异母弟。鲁桓十二年立，在位四年为祭仲所迫出奔蔡，历十七年复入为君，前后在位十二年。执政：祭仲、叔詹。

**—昭公** 名忽，庄公子，厉公异母兄。鲁桓十一年庄公卒，昭公立，既而因祭仲改立厉公而奔卫。鲁桓十五年厉公出奔而入立。在位二年，为高渠弥所弑。执政：祭仲、叔詹。

**—子亹** 庄公子，昭公弟。鲁桓十八年立，在位一年，为齐人所杀。无谥。执政：不详。

**—子仪** 《史记·郑世家》作公子婴，庄公子，子亹弟，即郑子。鲁庄元年立，在位十四年为傅瑕所弑，无谥。妃陈妫。执政：不详。

**—文公** 名捷，厉公子。鲁庄二十二年立，在位四十五年。文公通子仪之妃陈妫，生子华、子臧。夫人文芈，妃姜氏。姜江女，生子士；苏女，生子瑕、俞弥；燕姞，生穆公。执政：叔詹、皇武子。

**—穆公** 名兰，文公子。鲁僖三十三年立，在位二十二年。妃宋子，生子然、子孔；圭妫，生士子孔；姚子，生灵公及夏姬。执政：皇武子、公子归生。

**—灵公** 名夷，穆公子。鲁宣四年立，在位一年。为子公、子家所弑。公子归生、公子宋。

**—襄公** 名坚，穆公子，灵公庶弟。鲁宣五年立，在位十八年。执政：公子归生、

**—悼公** 名费，襄公子。鲁成五年立，在位二年。执政：公子去疾、公子发。

**—成公** 名睔，灵公子，悼公弟。鲁成公七年立，在位十四年。执政：公子发、公孙喜。

**—僖公** 名髡顽，成公子。鲁襄三年立，在位五年，为子驷所弑。执政：公孙喜、公子騑。

**—简公** 名嘉，

僖公子。鲁襄八年立，在位三十六年。执政：公子騑、公子嘉、公孙舍之、良霄、罕虎、公孙侨。

**—定公** 名宁，简公子。鲁昭十三年立，在位十六年。

执政：公孙侨、游吉。

**—献公** 名虿，定公子。鲁昭二十九年立，在位十三年。执政：游吉、驷歂。

**—声公** 名胜，献公子。鲁定十年立，在位三十八年。执政：

驷歂、罕达、驷弘。

## 10. 陈公室世系表

陈：妫姓，侯爵。传为虞舜之后，开国君胡公满，受封于周武王，建都宛丘（今河南淮阳）。传十二世至桓公，入春秋。公元前479 年为楚所灭。

**桓公** 名鲍，文公子。在位三十八年。桓公二十三年为鲁隐元年。执政：五父、𬸦子。

**—厉公** 名跃，桓公子，蔡女生。鲁桓六年立，在位七年。《史记·陈杞世家》误以桓公弟五父佗为厉公，而以跃为利公。执政：不详。

**—庄公** 名林，桓公子，厉公弟。鲁桓十二年立，在位七年。执政：不详。

**—宣公** 名杵臼，桓公子，庄公弟。鲁庄二年立，在位四十五年。执政：辕涛涂。

**—穆公** 名款，宣公子。鲁僖十三年立，在位十六年。执政：辕涛涂。

**—共公** 名朔，穆公子。鲁僖二十九年立，在位十八年。执政：辕选。

**—灵公** 名平国，共公子。鲁文十四年立，在位十五年，于鲁宣十一年为夏征舒所弑。执政：孔宁、仪行父、泄冶。

**—成公** 名午，灵公子。鲁宣十一年立，在位三十年。执政：孔宁、仪行父、袁侨。

**—**

**哀公** 名溺，成公子。鲁襄五年立，在位三十五年。元妃郑姬，生太子偃师；二妃，生公子留；下妃，生公子胜。其三十五年（鲁昭八年），公子招、过杀太子偃师而立公子留，哀公缢。是年楚灭陈，留奔郑。执政：公子招、公子黄、公子过、庆虎、庆寅、孔奂、司马桓子。

**—惠公** 名吴，哀公孙，太子偃师子。鲁昭十三年楚平王复封陈时立之，在位二十四年。《史记·年表》以鲁昭九年为其元年，故或作在位二十八年。执政：夏齧。

**—怀公** 名柳，惠公子。鲁定五年立，在位四年。执政：不详。

**—闵公** 《史记·陈杞世家》作愍公，名越，怀公子。鲁定九年立，在位二十四年。其终年（鲁哀十七年）楚灭陈，闵

公被杀。执政：公
孙佗人、辕颇。

## 11. 蔡公室世系表

蔡：姬姓，侯爵。开国君为周武王弟叔度，因随武庚反叛被逐，后改封其子蔡仲。建都上蔡（今河南上蔡西南）。传十三世至宣公，入春秋。因楚被迫曾多次迁移，公元前447年为楚所灭。

**宣公**（《史记·管蔡世家》"公"作"侯"）名考父，戴侯子。在位三十五年。

—**桓公** 名封人，宣公子。鲁隐九年立，在位二十年。执政：不详。宣公二十八年为鲁隐元年。执政：不详。

—**哀公** 名献舞，宣公子，桓公弟。鲁桓十八年立，在位二十年。执政：不详。

—**穆公** 名肸，哀公子。鲁庄二十年立，在位二十九年。执政：不详。

—**庄公** 名甲午，穆公子。鲁僖十五年立，在位三十四年。执政：不详。

—**文公** 名申，庄公子。鲁文十六年立，在位二十年。执政：不详。

—**景公** 名固，文公子。鲁宣十八年立，因通其太子般妇，为般所弑，在位四十九年。执政：公子燮、公孙归生。

—**灵公** 名般，景公太子。鲁襄三十年弑父自立，在位十二年，于鲁昭十一年为楚所杀。既而楚灭蔡，以公子弃疾为蔡公。执政：公孙归生。

—**平公** 名庐，据《左传》及杜预注为灵公孙，隐太子（名友，灵公太子，为平公所杀）之子；据《史记·管蔡世家》为景侯少子，灵侯之弟。鲁昭十三年楚平王复封蔡时立之，在位八年。执政：朝吴。

—**蔡侯朱** 平公太子。鲁昭二十一年立，楚权臣费无极逼蔡立东国，蔡人惧而从之，朱遂奔楚，在位一年，无谥。执政：不详。

—**悼公** 名东国，隐太子友之子，平公弟，据《管蔡世家》为平公侄孙。鲁昭二十二年立，在位二年。执政：不详。

—**昭公** 名申，一作甲，悼公弟。鲁昭二十四年立，在位二十八年，被朝臣使贼刺杀。执政：公孙姓、公孙辰。

—**成公** 名朔，昭公子。鲁哀五年立，在位十九年。

## 12. 曹公室世系表

曹：姬姓，伯爵。开国君叔振铎，文王子，武王弟，建都陶丘

（今山东定陶西南）。传十二世至桓公，入春秋。公元前 487 年为宋所灭。

**桓公** 名终生，穆公子。鲁桓十一年立，在位五十五年。桓公三十五年为鲁隐元年。执政：不详。按：以下诸小国执政多不详，姑从略，仅注少数已知者。

**—庄公** 名射姑，桓公子。鲁桓十一年立，鲁庄二十三年卒，在位三十一年。

**—僖公** 名赤，一作夷，庄公子。鲁庄二十四年立，三十二年卒，在位九年。

**—昭公** 名班，僖公子。鲁闵元年立，鲁僖七年卒，在位九年。

**—共公** 名襄，昭公子。鲁僖八年立，鲁文公九年卒，在位三十五年。执政：僖负羁。

**—文公** 名寿，共公子。鲁文十年立，鲁宣十四年卒，在位二十三年。

**—宣公** 名庐，文公子。鲁宣十五年立，鲁成十三年卒，在位十七年。

**—成公** 名负刍，宣公子。鲁成十三年杀宣公太子自立，鲁襄十八年卒，在位二十三年。执政：公子欣时。

**—武公** 名滕，成公子。鲁襄十九年立，鲁昭公十四年卒，在位二十七年。

**—平公** 名须，武公子。鲁昭十五年立，十八年卒，在位四年。

**—悼公** 名午，平公子。鲁昭十九年立，二十七年卒，在位九年。执政：公孙会、翰胡。

**—声公** 《史记·十二诸侯年表》作襄公，名野，平公子，悼公弟。鲁昭二十八年立，三十二年（声公五年）为叔父隐公所弑，在位五年。

**—隐公** 名通，武公子，平公弟。鲁昭三十二年弑声公，鲁定元年称元，鲁定四年为其侄靖公所弑，在位四年。

**—靖公** 名露，《史记·年表》作路，平公子，声公弟。鲁定四年弑隐公，五年称元，八年卒，在位四年。

**—伯阳** 靖公子。鲁定九年立，鲁哀八年宋灭曹，虏伯阳且杀之，在位十五年。无谥。执政：公孙疆。

## 13. 许公室世系表

许：一作鄦，姜姓，男爵。开国君文叔，太岳之后，西周初所封，建都地在今河南许昌东。传至庄公时入春秋。春秋时期因受郑、楚被迫，多次迁移。战国初为楚所灭，或说为魏所灭。

**庄公** 春秋前即位，鲁隐十一年因郑、齐、鲁三国攻入许而奔卫。

**—穆公** 即许叔，名新臣，庄公弟。鲁桓十五年立，鲁僖四年卒，在位四十二年。 **—僖公** 名业，穆公子。鲁僖五年立，鲁文五年卒，在位三十四年。 **—昭公** 锡我，僖公子。鲁文六年立，鲁宣十七年卒，在位三十年。 **—灵公** 名宁，昭公子。鲁宣十八年立，鲁襄二十六年卒，在位四十五年。 **—悼公** 名买，灵公子。鲁襄二十七年立，鲁昭十九年卒，在位二十四年。 **—许男斯** 悼公子。鲁昭二十年立，鲁定六年郑灭许，房斯归，在位十九年。无谥。 **—元公** 名成，悼公孙。鲁哀公十三年卒。

## 14. 杞公室世系表

杞：姒姓，伯爵。传为夏禹之后。本为商汤所封旧国，周武王克商，求禹之后，得东楼公，封于杞（今河南杞县），传五世至武公时入春秋。后多次迁移，公元前445年为楚所灭。

**武公** 在位四十七年。武公二十九年为鲁隐元年。 **—靖公** 武公子。鲁桓九年立，在位二十三年。 **—共公** 靖公子。鲁庄十四年立，在位八年。 **—惠公** 共公子。鲁庄二十二年立，在位十八年。 **—成公** 惠公子。鲁僖六年立，二十三年卒，在位十八年。 **桓公** 名姑容，惠公子，成公弟。鲁僖二十四年立，鲁襄六年卒，在位七十年。 **—孝公** 名匄，桓公子。鲁襄七年立，二十三年卒，在位十七年。 **文公** 名益姑，桓公子，孝公弟。鲁襄二十四年立，鲁昭六年卒，在位十四年。 **—平公** 名郁厘，一作郁，桓公子，文公弟。鲁昭公七年立，二十四年卒，在位十八年。 **—悼公** 名成，平公子。鲁昭二十五年立，鲁定四年卒，在位十二年。 **—僖公** 名过，一作遂，悼公子。鲁定五年立，鲁哀八年卒，在位十九年。 **—闵公** 名维，僖公子。鲁哀九年立，二十四年卒，在位十六年。

## 15. 滕公室世系表

滕：姬姓，侯爵。开国君为周文王之子错叔秀，武王封之于滕（今山东滕州市西南），传十七世至滕宣公。战国初为越所灭，不久复国，后为宋所灭。

**滕侯** 鲁隐七年卒。 — **滕侯** 鲁隐十一年朝鲁。 — **滕子** 鲁桓二年朝鲁，与鲁隐十一年朝鲁之滕侯是否为同一人不详。又见于鲁庄十六年《经》，与桓公二年朝鲁之滕子是否为同一人不详。 — **宣公** 名婴齐。鲁僖十九年为宋所执。 — **昭公** 宣公子。鲁文十二年朝鲁，

鲁宣九年卒。 — **文公** 昭公子。鲁宣十年立，鲁成十六年卒，在位二十五年。 — **成公** 名原，文公子。鲁成十七年立，鲁昭三年卒，在位三十六年。

— **悼公** 名宁，成公子。鲁昭四年立，二十八年卒，在位二十五年。 — **顷公** 名结，悼公子。鲁昭二十九年立，鲁哀四年卒，在位二十三年。

— **隐公** 名虞母，顷公子。鲁哀五年立，十一年卒，在位七年。

## 16. 薛公室世系表

薛：任姓，侯爵。黄帝之后，夏时其祖奚仲为车正，封于薛（今山东滕州市南）。春秋后期迁于下邳（今江苏邳州市西南），后为齐所并。

**薛侯** 鲁隐十一年朝鲁。 — **薛伯** 鲁庄三十一年卒。 — **献公** 名谷。鲁昭三十一年卒。 — **襄公** 名定，献公子。鲁昭三十二年立，鲁定十二年卒，在位十三年。 — **薛伯比** 襄公子。鲁定十三年立，在位一年被弑。无谥。 — **惠公** 名夷，一作寅。鲁定公十四年立，鲁哀十年卒，在位十二年。

## 17. 莒公室世系表

莒：己姓，一说曹姓，子爵。少昊之后，开国君兹舆期，西周所封，建都计斤，一作介根（地在今山东胶州市西南），春秋初迁于莒（今山东莒县）。公元前431年为楚所灭。

**莒子** 鲁隐二年娶于向。 — **兹平公** 莒期。鲁僖二十六年会僖公、卫宁速于向。 — **纪公** 名庶其，兹平公子。鲁文公

**渠邱公** 名朱，即季佗，纪公子。鲁宣元年立，在位三十二年。十八年为太子仆所弑。或以季佗为厉公，厉公传渠邱公。

**一犁比公** 名密州，一名买朱钮。渠丘公子。鲁成十五年立，在位三十五年，被其子展舆所弑。

**一展舆** 犁比公子。于鲁昭元年弑父自立，当年因齐纳去疾而奔吴。

**著邱公** 名去疾，犁比公子。鲁昭元年齐人纳之，二年称元，十四年卒，在位十三年。

**一共公** 名庚舆，犁比公子，著邱公弟。鲁昭十五年立，在位九年，因齐纳郊公而奔鲁。

**一郊公** 名狂，著邱公子。鲁昭二十四年立，鲁哀十四年卒，在位三十八年。

## 18. 邾公室世系表

邾：曹姓，子爵，战国改称邹。传为颛顼之后曹挟（西周初人）所立，属鲁附庸国，建都于邾（今山东曲阜东南南陬村），公元前614年邾文公迁都于绎（今山东邹城市东南纪王城）。春秋时邾君仪父称邾子，从齐桓公尊周有功，封子爵。战国时为楚所灭。

**邾仪父** 名克，鲁隐元年与隐公盟于蔑，鲁庄十六年卒。

**一邾子琐** 仪父子。鲁庄十七年立，鲁庄二十八年卒，在位十二年。

**一文公** 名蘧蒢，琐子。鲁庄二十九年立，鲁文十三年卒，在位五十二年。鲁僖十九年宋襄公使邾文公用鄫子于次睢之社。元妃齐姜，生定公；次妃晋姬，生捷菑。

**一定公** 名貜且，文公子。鲁文十四年立，鲁成十七年卒，在位四十年。

**一宣公** 名牼，定公子。鲁成十八年立，鲁襄十七年卒，在位十八年。

**一悼公** 名华，宣公子。鲁襄十八年立，鲁昭元年卒，在位十五年。

**一庄公** 名穿，悼公子。鲁昭二年立，鲁定三年卒，在位三十四年。

**一隐公** 名益，庄公子。鲁定四年立，在位二十年时（鲁哀公八年）为吴所执，不久太子革立。鲁哀十年隐公奔鲁，既而奔齐，鲁哀二十二年奔越，是年越人纳隐公，又在位二年，复为越所执，前后在位二十二年。

**一桓公** 名革，隐公太子。鲁哀九年立，二十二年越人纳隐公时奔越，在位十四年。

**一公子何** 隐公子，桓公弟。鲁哀二十四年越人执隐公，立公子何。无谥。

### 19. 小邾公室世系表

小邾：曹姓，曹挟之后。挟七世孙武公曹颜（字夷父）有功于周，周封颜庶子公子友（一作肥）于郳（《世本》："郳颜居郳，肥徙郳。"），郳即小邾，地在今山东枣庄市境。春秋时从齐桓公尊事王室，僖公七年其君郳犁朝鲁，称小邾子。杜预注："邾之别封，故曰小邾。"战国时为楚所灭。

**郳犁来** 小邾君，公子友曾孙。鲁庄五年、鲁僖七年先后朝鲁。 —**穆公** 鲁襄七年、鲁昭三年、十七年先后朝鲁。 —**小邾子** 鲁定四年会诸侯于召陵侵楚。

### 20. 吴世系表

吴：姬姓，子爵。其先为周太王之子太伯、仲雍，建都于吴（今江苏苏州）。自仲雍曾孙周章始受封于周武王，传十四世至寿梦，入春秋。是后日益强大，僭称王。

**寿梦** 名乘，去齐子。鲁成六年立，鲁襄十二年卒，在位二十五年。 —**诸樊** 名遏，寿梦子。鲁襄十三年立，二十五年战死，在位十三年。 —**余祭** 名戴，诸樊弟，鲁襄二十六年立，二十九年为阍人所弑，在位四年。 —**余眛** 《史记·年表》作余昧，或作夷末，名句余，余祭弟。鲁襄三十年立（《史记·年表》以余眛元年为鲁襄十二年），鲁昭十五年卒，在位十七年。 —**王僚** 名州于，余眛子。鲁昭十六年立，二十七年为公子光所弑，在位十二年。 —**阖庐** 名光，诸樊子。鲁昭二十七年弑僚，二十八年称元，鲁定十四年卒，在位十九年。 —**夫差** 阖庐子。鲁定十五年立，鲁哀二十二年国为越所灭，自缢。在位二十三年。

### 21. 越世系表

越：姒姓，相传始祖为夏后少康庶子无余，建都会稽（今浙江绍兴），奉禹祀。昭公五年始见于《春秋》经传。传二十余世至允常，僭称越王。约在公元前 306 年为楚所灭。

允常 据《史记·越王句践世家》正义，为越侯夫谭子。鲁昭五年伐吴，鲁定十四年卒。 —句践 允常子。鲁定十四年句践立，败吴于檇李。

鲁哀二十二年灭
吴，卒年不详。

# 二　春秋鲁、晋、齐、宋、郑、卫、陈、楚、秦九国卿大夫世系表

## （一）春秋鲁孟孙（仲孙）、叔孙、季孙、展、臧孙、郈、施、东门、叔九家世系表

### 1. 孟孙氏（仲孙氏）世系表

共仲 即庆父，桓公子，庄公庶兄。鲁闵二年出奔莒，寻逼迫缢。—穆伯 公孙敖，庆父子，鲁文十四年卒于齐。—文伯 名谷，穆伯子。《鲁语》作孟文子。

（惠叔 名难，谷弟。鲁文十四年文伯卒，立惠叔。）—孟献子 即仲孙蔑，谷子。鲁襄十九年仲孙蔑卒。—子服孝伯 名它，献子子。据《鲁语》韦注。

孟庄子 即仲孙速，献子子。鲁襄二十三年卒。（懿伯 惠伯叔父。见于鲁昭三年《传》。）—孺子秩 庄子子，献子孙。鲁襄二十三年奔邾。

（子服惠伯 名椒，献子孙。据《鲁语》韦注。—子服昭伯 名回，惠伯子。见于鲁昭十六年《传》。）孟孝伯 即仲孙羯，庄子子，孺子秩之弟。鲁襄三十一年卒。

—孟僖子 即仲孙貜，孝伯子。昭七年《传》孟僖子为介，不能相仪。鲁昭二十四年卒。—南宫敬叔 名说。僖子子，懿子庶兄，别为南宫氏。

孟懿子 即仲孙何忌，僖子子。鲁哀十四年卒。—孟武伯 名彘、洩，懿子子，即孟儒子。鲁哀二十五年公宴

于五梧，武伯为祝，恶郭重，曰：—孟敬子 名捷，武伯子。见《论语》。 孟公绰 系属不详。见于鲁襄

"何肥也？"季孙曰："请饮彘也。" 二十五年《传》。

公期 孟氏支子。见于定公八年《传》。 子服景伯 名何。见于鲁哀三年《传》。 孟之反 名侧。见于鲁哀十一年《传》。

## 2. 叔孙氏世系表

僖叔 公子牙、叔牙，桓公子，庆父同母弟。鲁庄三十二年逼迫饮鸩而卒。 —戴伯 公叔兹，叔牙子。鲁僖十六年卒。 —叔孙庄叔 得臣，叔牙孙。鲁宣五年卒。 （叔孙惠伯 彭生，叔牙孙，别为叔仲氏。《世本》以为叔牙生武仲休，休生惠伯。

叔仲皮 惠伯子。据《世本》。 —子柳 皮子，子硕兄。 子硕、叔仲昭伯 名带，惠伯孙。 —叔仲穆子 名小，带子。 —叔仲志 带孙。见于鲁定八年《传》。 ） —叔孙宣伯 侨如，得臣。鲁文十一年得臣败狄于咸，获其君长狄侨如及酆、豹，各以其名名己子，以侨如名宣伯。鲁成十六年奔齐为子名。鲁昭四年卒。

叔仲穆子 名豹，侨如弟。"豹"本为长狄首领之名，得臣用为子名。 （酆 侨如弟。"酆"本为长狄首领之名，得臣用为子名。 ） —叔孙昭子 名婼，或作舍，豹庶子。鲁昭二十五年卒。

（孟丙、仲任 皆豹子，齐国氏之女生。 ） —叔孙成子 不敢，婼子。鲁定五年卒。 （叔孙辄 子张。叔孙氏庶子。见于鲁定八年《传》。 公若藐 见于鲁定十年《传》。 ） —叔孙武叔 名州仇，不敢子。鲁定八年阳虎劫公与武叔。 —叔孙文子 名舒，武叔子。见于鲁哀二十六年《传》。

## 3. 季孙氏世系表

成季 公子友、季友，桓公子，庄公母弟。奉立僖公，鲁僖十六年卒。《鲁语》作季冶。见于鲁襄二十九年《传》。 —季文子 季孙行父，季友孙。鲁襄五年卒。 （公冶 ） —季武子 名宿，行父子。鲁昭七年卒。 —公鉏 即公弥，武子长庶子，别为

公鉏氏。 季悼子 名纥，武子庶子，公鉏弟，拟立而卒。 （季公鸟 武子庶子，平子庶叔，公亥兄。见于鲁昭二十五年《传》。 季公亥 即公若。武子庶子。 ）—季平子 名意如，悼子子。鲁定五年卒。 （公甫、公之 均平子弟，见于鲁昭二十五年《传》。 ）—季

公父穆伯 名靖。系属不详。见于《鲁语》。 公思展 系属不详。见于鲁昭二十五年《传》。 ）—季桓子 名斯，意如子。鲁哀三年卒。 （季寤 子言，桓子弟。 季魴侯 桓子弟，季康子叔父。 公父文伯 名歜，桓子从父昆弟。 ）—

公何藐 季氏族。见于鲁定五年《传》。 公山不狃 子洩，季氏费宰。见于鲁定五年、十二年、哀八年《传》。 季康子 名肥，桓子子。鲁哀二十七年卒。 （公鉏极 公弥曾孙。见于鲁定八年《传》。 季子然 季氏子弟。见于《论语》。 ）—季昭子 名强，康子曾孙，见于《礼记》。

### 4. 展氏世系表

公子展—夷伯 展氏之祖父。鲁僖十五年雷击夷伯之庙。《通志》："公子展之子曰公孙夷伯，孙曰展无骇。" —无骇 公子展之孙。鲁隐八年卒，公命以字为展氏。 —展禽 柳下惠，无骇之后。见于鲁僖二十六年《传》。 —展庄叔 见于鲁襄二十八年《传》。 展瑕、展玉父 二人为展氏家臣，见于鲁襄二十九年《传》。以上三人系属不详。

### 5. 臧孙氏世系表

臧喜伯 公子彄，字子臧，孝公之子。见于鲁隐五年《传》。 —臧哀伯 名达，喜伯子。见于鲁桓二年《传》。 —臧文仲 名辰，哀伯孙，伯氏瓶之子。《世本》："达生伯氏瓶，瓶生文仲辰。"鲁文十年卒。 —臧宣叔 名许，文仲子。鲁成四年卒。 —臧武仲 名纥，宣叔子，即臧孙纥。鲁襄二十三年奔邾。 臧畴、臧贾 臧畴、臧贾均臧纥昆弟。见于鲁襄十七年《传》。 臧坚

纥之族。鲁襄十七年被齐人俘获。 **臧为** 鲁襄二十三年被立。 —**臧昭伯** 名赐，臧为之子。 **臧会** 昭伯之从弟。见于鲁昭二十五年 —**臧宾如** 臧会子。鲁哀八年如齐莅盟。 —**臧石** 宾如子。鲁哀二十四年率师取廪丘。《传》。

### 6. 郈氏世系表

**郈惠伯** 名犟，鲁孝公子。见《礼记·檀弓》郑玄注。 —**郈敬子** 敬伯同，惠伯玄孙。见《国语·鲁语》韦昭注。 **郈成子** 名瘠，即厚成叔。见于鲁襄十四年《传》。 **郈昭伯** 名恶。见于鲁昭二十五年《传》。

### 7. 施氏世系表

**施父** 即公子尾，字施父，惠公子。见鲁桓九年《传》。 —**施伯** 施父子，惠公孙。《国语·齐语》："桓公曰：'施伯，鲁君之谋臣也。'" —**施孝叔** 惠公五世孙。鲁成十一年声伯嫁其外妹于施孝叔。

### 8. 东门氏世系表

**东门襄仲** 公子遂，庄公子。鲁宣八年卒。 —**子家** 公孙归父，襄仲子。鲁宣十八年奔齐。 **仲婴齐** 襄仲子，归父弟。鲁成十五年卒。鲁宣十八年逐东门氏，继而使婴齐继其后。 —**子家懿伯** 名羁，庄公玄孙，别为子家氏。见于鲁昭二十五年《传》。

### 9. 叔氏世系表

**叔肸** 文公子，宣公弟。鲁宣十七年卒。 —**子叔声伯** 公孙婴齐，叔肸子。鲁成十七年卒。 —**子叔齐子** 叔老，声伯子。见于鲁襄十四年《传》。 —**敬子** 叔弓，叔老子。鲁襄三十年如宋，葬宋共姬。昭十五年卒。 —**叔辄** 伯张，叔弓子。鲁昭二十一年卒。 **叔鞅** 叔弓子。鲁昭二十二年如京师，葬景王。二十三年卒。 —**叔诣** 叔鞅子。鲁昭二十五年会晋赵鞅，二十九年卒。 —**成**

子　叔还，叔弓曾孙（杜注"还，叔诣曾孙"，误）。《世本》："叔弓生定伯阅，阅生西巷敬叔，叔生成子还，还为叔弓曾孙。"鲁哀十四年卒。一叔

青　叔还子。鲁哀十九年如京师。

## （二）春秋晋赵、魏、韩、范、荀、栾、郤、胥、先、狐、祁、羊舌、籍十三家世系表

### 1. 赵氏世系表

赵之先　与秦共祖。—造父　历六世，周穆王赐造父赵城。—奄父　为周宣王车御。—叔带　历五世，奄父子。因幽王无道，离周往事晋文侯。—赵夙　晋献公车御，得赐耿。—赵成子　赵衰，赵夙弟。《世本》以为衰为夙子。—

赵宣子　赵盾，衰子，叔隗生。鲁文六年执政。（赵同　衰子，即原同，赵盾异母弟，赵姬生。鲁宣十二年为下军大夫，鲁成八年被杀。

赵括　衰子，即屏括、屏季，赵盾异母弟，赵姬生。鲁宣二年为公族大夫，十二年为中军大夫，鲁成三年左新中军，八年被杀。赵婴齐　衰子，即赵婴，赵盾异母弟，赵姬生。鲁宣十二年为中军大夫，成四年通于赵庄姬，五年被放诸齐。）—赵庄子　赵朔，盾子，妻晋成公女赵庄姬。鲁

宣八年佐下军，（赵穿　赵夙庶孙，别为邯郸氏。十二年将下军。—赵旃　穿子。鲁宣十二年赵旃求卿未得，成三年佐新下军，十三年

将新军。—赵胜　旃子。—邯郸午　胜子。—赵稷　午子。鲁定十三年赵稷、涉宾以邯郸叛。—赵朝　胜曾孙。

鲁昭二十八年赵朝为平阳大夫。）—赵文子　赵武，朔子，赵庄姬所生。鲁成十八年为卿，襄九年将新军，十三年将上军，二十五年为执政，昭元年卒。

—赵景子　赵成，武子。晋中军佐。见于鲁昭七年《传》。（赵获　武子。见于鲁昭三年《传》。赵罗　系属不详。见昭三年《传》。）—赵简子　赵鞅，成子。鲁定十三年执政，鲁哀二十年卒。—赵襄子　无恤，赵鞅庶子，伯鲁弟，翟婢生。

鞅传位无恤，无恤与韩康子、魏桓子共灭知伯。（伯鲁 鞅嫡长子，被鞅废。 —周 伯鲁子，被无恤封为代君，未及立而死。 ）—浣 周子，即献侯。无恤传位于浣。 —烈侯籍 浣子。与魏、韩分晋，皆立为诸侯。追尊浣为献侯。

## 2. 魏氏世系表

毕公高 魏之祖，与周同性，武王伐纣时封于毕，以毕为姓。 —毕万 事晋献公，为车右，封于魏，以魏为氏。 —魏武子 魏犨，毕万孙。《魏世家》以犨为毕公子。从重耳出亡，列为大夫，治于魏。 （魏寿余 毕万之后。鲁文十三年魏寿余伪以魏叛者诱士会。）—魏庄子 魏绛，犨子。《魏世家》以绛为犨之孙，悼子之子。鲁成十八年为司马，鲁襄三年佐新军，十三年佐下军，十八年将下军。 （魏颗 犨子，绛庶兄。鲁宣十五年败秦师。 魏锜 名锜，又曰吕锜，即厨武子，犨子。鲁宣十二年求公族未得，鲁成十六年鄢陵之战射楚共王中目。）—魏献子 魏舒，绛子。《魏世家》以舒为嬴之子，绛之孙。鲁昭二十八年执政，鲁定元年卒。 （魏嬴 绛子，据《魏世家》。 魏颉 令狐文子。颉子。鲁成十八年为卿。 魏相 吕宣子，锜子。鲁成十八年为卿。）—魏侈 舒子，据《魏世家》。 （魏戊 舒庶子。鲁昭二十八年为梗阳大夫。）—魏襄子 曼多，舒孙。鲁定十三年魏襄子亦与范昭子相恶。 —魏桓子 名驹，曼多子。与赵襄子、韩康子共灭知伯。 —文侯斯 《魏世家》作文侯都，驹子。《魏世家》以斯为驹孙。与赵、韩分晋皆立为诸侯。

## 3. 韩氏世系表

韩之先 姬姓，历？世 —韩武子 韩万，曲武桓叔之子，庄伯弟。曲沃武公伐翼，韩万御戎，封韩原为大夫。 —韩简 万孙。鲁僖公十五年晋侯使韩简视师。 —（韩穿 系属不详。鲁宣十二年为上军大夫。）—子舆 简子。鲁成二年鞌之战托梦于韩厥。《世本》："桓叔生子万，万生赇伯，赇伯生定伯简，简生舆，舆生献子厥。" —韩献子 韩厥，子舆子，鲁宣十二年邲之战为司马，鲁成三年将新中军，十三年将下军，十八年执政，鲁襄七年告老。—（公族穆子[无忌，厥长子，鲁成十八年为公族大夫。]）韩宣子[韩起，厥子，无忌弟。鲁襄九年佐上军，鲁昭二年执政，二十八年卒。]—韩襄[无忌子。鲁襄十六年为公族大夫。]—韩须[起子。"须"《韩世家》作"贞子"。徙居平阳。]

（韩籍、叔禽、叔椒、子羽[叔禽、叔椒、子羽，皆起庶子。]　箕襄、邢带[皆韩起族。见于鲁昭五年《传》。]）—韩简子[韩不信，韩起孙。]（韩固[韩起孙。鲁昭二十八年为马首大夫。]）—韩庄子[简子子。]—韩康子[庄子子。与赵襄子、魏桓子共灭知伯。]—韩武子[康子子。]—韩景侯[武子子。与赵、魏分晋，皆立为诸侯。]

### 4. 范（士）氏世系表

士蒍[子舆，隰叔之子，杜伯孙。鲁庄二十六年为大司空。]—士縠[子舆。士蒍子。鲁文九年被晋所杀。]（范无恤[系属不详。鲁文十二年御戎。]）—范武子[士会，士蒍孙。《世本》："士蒍生成伯缺，缺生武子士会。"鲁僖二十八年摄右，鲁宣十二年将上军，十六年将中军，且为太傅。]（士庄伯[巩朔，系属不详。鲁成三年将新上军。]）—范文子[名燮，士会子。鲁成二年佐上军，十三年将上军，十六年佐中军，十七年卒。]（士贞子[渥浊，系属不详。鲁成十八年为太傅。]　竘共子[士魴，士会子。鲁襄九年佐下军，十三年卒。]）—范宣子[士匄，燮子。鲁襄九年佐中军，十九年为执政，二十五年卒。]

士富[士会别族。鲁襄三年为侯奄。《晋语》作范献子。]

（士庄子[士弱，竘裘子。]　渥浊子[士弱，渥浊子。]　竘裘[士魴子。]）—范献子[士鞅，士匄子。鲁襄十六年为晋公族大夫，鲁定元年为执政。]

（士文伯[名匄，士弱子。见于鲁襄三十年《传》。]—士景伯[弥牟，文伯子。晋理官。见于鲁昭十三年《传》。]）—

范昭子[吉射，士鞅子。鲁哀五年奔齐。]—范皋夷[吉射侧室子。鲁定十三年无宠于范吉射。]　士鲋[系属不详。鲁定十四年奔周。]

士蔑 系属不详。见于鲁哀四年《传》。

## 5. 荀（中行氏、知氏）氏世系表

荀息 僖二年荀息请假道于虞以伐虢。鲁僖九年里克杀公子卓于朝，荀息死之。其后不详。

一中行桓子 荀林父。鲁僖二十七年御戎，二十八年将中行，鲁文七年佐上军，十二年佐中军，鲁宣十二年将中军。其后人为中行氏。

（荀骓 林父弟。

知庄子 荀首，林父弟。鲁宣十二年为下军大夫，鲁成三年佐中军。荀首之后人为知氏。

一知武子 知罃，荀首子。鲁宣十二年邲之战中被熊负羁所俘，鲁成十三年佐下军，鲁襄九年代韩厥执政，十三年卒。

一知庄子 名朔，知罃长子。见鲁襄十四年《传》。

知悼子 荀盈，知罃子，朔弟，据杜注。据《左传》及《世本》，盈为朔之子。鲁昭九年卒。

知起 系属不详。鲁襄二十一年奔齐。

一知徐吴 知罃孙。鲁昭二十八年为涂水大夫。

知文子 荀跞，盈子，知罃孙。鲁昭九年佐下军。

一知宣子 名甲，跞子，据《晋语》韦注。

一知襄子 荀瑶，跞孙。鲁哀二十三年荀瑶伐齐。

）一中行宣子 荀庚，林父子。鲁成三年将上军，十三年佐中军。

（荀骓 鲁成三年将新下军。

程郑 荀氏别族。《晋语》注："程郑，荀骓之曾孙，程季之子。"鲁成十八年为乘马御。

荀家、荀会 二人为公族大夫。见于鲁成十八年《传》。

荀宾 于鲁成十八年为车右，以上四人系属不详。

）中行献子 荀偃，庚子。鲁成十六年佐上军，鲁襄九年将上军，十三年将中军，十九年卒。

一中行穆子 荀吴，偃子，荀庚孙。鲁襄而十六年晋侯使荀吴聘鲁。

一中行文子 荀寅，吴子。鲁昭二十九年赵鞅、荀寅帅师城汝滨，鲁定十三年入于朝歌以叛，鲁哀五年奔齐。

## 6. 栾氏世系表

栾叔一栾宾 鲁桓二年《传》：惠（指鲁惠公）之二十四年，始封桓叔于曲沃，靖侯之孙栾宾傅之。杜注："靖侯，桓叔之高祖父，言得贵宠公孙为傅相。"　—栾共叔　栾宾子。鲁桓三年曲沃武公伐翼，获共叔。　—栾贞子　栾枝，栾宾孙。鲁僖二十七年栾枝将下军。

军。鲁文五年卒。　—栾盾　栾枝子。鲁文十二年将下军。　—栾武子　栾书，栾盾子。鲁宣十二年佐下军，鲁成二年将下军，四年将中军。

（栾京卢　系属不详。鲁宣十七年使栾京卢待命于齐。）　—栾桓子　栾黡，栾书子。鲁成十六年晋侯使栾黡往鲁乞师，十八年为公族大夫，鲁襄九年将下军。

（栾鍼　栾书子，黡弟。鲁成十三年为中军将栾书车右。　栾弗忌　系属不详。鲁成十五年被杀。　栾纠

弁纠，系属不详。鲁成十八年为晋悼公御戎。）　—栾怀子　栾盈，栾黡子。鲁襄十六年为公族大夫，十八年佐下军，二十一年为外祖父范宣子驱逐

奔楚，后适齐，二十三年入晋，为晋人所杀。　栾鲂　栾氏族。鲁襄十九年晋栾鲂帅师从卫孙文子伐齐。　栾乐　盈之族。鲁襄二十三年遇栾乐　栾

豹　盈之族。见于鲁昭三年《传》。

### 7. 郤氏世系表

郤叔虎　名豹，郤芮之父。　—郤芮　冀芮，郤克祖父。鲁僖九年晋郤芮使夷吾重赂秦以求入，二十四年秦伯诱而杀之。

（郤称　系属不详，与冀芮同见于鲁僖十年《传》。　郤乞　系属不详。鲁僖十五年晋侯使郤乞告瑕吕饴甥。）　—郤成子　郤缺，冀芮子。鲁僖三十三年以一命命郤缺为卿，鲁文十二年将上军，鲁宣八年为执政。

（步扬　郤犨之父。鲁僖十五年秦晋韩之战为晋惠公御戎。　—

郤犨　步扬子，郤克从父兄弟。正义："《世本》步扬生州，州即犨也。鲁成十七年被杀。　郤毅　系属不详。鲁僖二十七年作三军，谋元帅，赵衰曰："郤縠可。"乃使郤縠将　郤溱　系属不详。鲁僖二十七年佐中军。）　—郤献子　郤克，郤缺子。鲁宣十二年佐上军，鲁成二

中军，二十八年卒。将中军。　—郤锜　驹伯，郤克子。鲁成十三年晋秦麻隧之战佐上军，十六年将上军，十七年被杀。　郤至　温季，郤克义子。鲁成十三年佐新军，十

七年被杀。　郤毅　郤至弟。鲁成十三年晋秦麻隧之战为中军帅栾书御戎。

343

### 8. 胥氏世系表

**胥臣** 曰季、司空季子。鲁僖公五年从公子重耳出亡，二十八年佐下军，文五年卒。 —**胥甲** 胥臣子。鲁文十二年佐下军，宣元年被放于卫。 —**胥克** 胥甲子。鲁宣元年晋放胥甲而立胥克，宣八年胥克被废。 **胥童** 胥克子。鲁成十七年胥童以克被废怨郤氏，十八年被杀。

（**胥午** 系属不详。见于鲁襄二十三年《传》。 **胥梁带** 系属不详。见于鲁襄二十六年《传》。）

### 9. 先氏世系表

**先友** 鲁闵二年为晋献公太子申生车右。 **先丹木** 鲁闵二年为晋下军将罕夷车右。 —**先轸** 鲁僖二十七年佐下军，二十八年将中军。 —**先且居** 霍伯，先轸子。鲁僖三十三年襄公以三命命先且居将中军，文五年卒。 （**先蔑** 系属不详。鲁僖二十八年将左行，文七年将下军，是年奔秦。 **先茅** 系属不详。鲁僖三十三年晋襄公以再命命先茅之县赏胥臣。杜注："先茅绝后，故取其县以赏胥臣。"）—

**先克** 先且居子。鲁文七年佐中军，九年被灵公所杀。 （**先仆** 系属不详。鲁文三年晋先仆伐楚以救江。 **先都** 系属不详。鲁文七年佐下军，九年继先克之后被杀。 **先辛** 系属不详。鲁宣元年晋人讨不用命者，先辛奔齐。）—**先縠** 即彘子，或说为先克子。《晋世家》以先縠为先轸子。鲁宣十二年佐中军，十三年因招赤狄被杀。

### 10. 狐氏世系表

**狐突** 伯行，重耳外祖父，为申生御。其子毛、偃事重耳。鲁僖二十三年被怀公所杀。 —**狐毛** 狐突子。鲁僖四年从重耳出亡，二十三年在秦，二十七年将上军。 （—**狐溱** 毛子。鲁僖二十五年为温大夫。） **狐偃** 子犯，狐突子，毛弟。僖四年从重耳出亡，二十三年在秦，二十七年使将上军，让于狐毛而左之。 （—**狐射姑** 贾举，狐偃子。鲁文六年佐中军，当年奔狄。） **续简伯** 鞠居，狐氏

之族。鲁文二年为

车右，六年被杀。

## 11. 祁氏世系表

祁奚 <sup>鲁成十八年为中军尉，襄十六年为公族大夫。</sup>（祁举 <sup>系属不详。鲁僖十年被杀。</sup> 祁瞒 <sup>系属不详。鲁僖二十八年因奸命被杀。</sup>

被 ）—祁午 <sup>奚子。鲁襄三年为中军尉。</sup>—祁盈 <sup>午子。鲁昭二十八年被杀，祁氏遂灭。</sup> 祁胜 <sup>祁盈家臣。鲁昭二十八年与邬臧</sup>

杀。

通室，被祁

盈执之。

## 12. 羊舌氏世系表

羊舌大夫 <sup>叔向祖父。鲁闵二年为尉。</sup>—羊舌职 <sup>叔向父。鲁成十八年为中军尉之佐。</sup>—羊舌赤 <sup>伯华，</sup>

职子。鲁襄三年 （羊舌肸 <sup>叔向，伯华弟。鲁襄十六年为傅。</sup> 羊舌鲋 <sup>叔鱼，叔向弟。鲁昭十三年摄司马。</sup> 羊舌

为中军尉之佐。

虎 <sup>叔向弟。鲁襄二十一年被范宣子杀。</sup>）—子容 <sup>伯华之子。见于鲁昭二十八年。</sup> 杨食我 <sup>伯石，叔向之子。鲁昭</sup>

二十八年被杀，

羊舌氏灭。

## 13. 籍氏世系表

籍偃 <sup>籍游，籍季子。鲁成十八年为司马。</sup>—籍谈 <sup>偃子。晋上军司马，其九世祖孙伯黡为正卿。鲁昭十五年晋荀跞如周，葬穆后，籍</sup>

谈为介。《世本》："籍黡生司空颉，颉生南里叔子，叔子生叔正官伯，官伯生司徒公，公生曲沃正少襄，襄生司功大伯，大伯生侯季子，季子生籍游，游生谈，谈生秦。"

—籍秦 <sup>谈子。见于鲁昭二十七年《传》。</sup>

## （三）春秋齐高$_1$、国、管、鲍、崔、晏、庆、栾、高$_2$、陈十家世系表

### 1. 高氏$_1$世系表

**高敬仲** 名傒，齐卿。见于鲁庄九年《传》。—**高宣子** 高固，敬仲曾孙。鲁宣五年正义："《世本》：'敬仲生庄子，庄子生倾子，倾子**（高发** 系属不详。鲁昭十九年帅师伐莒。 生宣子。'" **高齮** 系属不详。见于鲁昭二六《传》。 **高郦** 郦或作偃，鲁襄二十九年《传》："齐人立敬仲之曾孙郦。"《正义》据《世本》以郦为敬仲玄孙。正义："《世本》又云：'敬仲生庄子，庄子生倾子，倾子之孙武子偃。'据《世本》，则偃为敬仲玄孙。今传云'曾孙'，必有一误也。"**）**—**高无咎** 高固子。鲁成十七年出奔莒。 **（高厚** 高固子。鲁襄十九年被杀。—**高止** 高厚子，即子容。鲁襄二十九年出奔北燕。—**高竖** 高止子。鲁襄二十九年出奔晋。**）（高武子** 名偃，高傒玄孙。《正义》以为郦偃属同一人。—**高昭子** 名张，高偃子。鲁哀六年奔鲁。**）**—**高弱** 无咎子。鲁成十七年以卢叛。 **高无丕** 系属不详。鲁哀十一年将上军，十五年出奔北燕。

### 2. 国氏世系表

**懿仲** 齐卿，见于鲁僖十二年《传》。—**国庄子** 名归父。见于鲁僖二十八年、三十三年《传》。—**国武子** 国佐，归父子，据《国语》韦注。鲁成十八年被杀。—**国胜** 国佐子。鲁成十八年被杀。 **（国景子** 名弱，国胜弟。鲁成十八年奔鲁。**）**—**国惠子** 名夏，国佐孙。鲁定七年帅师伐鲁西鄙，哀六年奔鲁。 **国书** 系属不详。鲁哀十一年帅师伐鲁。—**国观** 书之子。鲁哀十七年与陈瓘救卫。 **国之高** 成伯，系属不详。见《檀弓》。 **国昭子** 系属不详。见《檀弓》。

### 3. 管氏世系表

管敬仲　夷吾，即管仲。鲁庄八年与召忽奉公子纠奔鲁。鲁僖十五年卒。——管脩　管仲后裔，后奔楚为大夫。鲁哀十六年被白公胜所杀。

### 4. 鲍氏世系表

鲍叔　名牙，据《国语》韦注为鲍敬叔之子。鲁庄八年奉公子小白奔莒。——鲍庄子　名牵，叔牙曾孙。见于鲁成十七年《传》。

鲍文子　名国，牵弟。《国语》韦注为叔牙玄孙。见于鲁成十七年《传》。——鲍牧　鲍国孙。见于哀六年《传》。　鲍点　鲍牧臣。见于鲁哀六年《传》。

### 5. 崔氏世系表

崔夭　齐大夫，见于鲁僖二十八年城濮之战。——崔武子　名杼，齐大夫。鲁襄二十五年弑齐庄公，二十七年失败自缢。——

催明（崔成、崔彊）　此三人均为崔杼子。崔成、崔彊为同母兄弟；明为东郭姜所生，被崔杼立为继承人。见鲁襄二十七年《传》。　崔如　系属不详，鲁襄二十三年为右。

### 6. 晏氏世系表

晏桓子　名弱，晏婴父。鲁襄二十七年卒。——晏平仲　晏婴，齐上大夫，历任灵公、庄公、景公三朝。鲁定十年卒。

（晏父戎　系属不详。鲁襄二十三年为车右。　晏氂　系属不详。鲁襄二十三年为晋大夫赵胜所获。）——晏圉　婴子。鲁哀六年奔鲁。

### 7. 庆氏世系表

庆克　据《通志》为公子无亏之子，桓公孙。鲁成十七年庆克通于声孟子。——（庆佐　克子。鲁成十八年为司寇。）庆封（克子，齐左相。鲁襄二十八年奔鲁，继而奔吴，昭四年楚伐吴，为楚人执而杀之。）

（庆嗣，子息。封之族人，见于鲁襄二十八年《传》。） 庆

庆㠍（系属不详。见于鲁襄二十八年《传》。）—庆舍（子之，庆封子。鲁襄二十八年庆封好田而嗜酒，委政于舍。）

### 8. 栾氏世系表

公子坚（子栾，齐惠公元之子，桓公孙。）—公孙灶（子雅，惠公孙。鲁昭三年卒。）—栾施（子旗，子雅子。鲁昭十年奔鲁。）

### 9. 高氏$_2$世系表

公子旗（子高，惠公之子。）—公孙虿（子尾，惠公孙。鲁昭八年卒。）—高彊（子良，子尾子。鲁昭十年奔鲁。）

### 10. 陈氏世系表

敬仲（陈公子完。鲁庄二十二年奔齐，为工正。）—陈文子（须无，陈完曾孙。据《史记·田敬仲完世家》，敬仲生稺孟夷，夷生湣孟庄，庄生文子须无。）—陈桓子（无宇，文子子，陈完玄孙。鲁昭十年奔鲁。）—陈武子（子彊，桓子子，据《史记·田仲完世家》。）

陈僖子（名乞，即田乞，悼公相。桓子子，据《史记·田敬仲完世家》。鲁哀六年弑齐君安孺子荼。）（陈书，子占，桓子子，僖子弟。）

—陈成子（名恒，即田常、田成子，陈乞子。齐简公左相。鲁哀十四年，陈恒执其君置于舒州。据《史记·田敬仲完世家》，成子生襄子盘，盘生庄子白，白生太公和。和迁齐康公于海上，自立为诸侯。）

陈瓘（子玉，陈恒兄。）陈庄、陈齿、陈夷、陈安、廪丘子、意兹、陈盈、得疑（以上八人亦皆陈恒兄弟）子士（陈恒兄弟，陈乞庶子。）陈逆（子行，陈氏之族。见于鲁哀十一年《传》。）陈豹（陈氏之族。见于鲁哀十四年《传》。）

## （四）春秋宋孔、华、乐、向四家世系表

### 1. 孔氏世系表

**弗父何** 宋湣公之子，宋厉公之兄，当立而让于厉公。据《孔子家语·本姓解》，弗父何生宋父周，周生世子胜，胜生正考甫（甫同父），考甫生孔父嘉。其后因五世亲尽，别为公族，以孔为氏。

**—正考父** 弗父何曾孙，先后佐戴公、武公、宣公，见于鲁昭七年《传》。

**—孔父嘉** 正考父之子，孔子六世祖。宋穆公、殇公时任司马，鲁桓二年被华父督所杀。

**—叔梁纥** 孔子父，见于鲁襄十年《传》。据鲁桓十年《传》正义引《世本》，孔父嘉生木金父，木金父生祁父，其子奔鲁为防叔，防叔生伯夏，伯夏生叔梁纥。

**—孔子** 仲尼，叔梁纥子，母颜徵在。孔子三岁时叔梁纥卒。

**—伯鱼** 孔子之子，名鲤，字伯鱼。伯鱼出生时，鲁昭公赐孔子鲤鱼为贺，故取名鲤。伯鱼五十岁时先孔子而卒。

### 2. 华氏世系表

**好父说** 据《世本》为宋戴公之子。

**—华父督** 据《世本》为戴公孙，好父之子。宋殇公时为太宰。于鲁桓二年弑殇公并杀孔父嘉。鲁庄十二年为南宫万所杀。

**—华御事** 任司寇。据《世本》，御事为督之孙。督生世子家，家生华孙、御事。

**—华元** 御事子，督曾孙。为宋右师，历任文公、共公、平公三朝，凡四十年。

**（华耦** 子伯。督曾孙。见于鲁文九年《传》。

**华椒** 系属不详。见于鲁宣十二年《传》。

**—华弱** 椒孙。鲁襄六年奔鲁。

**华定** 椒孙。鲁昭十二年聘鲁，二十年奔陈，二十二年奔楚。

**—华启** 定子。见于鲁昭二十年《传》。

**）—华阅** 元子，督玄孙。代元为右师，鲁襄十七年卒。

**（华臣** 元子，为司徒。鲁襄十七年奔陈。

**华喜** 督玄孙。

**）—华皋比** 阅子。见于鲁襄十七年《传》。

**华合比** 系属不详，为右师。鲁昭六年奔卫。

**华貙** 合比子。

弟，华亥庶兄。见于鲁昭二十年《传》。 **华亥** 合比弟。鲁昭六年为右师，二十年奔陈，二十二年奔楚。 （**华吴** 系属不详，合比家宰。见于鲁襄十七）—**华无慼** 亥子。见于鲁昭二十年《传》。 **华费遂** 华氏族，为大司马。见于鲁昭四年、二十年《传》。—**华貙** 子皮，费遂子，任少司马。鲁昭二十二年奔楚。 **华多僚** 费遂子，为御士。见于鲁昭二十一年《传》。 **华登** 费遂子。鲁昭二十年奔吴，二十二年奔楚。 **华妵** 华氏族。见于鲁昭二十一年《传》。 **华豹** 华氏党。见于鲁昭二十一年《传》。

### 3. 乐氏世系表

**乐父术** 宋戴公之子。—**乐吕** 戴公曾孙。鲁文十八年为司寇。据《世本》为戴公玄孙。正义："《世本》云：'戴公生乐甫术，术生硕甫泽，泽生夷父须，须生大司寇吕。'"—**乐豫** 戴公玄孙。鲁文七年舍司马以让公子卬。 （**乐婴齐** 系属不详。见于鲁宣十五年《传》。 **乐举** 系属不详。见于鲁成二年《传》。 **乐裔** 系属不详。鲁成十五年为司寇。 **将鉏** 杜注："乐氏族。"见于鲁成十六年《传》。）—**乐喜** 即子罕，乐吕孙，据杜注。或说乐喜为子罕父。《新唐书·表十三下》："吕孙喜，喜生司城子罕。"鲁襄九年为司城，主持国政。 （**乐惧** 戴公六世孙。见于鲁成十六年《传》。 **乐缮** 子荡，系属不详。见于鲁襄六年《传》。 **乐遄** 系属不详。见于鲁襄九年《传》。）—**乐祁犁** 子梁，即乐祁，子罕孙。鲁昭二十二年为司城，定八年卒。 （**乐大心** 子明族父，鲁昭二十年为右师，鲁定十年奔曹。 **乐舍** 子罕孙。鲁昭二十年奔郑。 **乐鞁** 子罕孙。鲁昭二十二年为大司寇。—**乐朱鉏** 乐鞁子。鲁哀二十六年为大司寇。）—**乐溷** 子明，乐祁子。见于鲁定六年《传》。—**乐茷** 溷子。鲁哀二十六年为司城。 **乐髡** 系属不详。见于鲁哀三年《传》。 **乐得** 系属不详。见于鲁哀二十六年《传》。

### 4. 向氏世系表

**向父肸** 宋桓公子。即合左师，桓公曾孙。《世本》："桓公生向父肸，肸生司城訾守，守生小司寇鱲及合左师。"鲁成十五年为左师。 —**向戌**

（**向为人** 系属不详。见于鲁成十五年《传》。 **向带** 系属不详。鲁成十五年为太宰，是年奔楚。）—

**向宁** 戌子。鲁昭二十二年奔楚。 （**向宜** 子禄，戌子。鲁昭二十年出奔郑。 **向郑** 戌子。鲁昭二十年出奔郑。 **向胜、向行** 系属不详。二人于鲁昭二十年被拘。）—**向罗** 宁子。见于鲁昭二十年《传》。 —**向巢** 杜注："向戌曾孙。"据《世本》为向戌孙。《礼记·檀弓上》正义："案《世本》：'向戌生东邻叔子超。超生左师眇。'眇即向巢也。"鲁哀十四年奔鲁。 **向魋** 即桓魋，巢弟。为司马。鲁哀十四年奔卫。

**子颀** 魋弟。见于鲁哀十四年《传》。 **子车** 魋弟。见于鲁哀十四年《传》。 **司马牛** 魋弟。鲁哀十四年致其邑与珪焉而适齐。

## （五）春秋郑良、游、国、罕、驷、印、丰七家世系表

### 1. 良氏世系表

**公子去疾** 子良，郑穆公庶子。鲁宣四年《传》："郑人立子良，辞曰：'以贤则去疾不足，以顺则公子坚长。'"—**公孙辄** 子耳，子良子。鲁襄十年为司空，继而为乱贼所杀。 —**良霄** 伯有，子耳子。鲁襄三十年出奔许，继而入郑，被郑人所杀。 —**良止** 伯有子。鲁昭七年被立为良氏继承人。

### 2. 游氏世系表

**公子偃** 子游，郑穆公子。鲁成公六年春，郑伯如晋拜成，子游相。 —**公孙虿** 子蟜，子游子。鲁襄十九年卒。 （**公**

351

**孙楚** 子南，穆公孙。鲁昭元年被放逐于吴。

）**—游贩** 子明，公孙虿子。鲁襄二十二年因夺人之妻而被杀。

（**—良** 贩子。见于鲁襄二十二年《传》。

）**游吉** 子太叔，贩弟。鲁襄二十二年子明死，子展（郑穆公子）废良而立太叔。昭十六年郑六卿饯韩宣子于郊，子太叔赋《褰裳》。

**—游速** 子宽，游吉子。鲁定六年游速帅师灭许。

### 3. 国氏世系表

**公子发** 子国，郑穆公子。鲁襄二年为司马，十年为盗所杀。 **—子产** 子国子。鲁襄十九年为卿，三十年为执政。昭十六年郑六卿饯韩宣子于郊，子产赋《羔裘》。昭二十年卒。 **—国参** 即子思，子产子。鲁哀五年《传》：子思曰："《诗》曰'不解于位，民之攸塈'，不守其位，而能久者鲜矣。"

### 4. 罕氏世系表

**公子喜** 子罕，郑穆公子。鲁襄二年当国。 **—公孙舍之** 子展，子罕子。鲁襄十九年当国，二十九卒。 （**公孙钼** 子罕子。鲁襄三十年子皮以公孙钼为马师。 **—罕朔** 马师氏，钼子。鲁昭七年杀罕魋，继而奔晋。 ）**—罕虎** 子皮，子展子。鲁襄二十九年代父为上卿当国，昭是十三年卒。 （**罕魋** 子皮弟。鲁昭七年被罕朔所杀。 ）**—婴齐** 子蠲，子皮子。鲁昭十六年郑六卿饯韩宣子于郊，子蠲赋《野有蔓草》。 **—罕达** 子腾，子蠲子。鲁定十五年帅师伐宋。

### 5. 驷氏世系表

**公子骓** 子驷，郑穆公子。鲁襄二年为政，七年使贼夜弑僖公，十年当国，为仇家尉止等人所杀。 **—公孙夏** 子西，子驷子。鲁襄十九年听政。 （**—驷带** 子上，子西子。鲁襄三十年率国人伐伯有，昭七年卒。 **—驷偃** 子游，子上子。鲁昭十六年郑六卿饯韩宣子于郊，子游赋《风雨》。 **—丝** 子游之子。鲁昭十九年子游卒，其族人因丝弱小而立子游叔父子瑕。 **公孙黑** 子皙，系属不详。鲁昭元年郑徐吾犯之妹美，公孙楚聘之矣，公孙黑又使强委禽焉，二年将作乱而被杀。父。鲁昭十九年被立为驷氏继承人。

**印**　子皙子。鲁昭二年为褚师。

**驷乞**　子瑕，子西子，子游叔父。

**驷歂**　子然，子瑕子。鲁定八年嗣子太叔为政，九年杀邓析。

**驷弘**　子般，子然子。鲁哀

**革**　即郑丹，子然子。鲁襄十九年与子良奔楚，为楚右尹。

**驷秦**　系属不详。得宠于国君，鲁哀五年因炫富而被杀。

### 6. 印氏世系表

**子印**　郑穆公子。鲁成十三年被公子班所杀。

**公孙黑肱**　子张，穆公孙。鲁宣十四年代子良往楚做人质，襄二十二年卒。

**印段**　子石，子张子。鲁襄二十二年被黑肱立为继承人。

**印癸**　子柳，子石子。鲁昭十六年郑六卿饯韩宣子于郊，子柳赋《蔓分》。

**印董父**　系属不详。鲁襄二十六年与皇颉戍城麇。

### 7. 丰氏世系表

**子丰**　郑穆公子。见于鲁襄七年《传》。

**公孙段**　伯石。鲁襄三十年伯有死，晋升为卿，昭七年卒。

**丰卷**　子张，疑为郑穆公子。鲁襄三十年为子皮所逐，奔晋。

**丰施**　子旗，伯石子。鲁昭十六年郑六卿饯韩宣子于郊，子旗赋《有女同车》。

## （六）春秋卫石、宁、孙、孔、北宫、世叔、公叔、南八家世系表

### 1. 石氏世系表

**石碏**　卫大夫。鲁隐三年谏卫庄公宠公子州吁，四年大义灭亲。

**石厚**　碏子。鲁隐三年与公子州吁游，隐四年石碏使其宰獳羊肩莅杀石厚于陈。

**石骀仲**　石碏之族。

**石祁子**　系属不详。见于鲁庄十二年《传》。

**石成子**　名稷，碏四世孙。见于

鲁成二年《传》。—石共子 名买，稷子。鲁襄十七年帅师伐曹。—石悼子 名恶，买子。鲁襄十九年石共子卒，悼子不哀，襄十八年奔晋。—石圃 恶从子。鲁襄十八年被立为宗主。 石曼姑 或云为恶子。见于鲁哀三年《传》。—石魋 曼姑子。鲁哀十八年石圃被逐，立魋为宗主。 石乞 系属不详。见于鲁哀十五年《传》。

### 2. 宁氏世系表

宁庄子 名速。卫正卿。见于鲁闵二年《传》。 宁跪 系属不详。或说为卫武公之子季亹四世孙，见顾栋高《春秋大事表》。或说为卫武公曾孙，竹添光鸿《左传会笺》："宁跪，卫武公曾孙，武公生季亹，食采于宁，因以为氏。"见于鲁庄六年《传》。（宁武子 名俞，系属不详。见于鲁僖二十八年《传》。—宁相 俞子。鲁成二年侵齐。 宁惠子 名殖，系属不详。见于鲁成十四年《传》。）—宁悼子 名喜，卫武公九世孙。鲁襄二十七年被杀。 宁跪 与前一宁跪重名，系属不详。见于鲁哀四年《传》。

### 3. 孙氏世系表

孙庄子 系属不详。鲁哀二十六年《传》："昔成公孙于陈，宁武子、孙庄子为宛濮之盟而君人。"据杜注，其事在鲁僖二十八年。 孙昭子 名速。鲁文元年被晋师俘获。 孙免 系属不详。见于鲁宣六年《经》。 孙桓子 名良夫，系属不详。见于鲁宣七年至鲁成六年《传》。—孙文子 林父，良夫子，卫武公八世孙。鲁成七年奔晋，十四年归卫。（孙蒯 系属不详林父子。鲁襄十年获郑皇耳。）—孙嘉、孙襄 伯国。以上二人均林父子，见于鲁襄二十六年《传》。

### 4. 孔氏世系表

孔婴齐 系属不详，见于鲁闵二年《传》。 孔达 系属不详。鲁文元年帅师伐晋，宣十四年被杀。—孔成子烝鉏，达孙。见于鲁成十四年《传》。—羁 烝鉏子。见于鲁昭七年《传》。—孔文子 名圉，羁孙。鲁定四年会同晋士鞅帅师伐鲜虞。—

孔悝 圉子。鲁哀十六年奔宋。

## 5. 北宫氏世系表

北宫懿 子括，卫成公曾孙。鲁成十七年帅师侵郑。—北宫遗 括子。鲁襄二十六年与宁喜被晋人执拿。北宫

文子 名佗，括子。见于鲁襄三十年《传》。北宫贞子 名喜，系属不详。见于鲁昭二十年《传》。北宫结 系属不详。鲁定十四年奔鲁。

## 6. 世叔氏世系表

太叔文子 名仪。鲁襄二十七年为卿。—太叔懿子 仪孙。见于鲁哀十一年《传》。世叔申

仪孙，或以为即懿子。鲁昭三十二年会城成周。悼子 世叔齐，即太叔疾，系属不详。鲁哀十一年奔宋。太叔喜子 名遗，疾弟。鲁哀十一年立为宗主。

## 7. 公叔氏世系表

公叔文子 名发，卫献公之孙。据《世本》，献公生成子当，当生文子枝，枝生朱，为公叔氏。见于鲁定六年《传》。—公叔

戍 文子子。鲁定十四年奔鲁。

## 8. 南氏世系表

子南 公子郢，卫灵公子。鲁哀二年《传》："初，卫侯游于郊，子南仆。"—子南 公孙弥牟，子南子。见于鲁哀二十五年《传》。

(司寇惠子 弥牟弟。《礼记》："司寇惠子之丧。"郑玄注："惠子，卫将军文子弥牟之弟惠叔兰也，生虎者。"—虎 惠子子。)—

**简子** 名瑕，弥牟子。据《礼记》郑注。

## （七）春秋陈辕、夏二家世系表

### 1. 辕氏世系表

**辕宣仲** 涛塗。鲁僖四年被齐人执拿。（**辕选** 系属不详。鲁文二年会晋、宋、郑师伐秦。）—**辕侨** 涛塗四世孙。见于鲁襄三年《传》。**辕颇** 涛塗四世孙，任司徒。《新唐书·表十四下》："宣仲生选，选生声子突，突生惠子雅，雅生颇，奔郑。"鲁哀十一年奔郑。

**辕克** 系属不详。见于鲁昭八年《传》。**辕咺** 辕颇之族。见于鲁哀十一年《传》。**辕买** 系属不详。鲁哀十四年奔楚。

### 2. 夏氏世系表

**子夏** 少西，征舒之祖。见于鲁宣十一年《传》。—**御叔** 夏姬之夫。鲁成二年被杀。—**夏征舒** 子南，御叔、夏姬子，据《史记·陈世家》。鲁宣十年弑其君平国，十二年被楚人杀之。—**夏啮** 悼子，征舒玄孙，据杜注。据《世本》为征舒曾孙："宣公生子夏，夏生御叔，叔生征舒，舒生惠子晋，晋生御寇，寇生悼子啮。"见于鲁昭二十三年《传》。**夏区夫** 系属不详。鲁哀十三年被盗杀之。

## （八）春秋楚鬭、成、蒍（蓮）、屈、申、潘、伍七家世系表

### 1. 鬭氏世系表

**鬭丹** 系属不详。见于鲁桓八年《传》。**鬭廉** 射师，若敖子。服虔以为射师即斗班。鲁桓九年楚使鬭廉帅师及巴师围鄾。（一

**鬬班** 申公，若敖孙。鲁庄三十年杀楚公子元。被）杀。 —**鬬克** 鬬班子，据《国语·楚语》韦注。鲁僖二十五年与屈御寇以申、息之师戍商密，鲁文十四年

**鬬祁** 楚令尹，见于鲁庄四年《传》。 **鬬缗** 鲁庄十八年楚武王命为权邑尹。 **鬬御强、鬬梧** 二人见于鲁庄二十八年《传》。

**鬬章** 见于鲁僖二年《传》。 **鬬宜申** 子西。楚司马。见于鲁僖二十六年《传》。 **鬬勃** 子上。楚令尹。见于鲁僖三十三年《传》。

**鬬伯比** 若敖子，楚武王叔父。邧女所生，事见鲁宣四年《传》。鲁庄三十年为令尹。 —**鬬谷於菟** 子文，鬬伯比子，若敖孙。鬬伯比淫邧子之女所生，事见于鲁宣四年《传》。

（—**鬬般** 子扬，子文子。鲁宣四年继父为令尹。 —**克黄** 子文孙。见于鲁宣四年《传》。

—**弃疾** 子文曾孙，鬬韦龟之父。见于鲁昭六年《传》。 —**鬬韦龟** 子文玄孙。见于鲁昭四年《传》。 —**鬬成然** 子旗。韦龟子。鲁昭十三年王夺成然邑，使为郊尹。

—**鬬辛** 子旗子。见于鲁昭十四年《传》。 **鬬怀** 辛弟。 **鬬巢** 辛弟。以上二人均见于鲁定四年、五年《传》。

）**子良** 子文弟，若敖孙，楚司马。生子越椒，事见鲁宣四年《传》。 —**鬬椒** 伯棼，即鬬越椒、子越椒，子良子，鬬伯比孙。鲁宣四年升为令尹，继而攻楚庄王而败，导致若敖氏之族被灭。

—**苗贲皇** 鬬越椒子。鲁宣四年鬬氏被灭时奔晋，食邑于苗。

### 2. 成氏世系表

**成得臣** 子玉，若敖曾孙。鲁僖二十三年帅师伐陈，继而晋升令尹，二十八年被杀。 （**成嘉** 子孔，若敖曾孙。鲁文十二年令尹大孙伯卒，成嘉为令尹。 ）—**成大心** 大孙伯，子玉子，楚令尹。鲁文十一年败麇师，十二年卒。 —**成熊** 子玉之孙。鲁昭十二年被杀。

### 3. 蒍（薳）氏世系表

**蒍章楚** 武王之臣，见于鲁桓六年《传》。四年为工正，谮子扬（鬬般）而杀之，升为司马，后被子越椒所杀。事见鲁宣四年《传》。 **蒍吕臣** 叔伯。鲁僖二十八年为令尹。 **蒍贾** 伯赢。鲁宣 —**蒍艾猎** 孙叔敖，蒍贾子。楚令尹，始见于鲁宣十

一年《传》。 —蒍子冯 叔敖从子。鲁襄十五年为大司马，二十二年为令尹。 —蒍掩 子冯子。鲁襄二十五年为司马，三十年楚公子围杀大司马蒍掩而取其室。

蒍启疆 系属不详。鲁昭元年为太宰。 蒍罢 子荡，系属不详。鲁昭元年为令尹。 蒍射 系属不详。见于鲁昭《传》。五年

蒍洩 系属不详。见于鲁昭六年《传》。 蒍居 掩之族。见于鲁昭十三年《传》。蒍越系属不详。见于鲁昭二十一年《传》。 蒍固 系属不详。见于鲁哀十八年《传》。

### 4. 屈氏世系表

屈瑕 楚武王子，屈原之祖。见于鲁桓十一年《传》。王逸《楚辞章句》：
"《帝系》曰：'颛顼娶于滕隍氏女而生老僮，是为楚先。其后熊绎事周成王，封为楚子，居于丹阳。周幽王时生若敖，奄征南海，北至江汉。其孙武王求尊爵于周，周不与，遂借号称王。始都于郢，是时生子瑕，受屈为客卿，因以为氏。'屈原自道本与君共祖，俱出颛顼胤末之子孙。"

屈重 系属不详。见于鲁庄四年《传》。 屈完 系属不详。见于鲁僖四年《传》。 屈御寇 子边，系属不详。见于鲁僖二十五年《传》。

屈荡 屈建祖父，据《世本》。鲁宣十二年为车右。 （屈巫臣 子灵。鲁成二年奔晋。 —屈狐庸 巫臣子。见于鲁成七年《传》。 子阎、子荡、弗忌 三人皆巫臣之族。见于鲁成二年《传》。）

—屈到 子夕，屈荡子。见于鲁襄十二年《传》。十二年为莫敖（楚官名），二十五年为令尹，二十八年卒。 （屈申 屈荡子。见于鲁昭四年《传》。） —屈建 子木，屈到子。鲁襄二十五年为令尹，二十八年卒。屈建子。鲁昭五年为莫敖。

（屈荡 子灵。鲁襄二十五年为莫敖，与宣十二年屈荡同名。） —屈生

屈罢 系属不详。见于鲁昭十四年《传》。

### 5. 申氏世系表

申舟 文之无畏。鲁文十年为楚左司马。 （申叔展 系属不详。见于鲁宣十二年《传》。 申叔时 鲁宣十一年使于

齐，十五年为庄王车御。—申叔跪

叔时子。见于鲁成二年《传》。—申叔豫

叔时孙。见于鲁襄十一年《传》。申无宇

系属不详。见于鲁襄三十年《传》。—申亥

无宇子。见于鲁昭十三年《传》。）—申犀

申舟子。见于鲁宣十四年《传》。申骊

系属不详。鲁成八年被晋栾书俘获。申包胥

系属不详。见于鲁定四年《传》。

## 6. 潘氏世系表

潘崇　鲁文元年被穆王任为太师。

潘尪　师叔。鲁宣十二年庄王许郑平，使入郑结盟。—潘党　即叔党，潘尪子。见于鲁宣十二年《传》。

潘子臣　系属不详。见于鲁定六年《传》。

## 7. 伍氏世系表

伍参　伍奢祖父。庄王宠臣。始见于鲁宣十二年《传》。—伍举　即椒举，参子。楚庄王宠臣，始见于鲁宣十二年《传》。—

椒鸣　举子。见于鲁襄二十六年《传》。伍奢　举子。鲁昭十九年任为太子建师傅。—伍尚　棠君，奢长子。见于鲁昭二十年《传》。伍员

员　子胥，奢子，尚弟。鲁昭二十年奔吴，谋伐楚以复仇。—伍丰　员子。鲁哀十一年伍员使于齐，属伍丰于鲍氏，为王孙氏。

# （九）春秋秦公子公主所出及非公族大夫姓氏名号表

## 1. 春秋秦公子公主所出表

大子罃、弘、简、璧　大子罃（秦康公）、弘，穆公之子；简、璧，穆公之女。四人均穆姬所生。鲁僖十五年《传》："穆姬闻晋侯将至，以大子罃、弘与女简、璧登台而履薪焉，使以免服衰绖逆。"

**公子絷** 盖穆公之子。鲁僖十五年《传》："公子絷曰:'不如杀之,无聚慝焉。'"二十四年《传》:"二月甲午,晋师军于庐柳。秦伯使公子

絷如晋师,师

退,军于郇。"

**小子憖** 穆公之子。鲁僖二十八年《传》:"夏四月戊辰,晋侯、宋公、齐国归父、崔夭、秦小子憖次于城濮。"二十九年《传》:"夏,公会王

子虎、晋狐偃、宋公孙固、齐国归父、陈辕涛涂、

秦小子憖,盟于翟泉,寻践土之盟,且谋伐郑也。"

**伯车** 桓公之子。鲁成十三年《传》:"君亦悔祸之延,而欲徼福于先君献、穆,使伯车来,命我景公曰:'吾与女同好弃恶,复修旧德,以追念前

勋。'"。襄二十五年《传》:"其五月,秦、晋为成。

晋韩起如秦莅盟,秦伯车如晋莅盟,成而不结。"

**后子** 名鍼,桓公之子,景公母弟,权宠如两君。鲁昭元年《传》:"秦后子有宠于桓,如二君于景。其母曰:'弗去,惧选。'癸卯,鍼适晋,其

车千乘。书曰:'秦伯之弟鍼出奔晋。'罪秦伯也。后子享晋侯,造舟于河,十里舍车,

自雍及绛。……后子见赵孟(赵文子武)。赵孟曰:'吾子其曷归?'对曰:'鍼惧选

于寡君,是以在此,将待嗣君。'……后子出,而告人曰:'赵孟将死矣。主民,玩

岁而愒日,其与几何?'""使后子与子干齿。辞曰:'鍼惧选,楚公子不获,是以皆

来,亦

唯命。'"

## 2. 春秋秦非公族大夫姓氏名号表

**公孙枝** 秦大夫子桑,岐人,曾游于晋。"枝"或作"支"。鲁僖九年《传》:"公谓公孙枝曰:'夷吾其定乎?'对曰:'臣闻之,唯则定国。《诗》

曰:"不识不知,顺帝之则。"文王之谓也。又曰:"不僣不贼,鲜不为则。"无好无

恶,不忌不克之谓也。今其言多忌克,难哉!'僖十三年《传》:"冬,晋荐饥,使

乞籴于秦。秦伯谓子桑:'与诸乎?'对曰:'重施而报,君将何求?重施而不报,其

民必携,携而讨焉,无众必败。'"十五年《传》:"秦伯使公孙枝对曰:'君之未入,

寡人惧之,入而未定列,犹吾忧也。苟列定矣,敢不承命。'""公子絷曰:'不如杀

之,无聚慝焉。'子桑曰:'归之而质其大子,必得大成。晋未可灭而杀其君,只以成

恶。且史佚有言曰："无始祸，无怙乱，无重怒。"重怒难任，陵人不祥。'
乃许晋平。"文公三年《传》："'诒阙孙谋，以燕翼子'，子桑有焉。"

**泠至**　秦大夫。鲁僖十年《传》："冬，
秦伯使泠至报、问，且召三子。"

**百里**　即百里奚，本虞国大夫，以采邑百里为氏，别号五羖大夫。知虞将亡
而适秦，秦穆公以之为媵，耻而走之宛，楚人执之。秦缪公闻其贤，
又以五羖羊皮赎回，授以国政，相秦七年而霸。鲁僖十三年《传》："（穆公）谓
百里：'与诸乎？'对曰：'天灾流行，国家代有，救灾恤邻，道也。行道有福。'"。

**卜徒父**　筮人。鲁僖十五年《传》："晋饥，秦输之粟，秦
饥，晋闭之籴，故秦伯伐晋。卜徒父筮之，吉。"

**杞子、逢孙、杨孙**　均秦大夫。鲁僖三十年《传》："秦伯说，与
郑人盟。使杞子、逢孙、杨孙戍之，乃还。"

**蹇叔**　秦大夫，岐人，曾游于宋。鲁僖三十二年《传》："穆公访诸蹇叔。蹇
叔曰：'劳师以袭远，非所闻也。师劳力竭，远主备之，无乃不可乎！
师之所为，郑必知之。勤而无所，必有悖心。且行千里，其谁不知？'公辞焉。召孟
明、西乞、白乙，使出师于东门之外。蹇叔哭之，曰：'孟子，吾见师之出而不见其
入也。'公使谓之曰：'尔何知？中寿，尔
墓之木拱矣。'蹇叔之子与师，哭而送之。"

**孟明**　秦大夫，即孟子、孟明视，百里奚之子。鲁僖三十二年《传》："（穆
公）召孟明、西乞、白乙，使出师于东门之外。僖蹇叔哭之，曰：'孟
子，吾见师之出而不见其入也。'"三十三年《传》："孟明曰：'郑有备矣，不可冀也。
攻之不克，围之不继，吾其还也。'灭滑而还。""夏四月辛巳，败秦师于殽，获百里
孟明视、西乞术、白乙丙以归。""（阳处父）释左骖，以公命赠孟明。孟明稽首曰：
'君之惠，不以累臣衅鼓，使归就戮于秦，寡君之以为戮，死且不朽。若从君惠而免
之，三年将拜君赐。'""秦伯素服郊次，乡师而哭曰：'孤违蹇叔以辱二三子，孤之
罪也。不替孟明，孤之过也。'"文元年《传》："秦大夫及左右皆言于秦伯曰：'是败
也，孟明之罪也，必杀之。'"文二年《传》："二年春，秦孟明视帅师伐晋，以报殽
之役。""秦伯犹用孟明。孟明增修国政，重施于民。赵成子言于诸大夫曰：'秦师又
至，将必辟之，惧而增德，不可当也。诗曰："毋念尔祖，聿修厥德。"孟明念之矣，
念德不怠，其可敌乎？'"文公三年《传》："遂霸西戎，用孟明也。……孟明之臣也，

其不解也，能惧思也；子桑之忠也，其知人也，能举善也。《诗》曰：'于以采蘩，于沼于沚，于以用之，公侯之事。'秦穆有焉。'夙夜匪解，以事一人'，孟明有焉。"

**西乞** 西乞术。 **白乙** 白乙丙。鲁僖三十二年《传》："召孟明、西乞、白乙，使出师于东门之外。"鲁僖三十三年《传》："夏四月辛巳，败秦师于殽，获百里孟明视、西乞术、白乙丙以归。"

**奄息、仲行、鍼虎** 子车氏三子。鲁文六年《传》："秦伯任好卒。以子车氏之三子奄息、仲行、鍼虎为殉。"

**绕朝** 秦大夫。鲁文十三年《传》："（士会）乃行。绕朝赠之以策，曰：'子无谓秦无人，吾谋适不用也。'"。

**杜回** 秦大夫。鲁宣十五年《传》："秋七月，秦桓公伐晋，次于辅氏。……及洛，魏颗败秦师于辅氏。获杜回，秦之力人也。""及辅氏之役，颗见老人结草以亢杜回，杜回踬而颠，故获之。"

**右大夫说** 秦大夫。鲁成二年《传》："十一月，公及楚公子婴齐、蔡侯、许男、秦右大夫说、宋华元、陈公孙宁、卫孙良夫、郑公子去疾及齐国之大夫盟于蜀。"

**医缓** 秦医。鲁成十年《传》："公（晋景公）疾病，求医于秦。秦伯（秦桓公）使医缓为之。"

**史颗** 秦大夫。鲁成十二年《传》："秦、晋为成，将会于令狐。晋侯（晋厉公）先至焉，秦伯（秦桓公）不肯涉河，次于王城，使史颗盟晋侯于河东。"

**成差、不更女父** 均秦大夫。不更，秦爵名。鲁成十三年《传》："五月丁亥，晋师以诸侯之师及秦师战于麻隧。秦师败绩，获秦成差及不更女父。"

**士雃** 秦大夫。鲁襄九年《传》："秦景公使士雃乞师于楚，将以伐晋，楚子（楚共王）许之。"

**右大夫詹** 鲁襄十一年《传》："楚子囊乞旅于秦，秦右大夫詹帅师从楚子，将以伐郑。"

**庶长鲍、庶长武** 均秦大夫。鲁襄十一年《传》："秦庶长鲍、庶长武帅师伐晋以救郑。"

**庶长无地** 秦大夫。鲁襄十二年《传》："冬，楚子囊、秦庶长无地伐宋，师于扬梁，以报晋之取郑也。"

**医和** 秦医。鲁昭元年《传》："晋侯（晋平公）求医于秦。秦伯（秦景公）使医和视之，曰：'疾不可为也。是谓近女室，疾如蛊。非鬼非食，惑以丧志。良臣将死，天命不佑。'"

**子蒲、子虎** 均秦大夫。鲁定五年《传》："申包胥以秦师至，秦子蒲、子虎帅车五百乘以救楚。子蒲曰：'吾未知吴道。'使楚人先与吴人战，而自稷会之，大败夫概王于沂。吴人获薳射于柏举，其子帅奔徒以从子西，败吴师于军祥。秋七月，子期、子蒲灭唐。"

# 附录　春秋士人精神举要

胡安顺

　　士人精神，就是具有强烈的社会责任感与忘我精神，深明大义，看重名节，勇于担当，不惧牺牲，以修齐治平为己任，砥砺前行，死而后已，所谓"苟利天下生死以，不以祸福避趋之"。春秋时期，在王公贵族卿大夫，乃至家臣宦竖贩夫走卒身上，都或多或少地可以看到士人精神，社会风气使然也。今选取二十四列，依原文照录如下，各加标题，且略作注释及点评，文末缀以简论，旨在使一般读者有所知闻也。

## 一　卫公子急子与寿子争死

　　初，卫宣公烝于夷姜，生急子，属诸右公子。为之娶于齐，而美，公取之，生寿及朔（朔，卫惠公），属寿于左公子。夷姜缢。宣姜（娶于齐者）与公子朔构急子。公使诸齐，使盗待诸莘（莘，卫地），将杀之。寿子告之，使行。不可，曰："弃父之命，恶用子矣？有无父之国则可也。"及行，饮（yìn，请喝酒）以酒，寿子载其旌（旌，符节，使者所执的凭证）以先，盗杀之。急子至，曰："我之求也。此何罪？请杀我乎！"又杀之。二公子故怨惠公。

　　十一月，左公子洩、右公子职立公子黔牟（黔牟，宣公妾所生子）。惠公奔齐。（《左传·桓公十六年》）

山人评曰：卫急子临危不避，公子寿仁心爱兄，二子争相赴死，精神感天动地，然皆失之于愚，甚可惜者。《诗·邶风·二子乘舟》者，诗人怀念二子之作也，其小序曰："《二子乘舟》，思伋、寿也。卫宣公之二子争相为死，国人伤而思之，作是诗也。"其诗曰：

二子乘舟，泛泛其景。愿言思子，中心养养！

二子乘舟，泛泛其逝。愿言思子，不瑕有害？

## 二　宋太子兹父与公子目夷辞立

宋公（宋桓公）疾，大子兹父（宋襄公）固请曰："目夷（兹父庶兄，即下文子鱼）长且仁，君其立之！"公命子鱼，子鱼辞，曰："能以国让，仁孰大焉？臣不及也，且又不顺（不顺指立庶）。"遂走而退。（《左传·僖公八年》）

九年春，宋桓公卒……（冬）宋襄公即位，以公子目夷为仁，使为左师以听政，于是宋治。故鱼氏世为左师（左师，执政）。（《左传·僖公九年》）

山人评曰：春秋时期，为争夺君位而子弑父弟弑兄、父子相斗者多矣。如鲁桓公弑兄隐公而立，楚成王弑兄堵敖而立，穆王商臣弑父成王而立，灵王围弑其兄子郏敖而立，卫庄公蒯聩与其子出公辄为君位争斗十余年，等等，不一而足。据《公羊传》疏，《春秋》之中，弑君三十六，可谓触目惊心矣。大子兹父与公子目夷则以国相让，据《说苑·立节》，二人且先后逃往卫国以辞大位，实属清流一派，诚心让国，视天下有贵于君位者，推圣让贤，不以国谋私者也。

### 三 宋襄公不鼓不成列

冬十一月己巳朔（初一），宋公（宋襄公）及楚人战于泓（泓水，地在今河南柘城西北）。宋人既成列，楚人未既济。司马（公孙固。《史记·宋世家》作"目夷"）曰："彼众我寡，及其未既济也，请击之。"公曰："不可。"既济而未成列，又以告。公曰："未可。"既陈而后击之，宋师败绩。公伤股，门官（宋襄公亲军，守营门）歼焉。

国人皆咎公。公曰："君子不重伤，不禽二毛。古之为军也，不以阻隘也。寡人虽亡国之余，不鼓不成列。"子鱼曰："君未知战。勍（qíng，强）敌之人隘而不列，天赞我也。阻而鼓之，不亦可乎？犹有惧焉。且今之勍者，皆吾敌也。虽及胡耇（gǒu，老人），获则取之，何有于二毛？明耻教战，求杀敌也，伤未及死，如何勿重？若爱重伤，则如勿伤；爱其二毛，则如服焉。三军以利用也（利用机会），金鼓以声气也（鼓舞斗志）。利而用之，阻隘可也；声盛致志，鼓儳（chán，不整）可也。"（《左传·僖公二十二年》）

山人评曰：《孙子》曰："客绝水而来，勿迎之于水内，令半济而击之，利。"宋人既成列，楚人未既济而宋襄公不击；楚人既济而未成列，宋襄公又不击；丧失战机者二，骄傲轻敌，儿戏战事，可谓愚也。其言曰："君子不重伤，不禽二毛。古之为军也，不以阻隘也。寡人虽亡国之余，不鼓不成列。"犹可见其不知战也。愚而不知战，代价是军败股伤，次年而卒。然而虽败犹荣，精神不灭。败于一时，辱于一时，而事传千年，名垂千年。以巧诈求胜，以阴谋阳谋得逞，何可道哉！于中华民族道德之形成之完善何有哉！

## 四　晋狼瞫之勇

二年春，秦孟明视帅师伐晋，以报殽之役（秦晋殽之战在鲁僖公三十三年夏，秦败）。二月，晋侯（晋襄公）御之。先且居（先轸之子）将中军，赵衰佐之。王官（地名，以地为氏）无地（晋卿）御戎（指为晋襄公驾车），狐鞫居（即续简伯，晋卿）为右。甲子（七日），及秦师战于彭衙（彭衙地在今陕西合阳县）。秦师败绩。晋人谓秦"拜赐之师"。

战于殽也，晋梁弘御戎，莱驹为右。战之明日，晋襄公缚秦囚，使莱驹以戈斩之。囚呼，莱驹失戈，狼瞫（shěn）取戈以斩囚，禽之以从公乘，遂以为右。箕之役（箕役在鲁僖公三十三年夏秋）狄人伐晋，及箕，为晋所败。先轸死于此战。箕地在今山西太谷县），先轸黜之而立续简伯。狼瞫怒。其友曰："盍死之？"瞫曰："吾未获死所。"其友曰："吾与女为难。"瞫曰；"《周志》（指《逸周书》）有之：'勇则害上，不登于明堂。'死而不义，非勇也。共用（指为国死）之谓勇。吾以勇求右，无勇而黜，亦其所也。谓上不我知，黜而宜，乃知我矣。子姑待之。"及彭衙，既陈，以其属驰秦师，死焉。晋师从之，大败秦师。

君子谓："狼瞫于是乎君子。诗曰：'君子如怒，乱庶遄沮。'（《诗经·小雅·巧言》）又曰：'王赫斯怒，爰整其旅。'（《诗经·大雅·皇矣》）怒不作乱而以从师（服从军令），可谓君子矣。"（《左传·文公二年》）

山人评曰：狼瞫作为晋国一普通将领，深明"死而不义，非勇也"之大道，不以私怨为报，怒不作乱，恨不妄为，而是赴先轸后尘，以洒血疆场、视死如归之实际行动示勇明志，足见其大义在胸。宜乎，无怪乎其名垂青史也！

## 五 晋臾骈送贾季妻孥

六年春，晋蒐（军演）于夷（夷，晋地，今址不详），舍二军（撤销二军编制，此前编制为五军）。使狐射姑（即下文贾季，狐偃子）将中军，赵盾佐之。阳处父（晋太傅）至自温（温为阳处父封邑，地在今河南温县南），改蒐于董（董，晋地，故址在今山西万荣县西南），易中军。阳子，成季（即赵衰）之属也，故党于赵氏，且谓赵盾能，曰："使能，国之利也。"是以上之。宣子（即赵盾）于是乎始为国政……

贾季怨阳子之易其班也，而知其无援于晋也。九月，贾季使续鞫居（即续简伯）杀阳处父。书曰："晋杀其大夫。"侵官也……

十一月丙寅（八日），晋杀续简伯。贾季奔狄。宣子使臾骈（晋大夫）送其孥（nú，家眷）。夷之蒐，贾季戮（侮辱）臾骈，臾骈之人欲尽杀贾氏（指贾季家眷，包括妻子儿女）以报焉。臾骈曰："不可。吾闻《前志》（前代的书）有之曰：'敌惠敌怨，不在后嗣'，忠之道也。夫子（指赵盾）礼于贾季，我以其宠报私怨，无乃不可乎？介（因）人之宠，非勇也；损怨（杀贾氏为了解恨）益仇（激起宣子和贾季对自己的仇恨），非知也；以私害公，非忠也。释此三者，何以事夫子？"尽具其孥与其器用财贿，亲帅扞（hàn，保护）之，送致诸竟。（《左传·文公六年》）

山人评曰：不因人之宠而作恶，不为泄愤而益仇，不以私怨而害公，臾骈可谓真君子也。纵观古今，因人之宠而作恶、为泄愤而益仇、以私怨而害公者何其众也？贵而不骄、富而不奢、有权而不任性者又何其鲜也？

## 六 鉏麑触槐而死

晋灵公不君：厚敛以雕墙；从台上弹人，而观其辟丸也；宰夫胹（ér，烹煮）熊蹯不熟，杀之，置诸畚，使妇人载以过朝。赵盾（晋执政）、士季（晋大夫，即随会、范武子，士蒍之孙）见其手，问其故，而患之。将谏，士季曰："谏而不入，则莫之继也。会请先，不入，则子继之。"三进及溜（liù，通霤，屋檐），而后视之。曰："吾知所过矣，将改之。"稽首而对曰："人谁无过？过而能改，善莫大焉。《诗》曰：'靡不有初，鲜克有终。'（《诗经·大雅·荡》）夫如是，则能补过者鲜矣。君能有终，则社稷之固也，岂惟群臣赖之？又曰：'衮职（指帝王。衮，帝王的礼服，绣有龙文）有阙，惟仲山甫（周宣王贤臣）补之。'（《诗经·大雅·烝民》）能补过也。君能补过，衮不废矣。"犹不改。

宣子骤谏，公患之，使鉏麑（xúní，晋力士）贼之。晨往，寝门辟矣，盛服将朝，尚早，坐而假寐。麑退，叹而言曰："不忘恭敬，民之主也。贼民之主，不忠；弃君之命，不信。有一于此，不如死也。"触槐而死。（《左传·宣公二年》）

　　山人评曰：刺客或为大义而行刺，曹沫、荆轲是也；或为报恩而行刺，豫让是也；或为义气而行刺，专诸、聂政是也；或为出名而行刺，高渐离、要离是也；或为执行主命而行刺，鉏麑是也。鉏麑于两难之间选择一死，不贼忠臣以害义，节概之士也，高义薄云天，影响越千年，非奉命而不论是非之徒可比也。

## 七　楚司马子反之信

　　庄王（楚庄王）围宋，军有七日之粮尔，尽此不胜，将去而归尔。于是使司马子反乘堙（yīn，为攻城而堆积的土山）而窥宋城，宋华元（宋卿，任右师）亦乘堙而出见之。司马子反曰："子之国何如?"华元曰:"惫矣。"曰:"何如?"曰:"易子而食之,析骸而炊之。"司马子反曰:"嘻!甚矣惫!虽然,吾闻之也,围者柑(qián)马(柑马,以木置马口中,不令食)而秣之(秣之,喂马),使肥者应客,是何子之情也(为何暴露您的军情)。"华元曰:"吾闻之,君子见人之厄则矜之,小人见人之厄则幸之。吾见子之君子也,是以告情于子也。"司马子反曰:"诺,勉之矣(努力坚守吧)!吾军亦有七日之粮尔,尽此不胜,将去而归尔。"揖而去之,反于庄王。

庄王曰:"何如?"司马子反曰:"惫矣!"曰:"何如?"曰:"易子而食之,析骸而炊之。"庄王曰:"嘻!甚矣惫!虽然,吾今取此,然后而归尔。"司马子反曰:"不可。臣已告之矣,军有七日之粮尔。"庄王怒曰:"吾使子往视之,子曷为告之?"司马子反曰:"以区区之宋,犹有不欺人之臣,可以楚而无乎?是以告之也。"庄王曰:"诺。舍而止(筑舍而止,示无去意)。虽然(虽宋已知我军缺粮),吾犹取此然后归尔。"司马子反曰:"然则君请处于此,臣请归尔。"庄王曰:"子去我而归,吾孰与处于此?吾亦从子而归尔。"引师而去之。(《公羊传·宣公十五年》)

山人评曰:《孙子》曰:"兵者,国之大事,死生之地,存亡之道,不可不察也。"楚围宋,历时半载,宋人困极,易子而食,析骸而炊。楚师亦老,仅余七日之粮。然而宋右师华元与楚司马子反竟各以实情相告,真君子也。华元唯诚,故赢得子反尊重,解宋之围。子反唯诚,且守信,故赢得庄王谅解。前人所谓"兵行诡道"者,不尽然也。真诚之力量,或可敌百万之师。欺诈只可得逞于一时,真诚则可制胜于千秋,修身者不可不察,用兵者不可不察,经商者不可不察,为政者不可不察。

## 八　齐顷公不射君子

齐师败绩（鲁成公二年，齐侵鲁、卫二国，鲁、卫求救于盟主晋，晋出师相救，齐师退至其地鞌，晋师追及，两军决战，齐师败）。逐之，三周华不注（华不注，一座孤山）。韩厥（晋军司马）梦子舆（子舆，韩厥父）谓己曰："且辟左右。"故中御而从齐侯（齐顷公）。邴夏（顷公车御）曰："射其御者，君子也。"公曰："谓之君子而射之，非礼也。"射其左，越于车下。射其右，毙于车中。（《左传·成公二年》）

山人评曰：齐顷公于败逃仓皇之际，竟不忍射杀追及之敌，以其貌似君子，射杀不合礼也。杜预注："齐侯不知戎礼。"正义曰："僖二十二年传曰：'虽及胡耇，获则取之。''明耻教战，求杀敌也。'宣二年传曰：'戎，昭果毅以听之之谓礼。杀敌为果，致果为毅。'是戎事以杀敌为礼。齐侯谓射君子为非礼者，乃是齐侯不知戎礼也。"子鱼左氏所论、杜注孔疏之所谓军礼者，实为军纪也；齐顷公所言者，交兵各方共守之人道也，士君子风度也，盖源自古礼。于国君、君子均礼遇甚厚，不侮其人格，不伤其性命；于战术不以阻碍求胜，不鼓不成列；于士卒不重伤，不禽二毛；于使者以礼迎送；于俘馘不虐不辱。虽在战场，决生死于瞬间，而不失礼义仁爱与从容也，彰显堂堂君子之美风、磊落博大之胸怀也。

## 九　晋大夫知罃对楚共王

晋人归楚公子谷臣与连尹襄老之尸于楚，以求知罃（鲁宣十二年夏，晋楚邲之战，晋败，晋将知罃为楚所俘，楚公子谷臣及将军连尹襄老之尸为晋所获）。于是荀首（知䓨父）佐中军矣，故楚人许之。王（楚共王）送知䓨，曰："子其怨我乎？"对曰："二国治戎，臣不才，不胜其任，以为俘馘。执事不以衅鼓，使归即戮，君之惠也。臣实不才，又谁敢怨？"王曰："然则德我乎？"对曰："二国图其社稷，而求纾其民，各惩其忿以相宥也，两释累囚以成其好。二国有好，臣不与及，其谁敢德？"王曰："子归，何以报我？"对曰："臣不任受怨，君亦不任受德，无怨无德，不知所报。"王曰："虽然，必告不谷。"对曰："以君之灵，累臣得归骨于晋，寡君之以为戮，死且不朽。若从君之惠而免之，以赐君之外臣首；首其请于寡君而以戮于宗，亦死且不朽。若不获命，而使嗣宗职，次及于事，而帅偏师以修封疆，虽遇执事，其弗敢违。其竭力致死，无有二心，以尽臣礼，所以报也。"王曰："晋未可与争！"重为之礼而归之。（《左传·成公三年》）

　　山人评曰：知䓨作为战俘，答楚王之问，不卑不亢，精彩绝伦，彰显出大国将领之优秀品质：胸怀博大，威武不屈，忠君爱国，视死如归。节概赢得敌国之尊重，无怪乎楚王曰："晋未可与争！"

## 十　晋祁奚外举不避仇，内举不避亲

祁奚（晋中军尉）请老，晋侯（晋悼公）问嗣焉。称解狐，其仇也，将立之而卒。又问焉，对曰："午也可。"于是羊舌职死矣，晋侯曰："孰可以代之？"对曰："赤也可。"于是使祁午为中军尉，羊舌赤佐之。君子谓："祁奚于是能举善矣。称其仇，不为谄。立其子，不为比。举其偏，不为党。《商书》曰：'无偏无党，王道荡荡。'其祁奚之谓矣。解狐得举，祁午得位，伯华得官，建一官而三

物成，能举善也！夫唯善，故能举其类。《诗》云：'惟其有之，是以似之。'祁奚有焉。"（《左传·襄公三年》）

　　山人评曰：祁奚外举不避仇雠，内举不避亲戚，可谓至公矣。惜乎！后世高行若祁奚者寡矣，结党营私、任人唯亲者众矣，甚而不闻祁奚之事迹，鄙陋龌龊，寡廉鲜耻，唯利是图，悲夫！

## 十一　晋悼公使魏绛佐新军

　　晋侯（晋悼公）之弟扬干乱行（扰乱军行）于曲梁（晋地名，位于鸡泽附近），魏绛（晋中军司马）戮其仆（杀扬干车御以辱之。仆，车御）。晋侯怒，谓羊舌赤（中军尉之佐）曰："合（召集。本年六月晋悼公会盟诸侯于晋地鸡泽）诸侯，以为荣也，扬干为戮，何辱如之？必杀魏绛，无失（不饶）也！"对曰："绛无贰志，事君不辟难，有罪不逃刑，其将来辞，何辱命焉？"言终，魏绛至，授仆人书，将伏剑。士鲂、张老止之。公读其书，曰："日君乏使，使臣斯（斯通司）司马。臣闻'师众以顺为武，军事有死无犯为敬'。君合诸侯，臣敢不敬？君师不武，执事不敬，罪莫大焉。臣惧其死，以及扬干，无所逃罪。不能致训，至于用钺。臣之罪重，敢有不从以怒君心？请归死于司寇。"公跣而出，曰："寡人之言，亲爱也；吾子之讨，军礼也。寡人有弟，弗能教训，使干（违反）大命，寡人之过也。子无重寡人之过也，敢以为请。"

　　晋侯以魏绛为能以刑佐民矣，反役（会盟结束后返回），与之礼食，使佐新军。张老为中军司马（掌军法），士富为候奄（掌侦察）。（《左传·襄公三年》）

山人评曰：魏绛者，魏犨子，毕万曾孙，于鲁襄十八年将下军，其子魏舒（魏献子）于鲁昭二十八年执政。魏绛忠于国事，不畏权贵，严惩公弟，忘乎生死，不愧佐民之名臣、尚德之家主。宜乎！其后世兴旺发达，终得国享年也。晋悼公志向高远，亲贤远佞，从善如流，虚怀雅量，知过立改，不以私害公，不以尊凌卑，无愧中兴名主，与楚庄王堪称"春秋双璧"。所惜者，英年早逝，宏图未得尽展也。

## 十二 路季文子无私积

季文子（鲁执政季孙行父，季友孙）卒。大夫入敛，公在位（鲁襄公亲临看视）。宰庀（pǐ，收拾）家器为葬备，无衣帛之妾，无食粟之马，无藏金玉，无重器备。君子是以知季文子之忠于公室也。相三君（指鲁宣、成、襄三君）矣，而无私积，可不谓忠乎？（《左传·襄公五年》）

山人评曰：季文子相宣、成、襄三君，位极人臣，而束身自守，敬慎威仪，养德以廉，家无私积，死后忠心犹明，声望益高，名垂青史，足以不朽。后世为官做宦者，闻此当有所感乎？

## 十三 楚共王请谥'灵'或'厉'

楚子（楚共王）疾，告大夫曰："不谷不德，少主社稷，生十年而丧先君（楚庄王），未及习师保之教训，而应受多福。是以不德，而亡师于鄢（晋楚鄢陵之战在鲁成公十六年，楚败），以辱社稷，为大夫忧，其（指罪过）弘多矣。若以大夫之灵，获保首领以殁于地，唯是春秋（指春秋祭祀）窀穸（zhūnxī，安葬）之事，所以从先君于祢（nǐ，亲庙，父庙）庙者，请为'灵'若'厉'（乱而不损曰灵，戮杀不辜曰'厉'）。大夫择焉！"莫对。及五命乃许。

秋，楚共王卒。子囊（楚令尹）谋谥。大夫曰："君有命矣。"子囊曰："君命以共（gōng，既过能改曰共），若之何毁之？赫赫楚国，而君临之，抚有蛮夷，奄（覆盖）征南海，以属诸夏，而知其过，可不谓共乎？请谥之'共'。"大夫从之。（《左传·襄公十三年》）

山人评曰：鲁成公三年，晋知罃对楚共王问，不卑不亢，正气凛然，无感激之意，且有冒犯之嫌，共王不怒而反敬之，足见其胸怀博大也。鲁成十六年，晋楚战于鄢陵，楚败，主帅司马子反欲自杀谢罪，共王遣使止之，主动担责，包容宽仁之心不输其父。临终请加恶谥以罪己，尤为难能可贵，非明哲仁德克己恭让之君，能有此举乎？

## 十四 季札赐立

吴子诸樊（吴王寿梦长子，其余三子依次为馀祭、馀昧、季札）既除丧（除父丧，寿梦于鲁襄十二年卒），将立季札（季札贤，寿梦曾欲立之）。季札辞曰："曹宣公之卒也，诸侯与曹人不义曹君（曹成公，曹宣公庶子，杀太子自立），将立子臧（曹宣公庶子）。子臧去之，遂弗为也，以成曹君。君子曰：'能守节。'君（指诸樊），义嗣也。谁敢奸君？有国，非吾节也。札虽不才，愿附于子臧，以无失节。"固立之。弃其室而耕，乃舍之。（《左传·襄公十四年》）

山人评曰：吴公子季札者，博雅君子也。淡泊名利，明哲守节。避君位以让其兄，弃其室而事农耕，远离王权而无身家之忧，深居林泉而名高天下。王僚贪位而忘祸，业败于伍员而命丧于专诸，较之叔父季札，仁义贪鄙，明哲愚暗，判若霄壤。

## 十五　宋子罕以不贪为宝

宋人或得玉，献诸子罕（宋司城）。子罕弗受。献玉者曰："以示玉人，玉人以为宝也，故敢献之。"子罕曰："我以不贪为宝，尔以玉为宝，若以与我，皆丧宝也。不若人有其宝。"稽首而告曰："小人怀璧，不可以越乡。纳此以请死也。"子罕置诸其里，使玉人为之攻之，富而后使复其所。（《左传·襄公十五年》）

　　山人评曰：春秋时，子罕"以不贪为宝"，韩宣子忧贫而叔向贺之，季文子相三君而家无私积。三子者，高明之家也，知清贫之利、贪取之祸者也。可惜历代为官者"以不贪为宝"者寡，以金玉为宝者众，是故陷囹圄就刑戮者如上钩之鱼、食饵之鼠，前仆后继而不知止也。

## 十六　晋荀死不瞑目

荀偃（即中行献子，晋中军帅。荀偃于上年秋率师伐齐，齐人御之）瘅疽（dànjū，恶疮），生疡于头。济河，及著雍（晋地），病，目出。大夫先归者皆反。士匄（范宣子，晋中军佐，即士文伯）请见，弗内。请后，曰："郑甥（荀偃子，即荀吴，偃娶郑女所生）可。"二月甲寅（十九日），卒而视，不可含（hàn，含同唅）。宣子盥（宣子净手）而抚之，曰："事吴，敢不如事主！"犹视。栾怀子（即栾盈，下军佐）曰："其为未卒事于齐故也乎？"乃复抚之曰：

"主苟终，所不嗣事于齐者，有如河！"乃瞑，受含。宣子出，曰：
"吾浅之为丈夫也。"（《左传·襄公十九年》）

　　山人评曰：荀偃死不瞑目，心所系者不在亲友故旧，不在
家事立嗣，而在于未尽国事，其胸怀之大，持心之忠，无愧国
士也。后世王公大人，官高爵尊者，临终多嘱托私事，喋喋于
子孙之福禄、妻妾之安置、家产之分配，较之荀偃，不知汗
颜否？

## 十七　祁奚不见叔向而归

　　秋，栾盈（晋大夫）出奔楚（因故与外公范宣子斗，失败而出
奔）。宣子（范宣子，晋执政）杀箕遗、黄渊、嘉父、司空靖、邴
豫、董叔、邴师、申书、羊舌虎、叔罴。囚伯华、叔向（晋上大夫，
羊舌虎兄）、籍偃（以上诸人均栾盈党）。人谓叔向曰："子离于罪，
其为不知乎？"叔向曰："与其死亡若何？《诗》曰：'优哉游哉，聊
以卒岁。'知也。"乐王鲋（晋大夫乐桓子）见叔向曰："吾为子
请！"叔向弗应。出，不拜。其人皆咎叔向。叔向曰："必祁大夫。"
室老闻之，曰："乐王鲋言于君无不行，求赦吾子，吾子不许。祁大
夫所不能也，而曰'必由之'，何也？"叔向曰："乐王鲋，从君者
也，何能行？祁大夫外举不弃仇，内举不失亲，其独遗我乎？《诗》
曰：'有觉德行，四国顺之。'夫子，觉者也。"

　　晋侯（晋平公）问叔向之罪于乐王鲋，对曰："不弃其亲（指
羊舌虎），其有焉（指参与羊舌虎的活动）。"于是祁奚老（退休）
矣，闻之，乘驲（rì，驿站专用车）而见宣子，曰："《诗》曰：
'惠我无疆，子孙保之。'（《诗经·周颂·烈文》）《书》曰：'圣有
谟勋，明征定保。'（《尚书·胤征》）夫谋而鲜过，惠训不倦者，

叔向有焉，社稷之固也。犹将十世宥之，以劝能者。今壹不免其身，以弃社稷，不亦惑乎？鲧殛而禹兴。伊尹放大甲而相之，卒无怨色。管、蔡为戮，周公右王。若之何其以虎也弃社稷？子为善，谁敢不勉？多杀何为？"宣子说，与之乘，以言诸公而免之。不见叔向而归。（杜预注："言为国，非私叔向也。"）叔向亦不告免焉而朝。（杜预注："不告谢之，明不为已。"）（《左传·襄公二十一年》）

山人评曰：叔向与祁奚，皆国士也。祁奚救叔向于死地而不表其功，境界高尚也，为公事不求私报也；叔向得祁奚之救而不言谢，不以私报污君子之德也。春秋有君子如此者，时风所致也。积土成山，风雨兴焉；积水成渊，蛟龙生焉。部娄无松柏，坳堂杯水不可以生蛟龙也。

## 十八　鲁叔孙豹论不朽

二十四年春，穆叔（鲁大夫，即叔孙豹）如晋。范宣子（晋执政）逆之，问焉，曰："古人有言曰'死而不朽'，何谓也？"穆叔未对。宣子曰："昔匄（范宣子名士匄）之祖，自虞以上为陶唐氏，在夏为御龙氏，在商为豕韦氏，在周为唐杜氏，晋主夏盟为范氏，其是之谓乎？"穆叔曰："以豹所闻，此之谓世禄，非不朽也。鲁有先大夫曰臧文仲，既没，其言立，其是之谓乎？豹闻之：'大上有立德，其次有立功，其次有立言。'虽久不废，此之谓不朽。若夫保姓受氏，以守宗祊（bēng，宗庙之门），世不绝祀，无国无之，禄之大者，不可谓不朽。"（《左传·襄公二十四年》）

山人评曰：穆叔者，博雅君子也。其风范、学识、见解虽大国执政亦不得不敬而折服也。穆叔论不朽，言已垂教百世矣，虽再历百世仍将不朽。所谓大上有立德，创制垂法，博施济众，圣德立於上代，惠泽被於百世者也，禹、汤、文、武、周公与孔子诸人皆是也。所谓其次有立功，开国安民，拓土御敌，扭转危局，光耀天下者也，姜尚、韩信、卫青、霍去病、霍光、诸葛亮与郭子仪诸人皆是也。所谓其次有立言，著书立说，开宗立派，辞吐为经，文在观止者也，老、庄、荀、孟、管、晏、杨、墨、孙、屈原、马迁与班固诸人皆是也。

## 十九　晏子论君臣

齐棠公（齐棠邑大夫）之妻，东郭偃之姊也。东郭偃臣崔武子（齐大夫，即崔杼）。棠公死，偃御武子以吊焉。见棠姜而美之，使偃取之。偃曰：“男女辨姓，今君出自丁，臣出自桓，不可。”（丁，齐丁公，姜太公长子；桓，齐桓公小白）武子筮之，遇《困》 ䷮ 之《大过》 ䷛。史皆曰：“吉。”示陈文子（齐大夫，陈完曾孙），文子曰：“夫从风，风陨妻，不可娶也。且其《繇》（zhòu，占辞）曰：‘困于石，据于蒺藜，入于其宫，不见其妻，凶。’困于石，往不济也。据于蒺藜，所恃伤也。入于其宫，不见其妻，凶，无所归也。”崔子曰：“嫠（lí，寡妇）也何害？先夫当之矣。”遂取之。

庄公通焉，骤如崔氏。以崔子之冠赐人，侍者曰：“不可。”公曰：“不为崔子，其无冠乎？”崔子因是（因此怒），又以其间伐晋也（鲁襄公二十三年，齐庄公乘晋内乱之机伐晋），曰：“晋必将报。”欲弑公以说于晋，而不获间。公鞭侍人贾举而又近之，乃为崔子间公。

夏五月，莒为且于之役故（鲁襄公二十三年，齐庄公伐莒，攻打莒邑且于城门，伤股而退），莒子朝于齐。甲戌（16 日），飨诸北郭。崔子称疾，不视事。乙亥（17日），公问（看望）崔子，遂从姜氏。姜入于室，与崔子自侧户出。公拊楹而歌。侍人贾举止众从者，而入闭门。甲兴，公登台而请，弗许；请盟，弗许；请自刃于庙，勿许。皆曰："君之臣杼疾病，不能听命。近于公宫（崔杼住所近于公宫），陪臣干掫（zōu，巡夜捕捉）有淫者，不知二命。"公逾墙。又射之，中股，反队，遂弑之。贾举、州绰、邴师、公孙敖、封具、铎父、襄伊、偻堙皆死（八人皆庄公近臣，为庄公而死）。祝佗父祭于高唐（齐地名），至，复命。不说（通脱）弁而死于崔氏。申蒯，渔者（掌渔业的大夫），退，谓其宰曰："尔以帑免，我将死。"其宰曰："免，是反子之义也。"与之皆死。崔氏杀融蔑于平阴（齐地）。

晏子立于崔氏之门外，其人曰："死乎？"曰："独吾君也乎哉？吾死也。"曰："行乎？"曰："吾罪也乎哉？吾亡也。"曰："归乎？"曰："君死，安归？君民者，岂以陵民？社稷是主。臣君者，岂为其口实，社稷是养。故君为社稷死则死之，为社稷亡则亡之。若为己死而为己亡，非其私昵，谁敢任之？且人有君而弑之，吾焉得死之？而焉得亡之？将庸何归？"门启而入，枕尸股而哭。兴，三踊而出。人谓崔子："必杀之！"崔子曰："民之望也，舍之，得民。"（《左传·襄公二十五年》）

> 山人评曰：明末黄宗羲有雄文《原臣》曰："（君）非其道，即君以形声强我，未之敢从也，况于无形无声乎！非其道，即立身于其朝，未之敢许也，况于杀其身乎！不然，而以君之一身一姓起见，君有无形无声之嗜欲，吾从而视之听之，此宦官宫妾之心也。君为己死而为己亡，吾从而死之亡之，此其私昵者之事也。"是论源自晏子故事也。晏子者，为臣之楷模也。知臣为国而设，而非君上之私产也。降至明末，黄先生进而阐明臣下之职责，所谓"为天下，非为君也；为万民，非为一姓

也"。然而后世以宦竖贱妾之心事君者众矣，为衣食而不惜辱祖污孙，为攀爬而甘为奴仆鹰犬，是不学之过欤？抑秉性卑下无行欤？

## 二十 晏子辞更宅

初，景公（齐景公）欲更晏子之宅，曰："子之宅近市，湫（jiǎo，低下）隘嚣尘，不可以居，请更诸爽垲者。"辞曰："君之先臣容焉，臣不足以嗣之，于臣侈矣。且小人近市，朝夕得所求，小人之利也，敢烦里旅？"公笑曰："子近市，识贵贱乎？"对曰："既利之，敢不识乎？"公曰："何贵何贱？"于是景公繁于刑，有鬻（yù）踊（yǒng，假肢）者，故对曰："踊贵屦贱。"既已告于君，故与叔向语而称之（指此前不久，晏子出使晋国，席间晏子向晋大夫叔向谈及齐国当时滥用刑罚，市场上踊贵屦贱，百姓困苦不堪）。景公为是省于刑。君子曰："仁人之言，其利博哉！晏子一言而齐侯省刑。《诗》曰：'君子如祉，乱庶遄已。'（《诗经·小雅·巧言》）其是之谓乎！"

及晏子如晋，公更其宅，反，则成矣。既拜，乃毁之，而为里室，皆如其旧。则使宅人反之，曰："谚曰：'非宅是卜，唯邻是卜。'二三子先卜邻矣，违卜不祥。君子不犯非礼，小人不犯不祥，古之制也。吾敢违诸乎？"卒复其旧宅。公弗许，因陈桓子（齐权臣，即陈无宇，陈文子之子）以请，乃许之。（《左传·昭公三年》）

　　山人评曰：晏子身为国相，甘居湫隘陋室而不辞，体恤下民，善待邻里，不畏强权，不凌孤弱，敬慎国事，心系黎庶，勇于犯颜直谏，忘乎个人安危。难得哉！集美质于一身，诚所谓社稷之臣也，古之遗爱也！

## 二十一 正考父三命而俯

九月，公（鲁昭公）至自楚。孟僖子（鲁大夫）病不能相礼，乃讲学之，苟能礼者从之。及其将死（孟僖子于鲁昭公二十四年卒）也，召其大夫，曰："礼，人之干也。无礼，无以立。吾闻将有达者曰孔丘，圣人（宋为殷商之后，孔子为宋闵公后裔）之后也，而灭于宋（孔子六世祖孔父嘉为宋司马，被太宰华父督所杀，子孙族人奔鲁）。其祖弗父何，以有宋而授厉公（孔子十世祖弗父何，为宋闵公长子，让位于其弟厉公）。及正考父（弗父何曾孙，孔父嘉之父，孔子七世祖），佐戴、武、宣，三命（命，爵命。周代分官爵为九等，称九命。三命为公侯伯之卿）兹益共（共，恭的古字）。故其鼎（指考父庙之鼎）铭云：'一命而偻（lǔ，曲背，以示恭敬），再命而伛（yǔ，弯腰），三命而俯。循墙而走，亦莫余敢侮。饘（zhān，煮稠粥）于是，鬻（zhōu，熬稀饭）于是，以糊余口。'其共也如是。臧孙纥（鲁大夫，即臧武仲）有言曰：'圣人有明德者，若不当世，其后必有达人。'今其将在孔丘乎？我若获没，必属说与何忌（说，南宫敬叔，何忌，孟懿子，皆喜子之子）于夫子，使事之，而学礼焉，以定其位。"故孟懿子与南宫敬叔师事仲尼。仲尼曰："能补过者，君子也。《诗》曰：'君子是则是效。'（《诗经·小雅·鹿鸣》）孟僖子可则效已矣。"（《左传·昭公七年》）

山人评曰：常人势随官高而大，心因身贵而骄。反是者，非常人也。正考父即非常人，佐戴、武、宣三公而为人益恭，行则避道循墙而走，食则饘鬻求饱而已，于国事则战战兢兢，如履薄冰。子曰："君子食无求饱，居无求安，敏于事而慎于言，就有道而正焉。"诗云："伐柯伐柯，其则不远。"圣人修身之道，处世之则，原是传承其祖风者也。

## 二十二　晏子论和与同之异

齐侯（齐景公）至自田（由狩猎地返回国都），晏子侍于遄台（齐地名），子犹（即梁丘据，景公宠臣）驰而造焉。公曰："唯据与我和夫！"晏子对曰："据亦同也，焉得为和？"公曰："和与同异乎？"对曰："异。和如羹焉，水火醯醢（hǎi，肉酱）盐梅以烹鱼肉，燀（chǎn，烧煮）之以薪。宰夫和之，齐（jì，剂的古字）之以味，济其不及，以泄其过。君子食之，以平其心。君臣亦然。君所谓可而有否焉，臣献其否以成其可；君所谓否而有可焉，臣献其可以去其否；是以政平而不干，民无争心。故《诗》曰：'亦有和羹，既戒（谨慎）既平。鬷嘏（zōnggǔ，同奏假，祭祀。鬷，通奏；嘏，巫祝）无言，时靡有争。'（《诗经·商颂·烈祖》）先王之济五味，和五声也，以平其心，成其政也。声亦如味，一气，二体（指文舞、武舞），三类（風雅颂），四物（四方之物），五声，六律，七音，八风（八方之风），九歌（禹时的乐歌，泛指各种音乐），以相成也。清浊，大小，短长，疾徐，哀乐，刚柔，迟速，高下，出入，周（密）疏，以相济也。君子听之，以平其心。心平，德和。故《诗》曰：'德音不瑕。'（《诗经·豳风·狼跋》）今据不然。君所谓可，据亦曰可；君所谓否，据亦曰否。若以水济水，谁能食之？若琴瑟之专壹（单一），谁能听之？同之不可也如是。"（《左传·昭公二十年》）

　　山人评曰：晏子主张君臣关系和而不同。若然，则互为补充，相得益彰，减少过失。臣下若一味顺从君则殆矣。如调羹，五味相互配合，各具酸、甜、苦、辣、咸之别必爽口，否则味寡不可食矣。又如音乐，五音相互配合，各具宫、商、角、徵、羽之别必悦耳，否则单调难为听矣。孔子闻而总结曰："君子和而不同，小人同而不和。"和而不同则大业可兴，同而不和则好事易败。刘邦、世民得天下者，君臣和而不同也；项羽、杨广失江山者，君臣同而不和也。惜哉！后世爱谄谀顺从如齐景公者多矣，好迎合奉承如梁丘据者众矣！

## 二十三　鲁行人叔孙婼之风节

邾人诉于晋（昭公二十三年春，鲁国出兵攻打邾国，继而邾国遣使诉于盟主晋国），晋人来讨。叔孙婼（鲁卿）如晋，晋人执之。书曰："晋人执我行人叔孙婼。"言使人也。晋人使与邾大夫坐（对质，辩论）。叔孙曰："列国之卿，当小国之君，固周制也。邾又夷（邾为曹姓，故蔑称夷）也。寡君之命介（副使）子服回在，请使当之，不敢废周制故也。"乃不果坐。

韩宣子（即韩起，晋执政）使邾人取（取，通聚）其众，将以叔孙与之。叔孙闻之，去众与兵而朝。士弥牟（晋大夫）谓韩宣子曰："子弗良图，而以叔孙与其仇，叔孙必死之。鲁亡叔孙，必亡邾。邾君亡国，将焉归？子虽悔之，何及？所谓盟主，讨违命也。若皆相执，焉用盟主？"乃弗与，使各居一馆。士伯（即士弥牟）听其辞而诉诸宣子，乃皆执之。士伯御叔孙，从者四人，过邾馆以如吏（法官）。先归邾子（邾国国君）。士伯曰："以匄茷之难，从者之病，将馆子于都（都，指别都，即下文箕）。"叔孙旦而立，期焉。乃馆诸箕。舍子服昭伯（即子服回）于他邑。

范献子（即范鞅，范宣子之子）求货于叔孙，使请冠焉。取其冠法，而与之两冠，曰："尽矣。"为叔孙故，申丰（鲁大夫）以货如晋。叔孙曰："见我，吾告女所行货。"见，而不出。吏人（指箕地狱官）之与叔孙居于箕者，请其吠狗，弗与。及将归，杀而与之食之。叔孙所馆者，虽一日必葺（qì，修缮）其墙屋，去之如始至。

（《左传·昭公二十三年》）

　　山人评曰：叔孙婼使于大国，身陷囹圄，不以其道脱之而不去。刚强无媚骨，行止有节概。自始至终，置生死于度外，不示弱，不行贿，不辱国，不辱身，从容应对，威武不屈，大义凛然，足为千古励节之高标，万国使者之楷模也。所谓"高山仰止，景行行止"者，其叔孙婼之谓乎！

## 二十四　子路结缨而死。

　　卫孔圉（即孔文子，卫权臣）取大子蒯聩（kuì）之姊（即孔伯姬、孔姬），生悝。孔氏之竖浑良夫长而美，孔文子卒，通于内。大子在戚（戚，卫地。鲁定公十四年卫太子蒯聩因谋杀卫灵公夫人南子失败而出奔宋，鲁哀公二年卫灵公卒，卫立蒯聩之子辄为君，即出公。晋人纳蒯聩于戚），孔姬使之焉（孔姬使浑良夫诣太子所）。大子与之言曰："苟使我入获国，服冕乘轩（大夫待遇），三死无与（免除三次死罪）。"与之盟，为请于伯姬。

　　闰月（闰十二月），良夫与大子入，舍于孔氏之外圃。昏，二人蒙衣而乘，寺人罗御，如孔氏。孔氏之老（老，家宰）栾宁问之，称姻妾以告（谎称亲家妾来）。遂入，适伯姬氏。既食，孔伯姬杖戈而先，大子与五人介（披甲），舆豭（以车载猪，盟誓用）从之。迫孔悝于厕，强盟之（时孔悝执政，故迫其逐辄），遂劫以登台。栾宁将饮酒，炙未熟，闻乱，使告季子（季子，子路。子路时为孔氏家臣）。召获驾（获，卫大夫。召的主语为栾宁）乘车，行爵（依次敬酒，以示镇定）食炙，奉卫侯辄来奔。

　　季子将入，遇子羔将出（子羔，卫大夫高柴，孔子弟子。出，出奔），曰："门已闭矣。"季子曰："吾姑至焉（姑，姑且。子路欲入孔悝家救之）。"子羔曰："弗及，不践其难。"季子曰："食焉，不辟其难？"子羔遂出。子路入，及门，公孙敢（孔悝家臣，时已叛孔氏）门焉（为蒯聩守门），曰："无入为也。"季子曰："是公孙也，求利焉而逃其难。由不然，利其禄，必救其患。"有使者出，乃入。曰："大子焉用孔悝（何须劫持孔悝）？虽杀之，必或继之（即使杀了他，还会有人接替之）。"且曰："大子无勇，若燔台半，必舍孔叔（指孔悝）。"大子闻之惧，下石乞、盂黡（二人均蒯聩党）敌子路。以戈击之，断缨。子路曰："君子死，冠不免。"结缨而死。

孔子闻卫乱，曰："柴也其来，由也死矣。"

孔悝立庄公（即蒯聩）。（《左传·哀公十五年》）

　　山人评曰：子路舍生救主，结缨而死，食人禄不逃其难，明知不可为而为之，其义可赞，其勇可嘉也。所惜者，不知进退也，徒逞匹夫之勇也。曩者，子路问师曰："子行三军，则谁与？"子曰："暴虎冯河，死而无悔者，吾不与也。"是孔子讥子路勇而无谋也。闻卫乱，孔子曰："柴也其来，由也死矣。"果然不出所料，所谓知生者莫如师也。

论曰：春秋之时，虽礼崩乐坏，然文武遗烈，流而未灭，士人精神迢递而昌。士人精神崇尚个人之修养，以立德立功立言为贵，不为形牵，不为势禁，处心有道，行己有方。高标孤诣，束身践行，为国赴难，为民请命，嫉恶如仇，勇于担当。珍视名节，视死如归，信守承诺，重义轻利，清廉俭约，刑仁讲让。光明磊落，耻为权谋，富贵不淫，贫贱不移，威武不屈，果毅不狂。为官忧国民，守义忘死生。事君不避难，有罪不逃刑。外举不避仇，内举不避亲。临财不苟取，临祸不苟免。不因有恃而呈勇，不以私愤而害公，宁自损而不失大义，受人惠则必救其患。

降至战国，捐礼让而贵战争，重功利而用诈谲，士人精神渐为商鞅、苏秦、张仪、陈轸之徒废矣。然而秉持者亦不乏其人，如鲁仲连、屈原、侯嬴、荆轲、高渐离诸人是矣。秦皇一统天下，焚书坑儒，士人精神惨遭打击。汉武罢黜百家，独尊儒术，士人精神颇受压抑。东汉阉党猖獗，外戚用事，党锢再作，名臣高士多被杀害，士人精神几经摧戕。宋明时期，理学盛行，束缚思想，以忠君为大，士人精神难得揄扬。满清以维护其统治为天，大兴文字狱，臣下以奴才自居，士人精神声消迹藏。

民国时期，政权失统，外寇频入，诸说蜂出，相互攻讦，士人精神应时稍张。其后人多以金钱安生为贵，重利轻义，损一毫利天下而不为，吏多以攀援舐痔为要，媚上欺下，贪腐无良，遗百害羞先人而不耻，士人精神渐趋凋荒。

《汉书》云：“《易》有否泰。小人道长，君子道消，则政日乱，故为否。君子道长，小人道消，则政日治，故为泰。”故知俗所谓“邪不压正”者，不过美好愿望而已，实则“正不压邪”者亦夥。二者交替而行，如黑夜之于白昼，风雨之于阳光。明乎此，然后知士人精神或隐或现，或存或亡。

司马温公曰：“天下有道，君子扬于王庭，以正小人之罪，而莫敢不服；天下无道，君子囊括不言，以避小人之祸，而犹或不免。”据此而论，所谓“君子道长”者，在于天下有道也；所谓“小人道长”者，在于天下无道也。有道无道，关乎乾纲。虽然，士君子处世，为天地立德，为生民立命，而非苟全姓命以为上。是故邦有道，危言危行；邦无道，亦危言危行。岂可丧失精神，如石可转，如席可卷，行同猪狗，为一时之名利而使子孙蒙羞万年乎？

# 参考文献

**古籍**

（汉）班固：《汉书》，中华书局 1962 年版。

（汉）贾谊：《新书》，（汉）扬雄：《法言》，上海古籍出版社 1989 年版。

（汉）刘向辑录：《战国策》，上海古籍出版社 1985 年版。

（汉）刘向撰，向宗鲁校证：《说苑校证》，中华书局 1987 年版。

（汉）司马迁：《史记》，中华书局 1982 年版。

（晋）杜预：《春秋左传集解》，上海人民出版社 1977 年版。

（晋）杜预：《春秋释例》，《景印文渊阁四库全书》，台湾商务印书馆 1982 年影印本。

（晋）杜预等注：《春秋三传》，上海古籍出版社 1987 年版。

（梁）萧统编，（唐）李善注：《文选》，中华书局 1977 年版。

（唐）陆德明：《经典释文》，中华书局 1983 年版。

（唐）刘知几：《史通》，（清）浦起龙通释，吕思勉评，李永圻、张耕华导读整理，上海古籍出版社 2008 年版。

（汉）赵晔撰，薛耀天译注：《吴越春秋译注》，天津古籍出版社 1992 年版。

（清）陈厚耀：《春秋世族谱》，《景印文渊阁四库全书》，台湾商务印书馆 1982 年影印本。

（清）崔适：《春秋复始》，上海辞书出版社图书馆藏民国七年北京大学铅印本。

（清）顾栋高辑，吴树平、李解民点校：《春秋大事表》，中华书局 1993 年版。

（清）顾炎武著，周苏平、陈国庆点注：《日知录》，甘肃民族出版社 1997 年版。

（清）康有为，姜义华、张荣华编校：《新学伪经考》，中国人民大学出版社 2010 年版。

（清）刘逢禄：《左氏春秋考证》，《皇清经解》1294 卷，复旦大学图书馆藏清咸丰十年广东学海堂《皇清经解》补刻本。

（清）刘熙载：《刘熙载文集》，江苏古籍出版社 2000 年版。

（清）皮锡瑞：《经学通论》，中华书局 1954 年版。

（清）阮元校刻：《十三经注疏（清嘉庆刊本）》，中华书局 2009 年版。

（清）王文源：《春秋世族辑略》，（清）道光二十五年（1845）陈氏敏求轩刻本。

（清）姚彦渠：《春秋会要》，中华书局 1955 年版。

（清）章太炎：《章太炎全集》（二），上海人民出版社 1982 年版。

## 著作

陈奇猷校释：《吕氏春秋校释》，学林出版社 1984 年版。

陈彦辉：《春秋辞令研究》，中华书局 2006 年版。

顾颉刚：《顾颉刚古史论文集》，中华书局 1988 年版。

胡安顺：《春秋左传集解释要》，科学出版社 2015 年版。

胡安顺主编：《左传纪事精选》，三秦出版社 1993 年版。

翦伯赞等：《中外历史年表》，中华书局 1961 年版。

梁启雄：《韩子浅解》，中华书局 1960 年版。

刘梦溪主编：《中国现代学术经典·黄侃刘师培卷》，河北教育出版社 1996 年版。

刘文典撰，冯逸、乔华点校：《淮南鸿烈集解》，中华书局 1989 年版。

钱穆：《先秦诸子系年》，商务印书馆 2001 年版。

钱玄同：《钱玄同文集》第四卷，中国人民大学出版社 1999 年版。

钱锺书：《管锥编》，中华书局 1986 年版。

沈玉成、刘宁：《春秋左传学史稿》，江苏古籍出版社 1992 年版。

沈玉成译：《左传译文》，中华书局 1981 年版。

童书业著，童教英校订：《春秋左传研究（校订本）》，中华书局 2006 年版。

卫聚贤：《古史研究》，新月书店 1928 年版。

文史知识编辑部编：《经书浅谈》，中华书局 1984 年版。

徐仁甫：《左传疏证》，四川人民出版社 1981 年版。

徐中舒编注：《左传选》，中华书局 1963 年版。

杨伯峻编著：《春秋左传注（修订本）》，中华书局 1990 年第 2 版。

杨伯峻、徐提编：《春秋左传词典》，中华书局 1985 年版。

姚曼波：《〈春秋〉考论》，江苏古籍出版社 2002 年版。

赵光贤：《古史考辨》，北京师范大学出版社 1987 年版。

朱宝庆：《左氏兵法》，陕西人民出版社 1991 年版。

朱东润选注：《左传选》，上海古籍出版社 2007 年版。

## 论文

邓勇（邓曦泽）：《王霸：正义与秩序——从春秋战争到普遍正

义》，武汉大学，博士学位论文，2007年。

顾颉刚：《五德终始说下的政治和历史》，《清华学报》1930年第1期。

胡安顺：《〈左传〉辞令的语言特色》，《文史知识》1997年第5期。

胡安顺：《〈左传〉辞令与战国策士辞令论说方法之比较》，《青海师范大学学报》（哲学社会科学版）1999年第4期。

胡安顺：《春秋卿士辞令与战国策士辞令异同论》，《吉林大学社会科学学报》2010年第4期。

胡安顺：《简论〈左传〉的史学价值和文学价值》，《华夏文化论坛》2015年第2期。

胡安顺：《〈移书太常博士文〉断句献疑》，《中国社会科学报》2021年8月30日第6版。

刘焱：《〈左传〉外交辞令描写探析》，《安徽大学学报》1983年第3期。

钱穆：《刘向歆父子年谱》，《燕京学报》1930年第7期。

沈松勤：《试论〈左传〉的行人辞令》，《杭州大学学报》（哲学社会科学版）1983年第1期。

杨胜宽：《郭沫若论吴起评析》，《郭沫若学刊》2019年第4期。

杨向奎：《论〈左传〉之性质及其与〈国语〉之关系》，《史学集刊》1936年第2期。